总主编：吴克礼

普通高等教育"十一五"国家级规划教材
中俄合作委员会教育合作分委员会项目
新世纪高等学校俄语专业本科生系列教材

РУССКАЯ ЛИТЕРАТУРА. XX ВЕК
ХРЕСТОМАТИЯ

俄罗斯文学选读 下
（第 2 版）

—— 郑体武 编 ——

上海外语教育出版社
外教社 SHANGHAI FOREIGN LANGUAGE EDUCATION PRESS
www.sflep.com

图书在版编目（CIP）数据

俄罗斯文学选读. 下册 / 郑体武编著. — 2版.
—上海：上海外语教育出版社，2018
新世纪高等学校俄语专业本科生系列教材
ISBN 978-7-5446-5561-3

Ⅰ.① 俄…　Ⅱ.① 郑…　Ⅲ.① 俄语—阅读教学—高等学校—教材
②俄罗斯文学—作品综合集　Ⅳ.① H359.4：I

中国版本图书馆CIP数据核字（2018）第215926号

出版发行：上海外语教育出版社
　　　　　（上海外国语大学内）　邮编：200083
电　　话：021-65425300（总机）
电子邮箱：bookinfo@sflep.com.cn
网　　址：http://www.sflep.com
责任编辑：陈妍宏

印　　刷：上海华教印务有限公司
开　　本：635×965　1/16　印张 27.25　字数 448千字
版　　次：2018 年 12月第 1版　 2018 年 12月第 1次印刷
印　　数：2 100 册

书　　号：ISBN 978-7-5446-5561-3 / I
定　　价：59.00 元

本版图书如有印装质量问题，可向本社调换
质量服务热线：4008-213-263　电子邮箱：editorial@sflep.com

新世纪高等学校俄语专业本科生系列教材编委会

总主编：吴克礼

编　委：以姓氏笔画为序

总序

　　岁月匆匆，弹指间，时代进入了21世纪。21世纪之初不仅揭开了这个世纪的序幕，而且揭开了这个千年的序幕。因此它具有一般世纪所没有的双重新意。

　　值此良机，上海外语教育出版社罗致我国外语界的精英编写"新世纪高等学校外语专业本科生系列教材"，以推动我国外语教育事业进一步向前发展。这是上海外语教育出版社的高瞻远瞩之举，也是外语界的一件盛事。"新世纪高等学校外语专业本科生系列教材"包括我国高校开设的许多语种，毫无疑问，俄语也在其列。

　　系列外语教材的编写要劳师动众，但又不可能一劳永逸。教材的寿命主要取决于质量。质量不佳者，问世不久便夭折，从此在课堂上销声匿迹；质量良好者，可能会寿终正寝；质量即使属于上乘者，也不可能长命百岁。教材经过一段时期的使用，须小修一次，时间长了，须大修一次。因为外语教材的内容（它的语言及其课文所反映的时代特征和价值观念）往往落后于时代的发展和变化。在当今信息爆炸的时代这种现象尤其突出。所以外语教材随着时间的推移总要不断地重新编写。编者每编一次都应根据新的形势、新的情况和新的要求编出新意来。

　　那么，在新世纪、新千年之初上海外语教育出版社推出的"新世纪高等学校俄语专业本科生系列教材"有何新意呢？

　　凡事预则立。在这套教材开编之前，出版社先对目前通用的各种俄语教材进行了一次充分而详尽的调查，然后邀请我国各高校俄语专业的负责人、第一线的教师和资深教授为编写之事出谋划策，并充分地讨论了这套教材的编写原则和指导思想。

大家达成的共识是，编写新的俄语教材必须有新的理念、新的指导思想。新教材的指导思想是教材成败的关键。系列教材的基本理念是采国外外语教学各流派之长，集我国高校俄语教育半个多世纪来的经验之大成。两者的有机结合既可借鉴国外先进的外语教育思想和方法，又能传承和弘扬本国俄语教育的优秀传统。可见，这套教材走的是综合各家之长为我所用的路子。同时，教材还充分考虑到我国俄语教育的现状和我国俄语专业学生目前的实际接受能力。

教材内容的更新是系列教材的根本任务之一。目前我国高校的俄语教材大部分是在苏联解体以前编写出版的，它们的内容和使用的语言与当前俄罗斯的社会现实和俄语的实际使用情况相去甚远，因此革故鼎新势在必行。系列教材更新的内容不仅涉及语言，而且涉及课文反映的价值观念，涉及当代俄罗斯学术界对于苏联时期社会科学领域的种种观点和结论经过重新认识和重新思考所形成的见解和看法。系列教材所属的各种教科书尽可能借鉴当代俄罗斯和我国学者们在这些领域所取得的最新研究成果，同时也反映编者自己的观点。

系列教材是在21世纪之初开编的，教学手段自然要与时俱进。随着科学技术的突飞猛进，多媒体技术运用到外语教学领域已不是什么难以实现的梦想。所以这套教材中凡可以使用多媒体手段的地方尽量采用这种手段。

在这次编写的过程中，教材的编排和体例都有所突破。这套教材包括的各种教科书在这方面都尽量根据各自的结构和内容的特点与使用者的方便进行编排。体例突出重点，编排尽量醒目。

值得一提的是，这套教材的每一种教科书都配有教师手册。教师手册不仅有练习答案，还包括指导性的备课提纲、参考书目、本教科书在理论和实践上从深度和广度方面拓展的内容。这样安排是为了让教师有可能根据对象水平的不同作灵活处理。

令人欣喜的是，这套教材已列入中俄合作委员会教育合作分委员会项目，教材的俄语部分请俄罗斯专家审读，以保证俄语的标准化和科学性。

有新的理念，有"豪华的"编者阵容，有现代化的教学手段等新意是一回事；这些新意是否能够充分体现在系列教材中是另一回事；在这些新意得到完全的体现以后，新教材能否为使用者所接受又是一回事。"新世纪高等学校俄语专业本科生系列教材"有了这样的理念，有了这样的编写队伍，有了这样的教学手段，而且新的理念经过编者们的通力协作又得以落实，化为这套配有先进教学手段的新教材。接下来，就要看使用者，即俄语教师和学生的意见了。毫无疑问，出版社和编者们期盼的当然是他们肯定的、可能会有些许批评但最终还是赞同的评价。

吴克礼

第二版前言

《俄罗斯文学选读》（上、下）于2006年出版并在高校俄语专业使用后，得到较为广泛的支持和认可，同时也有一些宝贵的意见和建议。此次再版，编者基于这些意见和建议，并结合个人经验和观察，对本教材的内容又做了一次修订，对入选作家和作品做了微调，体量做了适当压缩，从而使得篇幅更加精简，选目更趋合理，更适应目前国内俄语专业的实际情况和教学需要。

修订版与第一版对比，内容变化如下：

上册：

普希金：增加一首短诗《Элегия》(«Безумных лет угасшее веселье...»)。

莱蒙托夫：增加短诗«Нет, я не Байрон, я другой...»和«Кинжал»。

丘特切夫：增加短诗«Из края в край, из града в град...»«Я помню время золотое...»和«О вешая душа моя!..»。

涅克拉索夫：增加一首短诗«Я за то глубоко презираю себя...»。

屠格涅夫：删除《Стихотворения в прозе》。

费特：增加短诗«На заре ты ее не буди...»«Жди ясного на завтра дня...»和«Молчали листья, звезды рдели...»。

契诃夫：删除《Хамелеон》和《Вишневый сад》，

增加《Невеста》。

　　删除奥斯特罗夫斯基、萨尔蒂科夫—谢德林、列斯科夫选目。果戈理、陀思妥耶夫斯基、托尔斯泰选目不变。

　　下册：

　　高尔基：删除《Песня о Буревестнике》和《На дне》，增加《Двадцать шесть и одна》。

　　勃洛克：删除短诗《Servus — reginae》，同时增加《Предчувствую Тебя. Года проходят мимо...》和《Незнакомка》。

　　阿赫玛托娃：删除《Реквием》。

　　马雅可夫斯基：删除《Из улицы в улицу》。

　　叶赛宁：删除《Пускай ты выпита другим...》和《Ты сказала, что Саади...》两首短诗。

　　特瓦尔多夫斯基：删除《Василий Теркин》，增加《Весенние строки》和《Я убит под Ржевом》。

　　删除舒克申选目，增加帕斯捷尔纳克和布罗茨基选目。蒲宁、茨维塔耶娃、布尔加科夫、肖洛霍夫、索尔仁尼琴、鲁勃佐夫、拉斯普京选目不变。

　　此次修订删除了戏剧作品，这不等于说不重要，相反，这些作品仍是文学选读课程的重要内容，只是从使用效果着眼，拟日后单独编选一本。另外，此次修订不再对作品篇目做必读和选读的划分。

　　欢迎广大师生和专家同行继续给予批评和建议。

郑体武

2018年3月19日

第一版前言

  《俄罗斯文学选读》是新世纪俄语专业本科生系列教材中的一种，全书分上下两册，既可独立使用，也可与俄罗斯文学史课程配合使用。上册选编范围为19世纪，收13位作家的小说、诗歌和戏剧原著52篇，其中基本作家10位（普希金、莱蒙托夫、果戈理、丘特切夫、涅克拉索夫、屠格涅夫、费特、陀思妥耶夫斯基、托尔斯泰、契诃夫），基本作品47篇，补充作家3位（奥斯特罗夫斯基、萨尔蒂科夫—谢德林、列斯科夫），补充作品5篇；下册选编范围为20世纪，入选作家14位，作品56篇，其中基本作家10位（高尔基、蒲宁、勃洛克、阿赫玛托娃、马雅可夫斯基、叶赛宁、布尔加科夫、肖洛霍夫、索尔仁尼琴、拉斯普京），基本作品43篇，补充作家4位（茨维塔耶娃、特瓦尔多夫斯基、舒克申、鲁勃佐夫），补充作品13篇。基本作家作品为教学大纲设计的必读篇目，应该在设计学时内完成教学；补充作家的篇目可作为参考，灵活掌握。另外，考虑篇幅，对入选的戏剧作品都做了适当的删节。

  概括起来，本教材主要有以下几个特点：

  一、内容上推陈出新，所选作家作品及其评价能较为及时和充分地反映国内外学术界的最新研究成果。

  二、重视入选作品的艺术价值，摒弃了以往同类教材过分强调作品政治倾向的缺陷。

三、入选作家作品能真实反映俄罗斯文学的发展进程、基本流派、主要成就和整体风貌。

四、在充分考虑作品艺术价值的同时，兼顾篇幅的适中和文本的完整，对于中短篇创作也不逊色的作家，宁可取其完整的中短篇，而不像其他同类选本那样以零碎的片段形式取其长篇作品，以利调动学生的阅读兴趣。如对托尔斯泰，不选其《战争与和平》或《安娜·卡列尼娜》片段，而完整地选其中篇小说《伊凡·伊里奇之死》；对陀思妥耶夫斯基不选其《罪与罚》或《卡拉马佐夫兄弟》，而选其《白夜》等。

五、在选材上既不厚古薄今，也不厚今薄古；同时充分考虑教学设计的课时数，力求结构的合理和匀称。

六、将入选作品分为基本篇目和补充篇目（在目录中用星号标出）两个层次，使教师在安排教学和学生在阅读掌握时能够分别轻重缓急。

七、注释适量，凡常用工具书能查到的，尽量少注，以便激发和调动学生学习的主动性，提高学习效果。

本教材课时设计为每周2学时，共2个学期，这差不多是目前高校此类课程通行的标准学时。不言而喻，以这样的课时数，把所有的基本篇目都交给课堂讲解难免会捉襟见肘，也未必合理。因此，多一些课外阅读，多一些课前准备，始终应该是在学生中间大力提倡的一种不可或缺的学习方式。

本教材曾以油印的形式在学生中试用过几轮，在试用过程中，编者又根据使用情况在篇目上做过多次调整和修订，但即便如此，问题和缺点仍在所难免，诚望专家和使用本教材的师生批评指正。

本教材除适用于俄语专业本科生外，也可供俄语专业的研究生阅读参考。

郑体武

2006.5.10

目　录

В. В. МАЯКОВСКИЙ / 128

С. А. ЕСЕНИН / 159

М. И. ЦВЕТАЕВА / 177

М. А. БУЛГАКОВ / 182

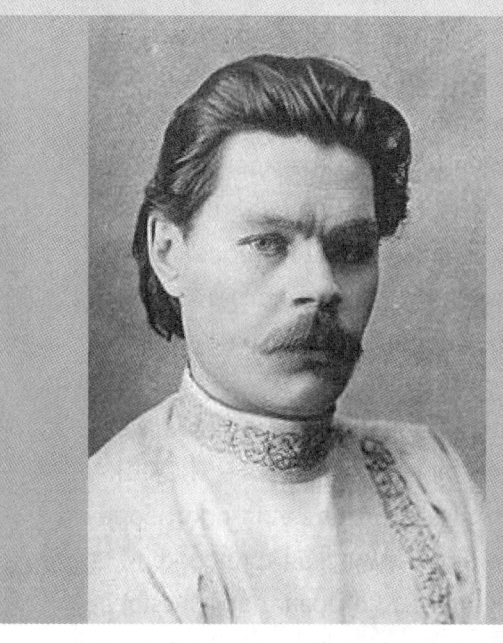

А. М. ГОРЬКИЙ
(1868–1936)

Максим Горький (настоящее имя Алексей Максимович Пешков) родился 28 марта 1868 г. в семье управляющего пароходной конторой на Волге, остался без отца в трехлетнем возрасте; мать была из семьи владельца красильного заведения. После разорения деда и смерти матери, тяжело переживая драму одиночества и раннего сиротства, вынужденно уходит в "люди", все более ожесточаясь против своей среды. Настоящего образования Горький не получил, закончив лишь ремесленное училище. Жажда знаний утолялась самостоятельно, он рос "самоучкой". Тяжелая работа (посудник на пароходе, "мальчик" в магазине, ученик в иконописной мастерской, десятник на ярмарочных постройках и др.) и ранние лишения преподали хорошее знание жизни и внушили мечты о переустройстве мира.

Ненависть ко злу и этический максимализм

были источником нравственных терзаний. В 1887 году пытался покончить с собой. Принимал участие в революционной пропаганде, "ходил в народ", странствовал по Руси, общался с босяками. Испытал сложные философские влияния: от идей французского Просвещения и материализма И. В. Гете до позитивизма Ж. М. Гюйо, романтизма Дж. Рескина и пессимизма А. Шопенгауэра. В его нижегородской библиотеке рядом с «Капиталом» К. Маркса и «Историческими письмами» П. Л. Лаврова стояли книги Э. Гартмана, М. Штирнера и Ф. Ницше.

Грубость и невежество провинциального быта отравили его душу, но и парадоксальным образом породили веру в ЧЕЛОВЕКА и его потенциальные возможности. Из столкновения противоречащих друг другу начал родилась романтическая философия, в которой ЧЕЛОВЕК (идеальная сущность) не совпадал с человеком (реальным существом) и даже вступал с ним в трагический конфликт. Гуманизм Горького нес в себе бунтарские и богоборческие черты.

Горький начинал как провинциальный газетчик (печатался под именем Иегудиил Хламида). Псевдоним М. Горький появился в 1892 г. в тифлисской газете «Кавказ», где был напечатан первый рассказ «Макар Чудра». В 1895 г. опубликовался в популярнейшем журнале «Русское богатство» (рассказ «Челкаш»). В 1898 г. в Петербурге вышла книга «Очерки и рассказы», имевшая сенсационный успех. В 1899 г. появились поэма в прозе «Двадцать шесть и одна» и первая большая повесть «Фома Гордеев». Слава Горького росла с невероятной быстротой и вскоре сравнялась с популярностью А. П. Чехова и Л. Н. Толстого.

Быстро проявил себя Горький и как талантливый организатор литературного процесса. В 1901 г. встал во главе издательского товарищества "Знание" и вскоре стал выпускать «Сборники товарищества "Знание"», где печатались И. А. Бунин, Л. Н. Андреев, А. И. Куприн, В. В. Вересаев, Е. Н. Чириков, Н. Д. Телешов, А. С. Серафимович и др.

Вершина раннего творчества, пьеса «На дне», в огромной

степени обязана своей славой постановке К. С. Станиславского
в Московском художественном театре (1902; играли Станислав-
ский, В. И. Качалов, И. М. Москвин, О. Л. Книппер-Чехова и др.).
В 1903 г. в берлинском Kleines Theater состоялось представление
«На дне» с Рихардом Валлентином в роли Сатина. Другие пьесы
Горького «Мещане» (1901), «Дачники» (1904), «Дети солнца»,
«Варвары» (обе — 1905), «Враги» (1906) не имели такого сенса-
ционного успеха в России и Европе.

После поражения революции 1905–1907 гг. Горький эмигри-
ровал на остров Капри (Италия). "Каприйский" период творчества
заставил пересмотреть сложившееся в критике представление
о "конце Горького" (Д. В. Философов), которое было вызвано его
увлечениями политической борьбой и идеями социализма, на-
шедшими отражение в повести «Мать» (1906; вторая редакция
1907). Он создает повести «Городок Окуров» (1909), «Детство»
(1913–1914), «В людях» (1915–1916), цикл рассказов «По Руси»
(1912–1917). Споры в критике вызвала повесть «Исповедь»
(1908), высоко оцененная А. А. Блоком. В ней впервые прозвуча-
ла тема богостроительства, которое Горький с А. В. Луначарским
и А. А. Богдановым проповедовал в каприйской партийной школе
для рабочих.

Первая мировая война тяжело отразилась на душевном состоянии Горького. Она символизировала начало исторического
краха его идеи "коллективного разума", к которой он пришел после разочарования ницшевским индивидуализмом. Безграничная
вера в человеческий разум, принятая как единственный догмат,
не подтверждалась жизнью. Война стала вопиющим примером
коллективного безумия, когда Человек был низведен до "окопной
вши", "пушечного мяса", когда люди зверели на глазах и разум человеческий был бессилен перед логикой исторических событий.

Октябрьская революция подтвердила опасения Горького. В
отличие от Блока, он услышал в ней не "музыку", а страшный рев
стомиллионной крестьянской стихии, вырвавшейся через все
социальные запреты и грозившей потопить оставшиеся островки

культуры. В «Несвоевременных мыслях» (цикл статей в газете «Новая жизнь», 1917–1918; в 1918 г. вышли отдельным изданием) он обвинил Ленина в захвате власти и развязывании террора в стране. Но там же назвал русский народ органически жестоким, "звериным" и тем самым если не оправдывал, то объяснял свирепое обращение большевиков с этим народом. Непоследовательность позиции отразилась и в его книге «О русском крестьянстве» (1922).

С 1921 по 1928 г. Горький жил в эмиграции. Поселился в Сорренто (Италия), не прерывая связей с молодой советской литературой. Написал цикл «Рассказы 1922–1924 годов», «Заметки из дневника» (1924), роман «Дело Артамоновых» (1925), начал работать над романом-эпопеей «Жизнь Клима Самгина» (1925–1936). Современники отмечали экспериментальный характер произведений Горького этого времени, которые создавались с несомненной оглядкой на формальные искания русской прозы 20-х гг.

В 1928 г. Горький возвратился на родину. Как художник он целиком погрузился в создание «Жизни Клима Самгина», панорамной картины России за сорок лет. Организовал журнал «Литературная учеба», а также Литературный институт, затем названный его именем. В 1934 г. возглавил Союз писателей СССР, созданный по его инициативе.

Смерть Горького была окружена атмосферой таинственности, как и смерть его сына Максима Пешкова. Однако версии о насильственной смерти обоих до сих пор не нашли документального подтверждения.

Макар Чудра

С моря дул влажный, холодный ветер, разнося по степи задумчивую мелодию плеска набегавшей на берег волны и шелеста прибрежных кустов. Изредка его порывы приносили с собой сморщенные, желтые листья и бросали их в костер, раздувая пламя; окружавшая нас мгла осенней ночи вздрагивала и, пугливо отодвигаясь, открывала на миг слева — безграничную степь, справа — бесконечное море и прямо против меня — фигуру Макара Чудры, старого цыгана, — он сторожил коней своего табора, раскинутого шагах в пятидесяти от нас. Не обращая внимания на то, что холодные волны ветра, распахнув чекмень[1], обнажили его волосатую грудь и безжалостно бьют ее, он полулежал в красивой, сильной позе, лицом ко мне, методически потягивал из своей громадной трубки, выпускал изо рта и носа густые клубы дыма и, неподвижно уставив глаза куда-то через мою голову в мертво молчавшую темноту степи, разговаривал со мной, не умолкая и не делая ни одного движения к защите от резких ударов ветра.

— Так ты ходишь? Это хорошо! Ты славную долю выбрал себе, сокол. Так и надо: ходи и смотри, насмотрелся, ляг и умирай — вот и все!

— Жизнь? Иные люди? — продолжал он, скепти-

---

1. Чекмень (тюрк.) — верхняя мужская одежда у кавказских народов: суконный полукафтан в талию с оборками сзади.

чески выслушав мое возражение на его "Так и надо". — Эге! А тебе что до того? Разве ты сам — не жизнь? Другие люди живут без тебя и проживут без тебя. Разве ты думаешь, что ты кому-то нужен? Ты не хлеб, не палка, и не нужно тебя никому.

— Учиться и учить, говоришь ты? А ты можешь научиться сделать людей счастливыми? Нет, не можешь. Ты поседей сначала, да и говори, что надо учить. Чему учить? Всякий знает, что ему нужно. Которые умнее, те берут что есть, которые поглупее — те ничего не получают, и всякий сам учится...

— Смешные они, те твои люди. Сбились в кучу и давят друг друга, а места на земле вон сколько, — он широко повел рукой на степь. — И все работают. Зачем? Кому? Никто не знает. Видишь, как человек пашет, и думаешь: вот он по капле с потом силы свои источит на землю, а потом ляжет в нее и сгниет в ней. Ничего по нем не останется, ничего он не видит с своего поля и умирает, как родился, — дураком.

— Что ж, — он родился затем, что ли, чтоб поковырять землю, да и умереть, не успев даже могилы самому себе выковырять? Ведома ему воля? Ширь степная понятна? Говор морской волны веселит ему сердце? Он раб — как только родился, всю жизнь раб, и все тут! Что он с собой может сделать? Только удавиться, коли поумнеет немного.

— А я, вот смотри, в пятьдесят восемь лет столько видел, что коли написать все это на бумаге, так в тысячу таких торб[1], как у тебя, не положишь. А ну-ка, скажи, в каких краях я не был? И не скажешь. Ты и не знаешь таких краев, где я бывал. Так нужно жить: иди, иди — и все тут. Долго не стой на одном месте — чего в нем? Вон как день и ночь бегают, гоняясь друг за другом, вокруг земли, так и ты бегай от дум про жизнь, чтоб не разлюбить ее. А задумаешься — разлюбишь жизнь, это всегда так бывает. И со мной это было. Эге! Было, сокол.

— В тюрьме я сидел, в Галичине. "Зачем я живу на свете?" — помыслил я со скуки, — скучно в тюрьме, сокол, э, как скучно! — и взяла меня тоска за сердце, как посмотрел я из окна на поле, взяла и сжала его клещами. Кто скажет, зачем он живет? Никто не скажет, сокол! И

---

1. Торба — мешок, сума.

спрашивать себя про это не надо. Живи, и все тут! И похаживай да посматривай кругом себя, вот и тоска не возьмет никогда. Я тогда чуть не удавился поясом, вот как!

— Хе! Говорил я с одним человеком. Строгий человек, из ваших, русских. Нужно, говорит он, жить не так, как ты сам хочешь, а так, как сказано в Божьем слове. Богу покоряйся, и он даст тебе все, что попросишь у него. А сам он весь в дырьях, рваный. Я и сказал ему, чтобы он себе новую одежду попросил у Бога. Рассердился он и прогнал меня, ругаясь. А до того говорил, что надо прощать людей и любить их. Вот бы и простил мне, коли моя речь обидела его милость. Тоже — учитель! Учат они меньше есть, а сами едят по десять раз в сутки.

Он плюнул в костер и замолчал, снова набивая трубку. Ветер выл жалобно и тихо, во тьме ржали кони, из табора плыла нежная и страстная песня-думка[1]. Это пела красавица Нонка, дочь Макара. Я знал ее голос густого, грудного тембра, всегда как-то странно, недовольно и требовательно звучавший — пела ли она песню, говорила ли "здравствуй". На ее смуглом, матовом лице замерла надменность царицы, а в подернутых какой-то тенью темно-карих глазах сверкало сознание неотразимости ее красоты и презрение ко всему, что не она сама.

Макар подал мне трубку.

— Кури! Хорошо поет девка? То-то! Хотел бы, чтоб такая тебя полюбила? Нет? Хорошо! Так и надо — не верь девкам и держись от них дальше. Девке целоваться лучше и приятней, чем мне трубку курить, а поцеловал ее — и умерла воля в твоем сердце. Привяжет она тебя к себе чем-то, чего не видно, а порвать — нельзя, и отдашь ты ей всю душу. Верно! Берегись девок! Лгут всегда! Люблю, говорит, больше всего на свете, а ну-ка, уколи ее булавкой, она разорвет тебе сердце. Знаю я! Эге, сколько я знаю! Ну, сокол, хочешь, скажу одну быль? А ты ее запомни и, как запомнишь, — век свой будешь свободной птицей.

"Был на свете Зобар, молодой цыган, Лойко Зобар. Вся Венгрия, и Чехия, и Славония, и все, что кругом моря, знало его, — удалый был малый! Не было по тем краям деревни, в которой бы пяток-другой жи-

---

1. Думка (дума) — песня или стихотворение лирического содержания, род баллады.

телей не давал Богу клятвы убить Лойко, а он себе жил, и уж коли ему понравился конь, так хоть полк солдат поставь сторожить того коня — все равно Зобар на нем гарцевать станет! Эге! разве он кого боялся? Да приди к нему сатана со всей своей свитой, так он бы, коли б не пустил в него ножа, то наверно бы крепко поругался, а что чертям подарил бы по пинку в рыла — это уж как раз!

И все таборы его знали или слыхали о нем. Он любил только коней и ничего больше, и то недолго — поездит, да и продаст, а деньги, кто хочет, тот и возьми. У него не было заветного — нужно тебе его сердце, он сам бы вырвал его из груди, да тебе и отдал, только бы тебе от того хорошо было. Вот он какой был, сокол! Наш табор кочевал в то время по Буковине[1], — это годов десять назад тому. Раз — ночью весенней — сидим мы: я, Данило-солдат, что с Кошутом[2] воевал вместе, и Нур старый, и все другие, и Радда, Данилова дочка.

Ты Нонку мою знаешь? Царица девка! Ну, а Радду с ней равнять нельзя — много чести Нонке! О ней, этой Радде, словами и не скажешь ничего. Может быть, ее красоту можно бы на скрипке сыграть, да и то тому, кто эту скрипку, как свою душу, знает.

Много посушила она сердец молодецких, ого, много! На Мораве[3] один магнат, старый, чубатый, увидал ее и остолбенел. Сидит на коне и смотрит, дрожа, как в огневице[4]. Красив он был, как черт в праздник, жупан[5] шит золотом, на боку сабля, как молния, сверкает, чуть конь ногой топнет, вся эта сабля в камнях драгоценных, и голубой бархат на шапке, точно неба кусок, — важный был господарь старый! Смотрел, смотрел, да и говорит Радде: "Гей! Поцелуй, кошель денег дам". А та отвернулась в сторону, да и только! "Прости, коли обидел, взгляни хоть поласковей", — сразу сбавил спеси старый магнат и бросил к ее ногам

---

1. Буковина — историческое название (с XV в.) части современной Черновицкой области Украины (Северная Буковина) и области Сучава в Румынии (Южная Буковина).
2. Кошун Лайош (1802–1894) — главный организатор борьбы венгерского народа за независимость во время революции 1848–1849 гг. в Венгрии.
3. Морава (Моравия) — историческая область в Чехии.
4. Огневица — лихорадка.
5. Жупан — старинная мужская и женская одежда поляков, украинцев и др. из сукна (серого или голубого). Полукафтан с отложным воротником и застежкой на пуговицах.

кошель — большой кошель, брат! А она его будто невзначай пнула ногой в грязь, да и все тут.

— Эх, девка! — охнул он, да и плетью по коню — только пыль взвилась тучей.

А на другой день снова явился. "Кто ее отец?" — громом гремит по табору. Данило вышел. "Продай дочь, что хочешь возьми!" А Данило и скажи ему: "Это только паны продают все, от своих свиней до своей совести, а я с Кошутом воевал и ничем не торгую!" Взревел было тот, да и за саблю, но кто-то из нас сунул зажженный трут в ухо коню, он и унес молодца. А мы снялись, да и пошли. День идем и два, смотрим — догнал! "Гей вы, говорит, перед Богом и вами совесть моя чиста, отдайте девку в жены мне: все поделю с вами, богат я сильно!" Горит весь и, как ковыль под ветром, качается в седле. Мы задумались.

— А ну-ка, дочь, говори! — сказал себе в усы Данило.

— Кабы орлица к ворону в гнездо по своей воле вошла, чем бы она стала? — спросила нас Радда. Засмеялся Данило, и все мы с ним.

— Славно, дочка! Слышал, господарь? Не идет дело! Голубок ищи — те податливей. — И пошли мы вперед.

А тот господарь схватил шапку, бросил ее оземь и поскакал так, что земля задрожала. Вот она какова была Радда, сокол!

— Да! Так вот раз ночью сидим мы и слышим — музыка плывет по степи. Хорошая музыка! Кровь загоралась в жилах от нее, и звала она куда-то. Всем нам, мы чуяли, от той музыки захотелось чего-то такого, после чего бы и жить уж не нужно было, или, коли жить, так — царями над всей землей, сокол!

Вот из темноты вырезался конь, а на нем человек сидит и играет, подъезжая к нам. Остановился у костра, перестал играть, улыбаясь, смотрит на нас.

— Эге, Зобар, да это ты! — крикнул ему Данило радостно. Так вот он, Лойко Зобар!

Усы легли на плечи и смешались с кудрями, очи, как ясные звезды, горят, а улыбка — целое солнце, ей-Богу! Точно его ковали из одного куска железа вместе с конем. Стоит весь, как в крови, в огне костра и сверкает зубами, смеясь! Будь я проклят, коли я его не любил уже, как себя, раньше, чем он мне слово сказал или просто заметил, что и я тоже живу на белом свете!

Вот, сокол, какие люди бывают! Взглянет он тебе в очи и полонит твою душу, и ничуть тебе это не стыдно, а еще и гордо для тебя. С таким человеком ты и сам лучше становишься. Мало, друг, таких людей! Ну, так и ладно, коли мало. Много хорошего было бы на свете, так его и за хорошее не считали бы. Так-то! А слушай-ка дальше.

Радда и говорит: "Хорошо ты, Лойко, играешь! Кто это делал тебе скрипку такую звонкую и чуткую?" А тот смеется: "Я сам делал! И сделал ее не из дерева, а из груди молодой девушки, которую любил крепко, а струны из ее сердца мною свиты. Врет еще немного скрипка, ну, да я умею смычок в руках держать!"

Известно, наш брат старается сразу затуманить девке очи, чтоб они не зажгли его сердца, а сами подернулись бы по тебе грустью, вот и Лойко тож. Но — не на ту попал. Радда отвернулась в сторону и, зевнув, сказала: "А еще говорили, что Зобар умен и ловок, — вот лгут люди!" — и пошла прочь.

— Эге, красавица, у тебя остры зубы! — сверкнул очами Лойко, слезая с коня. — Здравствуйте, браты! Вот и я к вам!

— Просим гостя! — сказал Данило в ответ ему. Поцеловались, поговорили и легли спать... Крепко спали. А наутро, глядим, у Зобара голова повязана тряпкой. Что это? А это конь зашиб его копытом сонного.

Э, э, э! Поняли мы, кто тот конь, и улыбнулись в усы, и Данило улыбнулся. Что ж, разве Лойко не стоил Радды? Ну, уж нет! Девка как ни хороша, да у ней душа узка и мелка, и хоть ты пуд золота повесь ей на шею, все равно, лучше того, какова она есть, не быть ей. А, ну ладно!

Живем мы да живем на том месте, дела у нас о ту пору хорошие были, и Зобар с нами. Это был товарищ! И мудр, как старик, и сведущ во всем, и грамоту русскую и мадьярскую[1] понимал. Бывало, пойдет говорить — век бы не спал, слушал его! А играет — убей меня гром, коли на свете еще кто-нибудь так играл! Проведет, бывало, по струнам смычком — и вздрогнет у тебя сердце, проведет еще раз — и замрет

---

1. Мадьярская грамота — венгерский язык.

оно, слушая, а он играет и улыбается. И плакать и смеяться хотелось в одно время, слушая его. Вот тебе сейчас кто-то стонет горько, просит помощи и режет тебе грудь, как ножом. А вот степь говорит небу сказки, печальные сказки. Плачет девушка, провожая добра молодца! Добрый молодец кличет девицу в степь. И вдруг — гей! Громом гремит вольная, живая песня, и само солнце, того и гляди, затанцует по небу под ту песню! Вот как, сокол!

Каждая жила в твоем теле понимала ту песню, и весь ты становился рабом ее. И коли бы тогда крикнул Лойко: "В ножи, товарищи!" — то и пошли бы мы все в ножи, с кем указал бы он. Все он мог сделать с человеком, и все любили его, крепко любили, только Радда одна не смотрит на парня; и ладно, коли бы только это, а то еще и подсмеивается над ним. Крепко она задела за сердце Зобара, то-то крепко! Зубами скрипит, дергая себя за ус, Лойко, очи темнее бездны смотрят, а порой в них такое сверкает, что за душу страшно становится. Уйдет ночью далеко в степь Лойко, и плачет до утра его скрипка, плачет, хоронит Зобарову волю. А мы лежим да слушаем и думаем: как быть? И знаем, что, коли два камня друг на друга катятся, становиться между ними нельзя — изувечат. Так и шло дело.

Вот сидели мы, все в сборе, и говорили о делах. Скучно стало. Данило и просит Лойко: "Спой, Зобар, песенку, повесели душу!" Тот повел оком на Радду, что неподалеку от него лежала кверху лицом, глядя в небо, и ударил по струнам. Так и заговорила скрипка, точно это и вправду девичье сердце было! И запел Лойко:

Гей-гей! В груди горит огонь,
А степь так широка!
Как ветер, быстр мои борзый конь,
Тверда моя рука!

Повернула голову Радда и, привстав, усмехнулась в очи певуну. Вспыхнул, как заря, он.

Гей-гоп, гей! Ну, товарищ мой!

Поскачем, что ль, вперед!?

Одета степь суровой мглой,

А там рассвет нас ждет!

Гей-гей! Летим и встретим день.

Взвивайся в вышину!

Да только гривой не задень

Красавицу луну!

Вот пел! Никто уж так не поет теперь! А Радда и говорит, точно воду цедит:

— Ты бы не залетал так высоко, Лойко, неравно упадешь, да — в лужу носом, усы запачкаешь, смотри. — Зверем посмотрел на нее Лойко, а ничего не сказал — стерпел парень и поет себе:

Гей-гоп! Вдруг день придет сюда,

А мы с тобою спим.

Эй, гей! Ведь мы с тобой тогда

В огне стыда сгорим!

— Это песня! — сказал Данило. — Никогда не слыхал такой песни; пусть из меня сатана себе трубку сделает, коли вру я!

Старый Нур и усами поводил, и плечами пожимал, и всем нам по душе была удалая Зобарова песня! Только Радде не понравилась.

— Вот так однажды комар гудел, орлиный клекот передразнивая, — сказала она, точно снегом в нас кинула.

— Может быть, ты, Радда, кнута хочешь? — потянулся Данило к ней, а Зобар бросил наземь шапку, да и говорит, весь черный, как земля:

— Стой, Данило! Горячему коню — стальные удила! Отдай мне дочку в жены!

— Вот сказал речь! — усмехнулся Данило. — Да возьми, коли можешь!

— Добро! — молвил Лойко и говорит Радде: — Ну, девушка, послушай меня немного, да не кичись! Много я вашей сестры видел, эге, много! А ни одна не тронула моего сердца так, как ты. Эх, Радда, полонила ты мою душу! Ну что ж? Чему быть, так то и будет, и... нет такого коня, на котором от самого себя ускакать можно б было!.. Беру тебя в жены перед Богом, своей честью, твоим отцом и всеми этими людьми. Но смотри, воле моей не перечь — я свободный человек и буду жить так, как я хочу! — И подошел к ней, стиснув зубы, сверкая глазами. Смотрим мы, протянул он ей руку, — вот, думаем, и надела узду на степного коня Радда! Вдруг видим, взмахнул он руками и оземь затылком — грох!..

Что за диво? Точно пуля ударила в сердце малого. А это Радда захлестнула ему ременное кнутовище за ноги, да и дернула к себе, — вот отчего упал Лойко.

И снова уж лежит девка не шевелясь да усмехается молча. Мы смотрим, что будет, а Лойко сидит на земле и сжал руками голову, точно боится, что она у него лопнет. А потом встал тихо, да и пошел в степь, ни на кого не глядя. Нур шепнул мне: "Смотри за ним!" И пополз я за Зобаром по степи в темноте ночной. Так-то, сокол!

Макар выколотил пепел из трубки и снова стал набивать ее. Я закутался плотнее в шинель и, лежа, смотрел в его старое лицо, черное от загара и ветра. Он, сурово и строго качая головой, что-то шептал про себя; седые усы шевелились, и ветер трепал ему волосы на голове. Он был похож на старый дуб, обожженный молнией, но все еще мощный, крепкий и гордый силой своей. Море шепталось по-прежнему с берегом, и ветер все так же носил его шепот по степи. Нонка уже не пела, а собравшиеся на небе тучи сделали осеннюю ночь еще темней.

"Шел Лойко нога за ногу, повеся голову и опустив руки, как плети, и, придя в балку к ручью, сел на камень и охнул. Так охнул, что у меня сердце кровью облилось от жалости, но все ж не подошел к нему. Словом горю не поможешь — верно?! То-то! Час он сидит, другой сидит и третий не шелохнется — сидит.

И я лежу неподалеку. Ночь светлая, месяц серебром всю степь залил, и далеко все видно.

Вдруг вижу: от табора спешно Радда идет.

Весело мне стало! "Эх, важно! — думаю, — удалая девка Радда!" Вот она подошла к нему, он и не слышит. Положила ему руку на плечо; вздрогнул Лойко, разжал руки и поднял голову. И как вскочит, да за нож! Ух, порежет девку, вижу я, и уж хотел, крикнув до табора, побежать к ним, вдруг слышу:

— Брось! Голову разобью! — Смотрю: у Радды в руке пистоль, и она в лоб Зобару целит. Вот сатана девка! А ну, думаю, они теперь равны по силе, что будет дальше?

— Слушай! — Радда заткнула за пояс пистоль и говорит Зобару: — Я не убить тебя пришла, а мириться, бросай нож! — Тот бросил и хмуро смотрит ей в очи. Дивно это было, брат! Стоят два человека и зверями смотрят друг на друга, а оба такие хорошие, удалые люди. Смотрит на них ясный месяц да я — и все тут.

— Ну, слушай меня, Лойко: я тебя люблю! — говорит Радда. Тот только плечами повел, точно связанный по рукам и ногам.

— Видала я молодцов, а ты удалей и краше их душой и лицом. Каждый из них усы себе бы сбрил — моргни я ему глазом, все они пали бы мне в ноги, захоти я того. Но что толку? Они и так не больно-то удалы, а я бы их всех обабила. Мало осталось на свете удалых цыган, мало, Лойко. Никогда я никого не любила, Лойко, а тебя люблю. А еще я люблю волю! Волю-то, Лойко, я люблю больше, чем тебя. А без тебя мне не жить, как не жить и тебе без меня. Так вот я хочу, чтоб ты был моим и душой и телом, слышишь? — Тот усмехнулся.

— Слышу! Весело сердцу слушать твою речь! Ну-ка, скажи еще!

— А еще вот что, Лойко: все равно, как ты ни вертись, я тебя одолею, моим будешь. Так не теряй же даром времени — впереди тебя ждут мои поцелуи да ласки... крепко целовать я тебя буду, Лойко! Под поцелуй мой забудешь ты свою удалую жизнь... и живые песни твои, что так радуют молодцов-цыган, не зазвучат по степям больше — петь ты будешь любовные, нежные песни мне, Радде... Так не теряй даром времени, — сказала я это, значит, ты завтра покоришься мне как старшему товарищу юнаку[1]. Поклонишься мне в ноги перед всем табором и поцелуешь правую руку мою — и тогда я буду твоей женой.

Вот чего захотела чертова девка! Этого и слыхом не слыхано было; только в старину у черногорцев так было, говорили старики, а у цыган — никогда! Ну-ка, сокол, выдумай что ни то посмешнее? Год полома-

---

1. Юнак — юноша, молодой человек.

ешь голову, не выдумаешь!

Прянул в сторону Лойко и крикнул на всю степь, как раненный в грудь. Дрогнула Радда, но не выдала себя.

— Ну, так прощай до завтра, а завтра ты сделаешь, что я велела тебе. Слышишь, Лойко?

— Слышу! Сделаю, — застонал Зобар и протянул к ней руки. Она и не оглянулась на него, а он зашатался, как сломанное ветром дерево, и пал на землю, рыдая и смеясь.

Вот как замаяла молодца проклятая Радда. Насилу я привел его в себя.

Эхе! Какому дьяволу нужно, чтобы люди горе горевали? Кто это любит слушать, как стонет, разрываясь от горя, человеческое сердце? Вот и думай тут!..

Воротился я в табор и рассказал о всем старикам. Подумали и решили подождать да посмотреть — что будет из этого. А было вот что. Когда собрались все мы вечером вокруг костра, пришел и Лойко. Был он смутен и похудел за ночь страшно, глаза ввалились; он опустил их и, не подымая, сказал нам:

— Вот какое дело, товарищи: смотрел в свое сердце этой ночью и не нашел места в нем старой вольной жизни моей. Радда там живет только — и все тут! Вот она, красавица Радда, улыбается, как царица! Она любит свою волю больше меня, а я ее люблю больше своей воли, и решил я Радде поклониться в ноги, так она велела, чтоб все видели, как ее красота покорила удалого Лойко Зобара, который до нее играл с девушками, как кречет с утками. А потом она станет моей женой и будет ласкать и целовать меня, так что уже мне и песен петь вам не захочется, и воли моей я не пожалею! Так ли, Радда? — Он поднял глаза и сумно[1] посмотрел на нее. Она молча и строго кивнула головой и рукой указала себе на ноги. А мы смотрели и ничего не понимали. Даже уйти куда-то хотелось, лишь бы не видеть, как Лойко Зобар упадет в ноги девке — пусть эта девка и Радда. Стыдно было чего-то, и жалко, и грустно.

— Ну! — крикнула Радда Зобару.

— Эге, не торопись, успеешь, надоест еще... — засмеялся он. Точ-

---

1. Сумно — безумно (от глагола сумить — свести с ума).

но сталь зазвенела, — засмеялся.

— Так вот и все дело, товарищи! Что остается? А остается попробовать, такое ли у Радды моей крепкое сердце, каким она мне его показывала. Попробую же, — простите меня, братцы!

Мы и догадаться еще не успели, что хочет делать Зобар, а уж Радда лежала на земле, и в груди у нее по рукоять торчал кривой нож Зобара. Оцепенели мы.

А Радда вырвала нож, бросила его в сторону и, зажав рану прядью своих черных волос, улыбаясь, сказала громко и внятно:

— Прощай, Лойко! я знала, что ты так сделаешь!.. — да и умерла...

Понял ли девку, сокол?! Вот какая, будь я проклят на веки вечные, дьявольская девка была!

— Эх! да и поклонюсь же я тебе в ноги, королева гордая! — на всю степь гаркнул Лойко да, бросившись наземь, прильнул устами к ногам мертвой Радды и замер. Мы сняли шапки и стояли молча.

Что ты скажешь в таком деле, сокол? То-то! Нур сказал было: "Надо связать его!.." Не поднялись бы руки вязать Лойко Зобара, ни у кого не поднялись бы, и Нур знал это. Махнул он рукой, да и отошел в сторону. А Данило поднял нож, брошенный в сторону Раддой, и долго смотрел на него, шевеля седыми усами, на том ноже еще не застыла кровь Радды, и был он такой кривой и острый. А потом подошел Данило к Зобару и сунул ему нож в спину как раз против сердца. Тоже отцом был Радде старый солдат Данило!

— Вот так! — повернувшись к Даниле, ясно сказал Лойко и ушел догонять Радду.

А мы смотрели. Лежала Радда, прижав к груди руку с прядью волос, и открытые глаза ее были в голубом небе, а у ног ее раскинулся удалой Лойко Зобар. На лицо его пали кудри, и не видно было его лица.

Стояли мы и думали. Дрожали усы у старого Данилы, и насупились густые брови его. Он глядел в небо и молчал, а Нур, седой, как лунь, лег вниз лицом на землю и заплакал так, что ходуном заходили его стариковские плечи.

Было тут над чем плакать, сокол!

...Идешь ты, ну и иди своим путем, не сворачивая в сторону. Прямо и иди. Может, и не загинешь даром. Вот и все, сокол!"

Макар замолчал и, спрятав в кисет трубку, запахнул на груди чекмень. Накрапывал дождь, ветер стал сильнее, море рокотало глухо и сердито. Один за другим к угасающему костру подходили кони и, осмотрев нас большими умными глазами, неподвижно останавливались, окружая нас плотным кольцом.

— Гоп, гоп, эгой! — крикнул им ласково Макар и, похлопав ладонью шею своего любимого вороного коня, сказал, обращаясь ко мне: — Спать пора! — Потом завернулся с головой в чекмень и, могуче вытянувшись на земле, умолк.

Мне не хотелось спать. Я смотрел во тьму степи, и в воздухе перед моими глазами плавала царственно красивая и гордая фигура Радды. Она прижала руку с прядью черных волос к ране на груди, и сквозь ее смуглые, тонкие пальцы сочилась капля по капле кровь, падая на землю огненно-красными звездочками.

А за нею по пятам плыл удалой молодец Лойко Зобар; его лицо завесили пряди густых черных кудрей, и из-под них капали частые, холодные и крупные слезы...

Усиливался дождь, и море распевало мрачный и торжественный гимн гордой паре красавцев цыган — Лойко Зобару и Радде, дочери старого солдата Данилы.

А они оба кружились во тьме ночи плавно и безмолвно, и никак не мог красавец Лойко поравняться с гордой Раддой.

1892

Старуха Изергиль

I

Я слышал эти рассказы под Аккерманом[1], в Бессарабии[2], на мор-

---

1. Аккерман — название г. Белгород-Днестровский до 1944 г.
2. Бессарабия — историческая область между реками Днестр и Прут (ныне основная часть территории Молдовы и южная часть Одесской области).

ском берегу.

Однажды вечером, кончив дневной сбор винограда, партия молдаван, с которой я работал, ушла на берег моря, а я и старуха Изергиль остались под густой тенью виноградных лоз и, лежа на земле, молчали, глядя, как тают в голубой мгле ночи силуэты тех людей, что пошли к морю.

Они шли, пели и смеялись; мужчины — бронзовые, с пышными, черными усами и густыми кудрями до плеч, в коротких куртках и широких шароварах; женщины и девушки — веселые, гибкие, с темно-синими глазами, тоже бронзовые. Их волосы, шелковые и черные, были распущены, ветер, теплый и легкий, играя ими, звякал монетами, вплетенными в них. Ветер тек широкой, ровной волной, но иногда он точно прыгал через что-то невидимое и, рождая сильный порыв, развевал волосы женщин в фантастические гривы, вздымавшиеся вокруг их голов. Это делало женщин странными и сказочными. Они уходили все дальше от нас, а ночь и фантазия одевали их все прекраснее.

Кто-то играл на скрипке... девушка пела мягким контральто, слышался смех...

Воздух был пропитан острым запахом моря и жирными испарениями земли, незадолго до вечера обильно смоченной дождем. Еще и теперь по небу бродили обрывки туч, пышные, странных очертаний и красок, тут — мягкие, как клубы дыма, сизые и пепельно-голубые, там — резкие, как обломки скал, матово-черные или коричневые. Между ними ласково блестели темно-голубые клочки неба, украшенные золотыми крапинками звезд. Все это — звуки и запахи, тучи и люди — было странно красиво и грустно, казалось началом чудной сказки. И все как бы остановилось в своем росте, умирало; шум голосов гас, удаляясь, перерождался в печальные вздохи.

— Что ты не пошел с ними? — кивнув головой, спросила старуха Изергиль.

Время согнуло ее пополам, черные когда-то глаза были тусклы и слезились. Ее сухой голос звучал странно, он хрустел, точно старуха говорила костями.

— Не хочу, — ответил я ей.

— У!.. стариками родитесь вы, русские. Мрачные все, как демоны... Боятся тебя наши девушки... А ведь ты молодой и сильный...

Луна взошла. Ее диск был велик, кроваво-красен, она казалась вышедшей из недр этой степи, которая на своем веку так много поглотила человеческого мяса и выпила крови, отчего, наверное, и стала такой жирной и щедрой. На нас упали кружевные тени от листвы, я и старуха покрылись ими, как сетью. По степи, влево от нас, поплыли тени облаков, пропитанные голубым сиянием луны, они стали прозрачней и светлей.

— Смотри, вон идет Ларра!

Я смотрел, куда старуха указывала своей дрожащей рукой с кривыми пальцами, и видел: там плыли тени, их было много, и одна из них, темней и гуще, чем другие, плыла быстрей и ниже сестер, — она падала от клочка облака, которое плыло ближе к земле, чем другие, и скорее, чем они.

— Никого нет там! — сказал я.

— Ты слеп больше меня, старухи. Смотри — вон, темный, бежит степью!

Я посмотрел еще и снова не видел ничего, кроме тени.

— Это тень! Почему ты зовешь ее Ларра?

— Потому что это — он. Он уже стал теперь как тень, — пора! Он живет тысячи лет, солнце высушило его тело, кровь и кости, и ветер распылил их. Вот что может сделать Бог с человеком за гордость!..

— Расскажи мне, как это было! — попросил я старуху, чувствуя впереди одну из славных сказок, сложенных в степях.

И она рассказала мне эту сказку.

"Многие тысячи лет прошли с той поры, когда случилось это. Далеко за морем, на восход солнца, есть страна большой реки, в той стране каждый древесный лист и стебель травы дает столько тени, сколько нужно человеку, чтоб укрыться в ней от солнца, жестоко жаркого там.

Вот какая щедрая земля в той стране!

Там жило могучее племя людей, они пасли стада и на охоту за зверями тратили свою силу и мужество, пировали после охоты, пели песни и играли с девушками.

Однажды, во время пира, одну из них, черноволосую и нежную, как ночь, унес орел, спустившись с неба. Стрелы, пущенные в него мужчинами, упали, жалкие, обратно на землю. Тогда пошли искать девушку, но — не нашли ее. И забыли о ней, как забывают об всем на земле".

Старуха вздохнула и замолчала. Ее скрипучий голос звучал так, как будто это роптали все забытые века, воплотившись в ее груди тенями воспоминаний. Море тихо вторило началу одной из древних легенд, которые, может быть, создались на его берегах.

"Но через двадцать лет она сама пришла, измученная, иссохшая, а с нею был юноша, красивый и сильный, как сама она двадцать лет назад. И, когда ее спросили, где была она, она рассказала, что орел унес ее в горы и жил с нею там, как с женой. Вот его сын, а отца нет уже; когда он стал слабеть, то поднялся в последний раз высоко в небо и, сложив крылья, тяжело упал оттуда на острые уступы горы, насмерть разбился о них...

Все смотрели с удивлением на сына орла и видели, что он ничем не лучше их, только глаза его были холодны и горды, как у царя птиц. И разговаривали с ним, а он отвечал, если хотел, или молчал, а когда пришли старейшие племени, он говорил с ними, как с равными себе. Это оскорбило их, и они, назвав его неоперенной стрелой с неотточенным наконечником, сказали ему, что их чтут, им повинуются тысячи таких, как он, и тысячи вдвое старше его. А он, смело глядя на них, отвечал, что таких, как он, нет больше; и если все чтут их — он не хочет делать этого. О!.. тогда уж совсем рассердились они. Рассердились и сказали:

— Ему нет места среди нас! Пусть идет куда хочет.

Он засмеялся и пошел, куда захотелось ему, — к одной красивой девушке, которая пристально смотрела на него; пошел к ней и, подойдя, обнял ее. А она была дочь одного из старшин, осудивших его. И, хотя он был красив, она оттолкнула его, потому что боялась отца. Она оттолкнула его, да и пошла прочь, а он ударил ее и, когда она упала, встал ногой на ее грудь, так, что из ее уст кровь брызнула к небу, девушка, вздохнув, извилась змеей и умерла.

Всех, кто видел это, оковал страх, — впервые при них так убивали женщину. И долго все молчали, глядя на нее, лежавшую с открытыми глазами и окровавленным ртом, и на него, который стоял один против всех, рядом с ней, и был горд, — не опустил своей головы, как бы вызывая на нее кару. Потом, когда одумались, то схватили его, связали и так оставили, находя, что убить сейчас же — слишком просто и не удовлетворит их".

Ночь росла и крепла, наполняясь странными, тихими звуками. В степи печально посвистывали суслики, в листве винограда дрожал стеклянный стрекот кузнечиков, листва вздыхала и шепталась, полный диск луны, раньше кроваво-красный, бледнел, удаляясь от земли, бледнел и все обильнее лил на степь голубоватую мглу...

"И вот они собрались, чтобы придумать казнь, достойную преступления... Хотели разорвать его лошадьми — и это казалось мало им; думали пустить в него всем по стреле, но отвергли и это; предлагали сжечь его, но дым костра не позволил бы видеть его мучений; предлагали много — и не находили ничего настолько хорошего, чтобы понравилось всем. А его мать стояла перед ними на коленях и молчала, не находя ни слез, ни слов, чтобы умолять о пощаде. Долго говорили они, и вот один мудрец сказал, подумав долго:

— Спросим его, почему он сделал это?

Спросили его об этом. Он сказал:

— Развяжите меня! Я не буду говорить связанный!

А когда развязали его, он спросил:

— Что вам нужно? — спросил так, точно они были рабы...

— Ты слышал... — сказал мудрец.

— Зачем я буду объяснять вам мои поступки?

— Чтоб быть понятым нами. Ты, гордый, слушай! Все равно ты умрешь ведь... Дай же нам понять то, что ты сделал. Мы остаемся жить, и нам полезно знать больше, чем мы знаем...

— Хорошо, я скажу, хотя я, может быть, сам неверно понимаю то, что случилось. Я убил ее потому, мне кажется, — что меня оттолкнула она... А мне было нужно ее.

— Но она не твоя! — сказали ему.

— Разве вы пользуетесь только своим? Я вижу, что каждый человек имеет только речь, руки и ноги... а владеет он животными, женщинами, землей... и многим еще...

Ему сказали на это, что за все, что человек берет, он платит собой: своим умом и силой, иногда — жизнью. А он отвечал, что он хочет сохранить себя целым.

Долго говорили с ним и наконец увидели, что он считает себя первым на земле и, кроме себя, не видит ничего. Всем даже страшно стало, когда поняли, на какое одиночество он обрекал себя. У него не было ни племени, ни матери, ни скота, ни жены, и он не хотел ничего этого.

Когда люди увидали это, они снова принялись судить о том, как наказать его. Но теперь недолго они говорили, — тот, мудрый, не мешавший им судить, заговорил сам:

— Стойте! Наказание есть. Это страшное наказание; вы не выдумаете такого в тысячу лет! Наказание ему — в нем самом! Пустите его, пусть он будет свободен. Вот его наказание!

И тут произошло великое. Грянул гром с небес, — хотя на них не было туч. Это силы небесные подтверждали речь мудрого. Все поклонились и разошлись. А этот юноша, который теперь получил имя Ларра, что значит: отверженный, выкинутый вон, — юноша громко смеялся вслед людям, которые бросили его, смеялся, оставаясь один, свободный, как отец его. Но отец его — не был человеком... А этот — был человек. И вот он стал жить, вольный, как птица. Он приходил в племя и похищал скот, девушек — все, что хотел. В него стреляли, но стрелы не могли пронзить его тела, закрытого невидимым покровом высшей кары. Он был ловок, хищен, силен, жесток и не встречался с людьми лицом к лицу. Только издали видели его. И долго он, одинокий, так вился около людей, долго — не один десяток годов. Но вот однажды он подошел близко к людям и, когда они бросились на него, не тронулся с места и ничем не показал, что будет защищаться. Тогда один из людей догадался и крикнул громко:

— Не троньте его. Он хочет умереть!

И все остановились, не желая облегчить участь того, кто делал им зло, не желая убивать его. Остановились и смеялись над ним. А он дрожал, слыша этот смех, и все искал чего-то на своей груди, хватаясь за нее руками. И вдруг он бросился на людей, подняв камень. Но они, уклоняясь от его ударов, не нанесли ему ни одного, и когда он, утомленный, с тоскливым криком упал на землю, то отошли в сторону и наблюдали за ним. Вот он встал и, подняв потерянный кем-то в борьбе с ним нож, ударил им себя в грудь. Но сломался нож — точно в камень ударили им. И снова он упал на землю и долго бился головой об нее. Но земля отстранялась от него, углубляясь от ударов его головы.

— Он не может умереть! — с радостью сказали люди. И ушли, оставив его. Он лежал кверху лицом и видел — высоко в небе черными точками плавали могучие орлы. В его глазах было столько тоски, что можно было бы отравить ею всех людей мира. Так, с той поры остался он один, свободный, ожидая смерти. И вот он ходит, ходит повсюду... Видишь, он стал уже как тень и таким будет вечно! Он не понимает ни речи людей, ни их поступков — ничего. И все ищет, ходит, ходит... Ему нет жизни, и смерть не улыбается ему. И нет ему места среди людей... Вот как был поражен человек за гордость!"

Старуха вздохнула, замолчала, и ее голова, опустившись на грудь, несколько раз странно качнулась.

Я посмотрел на нее. Старуху одолевал сон, показалось мне. И стало почему-то страшно жалко ее. Конец рассказа она вела таким возвышенным, угрожающим тоном, а все-таки в этом тоне звучала боязливая, рабская нота.

На берегу запели, — странно запели. Сначала раздался контральто, — он пропел две-три ноты, и раздался другой голос, начавший песню сначала, а первый все лился впереди его... — третий, четвертый, пятый вступили в песню в том же порядке. И вдруг ту же песню, опять-таки сначала, запел хор мужских голосов.

Каждый голос женщин звучал совершенно отдельно, все они казались разноцветными ручьями и, точно скатываясь откуда-то сверху по уступам, прыгая и звеня, вливаясь в густую волну мужских голосов, плавно лившуюся кверху, тонули в ней, вырывались из нее, заглушали ее и снова один за другим взвивались, чистые и сильные, высоко вверх.

Шума волн не слышно было за голосами...

II

— Слышал ли ты, чтоб где-нибудь еще так пели? — спросила Изергиль, поднимая голову и улыбаясь беззубым ртом.

— Не слыхал. Никогда не слыхал...

— И не услышишь. Мы любим петь. Только красавцы могут хорошо петь, — красавцы, которые любят жить. Мы любим жить. Смотри-ка, разве не устали за день те, которые поют там? С восхода по закат работали, взошла луна, и уже — поют! Те, которые не умеют жить, легли бы спать. Те, которым жизнь мила, вот — поют.

— Но здоровье... — начал было я.

— Здоровья всегда хватит на жизнь. Здоровье! Разве ты, имея деньги, не тратил бы их? Здоровье — то же золото. Знаешь ты, что я делала, когда была молодой? Я ткала ковры с восхода по закат, не вставая почти. Я, как солнечный луч, живая была и вот должна была сидеть неподвижно, точно камень. И сидела до того, что, бывало, все кости у меня трещат. А как придет ночь, я бежала к тому, кого любила, целоваться с ним. И так я бегала три месяца, пока была любовь; все ночи этого времени бывала у него. И вот до какой поры дожила — хватило крови! А сколько любила! Сколько поцелуев взяла и дала!..

Я посмотрел ей в лицо. Ее черные глаза были все-таки тусклы, их не оживило воспоминание. Луна освещала ее сухие, потрескавшиеся губы, заостренный подбородок с седыми волосами на нем и сморщенный нос, загнутый, словно клюв совы. На месте щек были черные ямы, и в одной из них лежала прядь пепельно-седых волос, выбившихся из-под красной тряпки, которою была обмотана ее голова. Кожа на лице, шее и руках вся изрезана морщинами, и при каждом движении старой Изергиль можно было ждать, что сухая эта кожа разорвется вся, развалится кусками и предо мной встанет голый скелет с тусклыми черными глазами.

Она снова начала рассказывать своим хрустящим голосом:

— Я жила с матерью под Фальчи, на самом берегу Бырлада; и мне было пятнадцать лет, когда он явился к нашему хутору. Был он такой высокий, гибкий, черноусый, веселый. Сидит в лодке и так звонко кричит он нам в окна: "Эй, нет ли у вас вина... и поесть мне?" Я посмотрела в окно сквозь ветви ясеней и вижу: река вся голубая от луны, а он, в белой рубахе и в широком кушаке с распущенными на боку концами, стоит одной ногой в лодке, а другой на берегу. И покачивается, и что-то поет. Увидал меня, говорит: "Вот какая красавица живет тут!.. А я и не знал про это!" Точно он уж знал всех красавиц до меня! Я дала ему вина и вареной свинины... А через четыре дня дала уже и всю себя... Мы все катались с ним в лодке по ночам. Он приедет и посвистит тихо, как суслик, а я выпрыгну, как рыба, в окно на реку. И едем... Он был рыбаком с Прута, и потом, когда мать узнала про все и побила меня, уговаривал все меня уйти с ним в Добруджу и дальше, в дунайские гирла[1]. Но мне уж не нравился он тогда — только поет да целуется, ничего больше! Скучно это было уже. В то время гуцулы[2] шайкой ходили по тем местам, и у них были любезные тут... Так вот тем — весело было. Иная ждет, ждет своего карпатского молодца, думает, что он уже в тюрьме или убит где-нибудь в драке, — и вдруг он один, а то с двумя-тремя товарищами, как с неба, упадет к ней. Подарки подносил богатые — легко же ведь доставалось все им! И пирует у нее, и хвалится ею перед своими товарищами. А ей любо это. Я и попросила одну подругу, у которой был гуцул, показать мне их... Как ее звали? Забыла как... Все стала забывать теперь. Много времени прошло с той поры, все забудешь! Она меня познакомила с молодцом. Был хорош... Рыжий был, весь рыжий — и усы, и кудри! Огненная голова. И был он такой печальный, иногда ласковый, а иногда, как зверь, ревел и дрался. Раз ударил меня в лицо... А я, как кошка, вскочила ему на грудь да и впилась зубами в щеку... С той поры у него на щеке стала ямка, и он любил, когда я целовала ее...

— А рыбак куда девался? — спросил я.

— Рыбак? А он... тут... Он пристал к ним, к гуцулам. Сначала все уговаривал меня и грозил бросить в воду, а потом — ничего, пристал к ним и другую завел... Их обоих и повесили вместе — и рыбака и этого

---

1. Гирло — местное название рукавов или проток в дельтах крупных рек, впадающих в Черное и Азовское моря.

2. Гуцулы — этническая группа украинцев, живущих в Карпатах.

гуцула. Я ходила смотреть, как их вешали. В Добрудже это было. Рыбак шел на казнь бледный и плакал, а гуцул трубку курил. Идет себе и курит, руки в карманах, один ус на плече лежит, а другой на грудь свесился. Увидал меня, вынул трубку и кричит: "Прощай!.." Я целый год жалела его. Эх!.. Это уж тогда с ними было, как они хотели уйти в Карпаты к себе. На прощанье пошли к одному румыну в гости, там их и поймали. Двоих только, а нескольких убили, а остальные ушли... Все-таки румыну заплатили после... Хутор сожгли и мельницу, и хлеб весь. Нищим стал.

— Это ты сделала? — наудачу спросил я.

— Много было друзей у гуцулов, не одна я... Кто был их лучшим другом, тот и справил им поминки...

Песня на берегу моря уже умолкла, и старухе вторил теперь только шум морских волн, — задумчивый, мятежный шум был славной второй рассказу о мятежной жизни. Все мягче становилась ночь, и все больше разрождалось в ней голубого сияния луны, а неопределенные звуки хлопотливой жизни ее невидимых обитателей становились тише, заглушаемые возраставшим шорохом волн... ибо усиливался ветер.

— А то еще турка любила я. В гареме у него была, в Скутари. Целую неделю жила, — ничего... Но скучно стало... — все женщины, женщины... Восемь было их у него... Целый день едят, спят и болтают глупые речи... Или ругаются, квохчут, как курицы... Он был уж немолодой, этот турок. Седой почти и такой важный, богатый. Говорил — как владыка... Глаза были черные... Прямые глаза... Смотрят прямо в душу. Очень он любил молиться. Я его в Букурешти увидала... Ходит по рынку, как царь, и смотрит так важно, важно. Я ему улыбнулась. В тот же вечер меня схватили на улице и привезли к нему. Он сандал и пальму продавал, а в Букурешти приехал купить что-то. "Едешь ко мне?" — говорит. "О да, поеду!" — "Хорошо!" И я поехала. Богатый он был, этот турок. И сын у него уже был — черненький мальчик, гибкий такой... Ему лет шестнадцать было. С ним я и убежала от турка... Убежала в Болгарию, в Лом-Паланку... Там меня одна болгарка ножом ударила в грудь за жениха или за мужа своего — уже не помню.

Хворала я долго в монастыре одном. Женский монастырь. Ухаживала за мной одна девушка, полька... и к ней из монастыря другого, — около Арцер-Паланки, помню, — ходил брат, тоже монашек... Такой... как червяк, все извивался предо мной... И когда я выздоровела, то ушла с ним... в Польшу его.

— Погоди!.. А где маленький турок?

— Мальчик? Он умер, мальчик. От тоски по дому или от любви... но стал сохнуть он, так, как неокрепшее деревцо, которому слишком много перепало солнца... так и сох все... Помню, лежит, весь уже прозрачный и голубоватый, как льдинка, а все еще в нем горит любовь... И все просит наклониться и поцеловать его... Я любила его и, помню, много целовала... Потом уж он совсем стал плох — не двигался почти. Лежит и так жалобно, как нищий милостыни, просит меня лечь с ним рядом и греть его. Я ложилась. Ляжешь с ним... он сразу загорится весь. Однажды я проснулась, а он уж холодный... мертвый... Я плакала над ним. Кто скажет? Может, ведь это я и убила его. Вдвое старше его я была тогда уж. И была такая сильная, сочная... а он — что же?.. Мальчик!..

Она вздохнула и — первый раз я видел это у нее — перекрестилась трижды, шепча что-то сухими губами.

— Ну, отправилась ты в Польшу... — подсказал я ей.

— Да... с тем, маленьким полячком. Он был смешной и подлый. Когда ему нужна была женщина, он ластился ко мне котом и с его языка горячий мед тек, а когда он меня не хотел, то щелкал меня словами, как кнутом. Раз как-то шли мы по берегу реки, и вот он сказал мне гордое, обидное слово. О! О!.. Я рассердилась! Я закипела, как смола! Я взяла его на руки и, как ребенка, — он был маленький, — подняла вверх, сдавив ему бока так, что он посинел весь. И вот я размахнулась и бросила его с берега в реку. Он кричал. Смешно так кричал. Я смотрела на него сверху, а он барахтался там, в воде. Я ушла тогда. И больше не встречалась с ним. Я была счастлива на это: никогда не встречалась после с теми, которых когда-то любила. Это нехорошие встречи, все равно как бы с покойниками.

Старуха замолчала, вздыхая. Я представлял себе воскрешаемых ею людей. Вот огненно-рыжий, усатый гуцул идет умирать, спокойно покуривая трубку. У него, наверное, были холодные, голубые глаза, которые на все смотрели сосредоточенно и твердо. Вот рядом с ним черноусый рыбак с Прута; плачет, не желая умирать, и на его лице, бледном от предсмертной тоски, потускнели веселые глаза, и усы, смоченные слезами, печально обвисли по углам искривленного рта. Вот он, старый, важный турок, наверное, фаталист и деспот, и рядом с ним его сын, бледный и хрупкий цветок Востока, отравленный поцелуями. А вот тщеславный поляк, галантный и жестокий, красноречивый и холодный... И все они — только бледные тени, а та, которую они целовали, сидит рядом со мной живая, но иссушенная временем, без тела, без крови, с сердцем без желаний, с глазами без огня, — тоже почти тень.

Она продолжала.

— В Польше стало трудно мне. Там живут холодные и лживые люди. я не знала их змеиного языка. Все шипят.. Что шипят? Это Бог дал им такой змеиный язык за то, что они лживы. Шла я тогда, не зная куда, и видела, как они собирались бунтовать с вами, русскими. Дошла до города Бохнии. Жид один купил меня; не для себя купил, а чтобы торговать мною. Я согласилась на это. Чтобы жить — надо уметь что-нибудь делать. Я ничего не умела и за это платила собой. Но я подумала тогда, что ведь, если я достану немного денег, чтобы воротиться к себе на Бырлад, я порву цепи, как бы они крепки ни были. И жила я там. Ходили ко мне богатые паны и пировали у меня. Это им дорого стоило. Дрались из-за меня они, разорялись. Один добивался меня долго и раз вот что сделал: пришел, а слуга за ним идет с мешком. Вот пан взял в руки тот мешок и опрокинул его над моей головой. Золотые монеты стукали меня по голове, и мне весело было слушать их звон, когда они падали на пол. Но я все-таки выгнала пана. У него было такое толстое, сырое лицо, и живот — как большая подушка. Он смотрел, как сытая свинья. Да, выгнала я его, хотя он и говорил, что продал все земли свои, и дома, и коней, чтобы осыпать меня золотом. Я тогда любила одного достойного пана с изрубленным лицом. Все лицо было у него изрублено крест-накрест саблями турок, с которыми он незадолго перед тем воевал за греков. Вот человек!.. Что ему греки, если он поляк? А он пошел, бился с ними против их врагов. Изрубили его, у него вытек один глаз от ударов, и два пальца на левой руке были тоже отрублены... Что ему греки, если он поляк? А вот что: он любил подвиги. А когда человек любит подвиги, он всегда умеет их сделать и найдет, где это можно. В жизни, знаешь ли ты, всегда есть место подвигам. И те, которые не находят их для себя, — те просто лентяи или трусы или не понимают жизни, потому что, кабы люди понимали жизнь, каждый захотел бы оставить после себя свою тень в ней. И тогда жизнь не пожирала бы людей бесследно... О, этот, рубленый, был хороший человек! Он готов был идти на край света, чтобы делать что-нибудь. Наверное, ваши убили его во время бунта. А зачем вы ходили бить мадьяр? Ну-ну, молчи!..

И, приказывая мне молчать, старая Изергиль вдруг замолчала сама, задумалась.

— Знала также я и венгра одного. Он однажды ушел от меня, — зимой это было, — и только весной, когда стаял снег, нашли его в поле с простреленной головой. Вот как! Видишь — не меньше чумы губит любовь людей; коли посчитать — не меньше.. Что я говорила? О Польше... Да, там я сыграла свою последнюю игру. Встретила одного шляхтича... Вот был красив! Как черт. Я же стара уж была, эх, стара! Было ли мне четыре десятка лет? Пожалуй, что и было... А он был еще и горд, и избалован нами, женщинами. Дорого он мне стал... да. Он хотел сразу так себе взять меня, но я не далась. Я не была никогда рабой, ничьей. А с жидом я уже кончила, много денег дала ему... И уже в Кракове жила. Тогда у меня все было: и лошади, и золото, и слуги... Он ходил ко мне, гордый демон, и все хотел, чтоб я сама кинулась ему в руки. Мы поспорили с ним... Я даже, — помню, — дурнела от этого. Долго это тянулось... Я взяла свое: он на коленях упрашивал меня... Но только взял, как уж и бросил. Тогда поняла я, что стала стара... Ох, это было мне не сладко! Вот уж не сладко!.. Я ведь любила его, этого черта... а он, встречаясь со мной, смеялся... подлый он был! И другим он смеялся надо мной, а я это знала. Ну, уж горько было мне, скажу! Но он был тут, близко, и я все-таки любовалась им. А как вот ушел он биться с вами, русскими, тошно стало мне. Ломала я себя, но не могла сломать... И решила поехать за ним. Он около Варшавы был, в лесу.

Но когда я приехала, то узнала, что уж побили их ваши... и что он в плену, недалеко в деревне.

"Значит, — подумала я, — не увижу уже его больше!" А видеть хотелось. Ну, стала стараться увидать... Нищей оделась, хромой, и пошла, завязав лицо, в ту деревню, где был он. Везде казаки и солдаты... дорого мне стоило быть там! Узнала я, где поляки сидят, и вижу, что трудно попасть туда. А нужно мне это было. И вот ночью поползла я к тому месту, где они были. Ползу по огороду между гряд и вижу: часовой стоит на моей дороге... А уж слышно мне — поют поляки и говорят громко. Поют песню одну... к матери Бога... И тот там же поет... Аркадэк мой. Мне горько стало, как подумала я, что раньше за мной ползали... а вот оно, пришло время — и я за человеком поползла змеей по земле и, может, на смерть свою ползу. А этот часовой уже слушает, выгнулся вперед. Ну, что же мне? Встала я с земли и пошла на него. Ни ножа у меня нет, ничего, кроме рук да языка. Жалею, что не взяла ножа. Шепчу: "Погоди!.." А он, солдат этот, уже приставил к горлу мне штык. Я говорю ему шепотом: "Не коли, погоди, послушай, коли у тебя душа есть! Не могу тебе ничего дать, а прошу тебя..." Он опустил ружье и также шепотом говорит мне: "Пошла прочь, баба! пошла! Чего тебе?" Я сказала ему, что сын у меня тут заперт... "Ты понимаешь, солдат, — сын! Ты ведь тоже чей-нибудь сын, да? Так вот посмотри на меня — у меня есть такой же, как ты, и вон он где! Дай мне посмотреть на него, может, он умрет скоро... и, может, тебя завтра убьют... будет плакать твоя мать о тебе? И ведь тяжко будет тебе умереть, не взглянув на нее, твою мать? И моему сыну тяжко же. Пожалей же себя и его, и меня — мать!.."

Ох, как долго говорила я ему! Шел дождь и мочил нас. Ветер выл и ревел, и толкал меня то в спину, то в грудь. Я стояла и качалась перед этим каменным солдатом... А он все говорил: "Нет!" И каждый раз, как я слышала его холодное слово, еще жарче во мне вспыхивало желание видеть того, Аркадэка... Я говорила и мерила глазами солдата — он был маленький, сухой и все кашлял. И вот я упала на землю перед ним и, охватив его колени, все упрашивая его горячими словами, свалила солдата на землю. Он упал в грязь. Тогда я быстро повернула его лицом к земле и придавила его голову в лужу, чтоб он не кричал. Он не кричал, а только все барахтался, стараясь сбросить меня с своей спины. Я же

обеими руками втискивала его голову глубже в грязь. Он и задохнулся...
Тогда я бросилась к амбару, где пели поляки. "Аркадэк!.." — шептала я
в щели стен. Они догадливые, эти поляки, — и, услыхав меня, не перестали петь! Вот его глаза против моих. "Можешь ты выйти отсюда?" —
"Да, через пол!" — сказал он. "Ну, иди же". И вот четверо их вылезло
из-под этого амбара: трое и Аркадэк мой. "Где часовые?" — спросил
Аркадэк. "Вон лежит!.." И они пошли тихо-тихо, согнувшись к земле.
Дождь шел, ветер выл громко. Мы ушли из деревни и долго молча шли
лесом. Быстро так шли. Аркадэк держал меня за руку, и его рука была
горяча и дрожала. О!.. Мне так хорошо было с ним, пока он молчал.
Последние это были минуты — хорошие минуты моей жадной жизни.
Но вот мы вышли на луг и остановились. Они благодарили меня все
четверо. Ох, как они долго и много говорили мне что-то! Я все слушала
и смотрела на своего пана. Что же он сделает мне? И вот он обнял меня
и сказал так важно... Не помню, что он сказал, но так выходило, что
теперь он в благодарность за то, что я увела его, будет любить меня... И
стал он на колени предо мной, улыбаясь, и сказал мне: "Моя королева!"
Вот какая лживая собака была это!.. Ну, тогда я дала ему пинка ногой и
ударила бы его в лицо, да он отшатнулся и вскочил. Грозный и бледный
стоит он предо мной... Стоят и те трое, хмурые все. И все молчат. Я посмотрела на них... Мне тогда стало — помню — только скучно очень, и
такая лень напала на меня... Я сказала им: "Идите!" Они, псы, спросили меня: "Ты воротишься туда, указать наш путь?" Вот какие подлые!
Ну, все-таки ушли они. Тогда и я пошла... А на другой день взяли меня
ваши, но скоро отпустили. Тогда увидела я, что пора мне завести гнездо, будет жить кукушкой! Уж тяжела стала я, и ослабели крылья, и
перья потускнели... Пора, пора! Тогда я уехала в Галицию, а оттуда в
Добруджу. И вот уже около трех десятков лет живу здесь. Был у меня
муж, молдаванин; умер с год тому времени. И живу я вот! Одна живу...
Нет, не одна, а вон с теми.

Старуха махнула рукой к морю. Там все было тихо. Иногда рож-
дался какой-то краткий, обманчивый звук и умирал тотчас же.

— Любят они меня. Много я рассказываю им разного. Им это надо.
Еще молодые все... И мне хорошо с ними. Смотрю и думаю: "Вот и я,

было время, такая же была... Только тогда, в мое время, больше было в человеке силы и огня, и оттого жилось веселее и лучше... Да!.."

Она замолчала. Мне грустно было рядом с ней. Она же дремала, качая головой, и тихо шептала что-то... может быть, молилась.

С моря поднималась туча — черная, тяжелая, суровых очертаний, похожая на горный хребет. Она ползла в степь. С ее вершины срывались клочья облаков, неслись вперед ее и гасили звезды одну за другой. Море шумело. Недалеко от нас, в лозах винограда, целовались, шептали и вздыхали. Глубоко в степи выла собака... Воздух раздражал нервы странным запахом, щекотавшим ноздри. От облаков падали на землю густые стаи теней и ползли по ней, ползли, исчезали, являлись снова... На месте луны осталось только мутное опаловое пятно, иногда его совсем закрывал сизый клочок облака. И в степной дали, теперь уже черной и страшной, как бы притаившейся, скрывшей в себе что-то, вспыхивали маленькие голубые огоньки. То там, то тут они на миг являлись и гасли, точно несколько людей, рассыпавшихся по степи далеко друг от друга, искали в ней что-то, зажигая спички, которые ветер тотчас же гасил. Это были очень странные голубые языки огня, намекавшие на что-то сказочное.

— Видишь ты искры? — спросила меня Изергиль.

— Вон те, голубые? — указывая ей на степь, сказал я.

— Голубые? Да, это они... Значит, летают все-таки! Ну-ну... Я уж вот не вижу их больше. Не могу я теперь многого видеть.

— Откуда эти искры? — спросил я старуху.

Я слышал кое-что раньше о происхождении этих искр, но мне хотелось послушать, как расскажет о том же старая Изергиль.

— Эти искры от горящего сердца Данко. Было на свете сердце, которое однажды вспыхнуло огнем... И вот от него эти искры. Я расскажу тебе про это... Тоже старая сказка... Старое, все старое! Видишь ты, сколько в старине всего?.. А теперь вот нет ничего такого — ни дел, ни людей, ни сказок таких, как в старину... Почему?.. Ну-ка, скажи! Не скажешь... Что ты знаешь? Что все вы знаете, молодые? Эхе-хе!.. Смотрели бы в старину зорко — там все отгадки найдутся... А вот вы не смотрите и не умеете жить оттого... Я не вижу разве жизнь? Ох, все вижу, хоть и плохи мои глаза! И вижу я, что не живут люди, а все примеряются, примеряются и кладут на это всю жизнь. И когда обворуют сами себя, истратив время, то начнут плакаться на судьбу. Что же тут — судьба? Каждый сам себе судьба! Всяких людей я нынче вижу, а вот сильных нет! Где ж они?.. И красавцев становится все меньше.

Старуха задумалась о том, куда девались из жизни сильные и красивые люди, и, думая, осматривала темную степь, как бы ища в ней ответа.

Я ждал ее рассказа и молчал, боясь, что, если спрошу ее о чем-либо, она опять отвлечется в сторону.

И вот она начала рассказ.

III

"Жили на земле в старину одни люди, непроходимые леса окружали с трех сторон таборы этих людей, а с четвертой — была степь. Были это веселые, сильные и смелые люди. И вот пришла однажды тяжелая пора, явились откуда-то иные племена и прогнали прежних в глубь леса. Там были болота и тьма, потому что лес был старый, и так густо переплелись его ветви, что сквозь них не видать было неба, и лучи солнца едва могли пробить себе дорогу до болот сквозь густую листву. Но когда его лучи падали на воду болот, то подымался смрад, и от него люди гибли один за другим. Тогда стали плакать жены и дети этого племени, а отцы задумались и впали в тоску. Нужно было уйти из этого леса, и для того были две дороги: одна — назад, — там были сильные и злые враги, другая — вперед, — там стояли великаны-деревья, плотно обняв друг друга могучими ветвями, опустив узловатые корни глубоко в цепкий ил болота. Эти каменные деревья стояли молча и неподвижно днем в сером сумраке и еще плотнее сдвигались вокруг людей по вечерам, когда загорались костры. И всегда, днем и ночью, вокруг тех людей было кольцо крепкой тьмы, оно точно собиралось раздавить их, а они привыкли к степному простору. А еще страшней было, когда ветер бил по вершинам деревьев и весь лес глухо гудел, точно грозил и пел похоронную песню тем людям. Это были все-таки сильные люди, и могли бы они пойти биться насмерть с теми, что однажды победили их, но они не могли умереть в боях, потому что у них были заветы, и коли б умерли они, то пропали б с ними из жизни и заветы. И потому они сидели и думали в длинные ночи, под глухой шум леса, в ядовитом смраде болота. Они сидели, а тени от костров прыгали вокруг них в безмолвной пляске, и всем казалось, что это не тени пляшут, а торжествуют злые духи леса и болота... Люди все сидели и думали. Но ничто — ни работа, ни женщины не изнуряют тела и души людей так, как изнуряют тоскливые думы. И ослабли люди от дум... Страх родился среди них, сковал им крепкие руки, ужас родили женщины плачем над трупами умерших от смрада и над судьбой скованных страхом живых, — и трусливые слова стали слышны в лесу, сначала робкие и тихие, а потом все громче и громче... Уже хотели идти к врагу и принести ему в дар волю свою, и никто уже, испуганный смертью, не боялся рабской жизни... Но тут явился Данко и спас всех один".

Старуха, очевидно, часто рассказывала о горящем сердце Данко. Она говорила певуче, и голос ее, скрипучий и глухой, ясно рисовал предо мной шум леса, среди которого умирали от ядовитого дыхания болота несчастные, загнанные люди...

"Данко — один из тех людей, молодой красавец. Красивые — всегда смелы. И вот он говорит им, своим товарищам:

— Не своротить камня с пути думою. Кто ничего не делает, с тем ничего не станется. Что мы тратим силы на думу да тоску? Вставайте, пойдем в лес и пройдем его сквозь, ведь имеет же он конец — все на свете имеет конец! Идемте! Ну! Гей!..

Посмотрели на него и увидали, что он лучший из всех, потому что в очах его светилось много силы и живого огня.

— Веди ты нас! — сказали они.

Тогда он повел..."

Старуха помолчала и посмотрела в степь, где все густела тьма. Искорки горящего сердца Данко вспыхивали где-то далеко и казались голубыми воздушными цветами, расцветая только на миг.

"Повел их Данко. Дружно все пошли за ним — верили в него. Трудный путь это был! Темно было, и на каждом шагу болото разевало свою жадную гнилую пасть, глотая людей, и деревья заступали дорогу могучей стеной. Переплелись их ветки между собой; как змеи, протянулись всюду корни, и каждый шаг много стоил пота и крови тем людям. Долго шли они... Все гуще становился лес, все меньше было сил! И вот стали роптать на Данко, говоря, что напрасно он, молодой и неопытный, повел их куда-то. А он шел впереди их и был бодр и ясен.

Но однажды гроза грянула над лесом, зашептали деревья глухо, грозно. И стало тогда в лесу так темно, точно в нем собрались сразу все ночи, сколько их было на свете с той поры, как он родился. Шли маленькие люди между больших деревьев и в грозном шуме молний, шли они, и, качаясь, великаны-деревья скрипели и гудели сердитые песни, а молнии, летая над вершинами леса, освещали его на минутку синим, холодным огнем и исчезали так же быстро, как являлись, пугая людей. И деревья, освещенные холодным огнем молний, казались живыми, простирающими вокруг людей, уходивших из плена тьмы, корявые, длинные руки, сплетая их в густую сеть, пытаясь остановить людей. А из тьмы ветвей смотрело на идущих что-то страшное, темное и холодное. Это был трудный путь, и люди, утомленные им, пали духом. Но им стыдно было сознаться в бессилии, и вот они в злобе и гневе обрушились на Данко, человека, который шел впереди их. И стали они упрекать его в неумении управлять ими, — вот как!

Остановились они и под торжествующий шум леса, среди дрожащей тьмы, усталые и злые, стали судить Данко.

— Ты, — сказали они, — ничтожный и вредный человек для нас! Ты повел нас и утомил, и за это ты погибнешь!

— Вы сказали: "Веди!" — и я повел! — крикнул Данко, становясь против них грудью. — Во мне есть мужество вести, вот потому я повел вас! А вы? Что сделали вы в помощь себе? Вы только шли и не умели сохранить силы на путь более долгий! Вы только шли, шли, как стадо овец!

Но эти слова разъярили их еще более.

— Ты умрешь! Ты умрешь! — ревели они.

А лес все гудел и гудел, вторя их крикам, и молнии разрывали тьму в клочья. Данко смотрел на тех, ради которых он понес труд, и видел, что они — как звери. Много людей стояло вокруг него, но не было на лицах их благородства, и нельзя было ему ждать пощады от них. Тогда и в его сердце вскипело негодование, но от жалости к людям оно погасло. Он любил людей и думал, что, может быть, без него они погибнут. И вот его сердце вспыхнуло огнем желания спасти их, вывести на легкий путь, и тогда в его очах засверкали лучи того могучего огня... А они, увидав это, подумали, что он рассвирепел, отчего так ярко и разгорелись очи, и они насторожились, как волки, ожидая, что он будет бороться с ними, и стали плотнее окружать его, чтобы легче им было схватить и убить Данко. А он уже понял их думу, оттого еще ярче загорелось в нем сердце, ибо эта их дума родила в нем тоску.

А лес все пел свою мрачную песню, и гром гремел, и лил дождь...

— Что сделаю я для людей?! — сильнее грома крикнул Данко.

И вдруг он разорвал руками себе грудь и вырвал из нее свое сердце и высоко поднял его над головой.

Оно пылало так ярко, как солнце, и ярче солнца, и весь лес замолчал, освещенный этим факелом великой любви к людям, а тьма разлетелась от света его и там, глубоко в лесу, дрожащая, пала в гнилой зев болота. Люди же, изумленные, стали как камни.

— Идем! — крикнул Данко и бросился вперед на свое место, высоко держа горящее сердце и освещая им путь людям.

Они бросились за ним, очарованные. Тогда лес снова зашумел, удивленно качая вершинами, но его шум был заглушен топотом бегущих людей. Все бежали быстро и смело, увлекаемые чудесным зрелищем горящего сердца. И теперь гибли, но гибли без жалоб и слез. А Данко все был впереди, и сердце его все пылало, пылало!

И вот вдруг лес расступился перед ним, расступился и остался сзади, плотный и немой, а Данко и все те люди сразу окунулись в море солнечного света и чистого воздуха, промытого дождем. Гроза была — там, сзади них, над лесом, а тут сияло солнце, вздыхала степь, блестела трава в брильянтах дождя и золотом сверкала река... Был вечер, и от лучей заката река казалась красной, как та кровь, что била горячей струей из разорванной груди Данко.

Кинул взор вперед себя на ширь степи гордый смельчак Данко, —

кинул он радостный взор на свободную землю и засмеялся гордо. А потом упал и — умер.

Люди же, радостные и полные надежд, не заметили смерти его и не видали, что еще пылает рядом с трупом Данко его смелое сердце. Только один осторожный человек заметил это и, боясь чего-то, наступил на гордое сердце ногой... И вот оно, рассыпавшись в искры, угасло...”

— Вот откуда они, голубые искры степи, что являются перед грозой!

Теперь, когда старуха кончила свою красивую сказку, в степи стало страшно тихо, точно и она была поражена силой смельчака Данко, который сжег для людей свое сердце и умер, не прося у них ничего в награду себе. Старуха дремала. Я смотрел на нее и думал: “Сколько еще сказок и воспоминаний осталось в ее памяти?” И думал о великом горящем сердце Данко и о человеческой фантазии, создавшей столько красивых и сильных легенд.

Дунул ветер и обнажил из-под лохмотьев сухую грудь старухи Изергиль, засыпавшей все крепче. Я прикрыл ее старое тело и сам лег на землю около нее. В степи было тихо и темно. По небу все ползли тучи, медленно, скучно... Море шумело глухо и печально.

1894

Двадцать шесть и одна

Поэма

Нас было двадцать шесть человек — двадцать шесть живых машин, запертых в сыром подвале, где мы с утра до вечера месили тесто, делая крендели и сушки. Окна нашего подвала упирались в яму, вырытую пред ними и выложенную кирпичом, зеленым от сырости; рамы были заграждены снаружи частой железной сеткой, и свет солнца не мог пробиться к нам сквозь стекла, покрытые мучной пылью. Наш хозяин забил окна железом для того, чтоб мы не могли дать кусок его хлеба нищим и тем из наших товарищей, которые, живя без работы, голодали, — наш хозяин называл нас жуликами и давал нам на обед вместо мяса — тухлую требушину...

Нам было душно и тесно жить в каменной коробке под низким и тяжелым потолком, покрытым копотью и паутиной. Нам было тяжело и тошно в толстых стенах, разрисованных пятнами грязи и плесени... Мы вставали в пять часов утра, не успев выспаться, и — тупые, равнодушные — в шесть уже садились за стол делать крендели из теста, приготовленного для нас товарищами в то время, когда мы еще спали. И целый день с утра до десяти часов вечера одни из нас сидели за столом, рассучивая руками упругое тесто и покачиваясь, чтоб не одеревенеть, а другие в это время месили муку с водой. И целый день задумчиво и грустно мурлыкала кипящая вода в котле, где крендели варились, лопата пекаря зло и быстро шаркала о под печи, сбрасывая скользкие вареные куски теста на горячий кирпич. С утра до вечера в одной стороне печи горели дрова и красный отблеск пламени трепетал на стене мастерской, как будто безмолвно смеялся над нами. Огромная печь была похожа на уродливую голову сказочного чудовища, — она как бы высунулась из-под пола, открыла широкую пасть, полную яркого огня, дышала на нас жаром и смотрела на бесконечную работу нашу двумя черными впадинами отдушин над челом. Эти две глубокие впадины были как глаза — безжалостные и бесстрастные очи чудовища: они смотрели всегда одинаково темным взглядом, как будто устав смотреть на рабов, и, не ожидая от них ничего человеческого, презирали их холодным презрением мудрости.

Изо дня в день в мучной пыли, в грязи, натасканной нашими ногами со двора, в густой пахучей духоте мы рассучивали тесто и делали крендели, смачивая их нашим потом, и мы ненавидели нашу работу острой ненавистью, мы никогда не ели того, что выходило из-под наших рук, предпочитая кренделям черный хлеб. Сидя за длинным столом друг против друга, — девять против девяти, — мы в продолжение длинных часов механически двигали руками и пальцами и так привыкли к своей работе, что никогда уже и не следили за движениями своими. И мы до того присмотрелись друг к другу, что каждый из нас знал все морщины на лицах товарищей. Нам не о чем было говорить, мы к этому

привыкли и все время молчали, если не ругались, — ибо всегда есть за
что обругать человека, а особенно товарища. Но и ругались мы редко
— в чем может быть виновен человек, если он полумертв, если он —
как истукан, если все чувства его подавлены тяжестью труда? Но молчание страшно и мучительно лишь для тех, которые все уже сказали и
нечего им больше говорить; для людей же, которые не начинали своих
речей, — для них молчанье просто и легко... Иногда мы пели, и песня
наша начиналась так: среди работы вдруг кто-нибудь вздыхал тяжелым
вздохом усталой лошади и запевал тихонько одну из тех протяжных
песен, жалобно-ласковый мотив которых всегда облегчает тяжесть на
душе поющего. Поет один из нас, а мы сначала молча слушаем его оди-
нокую песню, и она гаснет и глохнет под тяжелым потолком подвала,
как маленький огонь костра в степи сырой осенней ночью, когда серое
небо висит над землей, как свинцовая крыша. Потом к певцу пристает
другой, и — вот уже два голоса тихо и тоскливо плавают в духоте нашей тесной ямы. И вдруг сразу несколько голосов подхватят песню, —
она вскипает как волна, становится сильнее, громче и точно раздвигает
сырые, тяжелые стены нашей каменной тюрьмы...

Поют все двадцать шесть; громкие, давно спевшиеся голоса напол-
няют мастерскую; песне тесно в ней: она бьется о камень стен, стонет,
плачет и оживляет сердце тихой щекочущей болью, бередит в нем старые раны и будит тоску... Певцы глубоко и тяжко вздыхают; иной неожиданно оборвет песню и долго слушает, как поют товарищи, и снова
вливает свой голос в общую волну. Иной, тоскливо крикнув: "Эх!" —
поет, закрыв глаза, и, может быть, густая, широкая волна звуков пред-
ставляется ему дорогой куда-то вдаль, освещенной ярким солнцем, —
широкой дорогой, и он видит себя идущим по ней...

Пламя в печи все трепещет, все шаркает по кирпичу лопата пекаря, мурлыкает вода в котле, и отблеск огня на стене все так же дрожит,
безмолвно смеясь... А мы выпеваем чужими словами свое тупое горе,
тяжелую тоску живых людей, лишенных солнца, тоску рабов. Так-то
жили мы, двадцать шесть, в подвале большого каменного дома, и нам
было до того тяжело жить, точно все три этажа этого дома были построены прямо на плечах наших...

Но, кроме песен, у нас было еще нечто хорошее, нечто любимое нами и, может быть, заменявшее нам солнце. Во втором этаже нашего дома помещалась золотошвейня, и в ней, среди многих девушек-мастериц, жила шестнадцатилетняя горничная Таня. Каждое утро к стеклу окошечка, прорезанного в двери из сеней к нам в мастерскую, — прислонялось маленькое розовое личико с голубыми, веселыми глазами и звонкий, ласковый голос кричал нам:

— Арестантики! дайте кренделечков!

Мы все оборачивались на этот ясный звук и радостно, добродушно смотрели на чистое девичье лицо, словно улыбавшееся нам. Нам было приятно видеть приплюснутый к стеклу нос и мелкие, белые зубы, блестевшие из-под розовых губ, открытых улыбкой. Мы бросались открыть ей дверь, толкая друг друга, и — вот она, — веселая такая, милая, — входит к нам, подставляя свои передник, стоит пред нами, склонив немного набок свою головку, стоит и все улыбается. Длинная и толстая коса каштановых волос, спускаясь через плечо, лежит на груди ее. Мы, грязные, темные, уродливые люди, смотрим на нее снизу вверх, — порог двери выше пола на четыре ступеньки, — мы смотрим на нее, подняв головы кверху, и поздравляем ее с добрым утром, говорим ей какие-то особые слова, — они находятся у нас только для нее. У нас в разговоре с ней и голоса мягче и шутки легче. У нас для нее — все особое. Пекарь вынимает из печи лопату кренделей самых поджаристых и румяных и ловко сбрасывает их в передник Тани.

— Смотри, хозяину не попадись! — предупреждаем мы ее. Она плутовато смеется, весело кричит нам:

— Прощайте, арестантики! — и исчезает быстро, как мышонок.

Только... Но долго после ее ухода мы приятно говорим о ней друг с другом — все то же самое говорим, что говорили вчера и раньше, потому что и она, и мы, и все вокруг нас такое же, каким оно было и вчера и раньше... Это очень тяжело и мучительно, когда человек живет, а вокруг него ничто не изменяется, и если это не убьет насмерть души его, то чем дольше он живет, тем мучительнее ему неподвижность окружающего... Мы всегда говорили о женщинах так, что порой нам самим противно было слушать наши грубо бесстыдные речи, и это понятно, ибо те женщины, которых мы знали, может быть, и не стоили иных речей. Но о Тане мы никогда не говорили худо; никогда и никто из нас не позволял себе не только дотронуться рукою до нее, но даже вольной шутки не слыхала она от нас никогда. Быть может, это потому так было, что она не оставалась подолгу с нами: мелькнет у нас в глазах, как звезда, падающая с неба, и исчезнет, а может быть — потому, что она была маленькая и очень красивая, а все красивое возбуждает уважение к себе даже и у грубых людей. И еще — хотя каторжный наш труд и делал нас тупыми волами, мы все-таки оставались людьми и, как все люди, не могли жить без того, чтобы не поклоняться чему бы то ни было. Лучше ее — никого не было у нас, и никто, кроме нее, не обращал внимания на нас, живших в подвале, — никто, хотя в доме обитали десятки людей. И наконец — наверно, это главное — все мы считали ее чем-то своим, чем-то таким, что существует как бы только благодаря нашим кренделям; мы вменили себе в обязанность давать ей горячие крендели, и это стало для нас ежедневной жертвой идолу, это стало почти священным обрядом и с каждым днем все более прикрепляло нас к ней. Кроме кренделей, мы давали Тане много советов — теплее одеваться, не бегать быстро по лестнице, не носить тяжелых вязанок дров. Она слушала наши советы с улыбкой, отвечала на них смехом и никогда не слушалась нас, но мы не обижались на это: нам нужно было только показать, что мы заботимся о ней.

Часто она обращалась к нам с разными просьбами, просила, например, открыть тяжелую дверь в погреб, наколоть дров, — мы с радостью и даже с гордостью какой-то делали ей это и все другое, чего она хотела.

Но когда один из нас попросил ее починить ему его единственную рубаху, она, презрительно фыркнув, сказала:

— Вот еще! Стану я, как же!..

Мы очень посмеялись над чудаком и — никогда ни о чем больше не просили ее. Мы ее любили, — этим все сказано. Человек всегда хочет возложить свою любовь на кого-нибудь, хотя иногда он ею давит, иногда пачкает, он может отравить жизнь ближнего своей любовью, потому что, любя, не уважает любимого. Мы должны были любить Таню, ибо больше было некого нам любить.

Порой кто-нибудь из нас вдруг почему-то начинал рассуждать так:

— И что это мы балуем девчонку? Что в ней такого? а? Очень мы с ней что-то возимся!

Человека, который решался говорить такие речи, мы скоро и грубо укрощали — нам нужно было что-нибудь любить: мы нашли себе это и любили, а то, что любим мы, двадцать шесть, должно быть незыблемо для каждого, как наша святыня, и всякий, кто идет против нас в этом, — враг наш. Мы любим, может быть, и не то, что действительно хорошо, но ведь нас — двадцать шесть, и поэтому мы всегда хотим дорогое нам — видеть священным для других.

Любовь наша не менее тяжела, чем ненависть... и, может быть, именно поэтому некоторые гордецы утверждают, что наша ненависть более лестна, чем любовь... Но почему же они не бегут от нас, если это так?

Кроме крендельной, у нашего хозяина была еще и булочная; она помещалась в том же доме, отделенная от нашей ямы только стеной; но булочники — их было четверо — держались в стороне от нас, считая свою работу чище нашей, и поэтому, считал себя лучше нас, они не ходили к нам в мастерскую, пренебрежительно подсмеивались над нами, когда встречали нас на дворе; мы тоже не ходили к ним: нам запрещал это хозяин из боязни, что мы станем красть сдобные булки. Мы не любили булочников, потому что завидовали им: их работа была легче нашей, они получали больше нас, их кормили лучше, у них была просторная, светлая мастерская, и все они были такие чистые, здоровые — противные нам. Мы же все — какие-то желтые и серые; трое из нас болели сифилисом, некоторые — чесоткой, один был совершенно искривлен ревматизмом. Они по праздникам и в свободное от работы время одевались в пиджаки и сапоги со скрипом, двое из них имели гармоники, и все они ходили гулять в городской сад, — мы же носили какие-то грязные лохмотья и опорки или лапти на ногах, нас не пускала в городской сад полиция — могли ли мы любить булочников?

И вот однажды мы узнали, что у них запил пекарь, хозяин рассчи-

тал его и уже нанял другого и что этот другой — солдат, ходит в атлас-
ной жилетке и при часах с золотой цепочкой. Нам было любопытно
посмотреть на такого щеголя, и в надежде увидеть его мы, один за другим, то и дело стали выбегать на двор.

Но он сам явился в нашу мастерскую. Пинком ноги ударив в дверь,
он отворил ее и, оставив открытой, стал на пороге, улыбаясь, и сказал
нам:

— Бог на помощь! Здорово, ребята!

Морозный воздух, врываясь в дверь густым дымчатым облаком,
крутился у его ног, он же стоял на пороге, смотрел на нас сверху вниз, и
из-под его белокурых, ловко закрученных усов блестели крупные, желтые зубы. Жилетка на нем была действительно какая-то особенная —
синяя, расшитая цветами, она вся как-то сияла, а пуговицы на ней были
из каких-то красных камешков. И цепочка была...

Красив он был, этот солдат, высокий такой, здоровый, с румяными
щеками, и большие, светлые глаза его смотрели хорошо — ласково и
ясно. На голове у него был надет белый, туго накрахмаленный колпак, а
из-под чистого, без единого пятнышка, передника выглядывали острые
носки модных, ярко вычищенных сапог.

Наш пекарь почтительно попросил его затворить дверь; он не торопясь сделал это и начал расспрашивать нас о хозяине. Мы наперебой
друг перед другом сказали ему, что хозяин наш выжига, жулик, злодей
и мучитель, — все, что можно и нужно было сказать о хозяине, но нельзя написать здесь. Солдат слушал, шевелил усами и рассматривал нас
мягким, светлым взглядом.

— А у вас тут девчонок много... — вдруг сказал он.

Некоторые из нас почтительно засмеялись, иные скорчили сладкие
рожи, кто-то пояснил солдату, что тут девчонок — девять штук.

— Пользуетесь? — спросил солдат, подмигивая глазом.

Опять мы засмеялись, не очень громко и сконфуженным смехом...
Многим бы из нас хотелось показаться солдату такими же удалыми мо-
лодцами, как и он, но никто не умел сделать этого, ни один не мог. Кто-
то сознался в этом, тихо сказав:

— Где уж нам...

— Н-да, вам это трудно! — уверенно молвил солдат, пристально рассматривая нас. — Вы чего-то... не того... Выдержки у вас нет... порядочного образа... вида, значит! А женщина — она любит вид в человеке! Ей чтобы корпус был настоящий... чтобы все — аккуратно! И притом она уважает силу... Рука чтобы — во!

Солдат выдернул из кармана правую руку с засученным рукавом рубахи, по локоть голую, и показал ее нам... Рука была белая, сильная, поросшая блестящей, золотистой шерстью.

— Нога, грудь — во всем нужна твердость... И опять же — чтобы одет был человек по форме... как того требует красота вещей... Меня вот — бабы любят. Я их не зову, не маню, — сами по пяти сразу на шею лезут...

Он присел на мешок с мукой и долго рассказывал о том, как любят его бабы и как он храбро обращается с ними. Потом он ушел, и, когда дверь, взвизгнув, затворилась за ним, мы долго молчали, думая о нем и о его рассказах. А потом как-то вдруг все заговорили, и сразу выяснилось, что он всем нам понравился. Такой простой и славный — пришел, посидел, поговорил. К нам никто не ходил, никто не разговаривал с нами так, дружески... И мы все говорили о нем и о будущих его успехах у золотошвеек, которые, встречаясь с нами на дворе, или обидно поджимая губы, обходили нас сторонкой, или шли прямо на нас, как будто нас и не было на их дороге. А мы всегда только любовались ими и на дворе, и когда они проходили мимо наших окон — зимой одетые в какие-то особые шапочки и шубки, а летом — в шляпках с цветами и с разноцветными зонтиками в руках. Зато между собою мы говорили об этих девушках так, что если б они слышали нас, то все взбесились бы от стыда и обиды.

— Однако как бы он и Танюшку... не испортил! — вдруг озабоченно сказал пекарь.

Мы все замолчали, пораженные этими словами. Мы как-то забыли о Тане: солдат как бы загородил ее от нас своей крупной, красивой фигурой. Потом начался шумный спор: одни говорили, что Таня не допустит себя до этого, другие утверждали, что ей против солдата не устоять, третьи, наконец, предлагали в случае, если солдат станет привязываться к Тане, — переломать ему ребра. И наконец все решили наблюдать за солдатом и Таней, предупредить девочку, чтобы она опасалась его... Это прекратило споры.

Прошло с месяц времени; солдат пек булки, гулял с золотошвейками, часто заходил к нам в мастерскую, но о победах над девицами не рассказывал, а все только усы крутил да смачно облизывался.

Таня каждое утро приходила к нам за "кренделечками" и, как всегда, была веселая, милая, ласковая с нами. Мы пробовали заговаривать с нею о солдате, — она называла его "пучеглазым теленком" и другими смешными прозвищами, и это успокоило нас. Мы гордились нашей девочкой, видя, как золотошвейки льнут к солдату; отношение Тани к нему как-то поднимало всех нас, и мы, как бы руководствуясь ее отношением, сами начинали относиться к солдату пренебрежительно. А ее еще больше полюбили, еще более радостно и добродушно встречали ее по утрам.

Но однажды солдат пришел к нам немного выпивши, уселся и начал смеяться, а когда мы спросили его: над чем это он смеется? — он объяснил:

— Две подрались из-за меня... Лидька с Грушкой... Ка-ак они себя изуродовали, а? Ха-ха! За волосы одна другую, да на пол ее в сенях, да верхом на нее... ха-ха-ха! Рожи поцарапали... порвались... умора! И почему это бабы не могут честно биться? Почему они царапаются? а?

Он сидел на лавке, здоровый, чистый такой, радостный, сидел и все хохотал. Мы молчали. Нам он почему-то был неприятен в этот раз.

— Н-нет, как мне везет на бабу, а? Умора! Мигнешь, и — готова! Ч-черт!

Его белые руки, покрытые блестящей шерстью, поднялись и вновь упали на колени, громко шлепнув по ним, И он смотрел на нас таким приятно удивленным взглядом, точно и сам искренне недоумевал, почему он так счастлив в делах с женщинами. Его толстая, румяная рожа самодовольно и счастливо лоснилась, и он все смачно облизывал губы.

Наш пекарь сильно и сердито шаркнул лопатой о шесток печи и вдруг насмешливо сказал:

— Не великой силой валят елочки, а ты сосну повали...

— То есть — это ты мне говоришь? — спросил солдат.

— А тебе...

— Что такое?

— Ничего... проехало!

— Нет, ты погоди! В чем дело? Какая сосна?

Наш пекарь не отвечал, быстро работая лопатой в печи: сбросит в нее сваренные крендели, подденет готовые и с шумом швыряет на пол, к мальчишкам, нанизывающим их на мочалки. Он как бы позабыл о солдате и разговоре с ним. Но солдат вдруг впал в какое-то беспокойство. Он поднялся на ноги и пошел к печи, рискуя наткнуться грудью на черенок лопаты, судорожно мелькавший в воздухе.

— Нет, ты скажи — кто такая? Ты меня обидел... Я? От меня не отобьется ни одна, не-ет! А ты мне говоришь такие обидные слова...

Он действительно казался искренне обиженным. Ему, должно быть, не за что было уважать себя, кроме как за свое уменье совращать женщин; быть может, кроме этой способности, в нем не было ничего живого, и только она позволяла ему чувствовать себя живым человеком.

Есть же люди, для которых самым ценным и лучшим в жизни является какая-нибудь болезнь их души или тела. Они носятся с ней все время жизни и лишь ею живы; страдая от нее, они питают себя ею, они на нее жалуются другим и этим обращают на себя внимание ближних. За это взимают с людей сочувствие себе, и, кроме этого, — у них нет ничего. Отнимите у них эту болезнь, вылечите их, и они будут несчастны, потому что лишатся единственного средства к жизни, — они станут пусты тогда. Иногда жизнь человека бывает до того бедна, что он невольно принужден ценить свой порок и им жить; и можно сказать, что часто люди бывают порочны от скуки.

Солдат обиделся, лез на нашего пекаря и выл:

— Нет, ты скажи — кто?

— Сказать? — вдруг повернулся к нему пекарь.

— Ну?

— Таню знаешь?

— Ну?

— Ну и вот! Попробуй...

— Я?

— Ты!

— Ее? Это мне — тьфу!

— Поглядим!

— Увидишь! Х-ха!

— Она тебя...

— Месяц сроку!

— Экий ты хвальбишка, солдат!

— Две недели! Я покажу! Кто такая? Танька! Тьфу!..

— Ну, пошел прочь... мешаешь!

— Две недели — и готово! Ах ты...

— Пошел, говорю!

Наш пекарь вдруг освирепел и замахнулся лопатой. Солдат удивленно попятился от него, посмотрел на нас, помолчал и, тихо, зловеще сказав: "Хорошо же!" — ушел от нас.

Во время спора мы все молчали, заинтересованные им. Но когда солдат ушел, среди нас поднялся оживленный, громкий говор и шум.

Кто-то крикнул пекарю:

— Не дело ты затеял, Павел!

— Работай, знай! — свирепо ответил пекарь.

Мы чувствовали, что солдат задет за живое и что Тане грозит опасность. Мы чувствовали это, и в то же время всех нас охватило жгучее, приятное нам любопытство — что будет? Устоит ли Таня против солдата? И почти все уверенно кричали:

— Танька? Она устоит! Ее голыми руками не возьмешь!

Нам страшно хотелось испробовать крепость нашего божка; мы напряженно доказывали друг другу, что наш божок — крепкий божок и выйдет победителем из этого столкновения. Нам, наконец, стало казаться, что мы мало раззадорили солдата, что он забудет о споре и что нам нужно хорошенько разбередить его самолюбие. Мы с этого дня начали жить какой-то особенной, напряженно нервной жизнью, — так еще не жили мы. Мы целые дни спорили друг с другом, как-то поумнели все, стали больше и лучше говорить. Нам казалось, что мы играем в какую-то игру с чертом и ставка с нашей стороны — Таня. И когда мы узнали от булочников, что солдат начал "приударять за нашей Танькой", нам сделалось жутко хорошо и до того любопытно жить, что мы даже не заметили, как хозяин, пользуясь нашим возбуждением, набавил нам работы на четырнадцать пудов теста в сутки. Мы как будто даже и не уставали от работы. Имя Тани целый день не сходило у нас с языка. И каждое утро мы ждали ее с каким-то особенным нетерпением. Иногда нам представлялось, что она войдет к нам, — и уже это будет не та, прежняя Таня, а какая-то другая.

Мы, однако, ничего не говорили ей о происшедшем споре. Ни о чем не спрашивали ее и по-прежнему относились к ней любовно и хорошо. Но уже в это отношение вкралось что-то новое и чуждое прежним нашим чувствам к Тане — и это новое было острым любопытством, острым и холодным, как стальной нож...

— Братцы! Сегодня срок! — сказал однажды утром пекарь, становясь к работе.

Мы хорошо знали это и без его напоминания, но все-таки встрепенулись.

— Глядите на нее... сейчас придет! — предложил пекарь.

Кто-то с сожалением воскликнул:

— Да ведь разве глазами что увидишь!

И снова между нами разгорелся живой, шумный спор. Сегодня мы узнаем наконец, насколько чист и недоступен для грязи тот сосуд, в который мы вложили наше лучшее. В это утро мы как-то сразу и впервые почувствовали, что действительно играем большую игру, что эта проба чистоты нашего божка может уничтожить его для нас. Мы все эти дни слышали, что солдат упорно и неотвязно преследует Таню, но почему-то никто из нас не спросил ее, как она относится к нему. А она продолжала аккуратно каждое утро являться к нам за крендельками и была все такая же, как всегда.

И в этот день мы скоро услыхали ее голос.

— Арестантики! Я пришла...

Мы поторопились впустить ее, и когда она вошла, то, против обыкновения, встретили ее молчанием. Глядя на нее во все глаза, мы не знали, о чем нам говорить с ней, о чем спросить ее. И стояли мы пред нею темной, молчаливой толпой. Она, видимо, удивилась непривычной для нее встрече, — и вдруг мы увидели, что она побледнела, забеспокоилась, как-то завозилась на месте и сдавленным голосом спросила:

— Что это вы... какие?

— А ты? — угрюмо бросил ей пекарь, не сводя с нее глаз.

— Что — я?

— Н-ничего...

— Ну, давайте скорее крендельки...

Никогда раньше она не торопила нас...

— Поспеешь! — сказал пекарь, не двигаясь и не отрывая глаз от ее лица.

Тогда она вдруг повернулась и исчезла в двери. Пекарь взялся за лопату и спокойно молвил, отворотясь к печке:

— Значит — готово!.. Ай да солдат!.. Подлец!..

Мы, как стадо баранов, толкая друг друга, пошли к столу, молча уселись и вяло начали работать. Вскоре кто-то сказал:

— А может, еще...

— Ну-ну! Разговаривай! — закричал пекарь.

Мы все знали, что он человек умный, умнее нас. И окрик его мы поняли, как уверенность в победе солдата... Нам было грустно и неспокойно...

В 12 часов, во время обеда, пришел солдат. Он был, как всегда, чистый и щеголеватый и, как всегда, смотрел нам прямо в глаза. А нам неловко было смотреть на него.

— Ну-с, господа честные, хотите, я вам покажу солдатскую удаль? — сказал он, гордо усмехаясь. — Так вы выходите в сени и смотрите в щели... поняли?

Мы вышли и, навалившись друг на друга, прильнули к щелям в дощатой стене сеней, выходившей на двор. Мы недолго ждали... Скоро спешной походкой, с озабоченным лицом, по двору прошла Таня, перепрыгивая через лужи талого снега и грязи. Она скрылась за дверью в погреб. Потом, не торопясь и посвистывая, туда прошел солдат. Руки у него были засунуты в карманы, а усы шевелились...

Шел дождь, и мы видели, как его капли падали в лужи и лужи

морщились под их ударами. День был сырой, серый — очень скучный день. На крышах еще лежал снег, а на земле уже появились темные пятна грязи, И снег на крышах тоже был покрыт бурым, грязноватым налетом. Дождь шел медленно, звучал он уныло. Нам было холодно и неприятно ждать...

Первым вышел из погреба солдат; он пошел по двору медленно, шевеля усами, засунув руки в карманы, — такой же, как всегда.

Потом — вышла и Таня. Глаза у нее... глаза у нее сияли радостью и счастьем, а губы — улыбались. И шла она, как во сне, пошатываясь, неверными шагами...

Мы не могли перенести этого спокойно. Все сразу мы бросились к двери, выскочили на двор и засвистали, заорали на нее злобно, громко, дико.

Она вздрогнула, увидав нас, и стала, как вкопанная, в грязь под ее ногами. Мы окружили ее и злорадно, без удержу, ругали ее похабными словами, говорили ей бесстыдные вещи.

Мы делали это не громко, не торопясь, видя, что ей некуда идти, что она окружена нами и мы можем издеваться над ней, сколько хотим. Не знаю почему, но мы не били ее. Она стояла среди нас и вертела головой то туда, то сюда, слушая наши оскорбления. А мы — все больше, все сильнее бросали в нее грязью и ядом наших слов.

Краска сошла с ее лица. Ее голубые глаза, за минуту пред этим счастливые, широко раскрылись, грудь дышала тяжело, и губы вздрагивали.

А мы, окружив ее, мстили ей, ибо она ограбила нас. Она принадлежала нам, мы на нее расходовали наше лучшее, и хотя это лучшее — крохи нищих, но нас — двадцать шесть, она — одна, и поэтому нет ей муки от нас, достойной вины ее! Как мы ее оскорбляли!.. Она все молчала, все смотрела на нас дикими глазами, и всю ее била дрожь.

Мы смеялись, ревели, рычали... К нам откуда-то подбегали еще люди... Кто-то из нас дернул Таню за рукав кофты...

Вдруг глаза ее сверкнули; она, не торопясь, подняла руки к голове и, поправляя волосы, громко, но спокойно сказала прямо в лицо нам:

— Ах вы, арестанты несчастные!..

И она пошла прямо на нас, так просто пошла, как будто нас и не было пред ней, точно мы не преграждали ей дороги. Поэтому никого из нас действительно не оказалось на ее пути.

А выйдя из нашего круга, она, не оборачиваясь к нам, так же громко, гордо и презрительно еще сказала:

— Ах вы, сво-олочь... га-ады...

И — ушла, прямая, красивая, гордая.

Мы же остались среди двора, в грязи, под дождем и серым небом без солнца...

Потом и мы молча ушли в свою сырую каменную яму. Как раньше — солнце никогда не заглядывало к нам в окна, и Таня не приходила больше никогда!..

1899

Песня о соколе

Море — огромное, лениво вздыхающее у берега, — уснуло и неподвижно в дали, облитой голубым сиянием луны. Мягкое и серебристое, оно слилось там с синим южным небом и крепко спит, отражая в себе прозрачную ткань перистых облаков, неподвижных и не скрывающих собою золотых узоров звезд. Кажется, что небо все ниже наклоняется над морем, желая понять то, о чем шепчут неугомонные волны, сонно всползая на берег.

Горы, поросшие деревьями, уродливо изогнутыми норд-остом, резкими взмахами подняли свои вершины в синюю пустыню над ними, суровые контуры их округлились, одетые теплой и ласковой мглой южной ночи.

Горы важно задумчивы. С них на пышные зеленоватые гребни волн упали черные тени и одевают их, как бы желая остановить единственное движение, заглушить немолчный плеск воды и вздохи пены — все звуки, которые нарушают тайную тишину, разлитую вокруг вместе с голубым серебром сияния луны, еще скрытой за горными вершинами.

— А-ала-ах-а-акбар!.. — тихо вздыхает Надыр-Рагим-оглы, старый крымский чабан, высокий, седой, сожженный южным солнцем, сухой и мудрый старик.

Мы с ним лежим на песке у громадного камня, оторвавшегося от родной горы, одетого тенью, поросшего мхом, — у камня печального, хмурого. На тот бок его, который обращен к морю, волны набросали тины, водорослей, и обвешанный ими камень кажется привязанным к узкой песчаной полоске, отделяющей море от гор. Пламя нашего костра освещает его со стороны, обращенной к горе, оно вздрагивает, и по старому камню, изрезанному частой сетью глубоких трещин, бегают тени.

Мы с Рагимом варим уху из только что наловленной рыбы и оба находимся в том настроении, когда все кажется прозрачным, одухотворенным, позволяющим проникать в себя, когда на сердце так чисто, легко и нет иных желаний, кроме желания думать.

А море ластится к берегу, и волны звучат так ласково, точно просят пустить их погреться к костру. Иногда в общей гармонии плеска слышится более повышенная и шаловливая нота — это одна из волн, посмелее, подползла ближе к нам.

Рагим лежит грудью на песке, головой к морю, и вдумчиво смотрит в мутную даль, опершись локтями и положив голову на ладони. Мохнатая баранья шапка съехала ему на затылок, с моря веет свежестью в его высокий лоб, весь в мелких морщинах. Он философствует, не справляясь, слушаю ли я его, точно он говорит с морем:

— Верный Богу человек идет в рай. А который не служит Богу и пророку? Может, он — вот в этой пене... И те серебряные пятна на воде, может, он же... кто знает?

Темное, могуче размахнувшееся море светлеет, местами на нем появляются небрежно брошенные блики луны. Она уже выплыла из-за мохнатых вершин гор и теперь задумчиво льет свой свет на море, тихо вздыхающее ей навстречу, на берег и камень, у которого мы лежим.

— Рагим!.. Расскажи сказку... — прошу я старика.

— Зачем? — спрашивает Рагим, не оборачиваясь ко мне.

— Так! Я люблю твои сказки.

— Я тебе все уж рассказал... Больше не знаю... — Это он хочет, чтобы я попросил его. Я прошу.

— Хочешь, я расскажу тебе песню? — соглашается Рагим.

Я хочу слышать старую песню, и унылым речитативом, стараясь сохранить своеобразную мелодию песни, он рассказывает.

I

"Высоко в горы вполз Уж и лег там в сыром ущелье, свернувшись в узел и глядя в море.

Высоко в небе сияло солнце, а горы зноем дышали в небо, и бились волны внизу о камень...

А по ущелью, во тьме и брызгах, поток стремился навстречу морю, гремя камнями...

Весь в белой пене, седой и сильный, он резал гору и падал в море, сердито воя.

Вдруг в то ущелье, где Уж свернулся, пал с неба Сокол с разбитой грудью, в крови на перьях...

С коротким криком он пал на землю и бился грудью в бессильном гневе о твердый камень...

Уж испугался, отполз проворно, но скоро понял, что жизни птицы две-три минуты...

Подполз он ближе к разбитой птице, и прошипел он ей прямо в очи:

— Что, умираешь?

— Да, умираю! — ответил Сокол, вздохнув глубоко. — Я славно пожил!.. Я знаю счастье!.. Я храбро бился!.. Я видел небо... Ты не увидишь его так близко!.. Эх ты, бедняга!

— Ну что же — небо? — пустое место... Как мне там ползать? Мне здесь прекрасно... тепло и сыро!

Так Уж ответил свободной птице и усмехнулся в душе над нею за эти бредни.

И так подумал: "Летай иль ползай, конец известен: все в землю лягут, все прахом будет..."

Но Сокол смелый вдруг встрепенулся, привстал немного и по ущелью повел очами...

Сквозь серый камень вода сочилась, и было душно в ущелье темном и пахло гнилью.

И крикнул Сокол с тоской и болью, собрав все силы:

— О, если б в небо хоть раз подняться!.. Врага прижал бы я... к ранам груди и... захлебнулся б моей он кровью!.. О, счастье битвы!..

А Уж подумал: "Должно быть, в небе и в самом деле пожить приятно, коль он так стонет!.."

И предожил он свободной птице: "А ты подвинься на край ущелья и вниз бросайся. Быть может, крылья тебя поднимут и поживешь ты еще немного в твоей стихии".

И дрогнул Сокол и, гордо крикнув, пошел к обрыву, скользя когтями по слизи камня.

И подошел он, расправил крылья, вздохнул всей грудью, сверкнул очами и — вниз скатился.

И сам, как камень, скользя по скалам, он быстро падал, ломая крылья, теряя перья...

Волна потока его схватила и, кровь омывши, одела в пену, умчала в море.

А волны моря с печальным ревом о камень бились... И трупа птицы не видно было в морском пространстве...

II

В ущелье лежа, Уж долго думал о смерти птицы, о страсти к небу.

И вот взглянул он в ту даль, что вечно ласкает очи мечтой о счастье.

— А что он видел, умерший Сокол, в пустыне этой без дна и края? Зачем такие, как он, умерши, смущают душу своей любовью к полетам в небо? Что им там ясно? А я ведь мог бы узнать все это, взлетевши в небо хоть ненадолго.

Сказал и — сделал. В кольцо свернувшись, он прянул в воздух и узкой лентой блеснул на солнце.

Рожденный ползать — летать не может!.. Забыв об этом, он пал на камни, но не убился, а рассмеялся...

— Так вот в чем прелесть полетов в небо! Она — в паденье!.. Смешные птицы! Земли не зная, на ней тоскуя, они стремятся высоко в небо и ищут жизни в пустыне знойной. Там только пусто. Там много света, но нет там пищи и нет опоры живому телу. Зачем же гордость? Зачем укоры? Затем, чтоб ею прикрыть безумство своих желаний и скрыть за ними свою негодность для дела жизни? Смешные птицы!.. Но не обманут теперь уж больше меня их речи! Я сам все знаю! Я — видел небо... Взлетал в него я, его измерил, познал паденье, но не разбился, а только крепче в себя я верю. Пусть те, что землю любить не могут, живут обманом. Я знаю правду. И их призывам я не поверю. Земли творенье — землей живу я.

И он свернулся в клубок на камне, гордясь собою.

Блестело море, все в ярком свете, и грозно волны о берег бились.

В их львином реве гремела песня о гордой птице, дрожали скалы от их ударов, дрожало небо от грозной песни:

"Безумству храбрых поем мы славу!

Безумство храбрых — вот мудрость жизни! О смелый Сокол! В бою с врагами истек ты кровью... Но будет время — и капли крови твоей горячей, как искры, вспыхнут во мраке жизни и много смелых сердец зажгут безумной жаждой свободы, света!

Пускай ты умер!.. Но в песне смелых и сильных духом всегда ты будешь живым примером, призывом гордым к свободе, к свету!

Безумству храбрых поем мы песню!.."

...Молчит опаловая даль моря, певуче плещут волны на песок, и я молчу, глядя в даль моря. На воде все больше серебряных пятен от лунных лучей... Наш котелок тихо закипает.

Одна из волн игриво вскатывается на берег и, вызывающе шумя, ползет к голове Рагима.

— Куда идешь?.. Пшла! — машет на нее Рагим рукой, и она покорно скатывается обратно в море.

Мне нимало не смешна и не страшна выходка Рагима, одухотворяющего волны. Все кругом смотрит странно живо, мягко, ласково. Море так внушительно спокойно, и чувствуется, что в свежем дыхании его на горы, еще не остывшие от дневного зноя, скрыто много мощной, сдержанной силы. По темно-синему небу золотым узором звезд написано нечто торжественное, чарующее душу, смущающее ум сладким ожиданием какого-то откровения.

Все дремлет, но дремлет напряженно чутко, и кажется, что вот в следующую секунду все встрепенется и зазвучит в стройной гармонии неизъяснимо сладких звуков. Эти звуки расскажут про тайны мира, разъяснят их уму, а потом погасят его, как призрачный огонек, и увлекут с собой душу высоко в темно-синюю бездну, откуда навстречу ей трепетные узоры звезд тоже зазвучат дивной музыкой откровения...

<u>1895</u>

И. А. БУНИН

(1870–1953)

Иван Алексеевич Бунин родился 10 (22) октября 1870 г. в Воронеже в обедневшей дворянской семье. Детство прошло в деревне. Рано познал он горечь бедности, заботы о куске хлеба. В юности писатель перепробовал много профессий: служил статистом, библиотекарем, работал в газетах. В возрасте семнадцати лет Бунин напечатал свои первые стихи и с этого времени навсегда связал свою судьбу с литературой. Судьба Бунина отмечена двумя не прошедшими для него бесследно обстоятельствами: будучи дворянином по происхождению, он не получил даже гимназического образования, а после ухода из-под родного крова никогда не имел своего дома.

В 1895 году он приехал в Петербург, а к концу XIX века был уже автором нескольких книг: «На край света» (1897), «Под открытым небом» (1898), художественного перевода «Песни о Гайавате» Г.

Лонгфелло, стихов и рассказов. Бунин глубоко чувствовал красоту родной природы, превосходно знал быт и нравы деревни, ее обычаи, традиции и язык. Бунин — лирик. Его книга «Под открытым небом» — лирический дневник времен года, от первых признаков весны до зимних пейзажей, сквозь которые проступает близкий сердцу образ родины. Рассказы Бунина 1890-х годов, созданные в традициях реалистической литературы XIX века, открывают мир деревенской жизни. Безжалостно и правдиво автор рассказывает о жизни интеллигента-пролетария с его душевными смутами, об ужасе бессмысленного прозябания людей "без роду-племени" («Привал», «Танька», «Вести с родины», «Учитель», «Без роду-племени», «Поздней ночью»). Бунин считает, что с утратой жизнью красоты неизбежна утрата и ее смысла. В рассказе «Антоновские яблоки» (1900) впервые в столь определенной форме выявился взгляд Бунина "на быт и душу русских дворян" как на те же, "что и у мужика". Горький восхищался поэтичностью рассказа: "Это — хорошо. Тут Иван Бунин, как молодой бог, спел. Красиво, сочно, задушевно". Бунин дружил с Горьким, и в знак этой дружбы он посвятил Горькому поэму «Листопад» (1900). Наибольшую известность Бунину принесли его суровые реалистические повести и рассказы «Деревня», «Веселый двор», «Ночной разговор», «Суходол» и др. В повести «Деревня» (Бунин называл ее также и романом) автор нарушил традицию "розового" народолюбия, показал новый тип народной, крестьянской, "земляной личности". Бунинская деревня по своей духовной и жизненной силе не только не плодоносна, но и обречена на самораспад — экономический и религиозный. Автор показал правдивые картины упадка, обнищания и одновременно обострения социальных конфликтов в дореволюционной деревне.

Писатель на протяжении своей долгой жизни объездил много стран Европы и Азии. Впечатления от этих поездок послужили материалом для его путевых очерков («Тень птицы», «В Иудее», «Храм Солнца» и другие) и рассказов («Братья» и «Господин из Сан-Франциско»).

Октябрьскую революцию Бунин не принял решительно и категорически, отвергая как "кровавое безумие" и "повальное сумасшествие" всякую насильственную попытку перестроить человеческое общество. Свои чувства он отразил в дневнике революционных лет «Окаянные дни» — произведении яростного неприятия революции, опубликованном в эмиграции.

В 1920 году Бунин выехал за границу и в полной мере познал участь писателя-эмигранта. Стихов в 20—40-е годы было написано мало, но среди них лирические шедевры — «И цветы, и шмели, и трава, и колосья...», «Михаил», «У птицы есть гнездо, у зверя есть нора...», «Петух на церковном кресте». Вышедшая в 1929 году в Париже книга Бунина-поэта «Избранные стихи» утвердила за автором право на одно из первых мест в русской поэзии. В эмиграции написано десять новых книг прозы — «Роза Иерихона» (1924), «Солнечный удар» (1927), «Божье дерево» (1930) и др., и в том числе повесть «Митина любовь» (1925). Эта повесть о власти любви, с ее трагической несовместимостью плотского и духовного, когда самоубийство героя становится единственным "избавлением" от обыденности жизни. В 1927—1933 годах Бунин работал над своим самым крупным произведением — «Жизнь Арсеньева».

В этой "вымышленной автобиографии" автор восстанавливает прошлое России, свое детство и юность. Произведения Бунина эмигрантской поры построены на русском материале, окрашены в ностальгические тона. В 1933 году Бунину была присуждена Нобелевская премия "за правдивый артистичный талант, с которым он воссоздал в художественной прозе типичный русский характер". К концу 30-х годов Бунин все больше ощущает тоску по Родине. С болью переживал он события на родине во время Великой Отечественной войны, радовался успехам и победам советских и союзных войск. С огромной радостью встретил победу. В эти годы Бунин создает рассказы, вошедшие в сборник «Темные аллеи», рассказы только о любви. Этот сборник автор считал самым совершенным по мастерству, особенно рассказ

«Чистый понедельник».

В послевоенные годы Бунин доброжелательно относился к Советскому Союзу, но так и не смог смириться с общественно-политическими переменами в стране, что и помешало ему вернуться в СССР. В эмиграции Бунин постоянно перерабатывал свои уже опубликованные сочинения. Незадолго до смерти он просил печатать его произведения только по последней авторской редакции.

Господин из Сан-Франциско

Горе тебе, Вавилон, город крепкий.

Апокалипсис

Господин из Сан-Франциско — имени его ни в Неаполе, ни на Капри никто не запомнил — ехал в Старый Свет на целых два года, с женой и дочерью, единственно ради развлечения.

Он был твердо уверен, что имеет полное право на отдых, на удовольствие, на путешествие долгое и комфортабельное, и мало ли еще на что. Для такой уверенности у него был тот резон, что, во-первых, он был богат, а во-вторых, только что приступал к жизни, несмотря на свои пятьдесят восемь лет. До этой поры он не жил, а лишь существовал, правда очень недурно, но все же возлагая все надежды на будущее. Он работал не покладая рук, — китайцы, которых он выписывал к себе на работы целыми тысячами, хорошо знали, что это значит! — и, наконец, увидел, что сделано уже много, что он почти сравнялся с теми, кого некогда взял себе за образец, и решил передохнуть. Люди, к которым принадлежал он, имели обычай начинать наслаждения жизнью с поездки в Европу, в Индию, в Египет. Положил и он поступить так же. Конечно, он хотел вознаградить за годы труда прежде всего себя; однако рад был и за жену с дочерью. Жена его никогда не отличалась особой впечатлительностью, но ведь все пожилые американки страстные путешественницы. А что до дочери, девушки на возрасте и слегка болезненной, то для нее путешествие было прямо необходимо — не говоря уже о пользе для здоровья, разве не бывает в путешествиях счастливых встреч? Тут иной раз сидишь за столом или рассматриваешь фрески рядом с миллиардером.

Маршрут был выработан господином из Сан-Франциско обширный. В декабре и январе он надеялся наслаждаться солнцем Южной Италии, памятниками древности, тарантеллой, серенадами бродячих певцов и тем, что люди в его годы чувствуют особенно тонко, — любовью молоденьких неаполитанок, пусть даже и не совсем бескорыстной, карнавал он думал провести в Ницце, в Монте-Карло, куда в эту пору стекается самое отборное общество, где одни с азартом предаются автомобильным и парусным гонкам, другие рулетке, третьи тому, что принято называть флиртом, а четвертые — стрельбе в голубей, которые очень красиво взвиваются из садков над изумрудным газоном, на фоне моря цвета незабудок, и тотчас же стукаются белыми комочками о землю; начало марта он хотел посвятить Флоренции, к страстям господним приехать в Рим, чтобы слушать там Miserere[1]; входили в его планы и Венеция, и Париж, и бой быков в Севилье, и купанье на английских островах, и фины, и Константинополь, и Палестина, и Египет, и даже Япония, — разумеется, уже на обратном пути... И все пошло сперва отлично.

Был конец ноября, до самого Гибралтара пришлось плыть то в ледяной мгле, то среди бури с мокрым снегом; но плыли вполне благополучно. Пассажиров было много, пароход — знаменитая “Атлантида” — был похож на громадный отель со всеми удобствами, — с ночным баром, с восточными банями, с собственной газетой, — и жизнь на нем протекала весьма размеренно: вставали рано, при трубных звуках, резко раздававшихся по коридорам еще в тот сумрачный час, когда так медленно и неприветливо светало над серо-зеленой водяной пустыней, тяжело волновавшейся в тумане; накинув фланелевые пижамы,

---

1. “Смилуйся” — католическая молитва (лат.).

пили кофе, шоколад, какао; затем садились в мраморные ванны, делали гимнастику, возбуждая аппетит и хорошее самочувствие, совершали дневные туалеты и шли к первому завтраку; до одиннадцати часов полагалось бодро гулять по палубам, дыша холодной свежестью океана, или играть в шеффль-борд и другие игры для нового возбуждения аппетита, а в одиннадцать — подкрепляться бутербродами с бульоном; подкрепившись, с удовольствием читали газету и спокойно ждали второго завтрака, еще более питательного и разнообразного, чем первый; следующие два часа посвящались отдыху; все палубы были заставлены тогда лонгшезами, на которых путешественники лежали, укрывшись пледами, глядя на облачное небо и напенистые бугры, мелькавшие за бортом, или сладко задремывая; в пятом часу их, освеженных и повеселевших, поили крепким душистым чаем с печеньями; в семь повещали трубными сигналами о том, что составляло главнейшую цель всего этого существования, венец его... И тут господин из Сан-Франциско, потирая от прилива жизненных сил руки, спешил в свою богатую люкс-кабину — одеваться.

По вечерам этажи "Атлантиды" зияли во мраке как бы огненными несметными глазами, и великое множество слуг работало в поварских, судомойнях и винных подвалах. Океан, ходивший за стенами, был страшен, но о нем не думали, твердо веря во власть над ним командира, рыжего человека чудовищной величины и грузности, всегда как бы сонного, похожего в своем мундире, с широкими золотыми нашивками на огромного идола и очень редко появлявшегося на люди из своих таинственных покоев; на баке поминутно взвывала с адской мрачностью и взвизгивала с неистовой злобой сирена, но немногие из обедающих слышали сирену — ее заглушали звуки прекрасного струнного оркестра, изысканно и неустанно игравшего в мраморной двусветной зале, устланной бархатными коврами, празднично залитой огнями, переполненной декольтированными дамами и мужчинами во фраках и смокингах, стройными лакеями и почтительными метрдотелями, среди которых один, тот, что принимал заказы только на вина, ходил даже с цепью на шее, как какой-нибудь лорд-мэр. Смокинг и крахмальное белье очень молодили господина из Сан-Франциско. Сухой, невысокий, неладно скроенный, но крепко сшитый, расчищенный до глянца и в меру оживленный, он сидел в золотисто-жемчужном сиянии этого чертога за бутылкой янтарного иоганисберга, за бокалами и бокальчиками тончайшего стекла, за кудрявым букетом гиацинтов. Нечто монгольское было в его желтоватом лице с подстриженными серебряными усами, золотыми пломбами блестели его крупные зубы, старой слоновой костью — крепкая лысая голова. Богато, но по годам была одета его жена, женщина крупная, широкая и спокойная; сложно, но легко и прозрачно, с невинной откровенностью — дочь, высокая, тонкая, с великолепными волосами, прелестно убранными, с ароматическим от фиалковых лепешечек дыханием и с нежнейшими розовыми прыщиками возле губ и между лопаток, чуть припудренных... Обед длился больше часа, а после обеда открывались в бальной зале танцы, во время которых мужчины, — в том числе, конечно, и господин из Сан-Франциско, — задрав ноги, решали на основании последних биржевых новостей судьбы народов, до малиновой красноты накуривались гаванскими сигарами и напивались ликерами в баре, где служили негры в красных камзолах, с белками, похожими на облупленные крутые яйца. Океан с гулом ходил за стеной черными горами, вьюга крепко свистала в отяжелевших снастях, пароход весь дрожал, одолевая и ее, и эти горы, — точно плугом разваливая на стороны их зыбкие, то и дело вскипавшие и высоко взвивавшиеся пенистыми хвостами громады, — в смертной тоске стенала удушаемая туманом сирена, мерзли от стужи и шалели от непосильного напряжения внимания вахтенные на своей вышке, мрачным и знойным недрам преисподней, ее последнему, девятому кругу была подобна подводная утроба парохода, — та, где глухо гоготали исполинские топки, пожиравшие своими раскаленными зевами груды каменного угля, с грохотом ввергаемого в них облитыми едким, грязным потом и по пояс голыми людьми, багровыми от пламени; а тут, в баре, беззаботно закидывали ноги на ручки кресел, цедили коньяк и ликеры, плавали в волнах пряного дыма, в танцевальной зале все сияло и изливало свет, тепло и радость, пары то крутились в вальсах, то изгибались в танго — и музыка настойчиво, в какой-то сладостно-бесстыдной печали молила все об одном, все о том же... Был среди этой блестящей толпы некий великий богач, бритый, длинный, похожий на прелата, в старомодном фраке, был знаменитый испанский писатель, была всесветная красавица, была изящная влюбленная пара, за которой все с любопытством следили и которая не скрывала своего счастья: он танцевал только с ней, и все выходило у них так тонко, очаровательно, что только один командир знал, что эта пара нанята Ллойдом играть в любовь за хорошие деньги и уже давно плавает то на одном, то на другом корабле.

В Гибралтаре всех обрадовало солнце, было похоже на раннюю весну; на борту "Атлантиды" появился новый пассажир, возбудивший к себе общий интерес, — наследный принц одного азиатского государства, путешествовавший инкогнито, человек маленький, весь деревянный, широколицый, узкоглазый, в золотых очках, слегка неприятный — тем, что крупные черные усы сквозили у него, как у мертвого, в общем же милый, простой и скромный. В Средиземном море снова пахнуло зимой, шла крупная и цветистая, как хвост павлина, волна, которую, при ярком блеске и совершенно чистом небе, развела весело и бешено летевшая навстречу трамонтана. Потом, на вторые сутки, небо стало бледнеть, горизонт затуманился: близилась земля, показались Искья, Капри, в бинокль уже виден был кусками сахара насыпанный у подножия чего-то сизого Неаполь... Многие леди и джентльмены уже надели легкие, мехом вверх, шубки; безответные, всегда шепотом говорящие бои-китайцы, кривоногие подростки со смоляными косами до пят и с девичьими густыми ресницами, исподволь вытаскивали к лестницам пледы, трости, чемоданы, несессеры... Дочь господина из Сан-Франциско стояла на палубе рядом с принцем, вчера вечером, по счастливой случайности, представленным ей, и делала вид, что пристально смотрит вдаль, куда он указывал ей, что-то объясняя, что-то торопливо и негромко рассказывая; он по росту казался среди других мальчиком, он был совсем не хорош собой и странен — очки, котелок, английское пальто, а волосы редких усов точно конские, смуглая тонкая кожа на плоском лице точно натянута и как будто слегка лакирована, — но девушка слушала его и от волнения не понимала, что он ей говорит; сердце ее билось от непонятного восторга перед ним: все, все в нем было не такое, как у прочих, — его сухие руки, его чистая кожа, под которой текла древняя царская кровь, даже его европейская, совсем простая, но как будто особенно опрятная одежда таили в себе неизъяснимое очарование. А сам господин из Сан-Франциско, в серых гетрах на лакированных ботинках, все поглядывал на стоявшую возле него знаменитую красавицу, высокую, удивительного сложения блондинку с разрисованными по последней парижской моде глазами, державшую на серебряной цепочке крохотную, гнутую, облезлую собачку и все разговаривавшую с нею. И дочь, в какой-то смутной неловкости, старалась не замечать его.

Он был довольно щедр в пути и потому вполне верил в заботливость всех тех, что кормили и поили его, с утра до вечера служили ему, предупреждая его малейшее желание, охраняли его чистоту и покой, таскали его вещи, звали для него носильщиков, доставляли его сундуки в гостиницы. Так было всюду, так было в плавании, так должно было быть и в Неаполе. Неаполь рос и приближался; музыканты, блестя медью духовых инструментов, уже столпились на палубе и вдруг оглушили всех торжествующими звуками марша, гигант-командир, в парадной форме, появился на своих мостках и, как милостивый языческий бог, приветственно помотал рукой пассажирам — и господину из Сан-Франциско, так же, как и всем прочим, казалось, что это для него одного гремит марш гордой Америки, что это его приветствует командир с благополучным прибытием. А когда "Атлантида" вошла, наконец, в гавань, привалила к набережной своей многоэтажной громадой, усеянной людьми, и загрохотали сходни, — сколько портье и их помощников в картузах с золотыми галунами, сколько всяких комиссионеров, свистунов-мальчишек и здоровенных оборванцев с пачками цветных открыток в руках кинулось к нему навстречу с предложением услуг! И он ухмылялся этим оборванцам, идя к автомобилю того самого отеля, где мог остановиться и принц, и спокойно говорил сквозь зубы то по-английски, то по-итальянски:

— Go away![1] Via![2]

---

1. Прочь! (англ.)
2. Прочь! (итал.)

Жизнь в Неаполе тотчас же потекла по заведенному порядку: рано утром — завтрак в сумрачной столовой, облачное, мало обещающее небо и толпа гидов у дверей вестибюля; потом первые улыбки теплого розоватого солнца, вид с высоко висящего балкона на Везувий, до подножия окутанный сияющими утренними парами, на серебристо-жемчужную рябь залива и тонкий очерк Капри на горизонте, на бегущих внизу, по липкой набережной, крохотных осликов в двуколках и на отряды мелких солдатиков, шагающих куда-то с бодрой и вызывающей музыкой; потом — выход к автомобилю и медленное движение по людным узким и серым коридорам улиц, среди высоких, многооконных домов, осмотр мертвенно-чистых и ровно, приятно, но скучно, точно снегом, освещенных музеев или холодных, пахнущих воском церквей, в которых повсюду одно и то же: величавый вход, закрытый тяжкой кожаной завесой, а внутри — огромная пустота, молчание, тихие огоньки семисвечника, краснеющие в глубине на престоле, убранном кружевами, одинокая старуха среди темных деревянных парт, скользкие гробовые плиты под ногами и чье-нибудь "Снятие со креста", непременно знаменитое; в час — второй завтрак на горе Сан-Мартино, куда съезжается к полудню немало людей самого первого сорта и где однажды дочери господина из Сан-Франциско чуть не сделалось дурно: ей показалось, что в зале сидит принц, хотя она уже знала из газет, что он в Риме; в пять — чай в отеле, в нарядном салоне, где так тепло от ковров и пылающих каминов; а там снова приготовления к обеду — снова мощный, властный гул гонга по всем этажам, снова вереницы шуршащих по лестницам шелками и отражающихся в зеркалах декольтированных дам, снова широко и гостеприимно открытый чертог столовой, и красные куртки музыкантов на эстраде, и черная толпа лакеев возле метрдотеля, с необыкновенным мастерством разливающего по тарелкам густой розовый суп... Обеды опять были так обильны и кушаньями, и винами, и минеральными водами, и сластями, и фруктами, что к одиннадцати часам вечера по всем номерам разносили горничные каучуковые пузыри с горячей водой для согревания желудков.

Однако декабрь выдался в тот год не совсем удачный: портье, когда с ними говорили о погоде, только виновато поднимали плечи, бормоча, что такого года они и не запомнят, хотя уже не первый год приходилось им бормотать это и ссылаться на то, что "всюду происходит что-то ужасное": на Ривьере небывалые ливни и бури, в Афинах снег, Этна тоже вся занесена и по ночам светит, из Палермо туристы, спасаясь от стужи, разбегаются... Утреннее солнце каждый день обманывало: с полудня неизменно серело и начинал сеять дождь, да все гуще и холоднее; тогда пальмы у подъезда отеля блестели жестью, город казался особенно грязным и тесным, музеи чересчур однообразными, сигарные окурки толстяков-извозчиков в резиновых, крыльями развевающихся по ветру накидках — нестерпимо вонючими, энергичное хлопанье их бичей над тонкошеими клячами явно фальшивым, обувь синьоров, разметающих трамвайные рельсы, ужасною, а женщины, шлепающие по грязи, под дождем, с черными раскрытыми головами, — безобразно коротконогими; про сырость же и вонь гнилой рыбой от пенящегося у набережной моря и говорить нечего. Господин и госпожа из Сан-Франциско стали по утрам ссориться; дочь их то ходила бледная, с головной болью, то оживала, всем восхищалась и была тогда и мила и прекрасна: прекрасны были те нежные, сложные чувства, что пробудила в ней встреча с некрасивым человеком, в котором текла необычная кровь, ибо ведь в конце-то концов, может быть, и не важно, что именно пробуждает девичью душу — деньги ли, слава ли, знатность ли рода... Все уверяли, что совсем не то в Сорренто, на Капри — там и теплей, и солнечней, и лимоны цветут, и нравы честнее, и вино натуральней. И вот семья из Сан-Франциско решила отправиться со всеми своими сундуками на Капри, с тем, чтобы, осмотрев его, походив по камням на месте дворцов Тиверия, побывав в сказочных пещерах Лазурного грота и послушав абруццских волынщиков, целый месяц бродящих перед рождеством по острову и поющих хвалы деве Марии, поселиться в Сорренто.

В день отъезда, — очень памятный для семьи из Сан-Франциско! — даже и с утра не было солнца. Тяжелый туман до самого основания скрывал Везувий, низко серел над свинцовой зыбью моря. Капри совсем не было видно — точно его никогда и не существовало на свете. И маленький пароходик, направившийся к нему, так валяло со стороны на сторону, что семья из Сан-Франциско пластом лежала на диванах в жалкой кают-компании этого пароходика, закутав ноги пледами и закрыв от дурноты глаза. Миссис страдала, как она думала, больше всех; ее несколько раз одолевало, ей казалось, что она умирает, а горничная, прибегавшая к ней с тазиком, — уже многие годы изо дня в день качавшаяся на этих волнах и в зной и в стужу и все-таки неутомимая, — только смеялась. Мисс была ужасно бледна и держала в зубах ломтик лимона. Мистер, лежавший на спине, в широком пальто и большом картузе, не разжимал челюстей всю дорогу; лицо его стало темным, усы белыми, голова тяжко болела: последние дни благодаря дурной погоде он пил по вечерам слишком много и слишком много любовался "живыми картинами" в некоторых притонах. А дождь сек в дребезжащие стекла, на диваны с них текло, ветер с воем ломил в мачты и порою, вместе с налетавшей волной, клал пароходик совсем набок, и тогда с грохотом катилось что-то внизу. На остановках, в Кастелламаре, в Сорренто, было немного легче; но и тут размахивало страшно, берег со всеми своими обрывами, садами, пиниями, розовыми и белыми отелями и дымными, курчаво-зелеными горами летел за окном вниз и вверх, как на качелях; в стены стукались лодки, третьеклассники азартно орали, где-то, точно раздавленный, давился криком ребенок, сырой ветер дул в двери, и, ни на минуту не смолкая, пронзительно вопил с качавшейся барки под флагом гостиницы "Royal" картавый мальчишка, заманивавший путешественников: "Kgoya-al! Hotel Kgoya-al!.." И господин из Сан-Франциско, чувствуя себя так, как и подобало ему, — совсем стариком, — уже с тоской и злобой думал обо всех этих "Royal", "Splendid", "Excelsior" и об этих жадных, воняющих чесноком людишках, называемых итальянцами; раз во время остановки, открыв глаза и приподнявшись с дивана, он увидел под скалистым отвесом кучу таких жалких, насквозь проплесневевших каменных домишек, налепленных друг на друга у самой воды, возле лодок, возле каких-то тряпок, жестянок и коричневых сетей, что, вспомнив, что это и есть подлинная Италия, которой он приехал наслаждаться, почувствовал отчаяние... Наконец, уже в сумерках, стал надвигаться своей чернотой остров, точно насквозь просверленный у подножия красными огоньками, ветер стал мягче, теплей, благовонней, по смиряющимся волнам, переливавшим-

ся, как черное масло, потекли золотые удавы от фонарей пристани...
Потом вдруг загремел и с плеском шлепнулся в воду якорь, наперебой
понеслись отовсюду яростные крики лодочников — и сразу стало на
душе легче, ярче засияла кают-компания, захотелось есть, пить, курить,
двигаться... Через десять минут семья из Сан-Франциско сошла в большую барку, через пятнадцать ступила на камни набережной, а затем
села в светлый вагончик и с жужжанием потянулась вверх по откосу,
среди кольев на виноградниках, полуразвалившихся каменных оград и
мокрых, корявых, прикрытых кое-где соломенными навесами апельси-
новых деревьев, с блеском оранжевых плодов и толстой глянцевитой
листвы скользивших вниз, под гору, мимо открытых окон вагончика...
Сладко пахнет в Италии земля после дождя, и свой, особый запах есть
у каждого ее острова!

Остров Капри был сыр и темен в этот вечер. Но тут он на минуту ожил, кое-где осветился. На верху горы, на площадке фуникулера,
уже опять стояла толпа тех, на обязанности которых лежало достойно
принять господина из Сан-Франциско. Были и другие приезжие, но не
заслуживающие внимания, — несколько русских, поселившихся на
Капри, неряшливых и рассеянных, в очках, с бородами, с поднятыми
воротниками старе́ньких пальтишек, и компания длинноногих, кру-
глоголовых немецких юношей в тирольских костюмах и с холщовыми
сумками за плечами, не нуждающихся ни в чьих услугах, всюду чув-
ствующих себя как дома и совсем не щедрых на траты. Господин же
из Сан-Франциско, спокойно сторонившийся и от тех и от других, был
сразу замечен. Ему и его дамам торопливо помогли выйти, перед ним
побежали вперед, указывая дорогу, его снова окружили мальчишки и те
дюжие каприйские бабы, что носят на головах чемоданы и сундуки по-
рядочных туристов. Застучали по маленькой, точно оперной площади,
над которой качался от влажного ветра электрический шар, их деревянные ножные скамеечки, по-птичьему засвистала и закувыркалась через
голову орава мальчишек — и как по сцене пошел среди них господин из
Сан-Франциско к какой-то средневековой арке под слитыми в одно до-
мами, за которой покато вела к сияющему впереди подъезду отеля звон-
кая уличка с вихром пальмы над плоскими крышами налево и синими

звездами на черном небе вверху, впереди. И опять было похоже, что это в честь гостей из Сан-Франциско ожил каменный сырой городок на скалистом островке в Средиземном море, что это они сделали таким счастливым и радушным хозяина отеля, что только их ждал китайский гонг, завывший по всем этажам сбор к обеду, едва вступили они в вестибюль.

Вежливо и изысканно поклонившийся хозяин, отменно элегантный молодой человек, встретивший их, на мгновение поразил господина из Сан-Франциско: взглянув на него, господин из Сан-Франциско вдруг вспомнил, что нынче ночью, среди прочей путаницы, осаждавшей его во сне, он видел именно этого джентльмена, точь-в-точь такого же, как этот, в той же визитке с круглыми полами и с той же зеркально причесанной головою.

Удивленный, он даже чуть было не приостановился. Но как в душе его уже давным-давно не осталось ни даже горчичного семени каких-либо так называемых мистических чувств, то тотчас же и померкло его удивление: шутя сказал он об этом странном совпадении сна и действительности жене и дочери, проходя по коридору отеля. Дочь, однако, с тревогой взглянула на него в эту минуту: сердце ее вдруг сжала тоска, чувство страшного одиночества на этом чужом, темном острове...

Только что отбыла гостившая на Капри высокая особа — Рейс XVII. И гостям из Сан-Франциско отвели те самые апартаменты, что занимал он. К ним приставили самую красивую и умелую горничную, бельгийку, с тонкой и твердой от корсета талией и в крахмальном чепчике в виде маленькой зубчатой короны, самого видного из лакеев, угольно-черного, огнеглазого сицилийца, и самого расторопного коридорного, маленького и полного Луиджи, много переменившего подобных мест на своем веку. А через минуту в дверь комнаты господина из Сан-Франциско легонько стукнул француз метрдотель, явившийся, чтобы узнать, будут ли господа приезжие обедать, и в случае утвердительного ответа, в котором, впрочем, не было сомнения, доложить, что сегодня лангуст, ростбиф, спаржа, фазаны и так далее. Пол еще ходил под господином из Сан-Франциско, — так закачал его этот дрянной итальянский пароходишко, — но он не спеша, собственноручно, хотя с непривычки и не совсем ловко, закрыл хлопнувшее при входе метрдотеля окно, из которого пахнуло запахом дальней Кухни и мокрых цветов в саду, и с неторопливой отчетливостью ответил, что обедать они будут, что столик для них должен быть поставлен подальше от дверей, в самой глубине залы, что пить они будут вино местное, и каждому его слову метрдотель поддакивал в самых разнообразных интонациях, имевших, однако, только тот смысл, что нет и не может быть сомнения в правоте желаний господина из Сан-Франциско и что все будет исполнено в точности. Напоследок он склонил голову и деликатно спросил:

— Все, сэр?

И, получив в ответ медлительное "yes"[1], прибавил, что сегодня у них в вестибюле тарантелла — танцуют Кармелла и Джузеппе, известные всей Италии и "всему миру туристов".

— Я видел ее на открытках, — сказал господин из Сан-Франциско ничего не выражающим голосом. — А этот Джузеппе — ее муж?

— Двоюродный брат, сэр, — ответил метрдотель.

И помедлив, что-то подумав, но ничего не сказав, господин из Сан-Франциско отпустил его кивком головы.

А затем он снова стал точно к венцу готовиться: повсюду зажег электричество, наполнил все зеркала отражением света и блеска, мебели и раскрытых сундуков, стал бриться, мыться и поминутно звонить, в то время как по всему коридору неслись и перебивали его другие нетерпеливые звонки — из комнат его жены и дочери. И Луиджи, в своем красном переднике, с легкостью, свойственной многим толстякам, делая гримасы ужаса, до слез смешившие горничных, пробегавших мимо с кафельными ведрами в руках, кубарем катился на звонок и, стукнув в дверь костяшками, с притворной робостью, с доведенной до идиотизма почтительностью спрашивал:

— Ha sonato, signore?[2]

И из-за двери слышался неспешный и скрипучий, обидно вежливый голос:

— Yes, come in...[3]

---

1. Да (англ.).
2. Вы звонили, синьор? (итал.)
3. Да, входите. (англ.)

Что чувствовал, что думал господин из Сан-Франциско в этот столь знаменательный для него вечер? Он, как всякий испытавший качку, только очень хотел есть, с наслаждением мечтал о первой ложке супа, о первом глотке вина и совершал привычное дело туалета даже в некотором возбуждении, не оставлявшем времени для чувств и размышлений.

Выбрившись, вымывшись, ладно вставив несколько зубов, он, стоя перед зеркалами, смочил и придрал щетками в серебряной оправе остатки жемчужных волос вокруг смугло-желтого черепа, натянул на крепкое старческое тело с полнеющей от усиленного питания талией кремовое шелковое трико, а на сухие ноги с плоскими ступнями — черные шелковые чулки и бальные туфли, приседая, привел в порядок высоко подтянутые шелковыми помочами черные брюки и белоснежную, с выпятившейся грудью рубашку, вправил в блестящие манжеты запонки и стал мучиться с ловлей под твердым воротничком запонки шейной. Пол еще качался под ним, кончикам пальцев было очень больно, запонка порой крепко кусала дряблую кожицу в углублении под кадыком, но он был настойчив и, наконец, с сияющими от напряжения глазами, весь сизый от сдавившего ему горло не в меру тугого воротничка, таки доделал дело — и в изнеможении присел перед трюмо, весь отражаясь в нем и повторяясь в других зеркалах.

— О, это ужасно! — пробормотал он, опуская крепкую лысу голов и не стараясь понять, не думая, что именно ужасно, потом привычно и внимательно оглядел свои короткие, с подагрическими затвердениями на суставах пальцы, их крупные и выпуклые ногти миндального цвета и повторил с убеждением: — Это ужасно...

Но тут зычно, точно в языческом храме, загудел по всему дому второй гонг. И, поспешно встав с места, господин из Сан-Франциско еще больше стянул воротничок галстуком, а живот открытым жилетом, надел смокинг, выправил манжеты, еще раз оглядел себя в зеркале. "Эта Кармелла, смуглая, с наигранными глазами, похожая на мулатку, в цветистом наряде, где преобладает оранжевый цвет, пляшет, должно быть, необыкновенно", — подумал он. И, бодро выйдя из своей комнаты и подойдя по ковру к соседней, жениной, громко спросил, скоро ли они?

— Через пять минут! — звонко и уже весело отозвался из-за двери девичий голос.

— Отлично, — сказал господин из Сан-Франциско.

И не спеша пошел по коридорам и по лестницам, устланным красными коврами, вниз, отыскивая читальню. Встречные слуги жались
от него к стене, а он шел, как бы не замечая их. Запоздавшая к обеду
старуха, уже сутулая, с молочными волосами, но декольтированная, в
светло-сером шелковом платье, поспешала изо всех сил, но смешно,
по-куриному, и он легко обогнал ее. Возле стеклянных дверей столовой,
где уже все были в сборе и начали есть, он остановился перед столиком,
загроможденным коробками сигар и египетских папирос, взял большую
маниллу и кинул на столик три лиры; на зимней веранде мимоходом
глянул в открытое окно: из темноты повеяло на него нежным возду-
хом, померещилась верхушка старой пальмы, раскинувшая по звездам
свои вайи, казавшиеся гигантскими, донесся отдаленный ровный шум
моря... В читальне, уютной, тихой и светлой только над столами, стоя
шуршал газетами какой-то седой немец, похожий на Ибсена, в серебряных круглых очках и с сумасшедшими, изумленными глазами. Холодно
осмотрев его, господин из Сан-Франциско сел в глубокое кожаное кресло в углу, возле лампы под зеленым колпаком, надел пенсне и, дернув
головой от душившего его воротничка, весь закрылся газетным листом.
Он быстро пробежал заглавие некоторых статей, прочел несколько
строк о никогда не прекращающейся балканской войне, привычным
жестом перевернул газету, — как вдруг строчки вспыхнули перед ним
стеклянным блеском, шея его напружилась, глаза выпучились, пенсне
слетело с носа... Он рванулся вперед, хотел глотнуть воздуха — и дико
захрипел; нижняя челюсть его отпала, осветив весь рот золотом пломб,
голова завалилась на плечо и замоталась, грудь рубашки выпятилась
коробом — и все тело, извиваясь, задирая ковер каблуками, поползло на
пол, отчаянно борясь с кем-то.

Не будь в читальне немца, быстро и ловко сумели бы в гостинице
замять это ужасное происшествие, мгновенно, задними ходами, умчали
бы за ноги и за голову господина из Сан-Франциско куда подальше — и
ни единая душа из гостей не узнала бы, что натворил он. Но немец вырвался из читальни с криком, он всполошил весь дом, всю столовую. И

многие вскакивали из-за еды, опрокидывая стулья, многие, бледнея, бежали к читальне, на всех языках раздавалось: "Что, что случилось?" — и никто не отвечал толком, никто не понимал ничего, так как люди и до сих пор еще больше всего дивятся и ни за что не хотят верить смерти. Хозяин метался от одного гостя к другому, пытаясь задержать бегущих и успокоить их поспешными заверениями, что это так, пустяк, маленький обморок с одним господином из Сан-Франциско... Но никто его не слушал, многие видели, как лакеи и коридорные срывали с этого господина галстук, жилет, измятый смокинг и даже зачем-то бальные башмаки с черных шелковых ног с плоскими ступнями. А он еще бился. Он настойчиво боролся со смертью, ни за что не хотел поддаться ей, так неожиданно и грубо навалившейся на него. Он мотал головой, хрипел, как зарезанный, закатил глаза, как пьяный... Когда его торопливо внесли и положили на кровать в сорок третий номер, — самый маленький, самый плохой, самый сырой и холодный, в конце нижнего коридора, — прибежала его дочь, с распущенными волосами, в распахнувшемся капотике, с обнаженной грудью, поднятой корсетом, потом большая, тяжелая и уже совсем наряженная к обеду жена, у которой рот был круглый от ужаса... Но тут он уже и головой перестал мотать.

Через четверть часа в отеле все кое-как пришло в порядок. Но вечер был непоправимо испорчен. Некоторые, возвратясь в столовую, дообедали, но молча, с обиженными лицами, меж тем как хозяин подходил то к тому, то к другому, в бессильном и приличном раздражении пожимая плечами, чувствуя себя без вины виноватым, всех уверяя, что он отлично понимает, "как это неприятно", и давая слово, что он примет "все зависящие от него меры" к устранению неприятности; тарантеллу пришлось отменить, лишнее электричество потушили, большинство гостей ушло в пивную, и стало так тихо, что четко слышался стук часов в вестибюле, где только один попугай деревянно бормотал что-то, возясь перед сном в своей клетке, ухитряясь заснуть с нелепо задранной на верхний шесток лапой... Господин из Сан-Франциско лежал на дешевой железной кровати, под грубыми шерстяными одеялами, на которые с потолка тускло светил один рожок. Пузырь со льдом свисал на его мокрый и холодный лоб. Сизое, уже мертвое лицо постепенно стыло, хриплое клокотанье, вырывавшееся из открытого рта, освещенного отблеском золота, слабело. Это хрипел уже не господин из Сан-Франциско, — его больше не было, — а кто-то другой. Жена, дочь, доктор, прислуга стояли и глядели на него. Вдруг то, чего они ждали и боялись, совершилось — хрип оборвался. И медленно, медленно, на глазах у всех, потекла бледность по лицу умершего, и черты его стали утончаться, светлеть, — красотой, уже давно подобавшей ему.

Вошел хозяин. "Gia e morto"[1], — сказал ему, шепотом доктор. Хозяин с бесстрастным лицом пожал плечами. Миссис, у которой тихо катились по щекам слезы, подошла к нему и робко сказала, что теперь надо перенести покойного в его комнату.

— О нет, мадам, — поспешно, корректно, но уже без всякой любезности, и не по-английски, а по-французски возразил хозяин, которому совсем не интересны были те пустяки, что могли оставить теперь в его кассе приезжие из Сан-Франциско. — Это совершенно невозможно, мадам, — сказал он и прибавил в пояснение, что он очень ценит эти апартаменты, что если бы он исполнил ее желание, то всему Капри стало бы известно об этом и туристы начали бы избегать их.

Мисс, все время странно смотревшая на него, села на стул и, зажав рот платком, зарыдала. У миссис слезы сразу высохли, лицо вспыхнуло. Она подняла тон, стала требовать, говоря на своем языке и все еще не веря, что уважение к ним окончательно потеряно. Хозяин с вежливым достоинством осадил ее: если мадам не нравятся порядки отеля, он не смеет ее задерживать; и твердо заявил, что тело должно быть вывезено сегодня же на рассвете, что полиции уже дано знать, что представитель ее сейчас явится и исполнит необходимые формальности... Можно ли достать на Капри хотя бы простой готовый гроб, спрашивает мадам? К сожалению, нет, ни в каком случае, а сделать никто не успеет. Придется поступить как-нибудь иначе... Содовую английскую воду, например, он получает в больших и длинных ящиках... перегородки из такого ящика можно вынуть...

Ночью весь отель спал. Открыли окно в сорок третьем номере, — оно

---

1. Уже умер. (итал.)

выходило в угол сада, где под высокой каменной стеной, утыканной по гребню битым стеклом, рос чахлый банан, — потушили электричество, заперли дверь на ключ и ушли. Мертвый остался в темноте, синие звезды глядели на него с неба, сверчок с грустной беззаботностью запел в стене... В тускло освещенном коридоре сидели на подоконнике две горничные, что-то штопая. Вошел Луиджи с кучей платья на руке, в туфлях.

— Pronto? (Готово?) — озабоченно спросил он звонким шепотом, указывая глазами на страшную дверь в конце коридора. И легонько помотал свободной рукой в ту сторону. — Partenza![1] — шепотом крикнул он, как бы провожая поезд, то, что обычно кричат в Италии на станциях при отправлении поездов, — и горничные, давясь беззвучным смехом, упали головами на плечи друг другу.

Потом он, мягко подпрыгивая, подбежал к самой двери, чуть стукнул в нее и, склонив голову набок, вполголоса, почтительнейше спросил:

— Ha sonato, signore?

И, сдавив горло, выдвинув нижнюю челюсть, скрипуче, медлительно и печально ответил сам себе, как бы из-за двери:

— Yes, come in...

А на рассвете, когда побелело за окном сорок третьего номера и влажный ветер зашуршал рваной листвой банана, когда поднялось и раскинулось над островом Капри голубое утреннее небо и озолотилась против солнца, восходящего за далекими синими горами Италии, чистая и четкая вершина Монте-Соляро, когда пошли на работу каменщики, поправлявшие на острове тропинки для туристов, — принесли к сорок третьему номеру длинный ящик из-под содовой воды. Вскоре он стал очень тяжел — и крепко давил колени младшего портье, который шибко повез его на одноконном извозчике по белому шоссе, взад и вперед извивавшемуся по склонам Капри, среди каменных оград и виноградников, все вниз и вниз, до самого моря. Извозчик, кволый человек с красными глазами, в старом пиджачке с короткими рукавами и в сбитых башмаках, был с похмелья, — целую ночь играл в кости в

---

1. Отравление. (итал.)

траттории, — и все хлестал свою крепкую лошадку, по-сицилиански разряженную, спешно громыхающую всяческими бубенчиками на уздечке в цветных шерстяных помпонах и на остриях высокой медной седелки, с аршинным, трясущимся на бегу птичьим пером, торчащим из подстриженной челки. Извозчик молчал, был подавлен своей беспутностью, своими пороками, — тем, что он до последнего гроша проигрался ночью. Но утро было свежее, на таком воздухе, среди моря, под утренним небом, хмель скоро улетучивается и скоро возвращается беззаботность к человеку, да утешал извозчика и тот неожиданный заработок, что дал ему какой-то господин из Сан-Франциско, мотавший своей мертвой головой в ящике за его спиною... Пароходик, жуком лежавший далеко внизу, на нежной и яркой синеве которой так густо и полно налит Неаполитанский залив, уже давал последние гудки — и они бодро отзывались по всему острову, каждый изгиб которого, каждый гребень, каждый камень был так явственно виден отовсюду, точно воздуха совсем не было. Возле пристани младшего портье догнал старший, мчавший в автомобиле мисс и миссис, бледных с провалившимися от слез и бессонной ночи глазами. И через десять минут пароходик снова зашумел водой и снова побежал к Сорренто, к Кастелламаре, навсегда увозя от Капри семью из Сан-Франциско... И на острове снова водворились мир и покой.

На этом острове, две тысячи лет тому назад, жил человек, совершенно запутавшийся в своих жестоких и грязных поступках, который почему-то забрал власть над миллионами людей и который, сам растерявшись от бессмысленности этой власти и от страха, что кто-нибудь убьет его из-за угла, наделал жестокостей сверх всякой меры, — и человечество навеки запомнило его, и те, что в совокупности своей, столь же непонятно и, по существу, столь же жестоко, как и он, властвуют теперь в мире, со всего света съезжаются смотреть на остатки того каменного дома, где он жил на одном из самых крутых подъемов острова[1]. В это чудесное утро все, приехавшие на Капри именно с этой целью, еще спали по гостиницам, хотя к подъездам гостиниц уже вели

---

1. Имеется в виду римский император Тиберий.

маленьких мышастых осликов под красными седлами, на которые опять должны были нынче, проснувшись и наевшись, взгромоздиться молодые и старые американцы и американки, немцы и немки и за которыми опять должны были бежать по каменистым тропинкам, и все в гору, вплоть до самой вершины Монте-Тиберио, нищие каприйские старухи с палками в жилистых руках. Успокоенные тем, что мертвого старика из Сан-Франциско, тоже собиравшегося ехать с ними, но вместо того только напугавшего их напоминанием о смерти, уже отправили в Неаполь, путешественники спали крепким сном, и на острове было еще тихо, магазины в городе были еще закрыты. Торговал только рынок на маленькой площади — рыбой и зеленью, и были на нем одни простые люди, среди которых, как всегда, без всякого дела, стоял Лоренцо, высокий старик-лодочник, беззаботный гуляка и красавец, знаменитый по всей Италии, не раз служивший моделью многим живописцам: он принес и уже продал за бесценок двух пойманных им ночью омаров, шуршавших в переднике повара того самого отеля, где ночевала семья из Сан-Франциско, и теперь мог спокойно стоять хоть до вечера, с царственной повадкой поглядывая вокруг, рисуясь своими лохмотьями, глиняной трубкой и красным шерстяным беретом, спущенным на одно ухо. А по обрывам Монте-Соляро, по древней финикийской дороге, вырубленной в скалах, по ее каменным ступенькам, спускались от Анакапри два абруццских горца. У одного под кожаным плащом была волынка, — большой козий мех с двумя дудками, у другого — нечто вроде деревянной цевницы. Шли они — и целая страна, радостная, прекрасная, солнечная, простирались под ними: и каменистые горбы острова, который почти весь лежал у их ног, и та сказочная синева, в которой плавал он, и сияющие утренние пары над морем к востоку, под ослепительным солнцем, которое уже жарко грело, поднимаясь все выше и выше, и туманно-лазурные, еще по-утреннему зыбкие массивы Италии, ее близких и далеких гор, красоту которых бессильно выразить человеческое слово. На полпути они замедлили шаг: над дорогой, в гроте скалистой стены Монте-Соляро, вся озаренная солнцем, вся в тепле и блеске его, стояла в белоснежных гипсовых одеждах и в царском венце, золотисто-ржавом от непогод, матерь Божия, кроткая и милостивая, с очами, поднятыми к небу, к вечным и блаженным обителям трижды благословенного сына ее. Они обнажили головы, приложили к губам свои цевницы — и полились наивные и смиренно-радостные хвалы их солнцу, утру, ей, непорочной заступнице всех страждущих в этом злом и прекрасном мире, и рожденному от чрева ее в пещере Вифлеемской, в бедном пастушеском приюте, в далекой земле Иудиной...

Тело же мертвого старика из Сан-Франциско возвращалось домой, в могилу, на берега Нового Света. Испытав много унижений, много человеческого невнимания, с неделю пространствовав из одного портового пакгауза в другой, оно снова попало, наконец, на тот же самый знаменитый корабль, на котором так еще недавно, с таким почетом везли его в Старый Свет. Но теперь уже скрывали его от живых — глубоко спустили в просмоленном гробе в черный трюм. И опять, опять пошел корабль в свой далекий морской путь. Ночью плыл он мимо острова Капри, и печальны были его огни, медленно скрывавшиеся в темном море, для того, кто смотрел на них с острова. Но там, на корабле, в светлых, сияющих люстрами и мрамором залах, был, как обычно, людный бал в эту ночь.

Был он и на другую и на третью ночь — опять среди бешеной вьюги, проносившейся над гудевшим, как погребальная месса, и ходившим траурными от серебряной пены горами океаном. Бесчисленные огненные глаза корабля были за снегом едва видны Дьяволу, следившему со скал Гибралтара, с каменистых ворот двух миров, за уходившим в ночь и вьюгу кораблем. Дьявол был громаден, как утес, но еще громаднее его был корабль, многоярусный, многотрубный, созданный гордыней Нового Человека со старым сердцем. Вьюга билась в его снасти и широкогорлые трубы, побелевшие от снега, но он был стоек, тверд, величав и страшен. На самой верхней крыше его одиноко высились среди снежных вихрей те уютные, слабо освещенные покои, где, погруженные в чуткую и тревожную дремоту, надо всем кораблем восседал его грузный водитель, похожий на языческого идола. Он слышал тяжкие завывания и яростные взвизгивания сирены, удушаемой бурей, но успокаивал себя близостью того, в конечном итоге для него самого непонятного, что было за его стеною той большой как бы бронированной каюты, что то и дело наполнялась таинственным гулом, трепетом и сухим треском синих огней, вспыхивавших и разрывавшихся вокруг бледнолицего телеграфиста с металлическим полуобручем на голове. В самом низу, в подводной утробе "Атлантиды", тускло блистали сталью, сипели паром и сочились кипятком и маслом тысячепудовые громады котлов и всяческих других машин, той кухни, раскаляемой исподу адскими топками, в которой варилось движение корабля, — клокотали страшные в своей сосредоточенности силы, передававшиеся в самый киль его, в бесконечно длинное подземелье, в круглый туннель, слабо озаренный электричеством, где медленно, с подавляющей человеческую душу неукоснительностью, вращался в своем масленистом ложе исполинский вал, точно живое чудовище, протянувшееся в этом туннеле, похожем на жерло. А средина "Атлантиды", столовые и бальные залы ее изливали свет и радость, гудели говором нарядной толпы, благоухали свежими цветами, пели струнным оркестром. И опять мучительно извивалось и порою судорожно сталкивалась среди этой толпы, среди блеска огней, шелков, бриллиантов и обнаженных женских плеч, тонкая и гибкая пара нанятых влюбленных: грешно скромная, хорошенькая девушка с опущенными ресницами, с невинной прической и рослый молодой человек с черными, как бы приклеенными волосами, бледный от пудры, в изящнейшей лакированной обуви, в узком, с длинными фалдами, фраке — красавец, похожий на огромную пиявку. И никто не знал ни того, что уже давно наскучило этой паре притворно мучиться своей блаженной мукой под бесстыдно-грустную музыку, ни того, что стоит гроб глубоко, глубоко под ними, на дне темного трюма, в соседстве с мрачными и знойными недрами корабля, тяжко одолевающего мрак, океан, вьюгу...

Васильевское. 10. 1915.

Легкое дыхание

На кладбище, над свежей глиняной насыпью стоит новый крест из дуба, крепкий, тяжелый, гладкий.

Апрель, дни серые; памятники кладбища, просторного, уездного, еще далеко видны сквозь голые деревья, и холодный ветер звенит и звенит фарфоровым венком у подножия креста.

В самый же крест вделан довольно большой, выпуклый фарфоровый медальон, а в медальоне — фотографический портрет гимназистки с радостными, поразительно живыми глазами.

Это Оля Мещерская.

Девочкой она ничем не выделялась в толпе коричневых гимназических платьиц: что можно было сказать о ней, кроме того, что она из числа хорошеньких, богатых и счастливых девочек, что она способна, но шаловлива и очень беспечна к тем наставлениям, которые ей делает классная дама? Затем она стала расцветать, развиваться не по дням, а по часам. В четырнадцать лет у нее, при тонкой талии и стройных ножках, уже хорошо обрисовывались груди и все те формы, очарование которых еще никогда не выразило человеческое слово; в пятнадцать она слыла уже красавицей. Как тщательно причесывались некоторые ее подруги, как чистоплотны были, как следили за своими сдержанными движениями! А она ничего не боялась — ни чернильных пятен на пальцах, ни раскрасневшегося лица, ни растрепанных волос, ни заголившегося при падении на бегу колена. Без всяких ее забот и усилий и как-то незаметно пришло к ней все то, что так отличало ее в последние два года из всей гимназии, — изящество, нарядность, ловкость, ясный блеск глаз... Никто не танцевал так на балах, как Оля Мещерская, никто не бегал так на коньках, как она, ни за кем на балах не ухаживали столько, сколько за ней, и почему-то никого не любили так младшие классы, как ее. Незаметно стала она девушкой, и незаметно упрочилась ее гимназическая слава, и уже пошли толки, что она ветрена, не может жить без поклонников, что в нее безумно влюблен гимназист Шеншин, что будто бы и она его любит, но так изменчива в обращении с ним, что он покушался на самоубийство.

Последнюю свою зиму Оля Мещерская совсем сошла с ума от веселья, как говорили в гимназии. Зима была снежная, солнечная, морозная, рано опускалось солнце за высокий ельник снежного гимназического сада, неизменно погожее, лучистое, обещающее и на завтра мороз и солнце, гулянье на Соборной улице, каток в городском саду, розовый вечер, музыку и эту во все стороны скользящую на катке толпу, в которой Оля Мещерская казалась самой беззаботной, самой счастливой. И вот однажды, на большой перемене, когда она вихрем носилась по сборному залу от гонявшихся за ней и блаженно визжавших первоклассниц, ее неожиданно позвали к начальнице. Она с разбегу остановилась, делала только один глубокий вздох, быстрым и уже привычным женским движением оправила волосы, дернула уголки передника к плечам и, сияя глазами, побежала наверх. Начальница, моложавая, но седая, спокойно сидела с вязаньем в руках за письменным столом, под царским портретом.

— Здравствуйте, mademoiselle[1] Мещерская, — сказала она по-французски, не поднимая глаз от вязанья. — Я, к сожалению, уже не первый раз принуждена призывать вас сюда, чтобы говорить с вами относительно вашего поведения.

— Я слушаю, madame, — ответила Мещерская, подходя к столу, глядя на нее ясно и живо, но без всякого выражения на лице, и присела так легко и грациозно, как только она одна умела.

— Слушать вы меня будете плохо, я, к сожалению, убедилась в этом, — сказала начальница и, потянув нитку и завертев на лакированном полу клубок, на который с любопытством посмотрела Мещерская, подняла глаза. — Я не буду повторяться, не буду говорить пространно, — сказала она.

Мещерской очень нравился этот необыкновенно чистый и большой кабинет, так хорошо дышавший в морозные дни теплом блестящей голландки и свежестью ландышей на письменном столе. Она посмотрела на молодого царя, во весь рост написанного среди какой-то блистательной залы, на ровный пробор в молочных, аккуратно гофрированных волосах начальницы и выжидательно молчала.

— Вы уже не девочка, — многозначительно сказала начальница, втайне начиная раздражаться.

— Да, madame, — просто, почти весело ответила Мещерская.

---

1. Мисс (франц.).

— Но и не женщина, — еще многозначительнее сказала начальница, и ее матовое лицо слегка заалело. — Прежде всего, — что это за прическа? Это женская прическа!

— Я не виновата, madame, что у меня хорошие волосы, — ответила Мещерская и чуть тронула обеими руками свою красиво убранную голову.

— Ах, вот как, вы не виноваты! — сказала начальница. — Вы не виноваты в прическе, не виноваты в этих дорогих гребнях, не виноваты, что разоряете своих родителей на туфельки в двадцать рублей! Но, повторяю вам, вы совершенно упускаете из виду, что вы пока только гимназистка...

И тут Мещерская, не теряя простоты и спокойствия, вдруг вежливо перебила ее:

— Простите, madame, вы ошибаетесь: я женщина. И виноват в этом — знаете кто? Друг и сосед папы, а ваш брат Алексей Михайлович Малютин. Это случилось прошлым летом в деревне...

А через месяц после этого разговора казачий офицер, некрасивый и плебейского вида, не имевший ровно ничего общего с тем кругом, к которому принадлежала Оля Мещерская, застрелил ее на платформе вокзала, среди большой толпы народа, только что прибывшей с поездом. И невероятное, ошеломившее начальницу признание Оли Мещерской совершенно подтвердилось: офицер заявил судебному следователю, что Мещерская завлекла его, была с ним близка, поклялась быть его женой, а на вокзале, в день убийства, провожая его в Новочеркасск, вдруг сказала ему, что она и не думала никогда любить его, что все эти разговоры о браке — одно ее издевательство над ним, и дала ему прочесть ту страничку дневника, где говорилось о Малютине.

— Я пробежал эти строки и тут же, на платформе, где она гуляла, поджидая, пока я кончу читать, выстрелил в нее, — сказал офицер.

— Дневник этот, вот он, взгляните, что было написано в нем десятого июля прошлого года.

В дневнике было написано следующее:

"Сейчас второй час ночи. Я крепко заснула, но тотчас же проснулась... Нынче я стала женщиной! Папа, мама и Толя, все уехали в город, я осталась одна. Я была так счастлива, что одна! Я утром гуляла в саду, в поле, была в лесу, мне казалось, что я одна во всем мире, и я думала, так хорошо, как никогда в жизни. Я и обедала одна, потом целый час играла, под музыку у меня было такое чувство, что я буду жить без конца и буду так счастлива, как никто. Потом заснула у папы в кабинете, а в четыре часа меня разбудила Катя, сказала, что приехал Алексей Михайлович. Я ему очень обрадовалась, мне было так приятно принять его и занимать. Он приехал на паре своих вяток, очень красивых, и они все время стояли у крыльца, он остался, потому что был дождь, и ему хотелось, чтобы к вечеру просохло. Он жалел, что не застал папу, был очень оживлен и держал себя со мной кавалером, много шутил, что он давно влюблен в меня. Когда мы гуляли перед чаем по саду, была опять прелестная погода, солнце блестело через весь мокрый сад, хотя стало совсем холодно, и он вел меня под руку и говорил, что он Фауст с Маргаритой. Ему пятьдесят шесть лет, но он еще очень красив и всегда хорошо одет — мне не понравилось только, что он приехал в крылатке, — пахнет английским одеколоном, и глаза совсем молодые, черные, а борода изящно разделена на две длинные части и совершенно серебряная. За чаем мы сидели на стеклянной веранде, я почувствовала себя как будто нездоровой и прилегла на тахту, а он курил, потом пересел ко мне, стал опять говорить какие-то любезности, потом рассматривать и целовать мою руку. Я закрыла лицо шелковым платком, и он несколько раз поцеловал меня в губы через платок... Я не понимаю, как это могло случиться, я сошла с ума, я никогда не думала, что я такая! Теперь мне один выход... Я чувствую к нему такое отвращение, что не могу пережить этого!.."

Город за эти апрельские дни стал чист, сух, камни его побелели, и по ним легко и приятно идти. Каждое воскресенье, после обедни, по Соборной улице, ведущей к выезду из города, направляется маленькая женщина в трауре, в черных лайковых перчатках, с зонтиком из черного дерева. Она переходит по шоссе грязную площадь, где много закопченных кузниц и свежо дует полевой воздух; дальше, между мужским монастырем и острогом, белеет облачный склон неба и сереет весеннее поле, а потом, когда проберешься среди луж под стеной монастыря и повернешь налево, увидишь как бы большой низкий сад, обнесенный белой оградой, над воротами которой написано Успение божией матери. Маленькая женщина мелко крестится и привычно идет по главной аллее. Дойдя до скамьи против дубового креста, она сидит на ветру и на весеннем холоде час, два, пока совсем не зазябнут ее ноги в легких ботинках и рука в узкой лайке. Слушая весенних птиц, сладко поющих и в холод, слушая звон ветра в фарфоровом венке, она думает иногда, что отдала бы полжизни, лишь бы не было перед ее глазами этого мертвого венка. Этот венок, этот бугор, дубовый крест! Возможно ли, что под ним та, чьи глаза так бессмертно сияют из этого выпуклого фарфорового медальона на кресте, и как совместить с этим чистым взглядом то ужасное, что соединено теперь с именем Оли Мещерской? — Но в глубине души маленькая женщина счастлива, как все преданные какой-нибудь страстной мечте люди.

Женщина эта — классная дама Оли Мещерской, немолодая девушка, давно живущая какой-нибудь выдумкой, заменяющей ей действительную жизнь. Сперва такой выдумкой был ее брат, бедный и ничем не замечательный прапорщик, — она соединила всю свою душу с ним, с его будущностью, которая почему-то представлялась ей блестящей. Когда его убили под Мукденом, она убеждала себя, что она — идейная труженица. Смерть Оли Мещерской пленила ее новой мечтой. Теперь Оля Мещерская — предмет ее неотступных дум и чувств. Она ходит на ее могилу каждый праздник, по часам не спускает глаз с дубового креста, вспоминает бледное личико Оли Мещерской в гробу, среди цветов — и то, что однажды подслушала: однажды, на большой перемене, гуляя по гимназическому саду, Оля Мещерская быстро, быстро говорила своей любимой подруге, полной, высокой Субботиной:

— Я в одной папиной книге, — у него много старинных смешных книг, — прочла, какая красота должна быть у женщины... Там, понимаешь, столько насказано, что всего не упомнишь: ну, конечно, черные, кипящие смолой глаза, — ей-богу, так и написано: кипящие смолой! — черные, как ночь, ресницы, нежно играющий румянец, тонкий стан, длиннее обыкновенного руки, — понимаешь, длиннее обыкновенного! — маленькая ножка, в меру большая грудь, правильно округленная икра, колена цвета раковины, покатые плечи, — я многое почти наизусть выучила, так все это верно! — но главное, знаешь ли что? — Легкое дыхание! А ведь оно у меня есть, — ты послушай, как я вздыхаю, — ведь правда, есть?

Теперь это легкое дыхание снова рассеялось в мире, в этом облачном небе, в этом холодном весеннем ветре.

<u>1916</u>

Темные аллеи

В холодное осеннее ненастье, на одной из больших тульских дорог, залитой дождями и изрезанной многими черными колеями, к длинной избе, в одной связи которой была казенная почтовая станция, а в другой частная горница, где можно было отдохнуть или переночевать, пообедать или спросить самовар, подкатил закиданный грязью тарантас с полуподнятым верхом, тройка довольно простых лошадей с подвязанными от слякоти хвостами. На козлах тарантаса сидел крепкий мужик в туго подпоясанном армяке, серьезный и темноликий, с редкой смоляной бородой, похожий на старинного разбойника, а в тарантасе стройный старик-военный в большом картузе и в николаевской серой шинели с бобровым стоячим воротником, еще чернобровый, но с белыми усами, которые соединялись с такими же бакенбардами; подбородок у него был пробрит и вся наружность имела то сходство с Александром II, которое столь распространено было среди военных в пору его царствования; взгляд был тоже вопрошающий, строгий и вместе с тем усталый.

Когда лошади стали, он выкинул из тарантаса ногу в военном сапоге с ровным голенищем и, придерживая руками в замшевых перчатках полы шинели, взбежал на крыльцо избы.

— Налево, ваше превосходительство, — грубо крикнул с козел кучер, и он, слегка нагнувшись на пороге от своего высокого роста, вошел в сенцы, потом в горницу налево.

В горнице было тепло, сухо и опрятно: новый золотистый образ в левом углу, под ним покрытый чистой суровой скатертью стол, за столом чисто вымытые лавки; кухонная печь, занимавшая дальний правый угол, ново белела мелом; ближе стояло нечто вроде тахты, покрытой пегими попонами, упиравшейся отвалом в бок печи; из-за печной заслонки сладко пахло щами — разварившейся капустой, говядиной и лавровым листом.

Приезжий сбросил на лавку шинель и оказался еще стройнее в одном мундире и в сапогах, потом снял перчатки и картуз и с усталым видом провел бледной худой рукой по голове — седые волосы его с начесами на висках к углам глаз слегка курчавились, красивое удлиненное лицо с темными глазами хранило кое-где мелкие следы оспы. В горнице никого не было, и он неприязненно крикнул, приотворив дверь в сенцы:

— Эй, кто там!

Тотчас вслед за тем в горницу вошла темноволосая, тоже чернобровая и тоже еще красивая не по возрасту женщина, похожая на пожилую цыганку, с темным пушком на верхней губе и вдоль щек, легкая на ходу, но полная, с большими грудями под красной кофточкой, с треугольным, как у гусыни, животом под черной шерстяной юбкой.

— Добро пожаловать, ваше превосходительство, — сказала она. — Покушать изволите или самовар прикажете?

Приезжий мельком глянул на ее округлые плечи и на легкие ноги в красных поношенных татарских туфлях и отрывисто, невнимательно ответил:

— Самовар. Хозяйка тут или служишь?

— Хозяйка, ваше превосходительство.

— Сама, значит, держишь?

— Так точно. Сама.

— Что ж так? Вдова, что ли, что сама ведешь дело?

— Не вдова, ваше превосходительство, а надо же чем-нибудь жить. И хозяйствовать я люблю.

— Так, так. Это хорошо. И как чисто, приятно у тебя.

Женщина все время пытливо смотрела на него, слегка щурясь.

— И чистоту люблю, — ответила она. — Ведь при господах выросла, как не уметь прилично себя держать, Николай Алексеевич.

Он быстро выпрямился, раскрыл глаза и покраснел.

— Надежда! Ты? — сказал он торопливо.

— Я, Николай Алексеевич, — ответила она.

— Боже мой, боже мой, — сказал он, садясь на лавку и в упор глядя на нее. — Кто бы мог подумать! Сколько лет мы не видались? Лет тридцать пять?

— Тридцать, Николай Алексеевич. Мне сейчас сорок восемь, а вам под шестьдесят, думаю?

— Вроде этого... Боже мой, как странно!

— Что странно, сударь?

— Но все, все... Как ты не понимаешь!

Усталость и рассеянность его исчезли, он встал и решительно заходил по горнице, глядя в пол. Потом остановился и, краснея сквозь седину, стал говорить:

— Ничего не знаю о тебе с тех самых пор. Как ты сюда попала? Почему не осталась при господах?

— Мне господа вскоре после вас вольную дали.

— А где жила потом?

— Долго рассказывать, сударь.

— Замужем, говоришь, не была?

— Нет, не была.

— Почему? При такой красоте, которую ты имела?

— Не могла я этого сделать.

— Отчего не могла? Что ты хочешь сказать?

— Что ж тут объяснять. Небось, помните, как я вас любила.

Он покраснел до слез и, нахмурясь, опять зашагал.

— Все проходит, мой друг, — забормотал он. — Любовь, молодость — все, все. История пошлая, обыкновенная. С годами все проходит. Как это сказано в книге Иова? "Как о воде протекшей будешь вспоминать".

— Что кому Бог дает, Николай Алексеевич. Молодость у всякого проходит, а любовь — другое дело.

Он поднял голову и, остановясь, болезненно усмехнулся:

— Ведь не могла же ты любить меня весь век!

— Значит, могла. Сколько ни проходило времени, все одним жила. Знала, что давно вас нет прежнего, что для вас словно ничего и не было, а вот... Поздно теперь укорять, а ведь правда, очень бессердечно вы меня бросили, — сколько раз я хотела руки на себя наложить от обиды от одной, уж не говоря обо всем прочем. Ведь было время, Николай Алексеевич, когда я вас Николенькой звала, а вы меня — помните как? И все стихи мне изволили читать про всякие “темные аллеи”, — прибавила она с недоброй улыбкой.

— Ах, как хороша ты была! — сказал он, качая головой. — Как горяча, как прекрасна! Какой стан, какие глаза! Помнишь, как на тебя все заглядывались?

— Помню, сударь. Были и вы отменно хороши. И ведь это вам отдала я свою красоту, свою горячку. Как же можно такое забыть.

— А! Все проходит. Все забывается.

— Все проходит, да не все забывается.

— Уходи, — сказал он, отворачиваясь и подходя к окну. — Уходи, пожалуйста.

И, вынув платок и прижав его к глазам, скороговоркой прибавил:

— Лишь бы Бог меня простил. А ты, видно, простила.

Она подошла к двери и приостановилась:

— Нет, Николай Алексеевич, не простила. Раз разговор наш коснулся до наших чувств, скажу прямо: простить я вас никогда не могла. Как не было у меня ничего дороже вас на свете в ту пору, так и потом не было. Оттого-то и простить мне вас нельзя. Ну, да что вспоминать, мертвых с погоста не носят.

— Да, да, не к чему, прикажи подавать лошадей, — ответил он, отходя от окна уже со строгим лицом. — Одно тебе скажу: никогда я не был счастлив в жизни, не думай, пожалуйста. Извини, что, может быть, задеваю твое самолюбие, но скажу откровенно, — жену я без памяти любил. А изменила, бросила меня еще оскорбительней, чем я тебя. Сына обожал, — пока рос, каких только надежд на него не возлагал! А вышел негодяй, мот, наглец, без сердца, без чести, без совести... Впрочем, все это тоже самая обыкновенная, пошлая история. Будь здорова, милый друг. Думаю, что и я потерял в тебе самое дорогое, что имел в жизни.

Она подошла и поцеловала у него руку, он поцеловал у нее.

— Прикажи подавать...

Когда поехали дальше, он хмуро думал: "Да, как прелестна была! Волшебно прекрасна!" Со стыдом вспоминал свои последние слова и то, что поцеловал у ней руку, и тотчас стыдился своего стыда. "Разве неправда, что она дала мне лучшие минуты жизни?"

К закату проглянуло бледное солнце. Кучер гнал рысцой, все меняя черные колеи, выбирая менее грязные и тоже что-то думал. Наконец сказал с серьезной грубостью:

— А она, ваше превосходительство, все глядела в окно, как мы уезжали. Верно, давно изволите знать ее?

— Давно, Клим.

— Баба — ума палата. И все, говорят, богатеет. Деньги в рост дает.

— Это ничего не значит.

— Как не значит! Кому ж не хочется получше пожить! Если с совестью давать, худого мало. И она, говорят, справедлива на это. Но крута! Не отдал вовремя — пеняй на себя.

— Да, да, пеняй на себя... Погоняй, пожалуйста, как бы не опоздать нам к поезду...

Низкое солнце желто светило на пустые поля, лошади ровно шлепали по лужам. Он глядел на мелькавшие подковы, сдвинув черные брови, и думал:

"Да, пеняй на себя. Да, конечно, лучшие минуты. И не лучшие, а истинно волшебные! "Кругом шиповник алый цвел, стояли темных лип аллеи..." Но, боже мой, что же было бы дальше? Что, если бы я не бросил ее? Какой вздор! Эта самая Надежда не содержательница постоялой горницы, а моя жена, хозяйка моего петербургского дома, мать моих детей?"

И, закрывая глаза, качал головой.

20 октября 1938 г.

А. А. БЛОК

(1880–1921)

Александр Александрович Блок родился 16 (28) ноября 1880 г. в Петербурге. Отец Блока — юрист, профессор Варшавского университета, из семьи обрусевших немцев. Мать — из рода Бекетовых, в доме которых поэт вырос, на всю жизнь унаследовав глубокую духовность и высокий идеализм, которые исповедовались в этой семье. Летом Блок жил в дедовском имении — селе Шахматове Клинского уезда Московской губернии. Юного Блока окружала высокоинтеллигентная дворянская среда, которой была близка литература, музыка, театр. После гимназии Блок учился в Петербургском университете, сначала на юридическом, а затем на историко-филологическом факультете. В 1898 году знакомится со своей будущей женой Л. Д. Менделеевой, дочерью знаменитого ученого-химика, впоследствии — актрисой.

Писать стихи начал рано. В печати выступил в 1903 г.

Первая книга «Стихи о Прекрасной Даме» — вышла в конце 1904 г., она вдохновлена утопией Вл. Соловьева о грядущем схождении Вечной Женственности на землю и синтезе земного с небесным. После выхода «Стихов о Прекрасной Даме» Блок сразу же занял едва ли не центральное место в рядах символистов.

Вторая его книга, «Нечаянная радость», сделала популярным имя поэта уже в широких писательских кругах. В этот сборник вошли стихи 1904–1906 годов и среди них — «Незнакомка», «Девушка пела в церковном хоре», «Осенняя воля». Герой Блока становится обитателем шумных городских улиц, жадно вглядывающимся в жизнь. А стихотворение «Осенняя воля» стало первым воплощением темы родины, России в творчестве Блока, которой он в дальнейшем посвятит всю жизнь.

1906–1907 годы стали переломными для Блока, это годы переоценки ценностей. Поэт обращается к драматургии. В 1906 году Блоком были написаны три лирические драмы — «Незнакомка», «Король на площади», «Балаганчик».

Поражение первой русской революции сказалось не только на судьбе поэтической школы символизма, но и на личной судьбе каждого из его приверженцев. Укрепление в Блоке гражданского негодования и протеста привели его к ослаблению связей с бывшими единомышленниками. Блок активно включается в литературную борьбу; вторая половина 1900 годов характеризуется появлением большого числа его литературоведческих, критических и публицистических работ.

После поездки в Италию в 1909 году Блок написал цикл «Итальянские стихи», весной 1914 года — цикл «Кармен». В этих стихотворениях Блок остается тончайшим лириком, воспевающим красоту и любовь.

Основной темой своего творчества Блок считает тему Родины. С первых стихотворений о России («Осенняя воля», «Осенняя любовь», «Россия») возникает двуликий образ страны — нищей, богомольной и одновременно вольной, дикой, разбойной.

Цикл «На поле Куликовом» (1908) — этапное произведение поэта.

В 1911–1912 годах Блок объединяет все, написанное им в поэзии, в трехтомное «Собрание стихотворений», в своеобразную лирическую трилогию, в уникальный роман в стихах о духовном пути-становлении художника. Этим большим лирическим единством, строго организованным композиционно и пронизанным сквозными, повторяющимися образами-символами, Блок компенсировал свою тягу к недостаточно дававшимся ему крупным эпическим формам (так, поэма «Возмездие», над которой поэт работал более десятилетия, завершена не была).

Октябрьская революция вызывает новый духовный взлет поэта и гражданскую активность. В январе 1918 года создаются поэмы «Двенадцать» и «Скифы», а также публицистическая статья «Интеллигенция и революция». Призвав деятелей культуры участвовать в строительстве нового мира, Блок сам работает в Государственной комиссии по изданию классиков русской литературы, служит в репертуарной секции театрального отдела Наркомпроса, сотрудничает в возглавляемом Горьким издательстве "Всемирная литература".

Жизнь в голодном Петербурге, обилие мешающих творчеству заседаний, напряженные отношения в семье и восприятие конца Гражданской войны и начала нэпа как спада "революционной волны" приводят к творческому кризису: после января 1918 года он почти не создает лирических стихотворений. 1920—1921 годы пронизаны настроениями глубокой депрессии, неразрешимым трагизмом мироощущения, переживанием острого разлада с действительностью.

7 августа 1921 года Блок скончался , замолк "трагический тенор эпохи" (А. Ахматова).

Предчувствую Тебя. Года проходят мимо...

И тяжкий сон житейского сознанья
Ты отряхнешь, тоскуя и любя.

Вл. Соловьев

Предчувствую Тебя. Года проходят мимо —
Все в облике одном предчувствую Тебя.

Весь горизонт в огне — и ясен нестерпимо,
И молча жду, — тоскуя и любя.

Весь горизонт в огне, и близко появленье,
Но страшно мне: изменишь облик Ты,

И дерзкое возбудишь подозренье,
Сменив в конце привычные черты.

О, как паду — и горестно, и низко,
Не одолев смертельные мечты!

Как ясен горизонт! И лучезарность близко.
Но страшно мне: изменишь облик Ты.

1901

Встану я в утро туманное...

Встану я в утро туманное,
Солнце ударит в лицо.
Ты ли, подруга желанная,
Всходишь ко мне на крыльцо?

Настежь ворота тяжелые!
Ветром пахнуло в окно!
Песни такие веселые
Не раздавались давно!

С ними и в утро туманное
Солнце и ветер в лицо!
С ними подруга желанная
Всходит ко мне на крыльцо!

1901

Вхожу я в темные храмы...

Вхожу я в темные храмы,
Совершаю бедный обряд.
Там жду я Прекрасной Дамы
В мерцаньи красных лампад.

В тени у высокой колонны
Дрожу от скрипа дверей.
А в лицо мне глядит, озаренный,
Только образ, лишь сон о Ней.

О, я привык к этим ризам
Величавой Вечной Жены!
Высоко бегут по карнизам

Улыбки, сказки и сны.

О, Святая, как ласковы свечи,
Как отрадны Твои черты!
Мне не слышны ни вздохи, ни речи,
Но я верю: Милая — Ты.

<u>1902</u>

Осенняя воля

Выхожу я в путь, открытый взорам,
Ветер гнет упругие кусты,
Битый камень лег по косогорам,
Желтой глины скудные пласты.

Разгулялась осень в мокрых долах,
Обнажила кладбища земли,
Но густых рябин в проезжих селах
Красный цвет зареет издали.

Вот оно, мое веселье, пляшет
И звенит, звенит, в кустах пропав!
И вдали, вдали призывно машет
Твой узорный, твой цветной рукав.

Кто взманил меня на путь знакомый,
Усмехнулся мне в окно тюрьмы?
Или — каменным путем влекомый
Нищий, распевающий псалмы?

Нет, иду я в путь никем не званый,
И земля да будет мне легка!
Буду слушать голос Руси пьяной,

Отдыхать под крышей кабака.

Запою ли про свою удачу,
Как я молодость сгубил в хмелю...
Над печалью нив твоих заплачу,
Твой простор навеки полюблю...

Много нас — свободных, юных, статных —
Умирает, не любя...
Приюти ты в далях необъятных!
Как и жить и плакать без тебя!

1905

Незнакомка

По вечерам над ресторанами
Горячий воздух дик и глух,
И правит окриками пьяными
Весенний и тлетворный дух.

Вдали над пылью переулочной,
Над скукой загородных дач,
Чуть золотится крендель булочной,
И раздается детский плач.

И каждый вечер, за шлагбаумами,
Заламывая котелки,
Среди канав гуляют с дамами
Испытанные остряки.

Над озером скрипят уключины
И раздается женский визг,
А в небе, ко всему приученный

Бесмысленно кривится диск.

И каждый вечер друг единственный
В моем стакане отражен
И влагой терпкой и таинственной,
Как я, смирен и оглушен.

А рядом у соседних столиков
Лакеи сонные торчат,
И пьяницы с глазами кроликов
«In vino veritas!»[1] кричат.

И каждый вечер, в час назначенный,
(Иль это только снится мне?)
Девичий стан, шелками схваченный,
В туманном движется окне.

И медленно, пройдя меж пьяными,
Всегда без спутников, одна,
Дыша духами и туманами,
на садится у окна.

И веют древними поверьями
Ее упругие шелка,
И шляпа с траурными перьями,
И в кольцах узкая рука.

И странной близостью закованный
Смотрю за темную вуаль,
И вижу берег очарованный
И очарованную даль.

---

1. Истина в вине! (лат.)

Глухие тайны мне поручены,
Мне чье-то солнце вручено,
И все души моей излучины
Пронзило терпкое вино.

И перья страуса склоненные
В моем качаются мозгу,
И очи синие бездонные
Цветут на дальнем берегу.

В моей душе лежит сокровище,
И ключ поручен только мне!
Ты право, пьяное чудовище!
Я знаю: истина в вине.

1906

Русь

Ты и во сне необычайна.
Твоей одежды не коснусь.
Дремлю — и за дремотой тайна,
И в тайне — ты почиешь, Русь.

Русь, опоясана реками
И дебрями окружена,
С болотами и журавлями,
И с мутным взором колдуна,

Где разноликие народы
Из края в край, из дола в дол
Ведут ночные хороводы
Под заревом горящих сел.

Где ведуны с ворожеями
Чаруют злаки на полях
И ведьмы тешатся с чертями
В дорожных снеговых столбах.

Где буйно заметает вьюга
До крыши — утлое жилье,
И девушка на злого друга
Под снегом точит лезвее.

Где все пути и все распутья
Живой клюкой измождены,
И вихрь, свистящий в голых прутьях,
Поет преданья старины...

Так — я узнал в моей дремоте
Страны родимой нищету,
И в лоскутах ее лохмотий
Души скрываю наготу.

Тропу печальную, ночную
Я до погоста протоптал,
И там, на кладбище ночуя,
Подолгу песни распевал.

И сам не понял, не измерил,
Кому я песни посвятил,
В какого бога страстно верил,
Какую девушку любил.

Живую душу укачала,
Русь, на своих просторах ты,
И вот — она не запятнала
Первоначальной чистоты.

Дремлю — и за дремотой тайна,
И в тайне почивает Русь.
Она и в снах необычайна,
Ее одежды не коснусь.

1906

Россия

Опять, как в годы золотые,
Три стертых треплются шлеи,
И вязнут спицы росписные
В расхлябанные колеи...

Россия, нищая Россия,
Мне избы серые твои,
Твои мне песни ветровые, —
Как слезы первые любви!

Тебя жалеть я не умею
И крест свой бережно несу...
Какому хочешь чародею
Отдай разбойную красу!

Пускай заманит и обманет, —
Не пропадешь, не сгинешь ты,
И лишь забота затуманит
Твои прекрасные черты...

Ну что ж? Одно заботой боле —
Одной слезой река шумней
А ты все та же — лес, да поле,
Да плат узорный до бровей...

И невозможное возможно,

Дорога долгая легка,

Когда блеснет в дали дорожной

Мгновенный взор из-под платка,

Когда звенит тоской острожной

Глухая песня ямщика!..

<u>1908</u>

В Дюнах

Я не люблю пустого словаря

Любовных слов и жалких выражений:

"Ты мой", "Твоя", "Люблю", "Навеки твой".

Я рабства не люблю. Свободным взором

Красивой женщине смотрю в глаза

И говорю: "Сегодня ночь. Но завтра —

Сияющий и новый день. Приди.

Бери меня, торжественная страсть.

А завтра я уйду — и запою".

Моя душа проста. Соленый ветер

Морей и смольный дух сосны

Ее питал. И в ней — все те же знаки,

Что на моем обветренном лице.

И я прекрасен — нищей красотою

Зыбучих дюн и северных морей.

Так думал я, блуждая по границе

Финляндии, вникая в темный говор

Небритых и зеленоглазых финнов.

Стояла тишина. И у платформы

Готовый поезд разводил пары.

И русская таможенная стража

Лениво отдыхала на песчаном
Обрыве, где кончалось полотно.
Так открывалась новая страна —
И русский бесприютный храм глядел
В чужую, незнакомую страну.

Так думал я. И вот она пришла
И встала на откосе. Были рыжи
Ее глаза от солнца и песка.
И волосы, смолистые как сосны,
В отливах синих падали на плечи.
Пришла. Скрестила свой звериный взгляд
С моим звериным взглядом. Засмеялась
Высоким смехом. Бросила в меня
Пучок травы и золотую горсть
Песку. Потом — вскочила
И, прыгая, помчалась под откос...

Я гнал ее далеко. Исцарапал
Лицо о хвои, окровавил руки
И платье изорвал. Кричал и гнал
Ее, как зверя, вновь кричал и звал,
И страстный голос был — как звуки рога.
Она же оставляла легкий след
В зыбучих дюнах, и пропала в соснах,
Когда их заплела ночная синь.

И я лежу, от бега задыхаясь,
Один, в песке. В пылающих глазах
Еще бежит она — и вся хохочет:
Хохочут волосы, хохочут ноги,
Хохочет платье, вздутое от бега...
Лежу и думаю: "Сегодня ночь
И завтра ночь. Я не уйду отсюда,

Пока не затравлю ее, как зверя,
И голосом, зовущим, как рога,
Не прегражу ей путь. И не скажу:
"Моя! Моя!" — И пусть она мне крикнет:
"Твоя! Твоя!"

1907

Ночь, улица, фонарь, аптека...

Ночь, улица, фонарь, аптека,
Бессмысленный и тусклый свет.
Живи еще хоть четверть века —
Все будет так. Исхода нет.

Умрешь — начнешь опять сначала
И повторится все, как встарь:
Ночь, ледяная рябь канала,
Аптека, улица, фонарь.

1912

Двенадцать

1

Черный вечер.
Белый снег.
Ветер, ветер!
На ногах не стоит человек.
Ветер, ветер —
На всем божьем свете!

Завивает ветер

Белый снежок.

Под снежком — ледок.

Скользко, тяжко,

Всякий ходок

Скользит — ах, бедняжка!

От здания к зданию

Протянут канат.

На канате — плакат:

"Вся власть Учредительному Собранию!"

Старушка убивается — плачет,

Никак не поймет, что значит,

На что такой плакат,

Такой огромный лоскут?

Сколько бы вышло портянок для ребят,

А всякий — раздет, разут...

Старушка, как курица,

Кой-как перемотнулась через сугроб.

— Ох, Матушка-Заступница!

— Ох, большевики загонят в гроб!

Ветер хлесткий!

Не отстает и мороз!

И буржуй на перекрестке

В воротник упрятал нос.

А это кто? — Длинные волосы

И говорит в полголоса:

— Предатели!

— Погибла Россия!

Должно быть, писатель —

Вития...

А вон и долгополый —

Стороночкой и за сугроб...
Что нынче не веселый,
        Товарищ поп?

Помнишь, как бывало
Брюхом шел вперед,
И крестом сияло
Брюхо на народ?

Вон барыня в каракуле
К другой подвернулась:
— Ужь мы плакали, плакали...
        Поскользнулась
И — бац — растянулась!

        Ай, ай!
Тяни, подымай!

        Ветер веселый.
        И зол и рад.
        Крутит подолы,
        Прохожих косит.
        Рвет, мнет и носит
        Большой плакат:
“Вся власть Учредительному Собранию!”
        И слова доносит:

...И у нас было собрание...
...Вот в этом здании...
        ...Обсудили —
        Постановили:
На время — десять, на ночь — двадцать пять...
        ...И меньше ни с кого не брать...
        ...Пойдем спать...

Поздний вечер.
Пустеет улица.
Один бродяга
Сутулится,
Да свищет ветер...

Эй, бедняга!
Подходи —
Поцелуемся...

Хлеба!
Что впереди?
Проходи!

Черное, черное небо.

Злоба, грустная злоба
Кипит в груди...
Черная злоба, святая злоба...

Товарищ! Гляди
В оба!

2

Гуляет ветер, порхает снег.
Идут двенадцать человек.

Винтовок черные ремни
Кругом — огни, огни, огни...

В зубах цигарка, примят картуз,
На спину б надо бубновый туз!

Свобода, свобода,
Эх, эх, без креста!

Тра-та-та!

Холодно, товарищи, холодно!

— А Ванька с Катькой в кабаке...
— У ей керенки есть в чулке!

— Ванюшка сам теперь богат...
— Был Ванька наш, а стал солдат!

— Ну, Ванька, сукин сын, буржуй,
Мою, попробуй, поцелуй!

Свобода, свобода,
Эх, эх, без креста!
Катька с Ванькой занята —
Чем, чем занята?..

Тра-та-та!

Кругом — огни, огни, огни...
Оплечь — ружейные ремни...

Революционный держите шаг!
Неугомонный не дремлет враг!

Товарищ, винтовку держи, не трусь!
Пальнем-ка пулей в Святую Русь —

В кондовую,
В избяную,

В толстозадую!
Эх, эх, без креста!

3

Как пошли наши ребята
В Красной Армии служить —
В Красной Армии служить —
Буйну голову сложить!

Эх ты, горе-горькое,
Сладкое житье!
Рваное пальтишко,
Австрийское ружье!

Мы на горе всем буржуям
Мировой пожар раздуем,
Мировой пожар в крови —
Господи благослови!

4

Снег крутит, лихач кричит,
Ванька с Катькою летит —
Елекстрический фонарик
    На оглобельках...
    Ах, ах, пади!

Он в шинелишке солдатской
С физиономией дурацкой
Крутит, крутит черный ус,
    Да покручивает,
    Да пошучивает...

Вот так Ванька — он плечист!
Вот так Ванька — он речист!
  Катьку-дуру обнимает,
  Заговаривает...

Запрокинулась лицом,
Зубки блещут жемчугом...
  Ах ты, Катя, моя Катя,
  Толстоморденькая...

5

У тебя на шее, Катя,
Шрам не зажил от ножа.
У тебя под грудью, Катя,
Та царапина свежа!

  Эх, эх, попляши!
  Больно ножки хороши!

В кружевном белье ходила —
Походи-ка, походи!
С офицерами блудила —
Поблуди-ка, поблуди!

  Эх, эх, поблуди!
  Сердце екнуло в груди!

Помнишь, Катя, офицера —
Не ушел он от ножа...
Аль не вспомнила, холера?
Али память не свежа?

  Эх, эх, освежи,

Спать с собою положи!

Гетры серые носила,
Шоколад Миньон жрала,
С юнкерьем гулять ходила —
С солдатьем теперь пошла?

Эх, эх, согреши!
Будет легче для души!

6

...Опять навстречу несется вскач,
Летит, вопит, орет лихач...

Стой, стой! Андрюха, помогай!
Петруха, сзаду забегай!..

Трах-тарарах-тах-тах-тах-тах!
Вскрутился к небу снежный прах!..

Лихач — и с Ванькой — наутек...
Еще разок! Взводи курок!..

Трах-тарарах! Ты будешь знать,
....
Как с девочкой чужой гулять!..

Утек, подлец! Ужо, постой,
Расправлюсь завтра я с тобой!

А Катька где? — Мертва, мертва!
Простреленная голова!

Что, Катька, рада? — Ни гу-гу...
Лежи ты, падаль, на снегу!

Революционный держите шаг!
Неугомонный не дремлет враг!

7

И опять идут двенадцать,
За плечами — ружьеца.
Лишь у бедного убийцы
Не видать совсем лица...

Все быстрее и быстрее
Уторапливает шаг.
Замотал платок на шее —
Не оправится никак...

— Что, товарищ, ты не весел?
— Что, дружок, оторопел?
— Что, Петруха, нос повесил,
Или Катьку пожалел?

— Ох, товарищи, родные,
Эту девку я любил...
Ночки черные, хмельные
С этой девкой проводил...

— Из-за удали бедовой
В огневых ее очах,
Из-за родинки пунцовой
Возле правого плеча,
Загубил я, бестолковый,
Загубил я сгоряча... ах!

— Ишь, стервец, завел шарманку,
Что ты, Петька, баба, что ль?
— Верно душу наизнанку
Вздумал вывернуть? Изволь!
— Поддержи свою осанку!
— Над собой держи контроль!

— Не такое нынче время,
Что бы нянчиться с тобой!
Потяжеле будет бремя
Нам, товарищ дорогой!

И Петруха замедляет
Торопливые шаги...

Он головку вскидавает,
Он опять повеселел...

  Эх, эх!
Позабавиться не грех!

Запирайти етажи,
Нынче будут грабежи!

Отмыкайте погреба —
Гуляет нынче голытьба!

8

 Ох ты горе-горькое!
  Скука скучная,
   Смертная!

  Ужь я времячко
  Проведу, проведу...

Ужь я темячко
Почешу, почешу...

Ужь я семячки
Полущу, полущу...

Ужь я ножичком
Полосну, полосну!..

Ты лети, буржуй, воронышком!
Выпью кровушку
За зазнобушку,
Чернобровушку...

Упокой, господи, душу рабы твоея...

Скучно!

9

Не слышно шуму городского,
Над невской башней тишина,
И больше нет городового —
Гуляй, ребята, без вина!

Стоит буржуй на перекрестке
И в воротник упрятал нос.
А рядом жмется шерстью жесткой
Поджавший хвост паршивый пес.

Стоит буржуй, как пес голодный,
Стоит безмолвный, как вопрос.
И старый мир, как пес безродный,
Стоит за ним, поджавши хвост.

10

Разыгралась чтой-то вьюга,
        Ой, вьюга, ой, вьюга!
Не видать совсем друг друга
        За четыре за шага!

Снег воронкой завился,
Снег столбушкой поднялся...

— Ох, пурга какая, спасе!
— Петька! Эй, не завирайся!
От чего тебя упас
Золотой иконостас?
Бессознательный ты, право,
Рассуди, подумай здраво —
Али руки не в крови
Из-за Катькиной любви?
— Шаг держи революционный!
Близок враг неугомонный!

        Вперед, вперед, вперед,
        Рабочий народ!

11

...И идут без имени святого
        Все двенадцать — вдаль.
        Ко всему готовы,
        Ничего не жаль...

Их винтовочки стальные
На незримого врага...
В переулочки глухие,

Где одна пылит пурга...
Да в сугробы пуховые —
Не утянешь сапога...

> В очи бьется
> Красный флаг.

> Раздается
> Мерный шаг.

> Вот — проснется
> Лютый враг...

И вьюга пылит им в очи
Дни и ночи
Напролет!...

Вперед, вперед,
Рабочий народ!

12

...Вдаль идут державным шагом...
— Кто еще там? Выходи!
Это — ветер с красным флагом
Разыгрался впереди...

Впереди — сугроб холодный.
— Кто в сугробе — выходи!
Только нищий пес голодный
Ковыляет позади...

— Отвяжись ты, шелудивый,
Я штыком пощекочу!

Старый мир, как пес паршивый,
Провались — поколочу!

...Скалит зубы — волк голодный —
Хвост поджал — не отстает —
Пес холодный — пес безродный...
— Эй, откликнись, кто идет?

— Кто там машет красным флагом?
— Приглядись-ка, эка тьма!
— Кто там ходит беглым шагом,
Хоронясь за все дома?

— Все равно, тебя добуду,
Лучше сдайся мне живьем!
— Эй, товарищ, будет худо,
Выходи, стрелять начнем!

Трах-тах-тах! — И только эхо
Откликается в домах...
Только вьюга долгим смехом
Заливается в снегах...

Трах-тах-тах!
Трах-тах-тах!
...Так идут державным шагом —
Позади — голодный пес.
Впереди — с кровавым флагом,
И за вьюгой неведим,
И от пули невредим,
Нежной поступью надвьюжной,
Снежной россыпью жемчужной,
В белом венчике из роз —
Впереди — Исус Христос.

1918

А. А. АХМАТОВА
(1889–1966)

Анна Андреевна Ахматова (ее настоящая фамилия Горенко) 11 (23) июня 1889 г. родилась в семье отставного флотского инженера-механика, капитана первого ранга, мать принадлежала к старинному дворянскому роду.

Первый сборник «Вечер» выходит в 1912 г. с предисловием М. А. Кузмина. Тема «Вечера» — переживание сильного любовного чувства, раскрывшегося в достоверно переданных обстоятельствах времени живой разговорной интонацией. Уже в этой книге лирический герой А. А. Ахматовой заявил о себе с большой выразительностью.

Литературный успех и заметное место в поэзии приносит А. А. Ахматовой сборник «Четки» (1914), который в течение последующих десяти лет переиздавался восемь раз. По поводу ее первых книг критик Н. В. Недоброво, мнение которого было принято и одобрено А. А. Ахматовой ("разгадка жизни моей"), писал так: "...само голосоведение Ахматовой, твердое и уж скорее самоуверенное, самое спокойствие в признании и болей, и слабостей, самое, наконец, изобилие поэтически претворенных мук — все свидетельствует не о плаксивости по поводу жизненных пустяков, но открывает душу скорее жесткую, чем слишком мягкую, скорее жестокую, чем слезливую, и уж явно господствующую, а не угнетенную". А. А. Ахматова считала это мнение "пророческим".

Отталкиваясь от символизма с его музыкальностью и надмирностью, А. А. Ахматова избегает отвлеченной, романтической всеобщности, стремясь к точности описания, дорожа правдой чувства, ориентируясь на "говорный" стих. Но ее поэтические переживания, состояния, которые она воспроизводит в своей лирике, — выходят за пределы будничного земного круга. Это не дневник "частного" человека, а исследование души и судьбы современника. В этом ей близки уроки символистов, особенно А. Блока.

Третья книга «Белая стая» (сентябрь 1917 г.). Она знаменует все более решительный выход за пределы личных переживаний, вводит драмы общественной жизни — война, революция; прозревает жестокие испытания. А. А. Ахматова не может принять революцию, но столь же невозможно для нее оставить Родину. В эти переломные годы окончательно определяется облик поэта, совершенно чуждого компромиссам, отступлениям от выстраданных творческих принципов.

В 1921 г. выходят сразу две ее книги — «Подорожник» и «Anno domini MCMXXI», а затем наступают долгие годы непечатания.

Более трех десятилетий она живет в условиях постоянных материальных лишений. Были репрессированы многие близкие ей люди, в том числе сын Л. И. Гумилев и муж Н. Н. Пунин.

Полный творческий расцвет переживает А. А. Ахматова в десятилетие с середины 30-х до середины 40-х гг. Это время трагического «Реквиема» (1935–1940), «Поэмы без героя» (1940–1965), патетической и трагической лирики военных и послевоенных лет. В 1940 г. вышел ее небольшой сборник «Из шести книг», затем снова почти полное вынужденное молчание на двадцать лет. А. А. Ахматова с достоинством встретила драму 1946 г. и с гордостью ее пережила.

Последние прижизненные книги А. Ахматовой — «Стихотворения» (1961) и «Бег времени» (1965). В последние годы жизни поэзия Ахматовой получила мировое признание.

В 1964 г. она стала лауреатом международной премии "Этна-Таормина", в 1965 г. — почетным доктором Оксфордского университета.

Память о солнце в сердце слабеет...

Память о солнце в сердце слабеет.
Желтей трава.
Ветер снежинками ранними веет
Едва-едва.

В узких каналах уже не струится —
Стынет вода.
Здесь никогда ничего не случится, —
О, никогда!

Ива на небе пустом распластала
Веер сквозной.
Может быть, лучше, что я не стала
Вашей женой.

Память о солнце в сердце слабеет.
Что это? Тьма?
Может быть!.. За ночь прийти успеет
Зима.

1911

Дверь полуоткрыта...

Дверь полуоткрыта,
Веют липы сладко...

На столе забыты
Хлыстик и перчатка.

Круг от лампы желтый...
Шорохам внимаю.
Отчего ушел ты?
Я не понимаю...

Радостно и ясно
Завтра будет утро.
Эта жизнь прекрасна,
Сердце, будь же мудро.

Ты совсем устало,
Бьешься тише, глуше...
Знаешь, я читала,
Что бессмертны души.

1911

Песня последней встречи

Так беспомощно грудь холодела,
Но шаги мои были легки.
Я на правую руку надела
Перчатку с левой руки.

Показалось, что много ступеней,
А я знала — их только три!
Между кленов шепот осенний
Попросил: "Со мною умри!

Я обманут моей унылой,
Переменчивой, злой судьбой".

Я ответила: "Милый, милый!
И я тоже. Умру с тобой..."

Это песня последней встречи.
Я взглянула на темный дом.
Только в спальне горели свечи
Равнодушно-желтым огнем.

1911

Я сошла с ума...

Я сошла с ума, о мальчик странный,
В среду, в три часа!
Уколола палец безимянный
Мне звенящая оса.

Я ее нечаянно прижала,
И, казалось, умерла она,
Но конец отравленного жала,
Был острей веретена.

О тебе ли я заплачу, странном,
Улыбнется ль мне твое лицо?
Посмотри! На пальце безимянном
Так красиво гладкое кольцо.

1913

Столько просьб у любимой всегда!..

Столько просьб у любимой всегда!
У разлюбленной просьб не бывает...
Как я рада, что нынче вода

Под бесцветным ледком замирает.

И я стану — Христос, помоги! —
На покров этот, светлый и ломкий,
А ты письма мои береги,
Чтобы нас рассудили потомки.

Чтоб отчетливей и ясней
Ты был виден им, мудрый и смелый.
В биографии славной твоей
Разве можно оставить пробелы?

Слишком сладко земное питье,
Слишком плотны любовные сети...
Пусть когда-нибудь имя мое
Прочитают в учебнике дети,

И, печальную повесть узнав,
Пусть они улыбнуться лукаво.
Мне любви и покоя не дав,
Подари меня горькою славой.

1913

Ты письмо мое, милый, не комкай...

Ты письмо мое, милый, не комкай.
До конца его, друг, прочти.
Надоело мне быть незнакомкой,
Быть чужой на твоем пути.

Не гляди так, не хмурься гневно,
Я любимая, я твоя.
Не пастушка, не королевна

И уже не монашенка я —

В этом сером, будничном платье,
На стоптанных каблуках...
Но, как прежде, жгуче объятье,
Тот же страх в огромных глазах.

Ты письмо мое, милый, не комкай,
Не плачь о заветной лжи
Ты его в твоей бедной котомке
На самое дно положи.

1912

Широк и желт вечерний свет...

Широк и желт вечерний свет,
Нежна апрельская прохлада.
Ты опоздал на много лет,
Но все-таки тебе я рада.

Сюда ко мне поближе сядь,
Гляди веселыми глазами:
Вот эта синяя тетрадь —
С моими детскими стихами.

Прости, что я жила скорбя
И солнцу радовалась мало.
Прости, прости, что за тебя
Я слишком многих принимала.

1915

Двадцать первое. Ночь. Понедельник...

Двадцать первое. Ночь. Понедельник.
Очертанья столицы во мгле.
Сочинил же какой-то бездельник,
Что бывает любовь на земле.

И от лености или со скуки
Все поверили, так и живут:
Ждут свиданий, боятся разлуки
И любовные песни поют.

Но иным открывается тайна,
И почиет на них тишина...
Я на это наткнулась случайно
И с тех пор все как будто больна.

1917

Я знаю, ты моя награда...

Я знаю, ты моя награда
За годы боли и труда,
За то, что я земным отрадам
Не предавалась никогда,
За то, что я не говорила
Возлюбленному: "Ты любим".
За то, что всем я все простила,
Ты будешь Ангелом моим.

1916

В. В. МАЯКОВСКИЙ
(1893–1930)

Владимир Владимирович Маяковский родился в 1893 году на Кавказе в семье лесничего. В 1906 году, после смерти отца, семья переехала в Москву. Маяковский учился в московской гимназии. События первой русской революции (1905) оставили заметный след в биографии будущего поэта. Ученик второго класса гимназии Володя Маяковский участвовал в революционных выступлениях молодежи, знакомился с социал-демократической литературой. Будущий поэт занимался революционной деятельностью, работал пропагандистом среди рабочих, трижды был арестован. В 1910 году Маяковский был освобожден из Бутырской тюрьмы, где он провел 11 месяцев. Выход Маяковского из тюрьмы был в полном смысле выходом в искусство. В 1911 г. он поступает в Московское училище живописи.

К 1912 г. относятся первые поэтические опыты, связанные с теорией и практикой группы кубофутуристов, которые привлекали его протестом против устоев буржуазного общества. Но если антиэстетизм футуристов проявлялся преимущественно в области "чистой" формы, то Маяковский воспринимал его по-своему, как подступ к решению задачи — создать новый демократический поэтический язык.

В ранних стихотворениях Маяковского появляются контуры лирического героя, который мучительно и напряженно стремится познать самого себя («Ночь», «Утро», «А вы могли бы?», «От усталости», «Кофта фата»). В стихотворениях «Нате!», «Вам!», «Ничего не понимаю», «Вот как я сделался собакой» реальное историческое содержание: здесь лирический герой сознательно стремится быть "чужим" в чуждом ему мире. Для этого Маяковский использует характерное качество гротеска — сочетание правдоподобности и фантастики.

В 1913 году поэт работает над первым крупным произведением, своеобразным драматургическим вариантом ранней лирики — трагедией «Владимир Маяковский». Б. Пастернак писал: "Трагедия называлась «Владимир Маяковский». Заглавие скрывало гениально простое открытие, что поэт не автор, но — предмет лирики, от первого лица обращающийся к миру. Заглавие было не именем сочинителя, а фамилией содержания".

Вершиной дореволюционного творчества великого поэта становится поэма «Облако в штанах» (первоначальное название «Тринадцатый апостол»). В этой поэме Маяковский осознает себя певцом человечества, угнетенного существующим строем, которое поднимается на борьбу. "Долой вашу любовь", "долой ваше искусство", "долой ваш строй", "долой вашу религию" — четыре крика четырех частей, — так характеризовал сам поэт основную социально-эстетическую направленность «Облака».

В канун революции поэт пишет пронизанные мотивами мира и гуманизма поэмы «Флейта-позвоночник» (1916), «Война и мир» (отдельное издание — 1917), «Человек» (1916–1917, опубликована в 1918 г.). Предчувствие грядущих революционных потрясений вселяло уверенность в скором осуществлении этих предсказаний.

Маяковский восторженно приветствовал Октябрьскую революцию: "Моя революция", и это определило характер его творчества в послеоктябрьский период. Он стремился дать "...героическое, эпическое и сатирическое изображение нашей эпохи". В 1918 году поэт пишет «Мистерию-буфф», в 1921 г. — «150000000», в 1923–1924 гг. — «IV Интернационал», в 1924 г. — «Владимир Ильич Ленин».

В 20-е годы поэт много ездит по родной стране, часто бывает за рубежом. Заграничные стихи Маяковского — важная часть его творческого наследия.

Поэт был непримиримым врагом мещанства, и это показано в его пьесах «Клоп» (1928) и «Баня» (1929).

В 1925 году поэт отправляется в Америку. Это была его шестая заграничная поездка. Во многих городах поэт выступал с чтением своих стихов, отвечал на вопросы слушателей. Широко известны его стихотворения, написанные в 1925–1926 годах: «Товарищу Нетте — пароходу и человеку», «Блэк энд уайт», «Стихи о советском паспорте», «Рассказ Хренова о Кузнецкстрое и о людях Кузнецка», «Бродвей» и другие.

В 1927 году к десятилетию Октябрьской революции поэт создал поэму «Хорошо», которая стала одним из крупнейших завоеваний в творчестве Маяковского.

Поэт не успел завершить задуманную поэму о пятилетке «Во весь голос» (1930). Было написано лишь вступление.

Ночь

Багровый и белый отброшен и скомкан,
в зеленый бросали горстями дукаты,
а черным ладоням сбежавшихся окон
раздали горящие желтые карты.

Бульварам и площади было не странно
увидеть на зданиях синие тоги.
И раньше бегущим, как желтые раны,
огни обручали браслетами ноги.

Толпа — пестрошерстая быстрая кошка —
плыла, изгибаясь, дверями влекома;
каждый хотел протащить хоть немножко
громаду из смеха отлитого кома.

Я, чувствуя платья зовущие лапы,
в глаза им улыбку протиснул; пугая
ударами в жесть, хохотали арапы,
над лбом расцветивши крыло попугая.

1912

Утро

Угрюмый дождь скосил глаза.
А за

решеткой

четкой

железной мысли проводов —

перина.

И на

нее

встающих звезд

легко оперлись ноги

Но ги —

бель фонарей,

царей

в короне газа,

для глаза

сделала больней

враждующий букет бульварных проституток.

И жуток

шуток

клюющий смех —

из желтых

ядовитых роз

возрос

зигзагом.

За гам

и жуть

взглянуть

отрадно глазу:

раба

крестов

страдающе-спокойно-безразличных,

гроба

домов

публичных

восток бросал в одну пылающую вазу.

<u>1912</u>

А вы могли бы?

Я сразу смазал карту будня,
плеснувши краску из стакана;
я показал на блюде студня
косые скулы океана.
На чешуе жестяной рыбы
прочел я зовы новых губ.
А вы
ноктюрн сыграть
могли бы
на флейте водосточных труб?

1913

Послушайте!

Послушайте!
Ведь, если звезды зажигают —
значит — это кому-нибудь нужно?
Значит — кто-то хочет, чтобы они были?
Значит — кто-то называет эти плевочки жемчужиной?
И, надрываясь
в метелях полуденной пыли,
врывается к богу,
боится, что опоздал,
плачет,
целует ему жилистую руку,
просит —
чтоб обязательно была звезда! —
клянется —
не перенесет эту беззвездную муку!
А после
ходит тревожный,

но спокойный наружно.

Говорит кому-то:

"Ведь теперь тебе ничего?

Не страшно?

Да?!"

Послушайте!

Ведь, если звезды

зажигают —

значит — это кому-нибудь нужно?

Значит — это необходимо,

чтобы каждый вечер

над крышами

загоралась хоть одна звезда?!

1914

Облако в штанах

Тетраптих

Вашу мысль, мечтающую на размягченном мозгу,

как выжиревший лакей на засаленной кушетке,

буду дразнить об окровавленный сердца лоскут:

досыта изъиздеваюсь, нахальный и едкий.

У меня в душе ни одного седого волоса,

и старческой нежности нет в ней!

Мир огромив мощью голоса,

иду — красивый,

двадцатидвухлетний.

Нежные!

Вы любовь на скрипки ложите.

Любовь на литавры ложит грубый.

А себя, как я, вывернуть не можете,
чтобы были одни сплошные губы!

Приходите учиться —
из гостиной батистовая,
чинная чиновница ангельской лиги.

И которая губы спокойно перелистывает,
как кухарка страницы поваренной книги.

Хотите —
буду от мяса бешеный
— и, как небо, меняя тона —
хотите —
буду безукоризненно нежный,
не мужчина, а — облако в штанах!

Не верю, что есть цветочная Ницца!
Мною опять славословятся
мужчины, залежанные, как больница,
и женщины, истрепанные, как пословица.

1

Вы думаете, это бредит малярия?

Это было,
было в Одессе.

“Приду в четыре”, — сказала Мария.
Восемь.
Девять.
Десять.

Вот и вечер
в ночную жуть
ушел от окон,
хмурый,
декабрый.

В дряхлую спину хохочут и ржут
канделябры.

Меня сейчас узнать не могли бы:
жилистая громадина
стонет,
корчится.
Что может хотеться этакой глыбе?
А глыбе многое хочется!

Ведь для себя не важно
и то, что бронзовый,
и то, что сердце — холодной железкою.
Ночью хочется звон свой
спрятать в мягкое,
в женское.

И вот,
громадный,
горблюсь в окне,
плавлю лбом стекло окошечное.
Будет любовь или нет?
Какая —
большая или крошечная?
Откуда большая у тела такого:
должно быть, маленький,
смирный любеночек.
Она шарахается автомобильных гудков.

Любит звоночки коночек.

Еще и еще,
уткнувшись дождю
лицом в его лицо рябое,
жду,
обрызганный громом городского прибоя.

Полночь, с ножом мечась,
догнала,
зарезала, —
вон его!

Упал двенадцатый час,
как с плахи голова казненного.

В стеклах дождинки серые
свылись,
гримасу громадили,
как будто воют химеры
Собора Парижской Богоматери.

Проклятая!
Что же, и этого не хватит?
Скоро криком издерется рот.
Слышу:
тихо,
как больной с кровати,
спрыгнул нерв.
И вот, —
сначала прошелся
едва-едва,
потом забегал,
взволнованный,

четкий.
Теперь и он и новые два
мечутся отчаянной чечеткой.

Рухнула штукатурка в нижнем этаже.

Нервы —
большие,
маленькие,
многие! —
скачут бешеные,
и уже

у нервов подкашиваются ноги!

А ночь по комнате тинится и тинится, —
из тины не вытянуться отяжелевшему глазу.

Двери вдруг заляскали,
будто у гостиницы
не попадает зуб на зуб.

Вошла ты,
резкая, как "нате!",
муча перчатки замш,
сказала:
"Знаете —
я выхожу замуж".

Что ж, выходите.
Ничего.
Покреплюсь.
Видите — спокоен как!
Как пульс

покойника.

Помните?

Вы говорили:

"Джек Лондон,

деньги,

любовь,

страсть", —

а я одно видел:

вы — Джоконда,

которую надо украсть!

И украли.

Опять влюбленный выйду в игры,

огнем озаряя бровей загиб.

Что же!

И в доме, который выгорел,

иногда живут бездомные бродяги!

Дразните?

"Меньше, чем у нищего копеек,

у вас изумрудов безумий".

Помните!

Погибла Помпея,

когда раздразнили Везувий!

Эй!

Господа!

Любители

святотатств,

преступлений,

боен, —

а самое страшное

видели —

лицо мое,

когда

я

абсолютно спокоен?

И чувствую —

"я"

для меня мало.

Кто-то из меня вырывается упрямо.

Allo!

Кто говорит?

Мама?

Мама!

Ваш сын прекрасно болен!

Мама!

У него пожар сердца.

Скажите сестрам, Люде и Оле, —

ему уже некуда деться.

Каждое слово,

даже шутка,

которые изрыгает обгорающим ртом он,

выбрасывается, как голая проститутка

из горящего публичного дома.

Люди нюхают —

запахло жареным!

Нагнали каких-то.

Блестящие!

В касках!

Нельзя сапожища!

Скажите пожарным:

на сердце горящее лезут в ласках.

Я сам.

Глаза наслезненные бочками выкачу.

Дайте о ребра опереться.

Выскочу! Выскочу! Выскочу! Выскочу!
Рухнули.
Не выскочишь из сердца!

На лице обгорающем
из трещины губ
обугленный поцелуишко броситься вырос.

Мама!
Петь не могу.
У церковки сердца занимается клирос!

Обгорелые фигурки слов и чисел
из черепа,
как дети из горящего здания.
Так страх
схватиться за небо
высил
горящие руки "Лузитании".

Трясущимся людям
в квартирное тихо
стоглазое зарево рвется с пристани.
Крик последний, —
ты хоть
о том, что горю, в столетия выстони!

2

Славьте меня!
Я великим не чета.
Я над всем, что сделано,

ставлю "nihil"[1].

Никогда
ничего не хочу читать.
Книги?
Что книги!

Я раньше думал —
книги делаются так:
пришел поэт,
легко разжал уста,
и сразу запел вдохновенный простак —
пожалуйста!
А оказывается —
прежде чем начнет петься,
долго ходят, размозолев от брожения,
и тихо барахтается в тине сердца
глупая вобла воображения.
Пока выкипячивают, рифмами пиликая,
из любвей и соловьев какое-то варево,
улица корчится безъязыкая —
ей нечем кричать и разговаривать.

Городов вавилонские башни,
возгордясь, возносим снова,
а бог
города на пашни
рушит,
мешая слово.

Улица муку молча перла.
Крик торчком стоял из глотки.

---

1. Ничто (лат.).

Топорщились, застрявшие поперек горла,

пухлые taxi и костлявые пролетки

грудь испешеходили.

Чахотки площе.

Город дорогу мраком запер.

И когда —

все-таки! —

выхаркнула давку на площадь,

спихнув наступившую на горло паперть,

думалось:

в хорах архангелова хорала

бог, ограбленный, идет карать!

А улица присела и заорала:

“Идемте жрать!”

Гримируют городу Круппы и Круппики

грозящих бровей морщь,

а во рту

умерших слов разлагаются трупики,

только два живут, жирея —

“сволочь”

и еще какое-то,

кажется, “борщ”.

Поэты,

размокшие в плаче и всхлипе,

бросились от улицы, ероша космы:

“Как двумя такими выпеть

и барышню,

и любовь,

и цветочек под росами?”

А за поэтами —
уличные тыщи:
студенты,
проститутки,
подрядчики.

Господа!
Остановитесь!
Вы не нищие,
вы не смеете просить подачки!

Нам, здоровенным,
с шагом саженьим,
надо не слушать, а рвать их —
их,
присосавшихся бесплатным приложением
к каждой двуспальной кровати!

Их ли смиренно просить:
"Помоги мне!"
Молить о гимне,
об оратории!
Мы сами творцы в горящем гимне —
шуме фабрики и лаборатории.

Что мне до Фауста,
феерией ракет
скользящего с Мефистофелем в небесном паркете!
Я знаю —
гвоздь у меня в сапоге
кошмарней, чем фантазия у Гете!

Я,
златоустейший,

чье каждое слово

душу новородит,

именинит тело,

говорю вам:

мельчайшая пылинка живого

ценнее всего, что я сделаю и сделал!

Слушайте!

Проповедует,

мечась и стеня,

сегодняшнего дня крикогубый Заратустра!

Мы

с лицом, как заспанная простыня,

с губами, обвисшими, как люстра,

мы,

каторжане города-лепрозория,

где золото и грязь изъязвили проказу, —

мы чище венецианского лазорья,

морями и солнцами омытого сразу!

Плевать, что нет

у Гомеров и Овидиев

людей, как мы,

от копоти в оспе.

Я знаю —

солнце померкло б, увидев

наших душ золотые россыпи!

Жилы и мускулы — молитв верней.

Нам ли вымаливать милостей времени!

Мы —

каждый —

держим в своей пятерне

миров приводные ремни!

Это взвело на Голгофы аудиторий
Петрограда, Москвы, Одессы, Киева,
и не было ни одного,
который
не кричал бы:
"Распни,
распни его!"
Но мне —
люди,
и те, что обидели —
вы мне всего дороже и ближе.

Видели,
как собака бьющую руку лижет?!

Я,
обсмеянный у сегодняшнего племени,
как длинный
скабрезный анекдот,
вижу идущего через горы времени,
которого не видит никто.

Где глаз людей обрывается куцый,
главой голодных орд,
в терновом венце революций
грядет шестнадцатый год.

А я у вас — его предтеча;
я — где боль, везде;
на каждой капле слезовой течи
распял себя на кресте.
Уже ничего простить нельзя.
Я выжег души, где нежность растили.

Это труднее, чем взять
тысячу тысяч Бастилий!

И когда,
приход его
мятежом оглашая,
выйдете к спасителю —
вам я
душу вытащу,
растопчу,
чтоб большая! —
и окровавленную дам, как знамя.

3

Ах, зачем это,
откуда это
в светлое весело
грязных кулачищ замах!

Пришла
и голову отчаянием занавесила
мысль о сумасшедших домах.

И —
как в гибель дредноута
от душащих спазм
бросаются в разинутый люк —
сквозь свой
до крика разодранный глаз
лез, обезумев, Бурлюк.
Почти окровавив исслезенные веки,
вылез,
встал,

пошел

и с нежностью, неожиданной в жирном человеке

взял и сказал:

"Хорошо!"

Хорошо, когда в желтую кофту

душа от осмотров укутана!

Хорошо,

когда брошенный в зубы эшафоту,

крикнуть:

"Пейте какао Ван-Гутена!"

И эту секунду,

бенгальскую,

громкую,

я ни на что б не выменял,

я ни на...

А из сигарного дыма

ликерною рюмкой

вытягивалось пропитое лицо Северянина.

Как вы смеете называться поэтом

и, серенький, чирикать, как перепел!

Сегодня

надо

кастетом

кроиться миру в черепе!

Вы,

обеспокоенные мыслью одной —

"изящно пляшу ли", —

смотрите, как развлекаюсь

я —

площадной

сутенер и карточный шулер.

От вас,

которые влюбленностью мокли,

от которых

в столетия слеза лилась,

уйду я,

солнце моноклем

вставлю в широко растопыренный глаз.

Невероятно себя нарядив,

пойду по земле,

чтоб нравился и жегся,

а впереди

на цепочке Наполеона поведу, как мопса.

Вся земля поляжет женщиной,

заерзает мясами, хотя отдаться;

вещи оживут —

губы вещины

засюсюкают:

"цаца, цаца, цаца!"

Вдруг

и тучи

и облачное прочее

подняло на небе невероятную качку,

как будто расходятся белые рабочие,

небу объявив озлобленную стачку.

Гром из-за тучи, зверея, вылез,

громадные ноздри задорно высморкая,

и небье лицо секунду кривилось

суровой гримасой железного Бисмарка.

И кто-то,

запутавшись в облачных путах,

вытянул руки к кафе —

и будто по-женски,

и нежный как будто,

и будто бы пушки лафет.

Вы думаете —

это солнце нежненько

треплет по щечке кафе?

Это опять расстрелять мятежников

грядет генерал Галифе!

Выньте, гулящие, руки из брюк —

берите камень, нож или бомбу,

а если у которого нету рук —

пришел чтоб и бился лбом бы!

Идите, голодненькие,

потненькие,

покорненькие,

закисшие в блохастом грязненьке!

Идите!

Понедельники и вторники

окрасим кровью в праздники!

Пускай земле под ножами припомнится,

кого хотела опошлить!

Земле,

обжиревшей, как любовница,

которую вылюбил Ротшильд!

Чтоб флаги трепались в горячке пальбы,

как у каждого порядочного праздника —

выше вздымайте, фонарные столбы,

окровавленные туши лабазников.

Изругивался,

вымаливался,

резал,

лез за кем-то

вгрызаться в бока.

На небе, красный, как марсельеза,
вздрагивал, околевая, закат.

Уже сумашествие.

Ничего не будет.

Ночь придет,
перекусит
и съест.
Видите —
небо опять иудит
пригоршню обгрызанных предательством звезд?

Пришла.
Пирует Мамаем,
задом на город насев.
Эту ночь глазами не проломаем,
черную, как Азеф!

Ежусь, зашвырнувшись в трактирные углы,
вином обливаю душу и скатерть
и вижу:
в углу — глаза круглы, —
глазами в сердце въелась богоматерь.
Чего одаривать по шаблону намалеванному
сиянием трактирную ораву!
Видишь — опять
голгофнику оплеванному
предпочитают Варавву?
Может быть, нарочно я
в человечьем месиве
лицом никого не новей.

Я,

может быть,

самый красивый

из всех твоих сыновей.

Дай им,

заплесневшим в радости,

скорой смерти времени,

чтоб стали дети, должные подрасти,

мальчики — отцы,

девочки — забеременели.

И новым рожденным дай обрасти

пытливой сединой волхвов,

и придут они —

и будут детей крестить

именами моих стихов.

Я, воспевающий машину и Англию,

может быть, просто,

в самом обыкновенном Евангелии

тринадцатый апостол.

И когда мой голос

похабно ухает —

от часа к часу,

целые сутки,

может быть, Иисус Христос нюхает

моей души незабудки.

4

Мария! Мария! Мария!

Пусти, Мария!

Я не могу на улицах!

Не хочешь?

Ждешь,

как щеки провалятся ямкою

попробованный всеми,

пресный,

я приду

и беззубо прошамкаю,

что сегодня я

"удивительно честный".

Мария,

видишь —

я уже начал сутулиться.

В улицах

люди жир продырявят в четырехэтажных зобах,

высунут глазки,

потертые в сорокгодовой таске, —

перехихикиваться,

что у меня в зубах

— опять! —

черствая булка вчерашней ласки.

Дождь обрыдал тротуары,

лужами сжатый жулик,

мокрый, лижет улиц забитый булыжником труп,

а на седых ресницах —

да! —

на ресницах морозных сосулек

слезы из глаз —

да! —

из опущенных глаз водосточных труб.

Всех пешеходов морда дождя обсосала,

а в экипажах лощился за жирным атлетом атлет;

лопались люди,

проевшись насквозь,

и сочилось сквозь трещины сало,

мутной рекой с экипажей стекала

вместе с иссосанной булкой

жевотина старых котлет.

Мария!

Как в зажиревшее ухо втиснуть им тихое слово?

Птица

побирается песней,

поет,

голодна и звонка,

а я человек, Мария,

простой,

выхарканный чахоточной ночью в грязную руку Пресни.

Мария, хочешь такого?

Пусти, Мария!

Судорогой пальцев зажму я железное горло звонка!

Мария!

Звереют улиц выгоны.

На шее ссадиной пальцы давки.

Открой!

Больно!

Видишь — натыканы

в глаза из дамских шляп булавки!

Пустила.

Детка!

Не бойся,

что у меня на шее воловьей

потноживотые женщины мокрой горою сидят, —

это сквозь жизнь я тащу

миллионы огромных чистых любовей

и миллион миллионов маленьких грязных любят.

Не бойся,

что снова,

в измены ненастье,

прильну я к тысячам хорошеньких лиц, —

"любящие Маяковского!" —

да ведь это ж династия

на сердце сумасшедшего восшедших цариц.

Мария, ближе!

В раздетом бесстыдстве,

в боящейся дрожи ли,

но дай твоих губ неисцветшую прелесть:

я с сердцем ни разу до мая не дожили,

а в прожитой жизни

лишь сотый апрель есть.

Мария!

Поэт сонеты поет Тиане,

а я —

весь из мяса,

человек весь —

тело твое просто прошу,

как просят христиане —

"хлеб наш насущный

даждь нам днесь".

Мария — дай!

Мария!

Имя твое я боюсь забыть,

как поэт боится забыть

какое-то

в муках ночей рожденное слово,

величием равное богу.

Тело твое

я буду беречь и любить,

как солдат,

обрубленный войною,

ненужный,

ничей,

бережет свою единственную ногу.

Мария —

не хочешь?

Не хочешь!

Ха!

Значит — опять

темно и понуро

сердце возьму,

слезами окапав,

нести,

как собака,

которая в конуру

несет

перееханную поездом лапу.

Кровью сердце дорогу радую,

липнет цветами у пыли кителя.

Тысячу раз опляшет Иродиадой

солнце землю —

голову Крестителя.

И когда мое количество лет

выпляшет до конца —

миллионом кровинок устелется след

к дому моего отца.

Вылезу

грязный (от ночевок в канавах),

стану бок о бок,

наклонюсь

и скажу ему на ухо:

— Послушайте, господин бог!

Как вам не скушно

в облачный кисель

ежедневно обмакивать раздобревшие глаза?

Давайте — знаете —

устроимте карусель

на дереве изучения добра и зла!

Вездесущий, ты будешь в каждом шкапу,

и вина такие расставим по столу,

чтоб захотелось пройтись в ки-ка-пу

хмурому Петру Апостолу.

А в рае опять поселим Евочек:

прикажи, —

сегодня ночью ж

со всех бульваров красивейших девочек

я натащу тебе.

Хочешь?

Не хочешь?

Мотаешь головою, кудластый?

Супишь седую бровь?

Ты думаешь —

этот,

за тобою, крыластый,

знает, что такое любовь?

Я тоже ангел, я был им —

сахарным барашком выглядывал в глаз,

но больше не хочу дарить кобылам

из сервской муки изваянных ваз.

Всемогущий, ты выдумал пару рук,

сделал,

что у каждого есть голова, —

отчего ты не выдумал,

чтоб было без мук

целовать, целовать, целовать?!

Я думал — ты всесильный божище,

а ты недоучка, крохотный божик.

Видишь, я нагибаюсь,

из-за голенища

достаю сапожный ножик.

Крыластые прохвосты!

Жмитесь в раю!

Ерошьте перышки в испуганной тряске!

Я тебя, пропахшего ладаном, раскрою

отсюда до Аляски!

Пустите!

Меня не остановите.

Вру я,

в праве ли,

но я не могу быть спокойней.

Смотрите —

звезды опять обезглавили

и небо окровавили бойней!

Эй, вы!

Небо!

Снимите шляпу!

Я иду!

Глухо.

Вселенная спит,

положив на лапу

с клещами звезд огромное ухо.

1914—1915

С. А. ЕСЕНИН

(1895—1925)

Сергей Александрович Есенин родился 21 сентября (3 октября) 1895 г. в селе Константинове, Рязанской губернии, в крестьянской семье. Окончил четырехклассное сельское училище, затем церковно-учительскую школу в Спас-Клепиках. В 1912 г. Есенин переехал в Москву, где служил у купца его отец. Работал в типографии, вступил в литературно-музыкальный кружок имени Сурикова, посещал лекции в народном университете Шанявского. Впервые стихи Есенина появились в московских журналах в 1914 г. В 1915 г. он едет в Петроград, знакомится там с А. Блоком, С. Городецким, Н. Клюевым и другими поэтами. Восторженно принятый литературной средой тогдашней столицы как посланец русской деревни, русских полей, Есенин быстро приобрел громкую славу.

В начале 1916 года выходит первая книга «Радуница», в которую входят стихи, написанные

Есениным в 1910–1915 годах. В дореволюционном поэтическом мире Есенина Русь многолика: "задумчивая и нежная", "смиренная и буйственная", "нищая и веселая", справляющая "праздники победные". Первый сборник пленяет не только свежестью и лиризмом, живым ощущением природы, но и образной яркостью. Книга пропитана фольклорной поэтикой (песня, духовный стих), ее язык обнаруживает немало областных, местных слов и выражений, что тоже составляет одну из особенностей поэтического стиля Есенина.

Во второй половине 1916 года поэт готовит новый стихотворный сборник «Голубень». В новых стихах уже немало подлинных лирических шедевров, таковы его стихи о светлой, нежной любви, окрашенной в чувственные тона, — «Не бродить, не мять в кустах багряных» (1916), «Запели тесаные дроги» (1916). Но уже отчетливей проступают приметы другой — каторжной Руси, по которой бредут "люди в кандалах" («В том краю, где желтая крапива», 1916; «Синее небо, цветная дуга», 1916). Меняется герой есенинской лирики — он то "нежный отрок", "смиренный инок", то "грешник", "бродяга и вор", "разбойник с кистенем" и т. д. («Наша вера не погасла», 1915; «Разбойник», 1915; «Устал я жить в родном краю», 1916). Эта же двойственность определяет и образ "нежного хулигана" в стихах Есенина периода «Москвы кабацкой» (1924).

События 1917 года вызвали резкий перелом в творчестве поэта, ему казалось, что наступает эпоха великого духовного обновления, "преображения" жизни, переоценки всех ценностей. В это время он создает цикл из 10 небольших поэм; в них он воспевает "буйственную Русь" и славит "красное лето" («Товарищ», 1917; «Певущий зов», 1917; «Отчарь», 1917; «Октоих», 1918; «Пришествие», 1918; «Преображение», 1918; «Инония», 1918; «Иорданская голубица» ,1918).

Весной 1918 года Есенин переехал из Петрограда в Москву. Там наконец-то выходит сборник «Голубень», вобравший в себя стихи 1916–1917 годов. Затем поэт выпускает сборники стихотворений «Преображение» (1918), «Сельский часослов» (1918). В 1919 году вышла книга «Ключи Марии», в которой Есенин сформулировал свой взгляд на искусство, его суть и цели. Эта работа была принята как манифест имажинистов, объединение которых произошло в 1918–1919 годах.

Наиболее значительные произведения Есенина, принесшие ему славу одного из лучших поэтов, созданы в 1920-е годы.

Поэзия Есенина последних, самых трагических лет (1922–1925 гг.) отмечена стремлением к гармоническому мироощущению. Чаще всего в лирике ощущается глубокое осмысление себя и Вселенной («Не жалею, не зову, не плачу...», «Отговорила роща золотая...», «Мы теперь уходим понемного...» и др.).

Система ценностей в поэзии Есенина едина и неделима, в ней все взаимосвязано, все образует единую картину "родины любимой" во всем многообразии ее оттенков. Это и является высшим идеалом поэта.

Поэт понимал, что близкая его сердцу деревня — это "Русь уходящая". Об этом свидетельствует его поэма — «Сорокоуст» (1920), сборники стихотворений «Трерядница» (1920), «Исповедь хулигана» (1921), «Стихи скандалиста» (1923), «Москва кабацкая» (1924), «Русь Советская» (1925), «Страна Советская» (1925), «Персидские мотивы» (1925).

Поэма «Анна Снегина» (1925) стала во многом итоговым произведением, в котором личная судьба поэта осмыслена с судьбой народной.

Ушел С. А. Есенин из жизни в 30 лет.

Край любимый! Сердцу снятся...

Край любимый! Сердцу снятся
Скидры солнца в водах лонных.
Я хотел бы затерятся
В зеленях твоих стозвонных.

По меже, на переметке,
Резеда и риза кашки.
И вызванивают в четки
Ивы — кроткие монашки.

Курит облаком болото,
Гарь в небесном коромысле.
С тихой тайной для кого-то
Затаил я в сердце мысли.

Все встречаю, все приемлю,
Рад и счастлив душу вынуть.
Я пришел на эту землю,
Чтоб скорей ее покинуть.

1914

Гой ты, Русь, моя родная...

Гой ты, Русь, моя родная,
Хаты — в ризах образа...

Не видать конца и края —
Только синь сосет глаза.

Как захожий богомолец,
Я смотрю твои поля.
А у низеньких околиц
Звонно чахнут тополя.

Пахнет яблоком и медом
По церквам твой кроткий Спас.
И гудит за корогодом
На лугах веселый пляс.

Побегу по мятой стежке
На приволь зеленых лех,
Мне навстречу, как сережки,
Прозвенит девичий смех.

Если крикнет рать святая:
"Кинь ты Русь, Живи в раю!"
Я скажу: "Не надо рая,
Дайте родину мою".

<u>1914</u>

Все живое особой метой...

Все живое особой метой
Отмечается с ранних пор.
Если не был бы я поэтом,
То, наверно, был мошенник и вор.

Худощавый и низкорослый,
Средь мальчишек всегда герой,

Часто, часто с разбитым носом
Приходил я к себе домой.

И навстречу испуганной маме
Я цедил сквозь кровавый рот:
"Ничего! Я споткнулся о камень,
Это к завтраму все заживет".

И теперь вот, когда простыла
Этих дней кипятковая вязь,
Беспокойная, дерзкая сила
На поэмы мои пролилась.

Золотая, словесная груда,
И над каждой строкой без конца
Отражается прежняя удаль
Забияки и сорванца.

Как тогда, я отважный и гордый,
Только новью мой брызжет шаг...
Если раньше мне били в морду,
То теперь вся в крови душа.

И уже говорю я не маме,
А в чужой и хохочущий сброд:
"Ничего! я споткнулся о камень,
Это к завтраму все заживет!"

1922

Не жалею, не зову, не плачу...[1]

Не жалею, не зову, не плачу,
Все пройдет, как с белых яблонь дым.
Увяданья золотом охваченный,
Я не буду больше молодым.

Ты теперь не так уж будешь биться,
Сердце, тронутое холодком,
И страна березового ситца
Не заманит шляться босиком.

Дух бродяжий! ты все реже, реже
Расшевеливаешь пламень уст.
О, моя утраченная свежесть,
Буйство глаз и половодье чувств.

Я теперь скупее стал в желаньях,
Жизнь моя? иль ты приснилась мне?
Словно я весенней гулкой ранью
Проскакал на розовом коне.

Все мы, все мы в этом мире тленны,
Тихо льется с кленов листьев медь...
Будь же ты вовек благословенно,
Что пришло процвесть и умереть.

1922

---

1. Первая публикация была посвящена Сергею Антоновичу Крычкову (1889–1937), поэту, прозаику, другу Есенина.

Письмо матери

Ты жива еще, моя старушка?
Жив и я. Привет тебе, привет!
Пусть струится над твоей избушкой
Тот вечерний несказанный свет.

Пишут мне, что ты, тая тревогу,
Загрустила шибко обо мне,
Что ты часто ходишь на дорогу
В старомодном ветхом шушуне.

И тебе в вечернем синем мраке
Часто видится одно и то ж:
Будто кто-то мне в кабацкой драке
Саданул под сердце финский нож.

Ничего, родная! Успокойся.
Это только тягостная бредь.
Не такой уж горький я пропойца,
Чтоб, тебя не видя, умереть.

Я по-прежнему такой же нежный
И мечтаю только лишь о том,
Чтоб скорее от тоски мятежной
Воротиться в низенький наш дом.

Я вернусь, когда раскинет ветви
По-весеннему наш белый сад.
Только ты меня уж на рассвете
Не буди, как восемь лет назад.

Не буди того, что отмечталось,
Не волнуй того, что не сбылось, —

Слишком раннюю утрату и усталость
Испытать мне в жизни привелось.

И молиться не учи меня. Не надо!
К старому возврата больше нет.
Ты одна мне помощь и отрада,
Ты одна мне несказанный свет.

Так забудь же про свою тревогу,
Не грусти так шибко обо мне.
Не ходи так часто на дорогу
В старомодном ветхом шушуне.

1924

Собаке Качалова[1]

Дай, Джим, на счастье лапу мне,
Такую лапу не видал я сроду.
Давай с тобой полаем при луне
На тихую, бесшумную погоду.
Дай, Джим, на счастье лапу мне.

Пожалуйста, голубчик, не лижись.
Пойми со мной хоть самое простое.
Ведь ты не знаешь, что такое жизнь,
Не знаешь ты, что жить на свете стоит.

Хозяин твой и мил и знаменит,
И у него гостей бывает в доме много,
И каждый, улыбаясь, норовит

---

1. Василий Иванович Качалов (наст. фамилия Шверубович; 1875–1948) — актер Московского Художественного Театра.

Тебя по шерсти бархатной потрогать.

Ты по-собачьи дьявольски красив,

С такою милою доверчивой приятцей.

И, никого ни капли не спросив,

Как пьяный друг, ты лезешь целоваться.

Мой милый Джим, среди твоих гостей

Так много всяких и невсяких было.

Но та, что всех безмолвней и грустней,

Сюда случайно вдруг не заходила?

Она придет, даю тебе поруку.

И без меня, в ее уставясь взгляд,

Ты за меня лизни ей нежно руку

За все, в чем был и не был виноват.

1925

Шаганэ ты моя, Шаганэ!..[1]

Шаганэ ты моя, Шаганэ!

Потому, что я с севера, что ли,

Я готов рассказать тебе поле,

Про волнистую рожь при луне.

Шаганэ ты моя, Шаганэ.

Потому, что я с севера, что ли,

Что луна там огромней в сто раз,

Как бы ни был красив Шираз,

Он не лучше рязанских раздолий.

---

1. С героиней стихов — Шаганэ (Шагандухт) Нерсесовной Тальян (Тертерян; 1900–1976) — Есенин познакомился в 1924 г., в Батуме.

Потому, что я с севера, что ли.

Я готов рассказать тебе поле,
Эти волосы взял я у ржи,
Если хочешь, на палец вяжи —
Я нисколько не чувствую боли.
Я готов рассказать тебе поле.

Про волнистую рожь при луне
По кудрям ты моим догадайся.
Дорогая, шути, улыбайся,
Не буди только память во мне
Про волнистую рожь при луне.

Шаганэ ты моя, Шаганэ!
Там, на севере, девушка тоже,
На тебя она страшно похожа,
Может, думает обо мне...
Шаганэ ты моя, Шаганэ.

1924

Какая ночь! Я не могу...

Какая ночь! Я не могу.
Не спится мне. Такая лунность.
Еще как будто берегу
В душе утраченную юность.

Подруга охладевших лет,
Не называй игру любовью,
Пусть лучше этот лунный свет
Ко мне струится к изголовью.

Пусть искаженные черты
Он обрисовывает смело, —
Ведь разлюбить не сможешь ты,
Как полюбить ты не сумела.

Любить лишь можно только раз.
Вот оттого ты мне чужая,
Что липы тщетно манят нас,
В сугробы ноги погружая.

Ведь знаю я и знаешь ты,
Что в этот отсвет лунный, синий
На этих липах не цветы —
На этих липах снег да иней.

Что отлюбили мы давно,
Ты не меня, а я — другую,
И нам обоим все равно
Играть в любовь недорогую.

Но все ж ласкай и обнимай
В лукавой страсти поцелуя,
Пусть сердцу вечно снится май
И та, что навсегда люблю я.

1925

Черный человек

Друг мой, друг мой,
Я очень и очень болен.
Сам не знаю, откуда взялась эта боль.
То ли ветер свистит
Над пустым и безлюдным полем,

То ль, как рощу в сентябрь,
Осыпает мозги алкоголь.

Голова моя машет ушами,
Как крыльями птица.
Ей на шее ноги
Маячить больше невмочь.
Черный человек,
Черный, черный,
Черный человек
На кровать ко мне садится,
Черный человек
Спать не дает мне всю ночь.

Черный человек
Водит пальцем по мерзкой книге
И, гнусавя надо мной,
Как над усопшим монах,
Читает мне жизнь
Какого-то прохвоста и забулдыги,
Нагоняя на душу тоску и страх.
Черный человек
Черный, черный!

"Слушай, слушай, —
Бормочет он мне, —
В книге много прекраснейших
Мыслей и планов.
Этот человек
Проживал в стране
Самых отвратительных
Громил и шарлатанов.

В декабре в той стране

Снег до дьявола чист,
И метели заводят
Веселые прялки.
Был человек тот авантюрист,
Но самой высокой
И лучшей марки.

Был он изящен,
К тому ж поэт,
Хоть с небольшой,
Но ухватистой силою,
И какую-то женщину,
Сорока с лишним лет,
Называл скверной девочкой
И своею милою.

Счастье, — говорил он, —
Есть ловкость ума и рук.
Все неловкие души
За несчастных всегда известны.
Это ничего,
Что много мук
Приносят изломанные
И лживые жесты.

В грозы, в бури,
В житейскую стынь,
При тяжелых утратах
И когда тебе грустно,
Казаться улыбчивым и простым —
Самое высшее в мире искусство".

"Черный человек!
Ты не смеешь этого!

Ты ведь не на службе
Живешь водолазовой.
Что мне до жизни
Скандального поэта.
Пожалуйста, другим
Читай и рассказывай".

Черный человек
Глядит на меня в упор.
И глаза покрываются
Голубой блевотой, —
Словно хочет сказать мне,
Что я жулик и вор,
Так бесстыдно и нагло
Обокравший кого-то.
. . . .

Друг мой, друг мой,
Я очень и очень болен.
Сам не знаю, откуда взялась эта боль.
То ли ветер свистит
Над пустым и безлюдным полем,
То ль, как рощу в сентябрь,
Осыпает мозги алкоголь.

Ночь морозная.
Тих покой перекрестка.
Я один у окошка,
Ни гостя, ни друга не жду.
Вся равнина покрыта
Сыпучей и мягкой известкой,
И деревья, как всадники,
Съехались в нашем саду.

Где-то плачет
Ночная зловещая птица.
Деревянные всадники
Сеют копытливый стук.
Вот опять этот черный
На кресло мое садится,
Приподняв свой цилиндр
И откинув небрежно сюртук.

“Слушай, слушай! —
Хрипит он, смотря мне в лицо,
Сам все ближе
И ближе клонится. —
Я не видел, чтоб кто-нибудь
Из подлецов
Так ненужно и глупо
Страдал бессонницей.

Ах, положим, ошибся!
Ведь нынче луна.
Что же нужно еще
Напоенному дремой мирику?
Может, с толстыми ляжками
Тайно придет “она”,
И ты будешь читать
Свою дохлую томную лирику?

Ах, люблю я поэтов!
Забавный народ.
В них всегда нахожу я
Историю, сердцу знакомую, —
Как прыщавой курсистке
Длинноволосый урод
Говорит о мирах,

Половой истекая истомою.

Не знаю, не помню,
В одном селе,
Может, в Калуге,
А может, в Рязани,
Жил мальчик
В простой крестьянской семье,
Желтоволосый,
С голубыми глазами...

И вот стал он взрослым,
К тому ж поэт,
Хоть с небольшой,
Но ухватистой силою,
И какую-то женщину,
Сорока с лишним лет,
Называл скверной девочкой
И своею милою".

"Черный человек!
Ты прескверный гость.
Это слава давно
Про тебя разносится".
Я взбешен, разъярен,
И летит моя трость
Прямо к морде его,
В переносицу...
. . . .

...Месяц умер,
Синеет в окошко рассвет.
Ах ты, ночь!
Что ты, ночь, наковеркала?

Я в цилиндре стою.
Никого со мной нет.
Я один...
И разбитое зеркало...

1925

М. И. ЦВЕТАЕВА
(1892—1941)

Марина Ивановна Цветаева родилась 26 сентября (8 октября) 1892 г. в семье И. В. Цветаева, профессора истории, создателя и директора Музея изящных искусств в Москве. Мать М. А. Меня — прекрасная пианистка. Детство М. И. Цветаевой до десяти лет прошло в Москве и на Оке близ Тарусы.

Настроения этих лет — чувство одиночества, страдания из-за нелюбви матери, потребность в самоутверждении. Заграничные пансионаты в Лозанне (Швейцария) и во Фрейбурге (Германия).

В 1909 г. совершила самостоятельную поездку в Париж, где слушала в Сорбонне курс истории французской литературы.

С четырнадцати лет остается без матери, а с 1913 г. — и без отца. В Москве училась в гимназии фон Дервиз. Еще гимназисткой издает первую книгу стихов «Вечерний Альбом» (1910), в

1912 г. — вторая книга «Волшебный фонарь», а затем имевший большой успех сборник «Из двух книг» (1913).

В литературе в начале пути ей были близки В. Брюсов и М. Волошин, впоследствии — В. Маяковский. Вскоре М. И. Цветаева заняла свое видное место среди поэтесс-современниц (А. Ахматова, Черубина де Габриак ⟨ Е. Дмитриева ⟩, Е. Кузьмина-Караваева, Л. Столица, С. Парнок, М. Шагинян). "Свой голос" для Цветаевой — это прежде всего лирическая дневниковость и раскаленная энергия слова, разогнанного внутренним усилием, выражающего и утверждающего лирическую волю поэта.

В первые годы революции М. И. Цветаева служит ради хлеба в различных советских учреждениях. Гражданскую войну воспринимает как национальную трагедию («Лебединый стан», 1917–1920). Работает над двумя выпусками книги стихов «Версты», пробует свои силы в драматургии (всего М. И. Цветаева написала шесть пьес, в том числе «Фортуна», «Приключение», «Конец Казановы», «Метель» и др.).

В мае 1922 г. вместе с десятилетней дочерью Ариадной уезжает за границу к мужу С. Я. Эфрону, бывшему белому офицеру, в то время студенту Пражского университета, порвавшему с белым движением. Живет в Праге, затем, с 1925 г. — во Франции. Пишет «Поэму Горы» и «Поэму Конца» (обе — 1924), «Крысолов» (1926), книгу стихов «Ремесло» (1923); в Париже издает одну из главных своих книг «После России» (1928).

В июне 1939 г. М. И. Цветаева возвращается в Москву — "вслед за семьей и чтобы дать сыну Георгию (родился в 1925 г.) родину" (из «Автобиографии» 1940 г.).

В Москве лишена возможности жить и работать: репрессированы муж и дочь Ариадна. Нет надежд на издание последней книги, составленной самой Цветаевой в 1940 г.; литературная работа сведена к одним лишь переводам.

В начале войны Цветаева оказалась в эвакуации, в одиночестве, без поддержки, почти без средств к существованию. Покончила жизнь самоубийством.

Мне нравится, что вы больны не мной...

Мне нравится, что вы больны не мной,
Мне нравится, что я больна не вами,
Что никогда тяжелый шар земной
Не уплывет под нашими ногами.
Мне нравится что можно быть смешной —
Распущенной — и не играть словами,
И не краснеть удушливой волной,
Слегка соприкоснувшись рукавами.

Мне нравится еще, что вы при мне
Спокойно обнимаете другую,
Не прочите мне в адовом огне
Гореть за то, что я не вас целую.
Что имя нежное мое, мой нежный, не
Упоминаете ни днем, ни ночью — всуе...
Что никогда в церковной тишине
Не пропоют над нами: аллилуйя!

Спасибо вам и сердцем и рукой
За то, что вы меня — не зная сами! —
Так любите: за мой ночной покой,
За редкость встреч закатными часами,
За наши не-гулянья под луной,
За солнце, не у нас над головами, —
За то, что вы больны — увы! — не мной,
За то, что я больна — увы! — не вами!

1915

В огромном городе моем — ночь...

В огромном городе моем — ночь.
Из дома сонного иду — прочь.
И люди думают: жена, дочь, —
А я запомнила одно: ночь.

Июльский ветер мне метет — путь,
И где-то музыка в окне — чуть.
Ах, нынче ветру до зари — дуть
Сквозь стенки тонкие груди — в грудь.

Есть черный тополь, и в окне — свет,
И звон на башне, и в руке — цвет,
И шаг вот этот — никому — вслед,
И тень вот эта, а меня — нет.

Огни — как нити золотых бус,
Ночного листика во рту — вкус.
Освободите от дневных уз,
Друзья, поймите, что я вам — снюсь.

1916

Стихи к Блоку

1

Имя твое — птица в руке,
Имя твое — льдинка на языке,
Одно единственное движенье губ,
Имя твое — пять букв.
Мячик, пойманный на лету,
Серебряный бубенец во рту,

Камень, кинутый в тихий пруд,
Всхлипнет так, как тебя зовут.
В легком щелканье ночных копыт
Громкое имя твое гремит.
И назовет его нам в висок
Звонко щелкающий курок.

Имя твое — ах, нельзя! —
Имя твое — поцелуй в глаза,
В нежную стужу недвижных век,
Имя твое — поцелуй в снег.
Ключевой, ледяной, голубой глоток.
С именем твоим — сон глубок.

1916

М. А. БУЛГАКОВ

(1891—1940)

Михаил Афанасьевич Булгаков родился 3 (15) мая 1891 г. в семье доктора богословия, профессора Киевской духовной академии А. И. Булгакова. Отец и мать писателя были родом из Орловской губ., принадлежали к духовному сословию. Семья Булгаковых была многодетной и очень дружной. Отец рано умер — в 1907 г. М. А. Булгаков остался старшим мужчиной в семье. Дух семьи, дома всегда многое значил для писателя. В 1909 г. он закончил Первую Киевскую гимназию, поступил на медицинский факультет Киевского университета. После его окончания в 1916 г. работал земским врачом под Смоленском и в других местах, затем до 1919 г. имел медицинскую практику в Киеве. Близко видел многие события гражданской войны. В 1920—1921 гг. жил во Владикавказе, где началась его театральная и литературная деятельность. Отклонил для себя возможность эмиграции. В сентябре 1921 г. приезжает в Москву. Сотрудничает во многих журналах и газетах (в том числе в «Накануне», «Гудке» и др.). Входит в литературную среду, знакомится с Маяковским, А. Толстым, Бабелем, Катаевым, Ильфом, Петровым, Олешей, Паустовским и др.

Поздний дебют М. А. Булгакова стал крупным событием литературной жизни. Разрушение векового национального Дома (тема его первого романа «Белая гвардия», 1924; сценический вариант — «Дни Турбиных», 1926) вызвало растерянность массового русского человека; разбежался когда-то дружный "муравейник", замелькали приспособленческие маски вместо человеческих лиц. Сюжеты с утратой своего лица проходят едва ли не во всей сатирической прозе Булгакова — «Дьяволиада» (1924) и мн. др., в его ранней драматургии и далее — вплоть до последнего романа «Мастер и Маргарита». Серьезной угрозой жизни становится также самовольное вмешательство экспериментаторов, даже и весьма ученых, в естественные природные и социальные процессы («Роковые яйца», 1924; «Собачье сердце», 1925).

Повесть «Собачье сердце» и дневники были конфискованы "органами" в 1925 г. При жизни М. А. Булгакова были изданы, по существу, всего две его книги. Пьеса «Дни Турбиных» была разрешена только во МХАТе и выдержала там при жизни писателя почти тысячу спектаклей. Остальные пьесы («Зойкина квартира», 1926; «Багровый остров», 1926; «Бег», 1928; «Кабала святош», 1929; «Адам и Ева», 1931; «Блаженство», 1934; «Иван Васильевич», 1936) были либо очень скоро сняты с репертуара, либо вообще неразрешены. Лишь к концу жизни М. А. Булгакова МХАТ начал работу над его пьесой «Последние дни (Пушкин)» (1935). При жизни писателя не увидели свет также его романы «Жизнь господина де Мольера» (1933), «Записки покойника (Театральный роман)» (1939), и «Мастер и Маргарита» (1940).

Последний роман Булгакова «Мастер и Маргарита» заслуженно считается вершиной его творчества. Раздумье над главной проблемой эпохи: как "бездомному" человеку обрести личную духовную стойкость в условиях величайшей национальной, а точнее, ментальной катастрофы, как противостоять массовой "бесовщине" разгулявшегося "низа" — создает сложный и глубокий сюжет, в котором обновляющий жизнь человечества духовный кризис начала новой эры (история Иешуа Га-Ноцри и Пилата) связан с судьбами людей XX века. В этом романе, как и в большинстве других произведений, Булгаков требовательно всматривается в культурную элиту (люди театра, писатели, ученые), полагая, что во многом она должна быть ответственна за духовное "самостояние" России.

В 1935—1939 гг. Булгаков пишет пьесу «Батум» — о Сталине.

Пьеса также была запрещена. Отношения со Сталиным, ставшие одним из драматических событий в судьбе Булгакова в 30-е гг., начались в эпоху "великого перелома", когда лишенный возможности писать, печататься, с запрещенными пьесами и спектаклями, он, уничтожив большую часть рукописи "романа о дьяволе", обратился с письмом к "Правительству СССР", а затем и с письмом к Сталину с просьбой либо дать возможность работать, либо разрешить — хотя бы на время — поездку за границу. Заграничная поездка не была разрешена; в течение 30-х гг. Булгаков работал ассистентом режиссера во МХАТе, либреттистом в Большом театре и т. п.

После смерти в 1940 г. Булгаков был забыт на многие годы.

Второе рождение писателя произошло через четверть века, после опубликования в 1967 г. его романа «Мастер и Маргарита».

Роковые яйца

Глава 1. Куррикулюм витэ профессора Персикова

16 апреля 1928 года, вечером, профессор зоологии IV государственного университета и директор зооинститута в Москве Персиков вошел в свой кабинет, помещающийся в зооинституте, что на улице Герцена. Профессор зажег верхний матовый шар и огляделся.

Начало ужасающей катастрофы нужно считать заложенным именно в этот злосчастный вечер, равно как первопричиною этой катастрофы следует считать именно профессора Владимира Ипатьевича Персикова.

Ему было ровно 58 лет. Голова замечательная, толкачом, лысая, с пучками желтоватых волос, торчащими по бокам. Лицо гладко выбритое, нижняя губа выпячена вперед. От этого персиковское лицо вечно носило на себе несколько капризный отпечаток. На красном носу старомодные маленькие очки в серебряной оправе, глазки блестящие, небольшие, росту высокого, сутуловат. Говорил скрипучим, тонким, квакающим голосом и среди других странностей имел такую: когда говорил что-либо веско и уверенно, указательный палец правой руки превращал в крючок и щурил глазки. А так как он говорил всегда уверенно, ибо эрудиция в его области у него была совершенно феноменальная, то крючок очень часто появлялся перед глазами собеседников профессора Персикова. А вне своей области, т. е. зоологии, эмбриологии, анатомии, ботаники и географии, профессор Персиков почти никогда не говорил.

Газет профессор Персиков не читал, в театр не ходил, а жена профессора сбежала от него с тенором оперы Зимина в 1913 году, оставив ему записку такого содержания:

"Невыносимую дрожь отвращения возбуждают во мне твои лягушки. Я всю жизнь буду несчастна из-за них".

Профессор больше не женился и детей не имел. Был очень вспыльчив, но отходчив, любил чай с морошкой, жил на Пречистенке, в квартире из 5 комнат, одну из которых занимала сухонькая старушка, экономка Марья Степановна, ходившая за профессором как нянька.

В 1919 году у профессора отняли из 5 комнат 3. Тогда он заявил Марье Степановне:

— Если они не прекратят эти безобразия, Марья Степановна, я уеду за границу.

Нет сомнения, что если бы профессор осуществил этот план, ему очень легко удалось бы устроиться при кафедре зоологии в любом университете мира, ибо ученый он был совершенно первоклассный, а в той области, которая так или иначе касается земноводных или голых гадов, и равных себе не имел за исключением профессоров Уильяма Веккля в Кембридже и Джиакомо Бартоломео Беккари в Риме. Читал профессор на 4 языках, кроме русского, а по-французски и немецки говорил как по-русски. Намерения своего относительно заграницы Персиков не выполнил, и 20-й год вышел еще хуже 19-го. Произошли события, и притом одно за другим. Большую Никитскую переименовали в улицу Герцена. Затем часы, врезанные в стену дома на углу Герцена и Моховой, остановились на 11 с 1/4, и, наконец, в террариях зоологического института, не вынеся всех пертурбаций знаменитого года, издохли первоначально 8 великолепных экземпляров квакшей, затем 15 обыкновенных жаб и, наконец, исключительнейший экземпляр жабы Суринамской. Непосредственно вслед за жабами, опустошившими тот первый отряд голых гадов, который по справедливости назван классом гадов бесхвостых, переселился в лучший мир бессменный сторож института старик Влас, не входящий в класс голых гадов. Причина смерти его, впрочем, была та же, что и у бедных гадов, и ее Персиков определил сразу:

— Бескормица!

Ученый был совершенно прав: Власа нужно было кормить мукой, а жаб мучными червями, но поскольку пропала первая, постольку исчезли и вторые. Персиков оставшиеся 20 экземпляров квакш попробовал перевести на питание тараканами, но и тараканы куда-то провалились, показав свое злостное отношение к военному коммунизму. Таким образом, и последние экземпляры пришлось выкинуть в выгребные ямы на дворе института.

Действие смертей и в особенности Суринамской жабы на Персикова не поддается описанию. В смертях он целиком почему-то обвинил тогдашнего наркома просвещения.

Стоя в шапке и калошах в коридоре выстывающего института, Персиков говорил своему ассистенту Иванову, изящнейшему джентльмену с острой белокурой бородкой:

— Ведь за это же его, Петр Степанович, убить мало! Что же они делают? Ведь они ж погубят институт! А? Бесподобный самец, исключительный экземпляр Пипа американа, длиной в 13 сантиметров...

Дальше пошло хуже. По смерти Власа окна в институте промерзли насквозь, так что цветистый лед сидел на внутренней поверхности стекол. Издохли кролики, лисицы, волки, рыбы и все до единого ужи. Персиков стал молчать целыми днями, потом заболел воспалением легких, но не умер. Когда оправился, приходил два раза в неделю в институт и в круглом зале, где было всегда, почему-то не изменяясь, 5 градусов мороза, независимо от того, сколько на улице, читал в калошах, в шапке с наушниками и в кашне, выдыхая белый пар, 8 слушателям цикл лекций на тему "Пресмыкающиеся жаркого пояса". Все остальное время Персиков лежал у себя на Пречистенке на диване, в комнате, до потолка набитой книгами, под пледом, кашлял и смотрел в пасть огненной печурке, которую золочеными стульями топила Марья Степановна, вспоминал Суринамскую жабу.

Но все на свете кончается. Кончился 20-й и 21-й год, а в 22-м началось кое-то обратное движение. Во-первых: на месте покойного Власа появился Панкрат, еще молодой, но подающий большие надежды зоологический сторож, институт стали топить понемногу. А летом Персиков, при помощи Панкрата, на Клязьме поймал 14 штук вульгарных жаб. В террариях вновь закипела жизнь... В 23-м году Персиков уже читал 8 раз в неделю — 3 в институте и 5 в университете, в 24-м году 13 раз в неделю и, кроме того, на рабфаках, а в 25-м, весной, прославился тем, что на экзаменах срезал 76 человек студентов и всех на голых гадах:

— Как, вы не знаете, чем отличаются голые гады от пресмыкающихся? — спрашивал Персиков. — Это просто смешно, молодой человек. Тазовых почек нет у голых гадов. Они отсутствуют. Так-то-с. Стыдитесь. Вы, вероятно, марксист?

— Марксист, — угасая, отвечал зарезанный.

— Так вот, пожалуйста, осенью, — вежливо говорил Персиков и бодро кричал Панкрату: — Давай следующего!

Подобно тому, как амфибии оживают после долгой засухи, при первом обильном дожде, ожил профессор Персиков в 1926 году, когда соединенная американо-русская компания выстроила, начав с угла Газетного переулка и Тверской, в центре Москвы, 15 пятнадцатиэтажных домов, а на окраинах — 300 рабочих коттеджей, каждый на 8 квартир, раз и навсегда прикончив тот страшный и смешной жилищный кризис, который так терзал москвичей в годы 1919–1925.

Вообще это было замечательное лето в жизни Персикова, и порою он с тихим и довольным хихиканьем потирал руки, вспоминая, как он жался с Марьей Степановной в 2 комнатах. Теперь профессор все 5 получил обратно, расширился, расположил две с половиной тысячи книг, чучела, диаграммы, препараты, зажег на столе зеленую лампу в кабинете.

Институт тоже узнать было нельзя: его покрыли кремовою краской, провели по специальному водопроводу воду в комнату гадов, сменили все стекла на зеркальные, прислали 5 новых микроскопов, стеклянные препарационные столы, шары по 2000 ламп с отраженным светом, рефлекторы, шкапы в музей.

Персиков ожил, и весь мир неожиданно узнал об этом, лишь только в декабре 1926 года вышла в свет брошюра:

"Еще к вопросу о размножении бляшконосых или хитонов", 126 стр., "Известия IV Университета".

А в 1927-м, осенью, капитальный труд в 350 страниц, переведенный на 6 языков, в том числе и японский: "Эмбриология пип, чесночниц и лягушек". Цена 3 руб. Госиздат.

А летом 1928 года произошло то невероятное, ужасное...

Глава 2. Цветной завиток

Итак, профессор зажег шар и огляделся. Зажег рефлектор на длинном экспериментальном столе, надел белый халат, позвенел какими-то инструментами на столе...

Многие из 30 тысяч механических экипажей, бегавших в 28-м году по Москве, проскакивали по улице Герцена, шурша по гладким торцам, и через каждую минуту с гулом и скрежетом скатывался с Герцена к Моховой трамвай 16, 22, 48 или 53-го маршрута. Отблески разноцветных огней забрасывал в зеркальные стекла кабинета, и далеко и высоко был виден рядом с темной и грузной шапкой храма Христа туманный, бледный месячный серп.

Но ни он, ни гул весенней Москвы нисколько не занимали профессора Персикова. Он сидел на винтящемся трехногом табурете и побуревшими от табаку пальцами вертел кремальеру великолепного цейсовского микроскопа, в который был заложен обыкновенный неокрашенный препарат свежих амеб. В тот момент, когда Персиков менял увеличение с 5 на 10 тысяч, дверь приоткрылась, показалась остренькая бородка, кожаный нагрудник, и ассистент позвал:

— Владимир Ипатьевич, я установил брыжжейку, не хотите ли взглянуть?

Персиков живо сполз с табурета, бросил кремальеру на полдороге и, медленно вертя в руках папиросу, прошел в кабинет ассистента. Там, на стеклянном столе, полузадушенная и обмершая от страха и боли лягушка была распята на пробковом штативе, а ее прозрачные слюдяные внутренности вытянуты из окровавленного живота в микроскоп.

— Очень хорошо, — сказал Персиков и припал глазом к окуляру микроскопа. Очевидно, что-то очень интересное можно было рассмотреть в брыжжейке лягушки, где, как на ладони видные, по рекам сосудов бойко бежали живые кровяные шарики. Персиков забыл о своих амебах и в течении полутора часов по очереди с Ивановым припадал к стеклу микроскопа. При этом оба ученых перебрасывались оживленными, но непонятными простым смертным словами.

Наконец Персиков отвалился от микроскопа, заявив:

— Сворачивается кровь, ничего не поделаешь.

Лягушка тяжко шевельнула головой, и в ее потухающих глазах были явственны слова: "сволочи вы, вот что..."

Разминая затекшие ноги, Персиков поднялся, вернулся в свой кабинет, зевнул, потер пальцами вечно воспаленные веки и, присев на табурет, заглянул в микроскоп, пальцы он наложил на кремальеру и уже собирался двинуть винт, но не двинул. Правым глазом видел Персиков мутноватый белый диск и в нем смутных белых амеб, а посредине диска сидел ветной завиток, похожий на женский локон. Этот завиток и сам Персиков, и сотни его учеников видели очень много раз и никто не интересовался им, да и незачем было. Цветной пучок света лишь мешал наблюдению и показывал, что препарат не в фокусе. Поэтому его безжалостно стирали одним поворотом винта, освещая поле ровным белым светом. Длинные пальцы зоолога уже вплотную легли на нарезку винта и вдруг дрогнули и слезли. Причиной этого был правый глаз Персикова, он вдруг насторожился, изумился, налился даже тревогой. Не бездарная посредственность на горе республике сидела у микроскопа. Нет, сидел профессор Персиков! Вся жизнь, его помыслы сосредоточились в правом глазу. Минут пять в каменном молчании высшее существо наблюдало низшее, мучая и напрягая глаз над стоящим вне фокуса препаратом. Кругом все молчало. Панкрат заснул уже в своей комнате в вестибюле, и один только раз в отдалении музыкально и нежно прозвенели стекла в шкапах — это Иванов, уходя, запер свой кабинет. За ним простонала входная дверь. Потом уже послышался голос профессора. У кого он спросил — неизвестно.

— Что такое? Ничего не понимаю...

Запоздалый грузовик прошел по улице Герцена, колыхнув старые стены института. Плоская стеклянная чашечка с пинцетами звякнула на столе. Профессор побледнел и занес руку над микроскопом, так, словно мать над дитятей, которому угрожает опасность. Теперь не могло быть и речи о том, чтобы Персиков двинул винт, о нет, он боялся уже, чтобы какая-нибудь посторонняя сила не вытолкнула из поля зрения того, что он увидел.

Было полное белое утро с золотой полосой, перерезавшей кремовое крыльцо института, когда профессор покинул микроскоп и подошел на онемевших ногах к окну. Он дрожащими пальцами нажал кнопку, и черные глухие шторы закрыли утро, и в кабинете ожила мудрая ученая ночь. Желтый и вдохновенный Персиков растопырил ноги и заговорил, уставившись в паркет слезящимися глазами:

— Но как же это так? Ведь это же чудовищно!.. Это чудовищно, господа, — повторил он, обращаясь к жабам в террарии, но жабы спали и ничего ему не ответили.

Он помолчал, потом подошел к выключателю, поднял шторы, потушил все огни и заглянул в микроскоп. Лицо его стало напряженным, он сдвинул кустоватые желтые брови.

— Угу, угу, — пробурчал он, — пропал. Понимаю. По-о-нимаю, — протянул он сумасшедше и вдохновенно, глядя на погасший шар над головой, — это просто.

И он вновь опустил шипящие шторы и вновь зажег шар. Заглянул в микроскоп, радостно и как бы хищно осклабился.

— Я его поймаю, — торжественно и важно сказал он, поднимая палец кверху. — Поймаю. Может быть, и от солнца.

Опять шторы взвились. Солнце было налицо. Вот оно залило стены института и косяком легло на торцах Герцена. Профессор смотрел в окно, соображая, где будет солнце днем. Он то отходил, то приближался, легонько пританцовывая, и наконец животом лег на подоконник.

Приступил к важной и таинственной работе. Стеклянным колпаком накрыл микроскоп. На синеватом пламени горелки расплавил кусок сургуча и края колокола припечатал к столу, а на сургучных пятнах оттиснул свой большой палец. Газ потушил, вышел и дверь кабинета запер на английский замок.

Полусвет был в коридорах института. Профессор добрался до комнаты Панкрата и долго и безуспешно стучал в нее. Наконец, за дверью послышалось урчанье как бы цепного пса, харканье и мычанье, и Панкрат в полосатых подштанниках, с завязками на щиколотках предстал в светлом пятне. Глаза его дико уставились на ученого, он еще легонько подвывал со сна.

— Панкрат, — сказал профессор, глядя на него поверх очков, — извини, что я тебя разбудил. Вот что, друг, в мой кабинет завтра утром не ходить. Я там работу оставил, которую сдвигать нельзя. Понял?

— У-у-у, по-по-понял, — ответил Панкрат, ничего не поняв. Он пошатывался и рычал.

— Нет, слушай, ты проснись, Панкрат, — молвил зоолог и легонько потыкал Панкрата в ребра, отчего у того на лице получился испуг и некоторая тень осмысленности в глазах. — Кабинет я запер, — продолжал Персиков, — так убирать его не нужно до моего прихода. Понял?

— Слушаю-с, — прохрипел Панкрат.

— Ну вот и прекрасно, ложись спать.

Панкрат повернулся, исчез в двери и тотчас обрушился в постель, а профессор стал одеваться в вестибюле. Он надел серое летнее пальто и мягкую шляпу, затем, вспомнив про картину в микроскопе, уставился на свои калоши, словно видел их впервые. Затем левую надел и на левую хотел надеть правую, но та не полезла.

— Какая чудовищная случайность, что он меня отозвал, — сказал ученый, — иначе я его так бы и не заметил. Но что это сулит?.. Ведь это сулит черт знает что такое!..

Профессор усмехнулся, прищурился на калоши и левую снял, а правую надел. — Боже мой! Ведь даже нельзя представить себе всех последствий... — Профессор с презрением ткнул левую калошу, которая раздражала его, не желая налезать на правую, и пошел к выходу в одной калоше. Тут же он потерял носовой платок и вышел, хлопнув тяжелою дверью. На крыльце он долго искал в карманах спички, хлопая себя по бокам, нашел и тронулся по улице с незажженной папиросой во рту.

Ни одного человека ученый не встретил до самого храма. Там профессор, задрав голову, приковался к золотому шлему. Солнце сладостно лизало его с одной стороны.

— Как же раньше я не видал его, какая случайность?.. Тьфу, дурак, — профессор наклонился и задумался, глядя на разно обутые ноги, — гм... как же быть? К Панкрату вернуться? Нет, его не разбудишь. Бросить ее, подлую, жалко. Придется в руках нести. — Он снял калошу и брезгливо понес ее.

На старом автомобиле с Пречистенки выехали трое. Двое пьяных и на коленях у них ярко раскрашенная женщина в шелковых шароварах по моде 28-го года.

— Эх, папаша! — крикнула она низким сиповатым голосом. — Что ж ты другую-то калошу пропил!

— Видно, в Альказаре набрался старичок, — завыл левый пьяненький, правый высунулся из автомобиля и прокричал:

— Отец, что, ночная на Волхонке открыта? Мы туда!

Профессор строго посмотрел на них поверх очков, выронил изо рта папиросу и тотчас забыл об их существовании. На Пречистенском бульваре рождалась солнечная прорезь, а шлем Христа начал пылать. Вышло солнце.

Глава 3. Персиков поймал

Дело было вот в чем. Когда профессор приблизил свой гениальный глаз к окуляру, он впервые в жизни обратил внимание на то, что в разноцветном завитке особенно ярко и жирно выделялся один луч. Луч этот был ярко-красного цвета и из завитка выпадал, как маленькое острие, ну, скажем, с иголку, что ли.

Просто уж такое несчастье, что на несколько секунд луч этот приковал наметанный взгляд виртуоза.

В нем, в луче, профессор разглядел то, что было тысячу раз значительнее и важнее самого луча, непрочного дитяти, случайно родившегося при движении зеркала и объектива микроскопа. Благодаря тому, что ассистент отозвал профессора, амебы пролежали полтора часа под действием этого луча и получилось вот что: в то время, как в диске вне луча зернистые амебы валялись вяло и беспомощно, в том месте, где пролегал красный заостренный меч, происходили странные явления. В красной полосочке кипела жизнь. Серенькие амебы, выпуская ложноножки, тянулись изо всех сил в красную полосу и в ней (словно волшебным образом) оживали. Какая-то сила вдохнула в них дух жизни. Они лезли стаей и боролись друг с другом за место в луче. В нем шло бешеное, другого слова не подобрать, размножение. Ломая и опрокидывая все законы, известные Персикову как свои пять пальцев, они почковались на его глазах с молниеносной быстротой. Они разваливались на части в луче, и каждая из частей в течении 2 секунд становилась новым и свежим организмом. Эти организмы в несколько мгновений достигали роста и зрелости лишь затем, чтобы в свою очередь тотчас же дать новое поколение. В красной полосе, а потом и во всем диске стало тесно, и началась неизбежная борьба. Вновь рожденные яростно набрасывались друг на друга и рвали в клочья и глотали. Среди рожденных лежали трупы погибших в борьбе за существование. Побеждали лучшие и сильные. И эти лучшие были ужасны. Во-первых, они объемом приблизительно в два раза превышали обыкновенных амеб, а во-вторых, отличались какой-то особенной злостью и резвостью. Движения их были стремительны, их ложноножки гораздо длиннее нормальных, и работали они ими, без преувеличения, как спруты щупальцами.

Во второй вечер профессор, осунувшийся и побледневший, без пищи, взвинчивая себя лишь толстыми самокрутками, изучал новое поколение амеб, а в третий день он перешел к первоисточнику, то есть к красному лучу.

Газ тихонько шипел в горелке, опять по улице шаркало движение, и профессор, отравленный сотой папиросою, полузакрыв глаза, откинулся на спинку винтового кресла.

— Да, теперь все ясно. Их оживил луч. Это новый, не исследованный никем, никем не обнаруженный луч. Первое, что придется выяснить, это — получается ли он только от электричества или также и от солнца, — бормотал Персиков самому себе.

И в течение еще одной ночи это выяснилось. В три микроскопа Персиков поймал три луча, от солнца ничего не поймал и выразился так:

— Надо полагать, что в спектре солнца его нет... гм... ну, одним словом, надо полагать, что добыть его можно только от электрического света. — Он любовно поглядел на матовый шар вверху, вдохновенно подумал и пригласил к себе в кабинет Иванова. Он все ему рассказал и показал амеб.

Приват-доцент Иванов был поражен, совершенно раздавлен: как же такая простая вещь, как эта тоненькая стрела, не была замечена раньше, черт возьми! Да кем угодно, и хотя бы им, Ивановым, и действительно это чудовищно! Вы только посмотрите...

— Вы посмотрите, Владимир Ипатьевич! — говорил Иванов, в ужасе прилипая глазом к окуляру. — Что делается?! Они растут на моих глазах... Гляньте, гляньте...

— Я их наблюдаю уже третий день, — вдохновенно ответил Персиков.

Затем произошел между двумя учеными разговор, смысл которого сводился к следующему: приват-доцент Иванов берется соорудить при помощи линз и зеркал камеру, в которой можно будет получить этот луч в увеличенном виде и вне микроскопа. Иванов надеется, даже совершенно уверен, что это чрезвычайно просто. Луч он получит, Владимир Ипатьевич может в этом не сомневаться. Тут произошла маленькая заминка.

— Я, Петр Степанович, когда опубликую работу, напишу, что камеры сооружены вами, — вставил Персиков, чувствуя, что заминочку надо разрешить. — О, это не важно... Впрочем, конечно...

И заминочка тотчас разрешилась. С этого времени луч поглотил и Иванова. В то время, как Персиков, худея и истощаясь, просиживал дни и половину ночей за микроскопом, Иванов возился в сверкающем от ламп физическом кабинете, комбинируя линзу и зеркала. Помогал ему механик.

Из Германии, после запроса через комиссариат просвещения, Персикову прислали три посылки, содержащие в себе зеркала, двояковы-

пуклые, двояковогнутые и даже какие-то выпукло-вогнутые шлифован-
ные стекла. Кончилось все это тем, что Иванов соорудил камеру и в нее
действительно уловил красный луч. И надо отдать справедливость, уловил мастерски: луч вышел кривой, жирный, сантиметра 4 в поперечни-
ке, острый и сильный.

1-го июня камеру установили в кабинете Персикова, и он жадно
начал опыты с икрой лягушек, освещенной лучом. Опыты эти дали по-
трясающие результаты. В течение двух суток из икринок вылупились
тысячи головастиков. Но этого мало, в течение одних суток головастики
выросли необычайно в лягушек, и до того злых и прожорливых, что половина их тут же была перелопана другой половиной. Зато оставшиеся
в живых начали вне всяких сроков метать икру и в 2 дня уже без всякого луча вывели новое поколение, и при этом совершенно бесчисленное.
В кабинете ученого началось черт знает что: головастики расползлись
из кабинета по всему институту, в террариях и просто на полу, во всех
закоулках завывали зычные хоры, как на болоте.

Панкрат, и так боявшийся Персикова как огня, теперь испытывал
по отношению к нему одно чувство: мертвенный ужас. Через неделю
и сам ученый почувствовал, что шалеет. Институт наполнился запахом
эфира и цианистого калия, которым чуть-чуть не отравился Панкрат, не
вовремя снявший маску. Разросшееся поколение, наконец, удалось пе-
ребить ядами, кабинеты проветрить.

Иванову Персиков сказал так:

— Вы знаете, Петр Степанович, действие луча на дейтероплазму и
вообще на яйцеклетку изумительно.

Иванов, холодный и сдержанный джентльмен, перебил профессора
необычным тоном:

— Владимир Ипатьевич, что же вы толкуете о мелких деталях, об
дейтероплазме. Будем говорить прямо: вы открыли что-то неслыханное,
— видимо, с большой потугой, но все же Иванов выдавил из себя слова: — профессор Персиков, вы открыли луч жизни!

Слабая краска показалась на бледных, небритых скулах Персикова.

— Ну-ну-ну, — пробормотал он.

— Вы, — продолжал Иванов, — вы приобретете такое имя... У

меня кружится голова. Вы понимаете, — продолжал он страстно, — Владимир Ипатьевич, герои Уэллса по сравнению с вами просто вздор... А я-то думал, что это сказки... Вы помните его "Пищу богов"?

— А, это роман, — ответил Персиков.

— Ну да, господи, известный же!..

— Я забыл его, — ответил Персиков, — помню, читал, но забыл.

— Как же вы не помните, да вы гляньте, — Иванов за ножку поднял со стеклянного стола невероятных размеров мертвую лягушку с распухшим брюхом. На морде ее даже после смерти было злобное выражение, — ведь это же чудовищно!

Глава 4. Попадья Дроздова

Бог знает почему, Иванов ли тут был виноват, или потому, что сенсационные известия передаются сами собой по воздуху, но только в гигантской кипящей Москве вдруг заговорили о луче и о профессоре Персикове. Правда, как-то вскользь и очень туманно. Известие о чудодейственном открытии прыгало, как подстреленная птица, в светящейся столице, то исчезая, то вновь взвиваясь, до половины июля, когда на 20-й странице газеты "Известия" под заголовком "Новости науки и техники" появилась короткая заметка, трактующая о луче. Сказано было глухо, что профессор IV университета изобрел луч, невероятно повышающий жизнедеятельность низших организмов, и что луч этот нуждается в проверке. Фамилия, конечно, была переврана и напечатано: "Певсиков".

Иванов принес газету и показал Персикову заметку.

— "Певсиков", — проворчал Персиков, возясь с камерой в кабинете, — откуда эти свистуны все знают?

Увы, перевранная фамилия не спасла профессора от событий, и они начались на другой же день, сразу нарушив всю жизнь Персикова.

Панкрат, предварительно постучавшись, явился в кабинет и вручил Персикову великолепную атласную визитную карточку.

— Он тамотко, — робко прибавил Панкрат.

На карточке было напечатано изящным шрифтом:

Альфред Аркадьевич Бронский.

Сотрудник московских журналов — "Красный огонек",
"Красный перец", "Красный журнал", "Красный прожектор" и
газеты "Красная вечерняя газета".

— Гони его к чертовой матери, — монотонно сказал Персиков и
смахнул карточку под стол.

Панкрат повернулся и вышел и через пять минут вернулся со стра-
дальческим лицом и со вторым экземпляром той же карточки.

— Ты что же, смеешься? — проскрипел Персиков и стал страшен.

— Из гпю, они говорять, — бледнея, ответил Панкрат.

Персиков ухватился одной рукой за карточку, чуть не перервал ее
пополам, а другой швырнул пинцет на стол. На карточке было написано
кудрявым почерком: "Очень прошу и извиняюсь, принять меня, много-
уважаемый профессор, на три минуты по общественному делу печати и
сотрудник сатирического журнала "Красный ворон", издания ГПУ".

— Позови-ка его сюда, — сказал Персиков и задохнулся.

Из-за спины Панкрата тотчас вынырнул молодой человек с глад-
ковыбритым маслянистым лицом. Поражали вечно поднятые, словно у
китайца, брови и под ними ни секунды не глядевшие в глаза собесед-
нику агатовые глазки. Одет был молодой человек совершенно безукоризненно и модно. В узкий и длинный до колен пиджак, широчайшие
штаны колоколом и неестественной ширины лакированные ботинки с
носами, похожими на копыта. В руках молодой человек держал трость,
шляпу с острым верхом и блокнот.

— Что вам надо? — спросил Персиков таким голосом, что Панкрат
мгновенно ушел за дверь. — Ведь вам же сказали, что я занят?

Вместо ответа молодой человек поклонился профессору два раза
на левый бок и на правый, а затем его глазки колесом прошлись по всему кабинету, и тотчас молодой человек поставил в блокноте знак.

— Я занят, — сказал профессор, с отвращением глядя в глазки гостя, но никакого эффекта не добился, так как глазки были неуловимы.

— Прошу тысячу раз извинения, глубокоуважаемый профессор,
заговорил молодой человек тонким голосом, — что я врываюсь к вам

и отнимаю ваше драгоценное время, но известие о вашем мировом открытии, прогремевшее по всему миру, заставляет наш журнал просить у вас каких-либо объяснений.

— Какие такие объяснения по всему миру? — заныл Персиков визгливо и пожелтел. — Я не обязан вам давать объяснения и ничего такого... Я занят... страшно занят.

— Над чем вы работаете? — сладко спросил молодой человек и поставил второй знак в блокноте.

— Да я... вы что? Хотите напечатать что-то?

— Да, — ответил молодой человек и вдруг застрочил в блокноте.

— Во-первых, я не намерен ничего опубликовывать, пока я не кончу работы... тем более в этих ваших газетах... Во-вторых, откуда вы все это знаете?.. — И Персиков вдруг почувствовал, что теряется.

— Верно ли известие, что вы изобрели луч новой жизни?

— Какой такой новой жизни? — остервенился профессор, — Что вы мелете чепуху! Луч, над которым я работаю, еще далеко не исследован, и вообще ничего еще не известно! Возможно, что он повышает жизнедеятельность протоплазмы...

— Во сколько раз? — торопливо спросил молодой человек.

Персиков окончательно потерялся... "Ну тип. Ведь это черт знает что такое!"

— Что за обывательские вопросы?.. Предположим, я скажу, ну, в тысячу раз!..

В глазках молодого человека мелькнула хищная радость.

— Получаются гигантские организмы?

— Да ничего подобного! Ну, правда, организмы, полученные мною, больше обыкновенных... Ну, имеют некоторые новые свойства... Но ведь тут же главное не величие, а невероятная скорость размножения, — сказал на свое горе Персиков и тут же ужаснулся. Молодой человек исписал целую страницу, перелистнул ее и застрочил дальше.

— Вы же не пишите! — уже сдаваясь и чувствуя, что он в руках молодого человека, в отчаянии просипел Персиков. — Что вы такое пишете?

— Правда ли, что в течении двух суток из икры можно получить 2 миллиона головастиков?

— Из какого количества икры? — вновь взбеленяясь, закричал Персиков. — Вы видели когда-нибудь икринку... ну, скажем, — квакши?

— Из полуфунта? — не смущаясь, спросил молодой человек.

Персиков побагровел.

— Кто же так мерит? Тьфу! Что вы такое говорите? Ну, конечно, если взять полфунта лягушачьей икры... тогда пожалуй... черт, ну около этого количества, а, может быть, и гораздо больше!

Бриллианты загорелись в глазах молодого человека, и он в один взмах исчеркал еще одну страницу.

— Правда ли, что это вызовет мировой переворот в животноводстве?

— Что это за газетный вопрос, — завыл Персиков, — и вообще, я не даю вам разрешения писать чепуху. Я вижу по вашему лицу, что вы пишете какую-то мерзость!

— Вашу фотографическую карточку, профессор, убедительнейше прошу, — молвил молодой человек и захлопнул блокнот.

— Что? Мою карточку? Это в ваши журнальчики? Вместе с этой чертовщиной, которую вы там пишете. Нет, нет, нет... И я занят... попрошу вас!..

— Хотя бы старую. И мы вам ее вернем моментально.

— Панкрат! — закричал профессор в бешенстве.

— Честь имею кланяться, — сказал молодой человек и пропал.

Вместо Панкрата послышалось за дверью странное мерное скрипенье машины, кованое постукивание в пол, и в кабинете появился необычайной толщины человек, одетый в блузу и штаны, сшитые из одеяльного драпа. Левая его, механическая, нога щелкала и громыхала, а в руках он держал портфель. Его бритое круглое лицо, налитое желтоватым студнем, являло приветливую улыбку. Он по-военному поклонился профессору и выпрямился, отчего его нога пружинно щелкнула. Персиков онемел.

— Господин профессор, — начал незнакомец приятным сиповатым голосом, — простите простого смертного, нарушившего ваше уединение.

— Вы репортер? — спросил Персиков. — Панкрат!!

— Никак нет, господин профессор, — ответил толстяк, — позвольте представиться — капитан дальнего плавания и сотрудник газеты "Вестник промышленности" при совете народных комиссаров.

— Панкрат!! — истерически закричал Персиков, и тотчас в углу выкинул красный сигнал и мягко прозвенел телефон. — Панкрат! — повторил профессор. — Я слушаю.

— Ферцайен зи битте, герр профессор, — захрипел телефон по-немецки, — дас их штере. Их бин митарбейтер дес Берлинер тагеблатс[1]...

— Панкрат, — закричал в трубку профессор, — бин моменталь зер бешефтигт унд кан зи десхальб этцт нихт эмпфанген![2] Панррат!!

А на парадном входе института в это время начались звонки.

* * * * *

— Кошмарное убийство на Бронной улице!! — завывали неестественные сиплые голоса, вертясь в гуще огней между колесами и вспышками фонарей на нагретой июньской мостовой, — кошмарное появление болезни кур у вдовы попадьи Дроздовой с ее портретом!.. Кошмарное открытие луча жизни профессора Персикова!!.

Персиков мотнулся так, что чуть не попал под автомобиль на Моховой, и яростно ухватился за газету.

— Три копейки, гражданин! — закричал мальчишка и, вжимаясь в толпу на тротуаре, вновь завыл: — "Красная вечерняя газета", открытие икс-луча!!

Ошеломленный Персиков развернул газету и прижался к фонарному столбу. На второй странице в левом углу в смазанной рамке глянул на него лысый, с безумными и незрячими глазами, с повисшею нижнею челюстью человек, плод художественного творчества Альфреда Бронского. "В. И. Персиков, открывший загадочный красный луч", гласила подпись под рисунком. Ниже под заголовком "Мировая загадка" начиналась статья словами:

---

1. Извините меня, господин профессор, за беспокойство. Я сотрудник "Берлинер тагеблатс"... (искаж. нем.)

2. В данный момент я очень занят и никак не могу принять Вас!.. (нем.)

"Садитесь, — приветливо сказал нам маститый ученый Персиков..."

Под статьей красовалась подпись "Альфред Бронский (Алонзо)".

Зеленоватый свет взлетел над крышей университета, на небе выскочили огненные слова "Говорящая газета", и тотчас толпа запрудила Моховую.

"Садитесь!!! — завыл вдруг в рупоре на крыше неприятнейший тонкий голос, совершенно похожий на голос увеличенного в тысячу раз Альфреда Бронского, — приветливо сказал нам маститый ученый Персиков! — Я давно хотел познакомить московский пролетариат с результатами моего открытия..."

Тихое механическое скрипение послышалось за спиною у Персикова и кто-то потянул его за рукав. Обернувшись, он увидал желтое круглое лицо владельца механической ноги. Глаза у того были увлажнены слезами и губы вздрагивали.

— Меня, господин профессор, вы не пожелали познакомить с результатами вашего изумительного открытия, — сказал он печально и глубоко вздохнул. — Пропали мои полтора червячка.

Он тоскливо глядел на крышу университета, где в черной пасти бесновался невидимый Альфред. Персикову почему-то стало жаль толстяка.

— Я, — пробормотал он, с ненавистью ловя слова с неба, — никакого садитесь ему не говорил! Это просто наглец необыкновенного свойства! Вы меня простите, пожалуйста, — но, право же, когда работаешь и врываются... Я не про вас, конечно, говорю...

— Может быть, вы мне, господин профессор, хотя бы описание вашей камеры дадите? — заискивающе и скорбно говорил механический человек. — Ведь вам теперь все равно...

— Из полуфунта икры в течении 3-х дней вылупляется такое количество головастиков, что их нет никакой возможности сосчитать, — ревел невидимка в рупоре.

— Ту-ту, — глухо кричали автомобили на Моховой.

— Го-го-го... Ишь ты, го-го-го — шуршала толпа, задирая головы.

— Каков мерзавец? А? — дрожа от негодования, зашипел Персиков механическому человеку, — как вам это нравится? Да я жаловаться на него буду!

— Возмутительно! — согласился толстяк.

Ослепительнейший фиолетовый луч ударил в глаза профессора, и все кругом вспыхнуло, — фонарный столб, кусок торцовой мостовой, желтая стена, любопытные лица.

— Это вас, господин профессор, — восхищенно шепнул толстяк и повис на рукаве профессора, как гиря. В воздухе что-то заскрежетало.

— А ну их всех к черту! — тоскливо вскричал Персиков, выдираясь с гирей из толпы. — Эй, таксомотор. На Пречистенку!

Облупленная старенькая машина, конструкции 24-го года, заклокотала у тротуара, и профессор полез в ландо, стараясь отцепиться от толстяка.

— Вы мне мешаете, — шипел он и закрывался кулаками от фиолетового света.

— Читали?! Чего оруть?.. Профессора Персикова с детишками зарезали на Малой Бронной!! — кричали кругом в толпе.

— Никаких у меня детишек нету, сукины дети, — заорал Персиков и вдруг попал в фокус черного аппарата, застрелившего его в профиль с открытым ртом и яростными глазами.

— Крх... ту... крх... ту, — закричал таксомотор и врезался в гущу.

Толстяк уже сидел в ландо и грел бок профессору.

Глава 5. Куриная история

В уездном заштатном городке, бывшем Троицке, а ныне Стекловске, Костромской губернии, Стекольного уезда, на крылечко домика на бывшей Соборной, а ныне Персональной улице вышла повязанная платочком женщина в сером платье с ситцевыми букетами и зарыдала. Женщина эта, вдова бывшего соборного протоиереябывшего собора Дроздова, рыдала так громко, что вскорости из домика через улицу в окошко высунулась бабья голова в пуховом платке и воскликнула:

— Что ты, Степановна, али еще?

— Семнадцатая! — разливаясь в рыданиях, ответила бывшая Дроздова.

— Ахти-х-ти-х, — заскулила и закачала головой бабья голова, — ведь это что ж такое? Прогневался господь, истинное слово! Да неужто ж сдохла?

— Да ты глянь, глянь, Матрена, — бормотала попадья, всхлипывая громко и тяжко, — ты глянь, что с ей!

Хлопнула серенькая покосившаяся калитка, бабьи ноги прошлепали по пыльным горбам улицы, и мокрая от слез попадья повела Матрену на свой птичий двор.

Надо сказать, что вдова отца протоирея Савватия Дроздова, скончавшегося в 26-м году от антирелигиозных огорчений, не опустила рук, а основала замечательное куроводство. Лишь только вдовьины дела пошли в гору, вдову обложили таким налогом, что куроводство чуть-чуть не прекратилось, кабы не добрые люди. Они надоумили вдову подать местным властям заявление о том, что она, вдова, основывает трудовую куроводную артель. В состав артели вошла сама Дроздова, верная прислуга ее Матрена и вдовьина глухая племянница. Налог с вдовы сняли, и куроводство ее процвело настолько, что к 28-му году у вдовы на пыльном дворике, окаймленном куриными домишками, ходило до 250 кур, в числе которых были даже кохинхинки. Вдовьины яйца каждое воскресенье появлялись на Стекловском рынке, вдовьиными яйцами торговали в Тамбове, а бывало, что они показывались и в стеклянных витринах магазина бывшего "Сыр и масло Чичкина в Москве".

И вот, семнадцатая по счету с утра брамапутра, любимая хохлатка, ходила по двору и ее рвало. "Эр... рр... урл... урл го-го-го", — выделывала хохлатка и закатывала грустные глаза на солнце так, как будто видела его в последний раз. Перед носом курицы на корточках плясал член артели Матрешка с чашкой воды.

— Хохлаточка, миленькая... Цып-цып-цып... Испей водицы, — умоляла Матрешка и гонялась за клювом хохлатки с чашкой, но хохлатка пить не желала. Она широко раскрывала клюв, задирала голову кверху. Затем ее начинало рвать кровью. — Господисусе! — вскричала гостья, хлопнув себя по бедрам. — Это что ж такое делается? Одна резаная кровь. Никогда не видала, с места не сойти, чтобы курица, как человек, маялась животом.

Это и были последние напутственные слова бедной хохлатке. Она вдруг кувыркнулась на бок, беспомощно потыкала клювом в пыль и завела глаза. Потом повернулась на спину, обе ноги задрала кверху и осталась неподвижной. Басом заплакала Матрешка, расплескав чашку, и сама попадья — председатель артели, а гостья наклонилась к ее уху и зашептала:

— Степановна, землю буду есть, что кур твоих испортили. Где же это видано! Ведь таких и курьих болезней нет! Это твоих кур кто-то заколдовал. — Враги жизни моей! — воскликнула попадья к небу. — Что ж они со свету меня сжить хочут?

Словам ее ответил громкий петушиный крик, и затем из курятника выдрался как-то боком, точно беспокойный пьяница из пивного заведения, обдерганный поджарый петух. Он зверски выкатил на них глаз, потоптался на месте, крылья распростер, как орел, но никуда не улетел, а начал бег по двору, по кругу, как лошадь на корде. На третьем круге он остановился, и его стошнило, потом он стал харкать и хрипеть, наплевал вокруг себя кровавых пятен, повернулся, и лапы его уставились к солнцу, как мачты. Женский вой огласил двор. И в куриных домиках ему отвело беспокойное клохтанье, хлопанье и возня.

— Ну, не порча? — победоносно спросила гостья. — Зови отца Сергия, пущай служит.

В шесть часов вечера, когда солнце сидело низко огненною рожею между рожами молодых подсолнухов, на дворе куроводства отец Сергий, настоятель соборного храма, закончив молебен, вылезал из епитрахили. Любопытные головы людей торчали над древненьким забором и в щелях его. Скорбная попадья, приложившаяся к кресту, густо смочила канареечный рваный рубль слезами и вручила его отцу Сергию, на что тот, вздыхая, заметил что-то насчет того, что вот, мол, господь прогневался на нас. Вид при этом у отца Сергия был такой, что он прекрасно знает, почему именно прогневался господь, но только не скажет.

Засим толпа с улицы разошлась, а так как куры ложатся рано, то никто и не знал, что у соседа попадьи Дроздовой в курятнике издохло сразу трое кур и петух. Их рвало так же, как и дроздовских кур, но только смерти произошли в запертом курятнике и тихо. Петух свалился с насеста вниз головой и в такой позиции кончился. Что касается кур вдовы, то они прикончились тотчас после молебна и к вечеру в курятниках было мертво и тихо, лежала грудами закоченевшая птица.

На утро город встал, как громом пораженный, потому что история приняла размеры странные и чудовищные. На Персональной улице к полудню осталось в живых только три курицы, в крайнем домике, где снимал квартиру уездный фининспектор, но и те издохли к часу дня. А к вечеру городок Стекловск гудел и кипел, как улей, и по нем катилось грозное слово "мор". Фамилия Дроздовой попала в местную газету "Красный боец", в статье под заголовком: "Неужели куриная чума?", а оттуда пронеслось в Москву.

* * * * *

Жизнь профессора Персикова приняла окраску странную, беспокойную и волнующую. Одним словом, работать в такой обстановке было просто невозможно. На другой день после того, как он развязался с Альфредом Бронским, ему пришлось выключить у себя в кабинете в институте телефон, снявши трубку, а вечером, проезжая в трамвае по Охотному ряду, профессор увидел самого себя на крыше огромного дома с черною надписью "Рабочая газета". Он, профессор, дробясь, и зеленея, и мигая, лез в ландо такси, а за ним, цепляясь за рукав, лез механический шар в одеяле. Профессор на крыше, на белом экране, закрывался кулаками от фиолетового луча. Засим выскочила огненная надпись: "Профессор Персиков, едучи в авто, дает объяснение нашему знаменитому репортеру капитану Степанову". И точно: мимо храма Христа, по Волхонке, проскочил зыбкий автомобиль и в нем барахтался профессор, и физиономия у него была, как у затравленного волка.

— Это какие-то черти, а не люди, — сквозь зубы пробормотал зоолог и проехал.

Того же числа вечером, вернувшись к себе на Пречистенку, зоолог получил от экономки, Марьи Степановны, 17 записок с номерами телефонов, кои звонили к нему во время его отсутствия, и словесное заявление Марьи Степановны, что она замучилась. Профессор хотел разодрать записки, но остановился, потому что против одного из номеров увидал приписку: "Народный комиссар здравоохранения".

— Что такое? — искренне недоумевал ученый чудак. — Что с ними такое сделалось?

В 10 с 1/4 того же вечера раздался звонок, и профессор вынужден был беседовать с неким ослепительным по убранству гражданином. Принял его профессор благодаря визитной карточке, на которой было изображено (без имени и фамилии): "Полномочный шеф торговых отделов иностранных представительств при Республике Советов".

— Черт бы его взял, — прорычал Персиков, бросил на зеленое сукно лупу и какие-то диаграммы и сказал Марье Степановне:

— Позовите его сюда, в кабинет, этого самого уполномоченного.

— Чем могу служить? — спросил Персиков таким тоном, что шефа несколько передернуло. Персиков пересадил очки с переносицы на лоб, затем обратно и разглядел визитера. Тот весь светился лаком и драгоценными камнями и в правом глазу у него сидел монокль. "Какая гнусная рожа", почему-то подумал Персиков.

Начал гость издалека, именно попросил разрешения закурить сигару, вследствие чего Персиков с большой неохотой пригласил его сесть. Далее гость произнес длинные извинения по поводу того, что он пришел слишком поздно: "но... господина профессора невозможно днем никак пойма... хи-хи... пардон... застать" (гость, смеясь, всхлипывал, как гиена).

— Да, я занят! — так коротко ответил Персиков, что судорога вторично прошла по гостю.

Тем не менее он позволил себе беспокоить знаменитого ученого:

— Время — деньги, как говорится... сигара не мешает профессору?

— Мур-мур-мур, — ответил Персиков. Он позволил...

— Профессор ведь открыл луч жизни?

— Помилуйте, какой такой жизни?! Это выдумки газетчиков! — оживился Персиков.

— Ах, нет, хи-хи-хи... он прекрасно понимает ту скромность, которая составляет истинное украшение всех настоящих ученых... о чем же говорить... Сегодня есть телеграммы... В мировых городах, как-то: Варшаве и Риге, уже все известно насчет луча. Имя проф. Персикова повторяет весь мир... Весь мир следит за работой проф. Персикова, затаив дыхание... Но всем прекрасно известно, как тяжко положение ученых в советской России. Антр ну суа ди[1]... Здесь никого нет посторонних?.. Увы, здесь не умеют ценить ученые труды, так вот он хотел бы переговорить с профессором... Одно иностранное государство предлагает профессору Персикову совершенно бескорыстно помощь в его лабораторных работах. Зачем здесь метать бисер, как говорится в священном писании. Государству известно, как тяжко профессору пришлось в 19-м году и 20-м во время этой хи-хи... революции. Ну, конечно, строгая тайна... профессор ознакомит государство с результатами работы, а оно за это финансирует профессора. Ведь он построил камеру, вот интересно было бы ознакомиться с чертежами этой камеры...

И тут гость вынул из внутреннего кармана пиджака белоснежную пачку бумажек...

Какой-нибудь пустяк, 5000 рублей, например, задатку, профессор может получить сию же минуту... И расписки не надо... Профессор даже обидит полномочного торгового шефа, если заговорит о расписке.

— Вон!!! — вдруг гаркнул Персиков так страшно, что пианино в гостиной издало звук на тонких клавишах.

Гость исчез так, что дрожащий от ярости Персиков через минуту и сам уже сомневался, был ли он или это галлюцинация.

— Его калоши?! — выл через минуту Персиков в передней.

— Они забыли, — отвечала дрожащая Марья Степановна.

— Выкинуть их вон!

— Куда же я их выкину. Они придут за ними.

— Сдать их в домовой кабинет. Под расписку. Чтоб не было духу этих калош! В комитет! Пусть примут шпионские калоши!..

Марья Степановна, крестясь, забрала великолепные калоши и унесла их на черный ход. Там постояла за дверью, а потом калоши спрятала в кладовку.

---

1. Между нами говоря... (фр.)

— Сдали? — бушевал Персиков.

— Сдала.

— Расписку мне.

— Да, Владимир Ипатьевич. Да неграмотный же председатель!..

— Сию. Секунду. Чтоб. Была. Расписка. Пусть за него какой-нибудь грамотный сукин сын распишется!

Марья Степановна только покрутила головой, ушла и вернулась через 1/4 часа с запиской:

“Получено в фонд от проф. Персикова 1 /одна/ па кало. Колесов”.

— А это что?

— Жетон-с.

Персиков жетон истоптал ногами, а расписку спрятал под пресс. Затем какая-то мысль омрачила его крутой лоб. Он бросился к телефону, вытрезвонил Панкрата в институте и спросил у него: “Все ли благополучно?” Панкрат нарычал что-то такое в трубку, из чего можно было понять, что, по его мнению, все благополучно. Но Персиков успокоился только на одну минуту. Хмурясь, он уцепился за телефон и наговорил в трубку такое:

— Дайте мне эту, как ее, Лубянку. Мерси... Кому тут из вас надо сказать... у меня тут какие-то подозрительные субъекты в калошах ходят, да... Профессор IV университета Персиков...

Трубка вдруг резко оборвала разговор, Персиков отошел, ворча сквозь зубы какие-то бранные слова.

— Чай будете пить, Владимир Ипатьевич? — робко осведомилась Марья Степановна, заглянув в кабинет.

— Не буду я пить никакого чаю... мур-мур-мур, и черт их всех возьми... как взбесились все равно.

Ровно через десять минут профессор принимал у себя в кабинете новых гостей. Один из них, приятный, круглый и очень вежливый, был в скромном защитном военном френче и рейтузах. На носу у него сидело, как хрустальная бабочка, пенсне. Вообще он напоминал ангела в лакированных сапогах. Второй, низенький, страшно мрачный, был в штатском, но штатское на нем сидело так, словно оно его стесняло. Третий гость вел себя особенно, он не вошел в кабинет профессора, а остался в полутемной передней. При этом освещенный и пронизанный стручками табачного дыма кабинет был ему насквозь виден. На лице этого третьего, который был тоже в штатском, красовалось дымчатое пенсне.

Двое в кабинете совершенно замучили Персикова, рассматривая визитную карточку, расспрашивая о пяти тысячах и заставляя описывать наружность гостя.

— Да черт его знает, — бубнил Персиков, — ну противная физиономия. Дегенерат.

— А глаз у него не стеклянный? — спросил маленький хрипло.

— А черт его знает. Нет, впрочем, не стеклянный, бегают глаза.

— Рубинштейн? — вопросительно и тихо отнесся ангел к штатскому маленькому. Но тот хмуро и отрицательно покачал головой.

— Рубинштейн не даст без расписки, ни в коем случае, забурчал он, — это не рубинштейнова работа. Тут кто-то покрупнее.

История о калошах вызвала взрыв живейшего интереса со стороны гостей. Ангел молвил в телефон домовой конторы только несколько слов: "Государственное политическое управление сию минуту вызывает секретаря домкома Колесова в квартиру профессора Персикова с калошами", — и Колесов тотчас, бледный, появился в кабинете, держа калоши в руках.

— Васенька! — негромко окликнул ангел того, который сидел в передней. Тот вяло поднялся и словно развинченный плелся в кабинет. Дымчатые стекла совершенно поглотили его глаза.

— Ну? — спросил он лаконически и сонно.

— Калоши.

Дымные глаза скользнули по калошам, и при этом Персикову почудилось, что из-под стекол вбок, на одно мгновенье, сверкнули вовсе не сонные, а наоборот, изумительно колючие глаза. Но они моментально угасли.

— Ну, Васенька?

Тот, кого называли Васенькой, ответил вялым голосом:

— Ну что тут, ну. Пеленжковского калоши.

Немедленно фонд лишился подарка профессора Персикова. Калоши исчезли в газетной бумаге. Крайне обрадовавшийся ангел во френче встал и начал жать руку профессору, и даже произнес маленький спич, содержание которого сводилось к следующему: это делает честь профессору... Профессор может быть спокоен... Больше никто его не потревожит, ни в институте, ни дома... меры будут приняты, камеры его в совершеннейшей безопасности...

— А нельзя ли, чтобы вы репортеров расстреляли? — спросил Персиков, глядя поверх очков.

Этот вопрос развеселил чрезвычайно гостей. Не только хмурый маленький, но даже дымчатый улыбнулся в передней. Ангел, искрясь и сияя, объяснил, что это невозможно.

— А это что за каналья у меня была?

Тут все перестали улыбаться, и ангел ответил уклончиво, что это так, какой-нибудь мелкий аферист, не стоит обращать внимания... тем не менее он убедительно просит гражданина профессора держать в полной тайне происшествие сегодняшнего вечера, и гости ушли.

Персиков вернулся в кабинет, к диаграммам, но заниматься ему все-таки не пришлось. Телефон выбросил огненный кружочек, и женский голос предложил профессору, если он желает жениться на вдове интересной и пылкой, квартиру в семь комнат. Персиков завыл в трубку:

— Я вам советую лечиться у профессора Россолимо... — и получил второй звонок.

Тут Персиков немного обмяк, потому что лицо достаточно известное звонило из Кремля, долго и сочувственно расспрашивало Персикова о его работе и изъявило желание навестить лабораторию. Отойдя от телефона, Персиков вытер лоб и трубку снял. Тогда в верхней квартире загремели страшные трубы и полетели вопли Валкирий, — радиоприемник у директора суконного треста принял вагнеровский концерт в Большом театре. Персиков под вой и грохот, сыплющийся с потолка, заявил Марье Степановне, что он уедет из Москвы, что он будет судиться с директором, что он сломает ему этот приемник, потому что, очевидно, задались целью его выжить вон. Он разбил лупу и лег спать в кабинете на диване и заснул под нежные переборы клавишей знаменитого пианиста, прилетевшие из Большого театра.

Сюрпризы продолжались и на следующий день. Приехав на трамвае к институту, Персиков застал на крыльце неизвестного ему гражданина в модном зеленом котелке. Тот внимательно оглядел Персикова, но не отнесся к нему ни с какими вопросами, и поэтому Персиков его стерпел. Но в передней института кроме растерянного Панкрата навстречу Персикову поднялся второй котелок и вежливо его приветствовал:

— Здравствуйте, гражданин профессор.

— Что вам надо? — страшно спросил Персиков, сдирая при помощи Панкрата с себя пальто. Но котелок быстро утихомирил Персикова, нежнейшим голосом нашептав, что профессор напрасно беспокоится. Он, котелок, именно затем здесь и находится, чтобы избавить профессора от всяких назойливых посетителей... Что профессор может быть спокоен не только за двери кабинета, но даже и за окна. Засим неизвестный отвернул на мгновение борт пиджака и показал профессору какой-то значок.

— Гм... однако, у вас здорово поставлено дело, — промычал Персиков и прибавил наивно, — а что вы здесь будете есть?

На это котелок усмехнулся и объяснил, что его будут сменять.

Три дня после этого прошли великолепно. Навещали профессора два раза из Кремля, да один раз были студенты, которых Персиков экзаменовал. Студенты порезались все до единого, и по их лицам было видно, что теперь уже Персиков возбуждает в них просто суеверный ужас.

— Поступайте в кондуктора! Вы не можете заниматься зоологией, — неслось из кабинета.

— Строг? — спрашивал котелок у Панкрата.

— У, не приведи Бог, — отвечал Панкрат, — ежели какой-нибудь и выдержит, выходит, голубчик, из кабинета и шатается. Семь потов с него сойдет. И сейчас в пивную.

За всеми этими делишками профессор не заметил трех суток, но на четвертые его вновь вернули к действительной жизни, и причиной этого был тонкий и визгливый голос с улицы.

— Владимир Ипатьич! — прокричал голос в открытое окно кабинета с улицы Герцена. Голосу повезло: Персиков слишком переутомился за последние дни. В этот момент он как раз отдыхал, вяло и расслабленно смотрел глазами в красных кольцах и курил в кресле. Он больше не мог. И поэтому даже с некоторым любопытством выглянул в окно и увидал на тротуаре Альфреда Бронского. Профессор сразу узнал титулованного обладателя карточки по остроконечной шляпе и блокноту. Бронский нежно и почтительно поклонился окну.

— Пару минуточек, дорогой профессор, — заговорил Бронский, напрягая голос, с тротуара, — я только один вопрос и чисто зоологический. Позвольте предложить?

— Предложите, — лаконически и иронически ответил Персиков и подумал: "Все-таки в этом мерзавце есть что-то американское".

— Что вы скажете за кур, дорогой профессор? — крикнул Бронский, сложив руки щитком.

Персиков изумился. Сел на подоконник, потом слез, нажал кнопку и закричал, тыча пальцем в окно:

— Панкрат, впусти этого, с тротуара.

Когда Бронский появился в кабинете, Персиков настолько простер свою ласковость, что рявкнул ему:

— Садитесь!

И Бронский, восхищенно улыбаясь, сел на винтящийся табурет.

— Объясните мне, пожалуйста, — заговорил Персиков, — вы пишите там, в этих ваших газетах?

— Точно так, — почтительно ответил Альфред.

— И вот мне непонятно, как вы можете писать, если вы не умеете даже говорить по-русски. Что это за "пара минуточек" и "за кур"? Вы, вероятно, хотели спросить "насчет кур"?

Бронский почтительно рассмеялся:

— Валентин Петрович исправляет.

— Кто это такой Валентин Петрович?

— Заведующий литературной частью.

— Ну, ладно. Я, впрочем, не филолог. В сторону вашего Петровича! Что именно вам желательно знать насчет кур?

— Вообще все, что вы скажете, профессор.

Тут Бронский вооружился карандашом. Победные искры взметнулись в глазах Персикова.

— Вы напрасно обратились ко мне, я не специалист по пернатым. Вам лучше всего было бы обратиться к Емельяну Ивановичу Португалову, в I-м университете. Я лично знаю весьма мало...

Бронский восхищенно улыбнулся, давая понять, что он понял шутку дорогого профессора. "Шутка — мало!" — черкнул он в блокноте.

— Впрочем, если вам интересно, извольте. Куры или гребенчатые... род птиц из отряда куриных. Из семейства фазановых... — заговорил Персиков громким голосом и глядя не на Бронского, а куда-то в даль, перед ним подразумевались тысяча человек... — из семейства фазановых... фазанидэ. Представляют собою птиц с мясисто-кожным гребнем и двумя лопастями под нижней челюстью... гм... хотя, впрочем, бывает и одна в середине подбородка... Ну, что же еще. Крылья короткие и округленные. Хвост средней длины, несколько ступенчатый, даже, я бы сказал, крышеобразный, средние перья серпообразно изогнуты... Панкрат, принеси из модельного кабинета модель номер 705, разрезной петух... Впрочем, вам это не нужно?.. Панкрат, не приноси модели... Повторяю вам, я не специалист, идите к Португалову. Ну-с, мне лично известно шесть видов дикоживущих кур... Гм... Португалов знает больше... В Индии и на Малайском архипелаге. Например, Банкивский петух или Казинту, он водится в предгорьях Гималаев, по всей Индии, в Ассаме, в Бирме... Вилохвостый петух или Галлюс Вариус на Ломбоке, Сумбаве и Флорес. А на острове Яве имеется замечательный петух Галлюс Энеус, на юго-востоке Индии могу вам рекомендовать очень красивого Зоннератова петуха... Я вам покажу рисунок. Что же касается Цейлона, то на нем мы встречаем петуха Стенли, больше он нигде не водится.

Бронский сидел, вытаращив глаза, и строчил.

— Еще что-нибудь вам сообщить?

— Я бы хотел что-нибудь узнать насчет куриных болезней, — тихонечко шепнул Альфред.

— Гм, не специалист я... вы Португалова спросите... А впрочем... Ну, ленточные глисты, сосальщики, чесоточный клещ, железница, птичий клещ, куриная вошь или пухоед, блохи, куриная холера, кру-позно-дифтерийное воспаление слизистых оболочек... Пневмокониоз, туберкулез, куриные парши... мало ли, что может быть... (искры прыга-ли в глазах Персикова)... отравление, например, бешеницей, опухоли, английская болезнь, желтуха, ревматизм, грибок Ахорион Шенляйни... очень интересная болезнь: при заболевании на гребне образуются ма-ленькие пятна, похожие на плесень...

Бронский вытер пот со лба цветным носовым платком.

— А какая же, по-вашему мнению, профессор, причина теперешней катастрофы?

— Какой катастрофы?

— Как, разве вы не читали, профессор? — удивился Бронский и вытащил из портфеля измятый лист газеты "Известия".

— Я не читаю газет, — ответил Персиков и насупился.

— Но почему же, профессор? — нежно спросил Альфред.

— Потому что они чепуху какую-то пишут, — не задумываясь, от-ветил Персиков.

— Но как же, профессор? — мягко шепнул Бронский и развернул лист.

— Что такое? — спросил Персиков и даже поднялся с места. Те-перь искры запрыгали в глазах у Бронского. Он подчеркнул острым, лакированным пальцем невероятнейшей величины заголовок через всю страницу газеты "Куриный мор в республике".

— Как? — спросил Персиков, сдвигая на лоб очки...

Глава 6. Москва в июне 1928 года

Она светилась, огни танцевали, гасли и вспыхивали. На театраль-ной площади вертелись белые фонари автобусов, зеленые огни трамва-ев, над бывшим Мюр и Мерилизом, над десятым надстроенным на него этажом, прыгала электрическая разноцветная женщина, выбрасывая по буквам разноцветные слова: "Рабочий кредит". В сквере против Боль-шого театра, где бил ночью разноцветный фонтан, толкалась и гудела толпа. А над Большим театром гигантский рупор завывал:

— Антикуриные прививки в Лефортовском ветеринарном институте дала блестящие результаты. Количество куриных смертей за сегодняшнее число уменьшилось вдвое.

Затем рупор менял тембр, что-то рычало в нем, над театром вспыхивала и угасала зеленая струя, и рупор жаловался басом:

— Образована чрезвычайная комиссия по борьбе с куриной чумой в составе наркомздрава, наркомзема, заведующего животноводством товарища Птахи-Поросюка, профессоров Персикова и Португалова... и товарища Рабиновича!.. Новые попытки интервенции!.. — хохотал и плакал как шакал, рупор, — в связи с куриною чумой!

Театральный проезд, Неглинный и Лубянка пылали белыми и фиолетовыми полосами, брызгали лучами, выли сигналами, клубились пылью. Толпы народа теснились у стен у больших листов объявлений, освещенных резкими красными рефлекторами:

"Под угрозой тягчайшей ответственности воспрещается населению употреблять в пищу куриное мясо и яйца. Частные торговцы при попытке продажи их на рынках подвергаются уголовной ответственности с конфискацией всего имущества. Все граждане, владеющие яйцами, должны в срочном порядке сдать их в районные отделения милиции".

На крыше "Рабочей газеты" на экране грудой до самого неба лежали куры, и зеленоватые пожарные, дробясь и искрясь, из шлангов поливали их керосином. Затем красные волны ходили по экрану, неживой дым распухал и мотался клочьями, полз струей, выскакивала огненная надпись: "Сожжение куриных трупов на Ходынке".

Слепыми дырами глядели среди бешено пылающих витрин магазинов, торгующих до 3 часов ночи, с двумя перерывами на обед и ужин, заколоченные окна под вывесками: "Яичная торговля. За качество гарантия". Очень часто, тревожно завывая, мимо милиционеров проносились шипящие машины с надписью: "Мосздравотдел. Скорая помощь".

— Обожрался еще кто-то гнилыми яйцами, — шуршали в толпе.

В Петровских линиях зелеными и оранжевыми фонарями сиял знаменитый на весь мир ресторан "Ампир", и в нем на столиках, у переносных телефонов, лежали картонные вывески, залитые пятнами ликеров: "По распоряжению — омлета нет. Получены свежие устрицы".

В Эрмитаже, где бусинками жалобно горели китайские фонарики в неживой, задушенной зелени, на убивающей глаза своим пронзительным светом эстраде куплетисты Шрамс и Карманчиков пели куплеты, сочиненные поэтами Ардо и Аргуевым:

Ах, мама, что я буду делать
Без яиц??

— и грохотали ногами в чечетке.

Театр покойного Всеволода Мейерхольда, погибшего, как известно, в 1927 году при постановке пушкинского "Бориса Годунова", когда обрушились трапеции с голыми боярами, выбросил движущуюся разных цветов электрическую вывеску, возвещавшую пьесу писателя Эрендорга "Курий дох" в постановке ученика Мейерхольда, заслуженного режиссера республики Кухтермана. Рядом, в Аквариуме, переливаясь рекламными огнями и блестя полуобнаженным женским телом, в зелени эстрады, под гром аплодисментов, шло обозрение писателя Ленивцева "Курицыны дети". А по Тверской, с фонариками по бокам морд, шли вереницею цирковые ослики, несли на себе сияющие плакаты: «В театре Корш возобновляется "Шантеклэр" Ростана».

Мальчишки-газетчики рычали и выли между колес моторов:

— Кошмарная находка в подземелье! Польша готовится к кошмарной войне!!. Кошмарные опыты профессора Персикова!!

В цирке бывшего Никитина, на приятно пахнущей навозом коричневой жирной арене мертвенно-бледный клоун Бом говорил распухшему в клетчатой водянке Биму:

— Я знаю, отчего ты такой печальный!

— Отциво? — пискливо спрашивал Бим.

— Ты зарыл яйца в землю, а милиция 15-го участка их нашла.

— Га-га-га-га, — смеялся цирк так, что в жилах стыла радостно и тоскливо кровь и под стареньким куполом веяли трапеции и паутина.

— А-ап! — пронзительно кричали клоуны, и кормленая белая лошадь выносила на себе чудной красоты женщину, на стройных ногах, в малиновом трико.

* * * * *

Не глядя ни на кого, никого не замечая, не отвечая на подталкивания и тихие и нежные зазывания проституток, пробирался по Моховой, вдохновенный и одинокий, увенчанный неожиданной славой Персиков к огненным часам у манежа. Здесь, не глядя кругом, поглощенный своими мыслями, он столкнулся со странным, старомодным человеком, пребольно ткнувшись пальцами прямо в деревянную кобуру револьвера, висящего у человека на поясе.

— Ах, черт! — пискнул Персиков. — Извините.

— Извиняюсь, — ответил встречный неприятным голосом, и кое-как они расцепились в людской каше. И профессор, направляясь на Пречистенку, тотчас забыл о столкновении.

Глава 7. Рокк

Неизвестно, точно ли хороши были лефортовские ветеринарные прививки, умелы ли заградительные самарские отряды, удачны ли крутые меры, принятые по отношению к скупщикам яиц в Калуге и Воронеже, успешно ли работала чрезвычайная московская комиссия, но хорошо известно, что через две недели после последнего свидания Персикова с Альфредом в смысле кур в Союзе республик было совершенно чисто. Кое-где в двориках уездных городков валялись куриные сиротливые перья, вызывая слезы на глазах, да в больницах попадались последние из жадных, доканчивая кровавый понос со рвотой. Людских смертей, к счастью, на всю республику было не более тысячи. Больших беспорядков тоже не последовало. Объявился было, правда, в Волоколамске пророк, возвестивший, что падеж кур вызван ни кем иным как комиссарами, но особого успеха не имел. На волоколамском базаре побили нескольких милиционеров, отнимавших кур у баб, да выбили стекла в местном почтово-телеграфном отделении. По счастью, расторопные волоколамские власти приняли меры, в результате которых, во-первых, пророк прекратил свою деятельность, во-вторых, стекла на телеграфе вставили.

Дойдя на севере до Архангельска и Сюмкина Выселка, мор остановился сам собой по той причине, что идти ему было дальше некуда, — в Белом море, как известно, куры не водятся. Остановился он и во Владивостоке, ибо далее был океан. На далеком юге — пропал и затих где-то в выжженых пространствах Ордубата, Джудьбы и Карабулака, а на западе удивительным образом задержался как раз на польской и румынской границах. Климат, что ли, там был иной или сыграли роль заградительные кордонные меры, принятые соседними правительствами, но факт тот, что мор дальше не пошел. Заграничная пресса жадно обсуждала неслыханный в истории падеж, а правительство советских республик, не поднимая никакого шума, работало не покладая рук. Чрезвычайная комиссия по борьбе с куриной чумой переименовалась в чрезвычайную комиссию по поднятию и возрождению куроводства в республике, пополнилась новой чрезвычайной тройкой, в составе шестнадцати товарищей. Был основан "Доброкур", почетными товарищами председателя в который вошли Персиков и Португалов. В газетах под их портретами появились заголовки: "Массовая закупка яиц за границей" и "Господин Юз хочет сорвать яичную компанию". Прогремел на всю Москву ядовитый фельетон журналиста Колечкина, заканчивающийся словами: "Не зарьтесь, господин Юз, на наши яйца, — у вас есть свои!"

Профессор Персиков совершенно измучился и заработался в последние три недели. Куриные события выбили его из колеи и навалили на него двойную тяжесть. Целыми вечерами ему приходилось работать в заседании куриных комиссий и время от времени выносить длинные беседы то с Альфредом Бронским, то с механическим толстяком. Пришлось вместе с профессором Португаловым и приват-доцентом Ивановым и Борнгартом анатомировать и микроскопировать кур в поисках бациллы чумы и даже в течении трех вечеров на скорую руку написать брошюру: "Об изменениях печени у кур при чуме".

Работал Персиков без особого жара в куриной области, да оно и понятно, — вся его голова была полна другим — основным и важным — тем, от чего его оторвала куриная катастрофа, т. е. от красного луча. Расстраивая здоровье, урывая часы у сна и еды, порою не возвращаясь на Пречистенку, а засыпая на клеенчатом диване в кабинете института,

Персиков ночи напролет возился у камеры и микроскопа.

К концу июля гонка несколько стихла. Дела переименованной комиссии вошли в нормальное русло, и Персиков вернулся к нарушенной работе. Микроскопы были заряжены новыми препаратами, в камере под лучом зрела со сказочной быстротой рыбья и лягушачья икра. Из Кенигсберга на аэроплане привезли специально заказанные стекла, и в последних числах июля, под наблюдением Иванова, механики соорудили две новых больших камеры, в которых луч достигал у основания ширины папиросной коробки, а в раструбе — целого метра. Персиков радостно потер руки и начал готовиться к каким-то таинственным и сложным опытам. Прежде всего, он по телефону сговорился с народным комиссаром просвещения, и трубка наквакала ему самое любезное и всяческое содействие, а затем Персиков по телефону же вызвал товарища Птаху-Поросюка, заведующего отделом животноводства при верховной комиссии. Встретил Персиков со стороны Птахи самое теплое внимание. Дело шло о большом заказе за границей для профессора Персикова. Птаха сказал в телефон, что он тотчас телеграфирует в Берлин и Нью-Йорк. После этого из Кремля осведомились, как у Персикова идут дела, и важный и ласковый голос спросил, не нужен ли Персикову автомобиль?

— Нет, благодарю вас. Я предпочитаю ездить в трамвае, — ответил Персиков.

— Но почему же? — спросил таинственный голос и снисходительно усмехнулся.

С Персиковым все вообще разговаривали или с почтением и ужасом, или же ласково усмехаясь, как маленькому, хоть и крупному ребенку.

— Он быстрее ходит, — ответил Персиков, после чего звучный басок в телефон ответил:

— Ну, как хотите.

Прошла еще неделя, причем Персиков, все более отдаляясь от затихающих куриных вопросов, всецело погрузился в изучение луча. Голова его от бессонных ночей и переутомления стала светла, как бы прозрачна и легка. Красные кольца не сходили теперь с его глаз, и почти всякую ночь Персиков ночевал в институте... Один раз он покинул зоологическое прибежище, чтобы в громадном зале Цекубу на Пречистенке сделать доклад о своем луче и о действии его на яйцеклетку. Это был гигантский триумф зоолога-чудака. В колонном зале от всплеска рук что-то сыпалось и рушилось с потолков и шипящие дуговые трубки заливали светом черные смокинги цекубистов и белые платья женщин. На эстраде, рядом с кафедрой, сидела на стеклянном столе, тяжко дыша и серея, на блюде влажная лягушка величиною с кошку. На эстраду бросали записки. В числе их было семь любовных, и их Персиков разорвал. Его силой вытаскивал на эстраду представитель Цекубу, чтобы кланяться. Персиков кланялся раздраженно, руки у него были потные, мокрые, и черный галстук сидел не под подбородком, а за левым ухом. Перед ним в дыхании и в тумане были сотни желтых лиц и мужских белых грудей, и вдруг желтая кобура пистолета мелькнула и пропала где-то за белой колонной. Персиков ее смутно заметил и забыл. Но, уезжая после доклада, спускаясь по малиновому ковру лестницы, он вдруг почувствовал себя нехорошо. На миг заслонило черным яркую люстру в вестибюле, и Персикову стало смутно, тошновато... Ему почудилась гарь, показалось, что кровь течет у него липко и жарко по шее... И дрожащею рукой схватился профессор за перила.

— Вам нехорошо, Владимир Ипатьевич? — набросились со всех сторон встревоженные голоса.

— Нет, нет, — ответил Персиков, оправляясь, — просто я переутомился... да... Позвольте мне стакан воды.

* * * * *

Был очень солнечный августовский день. Он мешал профессору, поэтому шторы были опущены. Один гибкий на ножке рефлектор бросал пучок острого света на стеклянный стол, заваленный инструментами и стеклами. Отвалив спинку винтящегося кресла, Персиков в изнеможении курил и сквозь полосы дыма смотрел мертвыми от усталости, но довольными глазами в приоткрытую дверь камеры, где, чуть подогревая и без того душный и нечистый воздух в кабинете, тихо лежал красный сноп луча.

В дверь постучали.

— Ну? — спросил Персиков.

Дверь мягко скрипнула, и вошел Панкрат. Он сложил руки по швам и, бледнея от страха перед божеством, сказал так:

— Там до вас, господин профессор, Рокк пришел.

Подобие улыбки показалось на щеках ученого. Он сузил глазки и молвил:

— Это интересно. Только я занят.

— Они говорят, что с казенной бумагой с Кремля.

— Рокк с бумагой? Редкое сочетание, — вымолвил Персиков и добавил, — ну-ка, давай его сюда!

— Слушаю-с, — ответил Панкрат и как уж исчез за дверью.

Через минуту она скрипнула опять, и появился на пороге человек. Персиков скрипнул на винте и уставился в пришедшего поверх очков через плечо. Персиков был слишком далек от жизни, он ею не интересовался, но тут даже Персикову бросилась в глаза основная и главная черта вошедшего человека. Он был страшно старомоден. В 1919 году этот человек был бы совершенно уместен на улицах столицы, он был бы терпим в 1924 году, в начале его, но в 1928 году он был странен. В то время, как наиболее даже отставшая часть пролетариата — пекаря — ходили в пиджаках, когда в Москве редкостью был френч — старомодный костюм, оставленный окончательно в конце 1924 года, на вошедшем была кожаная двубортная куртка, зеленые штаны, на ногах обмотки и штиблеты, а на боку огромный старой конструкции пистолет маузер в желтой кобуре. Лицо вошедшего произвело на Персикова то же впечатление, что и на всех — крайне неприятное впечатление. Маленькие глазки сомтрели на весь мир изумленно и в то же время уверенно, что-то развязное было в коротких ногах с плоскими ступнями. Лицо иссиня-бритое. Персиков сразу нахмурился. Он безжалостно похрипел винтом и, глядя на вошедшего уже не поверх очков, а сквозь них, молвил:

— Вы с бумагой? Где же она?

Вошедший, видимо, был ошеломлен тем, что увидел. Вообще он был мало способен смущаться, но тут смутился. Судя по глазкам, его поразил прежде всего шкап в 12 полок, уходивший в потолок и битком набитый книгами. Затем, конечно, камеры, в которых, как в аду, мерцал малиновый, разбухший в стеклах луч. И сам Персиков в полутьме у острой иглы луча, выпадавшего из рефлектора, был достаточно странен и величественен в винтовом кресле. Пришелец вперил в него взгляд, в котором явственно прыгали искры почтения сквозь самоуверенность, никакой бумаги не подал, а сказал:

— Я Александр Семенович Рокк!

— Ну-с? Так что?

— Я назначен заведующим показательным совхозом "Красный луч", — пояснил пришлый.

— Ну-с?

— И вот к вам, товарищ, с секретным отношением.

— Интересно было бы узнать. Покороче, если можно.

Пришелец расстегнул борт куртки и высунул приказ, напечатанный на великолепной плотной бумаге. Его он протянул Персикову. А затем без приглашения сел на винтящийся табурет.

— Не толкните стол, — с ненавистью сказал Персиков.

Пришелец испуганно оглянулся на стол, на дальнем краю которого в сыром темном отверстии мерцали безжизненно, как изумруды, чьи-то глаза. Холодом веяло от них.

Лишь только Персиков прочитал бумагу, он поднялся с табурета и бросился к телефону. Через несколько секунд он уже говорил торопливо и в крайней степени раздражения:

— Простите... Я не могу понять... Как же так? Я... без моего согласия, совета... Да ведь он черт знает что наделает!!

Тут незнакомец повернулся крайне обиженно на табурете.

— Извиняюсь, — начал он, — я завед...

Но Персиков махнул на него крючочком и продолжал:

— Извините, я не могу понять... Я, наконец, категорически протестую. Я не даю своей санкции на опыты с яйцами... Пока я сам не попробую их...

Что-то квакало и постукивало в трубке, и даже издали было понятно, что голос в трубке, снисходительный, говорит с малым ребенком.

Кончилось тем, что багровый Персиков с громом повесил трубку и мимо нее в стену сказал:

— Я умываю руки.

Он вернулся к столу, взял с него бумагу, прочитал ее раз сверху вниз поверх очков, затем снизу вверх сквозь очки, и вдруг взвыл:

— Панкрат!

Панкрат появился в дверях, как будто поднялся по трапу в опере. Персиков глянул на него и рявкнул:

— Выйди вон, Панкрат!

И Панкрат, не выразив на своем лице ни малейшего изумления, исчез.

Затем Персиков повернулся к пришельцу и заговорил:

— Извольте-с... Повинуюсь. Не мое дело. Да мне и неинтересно.

Пришельца профессор не столько обидел, сколько изумил.

— Извиняюсь, — начал он, — вы же, товарищ?..

— Что вы все товарищ да товарищ... — хмуро пробубнил Персиков и смолк.

"Однако", — написалось на лице у Рокка.

— Изви...

— Так вот-с, пожалуйста, — перебил Персиков, — вот дуговой шар. От него вы получаете путем передвижения окуляра, — Персиков щелкнул крышкой камеры, похожей на фотографический аппарат, — пучок, который вы можете собрать путем передвижения объективов, вот № 1... и зеркало № 2, — Персиков погасил луч, опять зажег его на полу асбестовой камеры, — а на полу в луче можете разложить все, что вам нравится, и делать опыты. Чрезвычайно просто, не правда ли?

Персиков хотел выразить иронию и презрение, но пришелец их не заметил, внимательно блестящими глазками всматриваясь в камеру.

— Только предупреждаю, — продолжал Персиков, — руки не следует совать в луч, потому что, по моим наблюдениям, он вызывает разрастание эпителия... А злокачественны они или нет, я, к сожалению, еще не мог установить.

Тут пришелец проворно спрятал свои руки за спину, уронив кожаный картуз, и поглядел на профессора. Его руки были насквозь прожжены йодом, а правая у кисти забинтована.

— А как же вы, профессор?

— Можете купить резиновые перчатки у Швабе на Кузнецком, раздраженно ответил профессор. — Я не обязан об этом заботиться.

Тут Персиков посмотрел на пришельца словно в лупу.

— Откуда вы взялись? Вообще... Почему вы?..

Рокк, наконец, обиделся сильно.

— Извини...

— Ведь нужно же знать, в чем дело!.. Почему вы уцепились за этот луч?..

— Потому, что это величайшей важности дело...

— Ага. Величайшей? Тогда... Панкрат!

И когда Панкрат появился:

— Погоди, Панкрат, я подумаю.

И Панкрат покорно исчез.

— Я, — говорил Персиков, — не могу понять вот чего: почему нужна такая спешность и секрет?

— Вы, профессор, меня уже сбили с панталыку, — ответил Рокк, — вы же знаете, что куры издохли все до единой.

— Ну так что же из этого? — завопил Персиков, — что же вы хотите их воскресить моментально, что ли? И почему при помощи еще не изученного луча?

— Товарищ профессор, — ответил Рокк, — вы меня, честное слово, сбиваете. Я вам говорю, что нам необходимо возобновить у себя куроводство, потому что за границей пишут про нас всякие гадости. Да.

— И пусть себе пишут...

— Ну, знаете, — загадочно ответил Рокк и покрутил головой.

— Кому, желал бы я знать, пришла в голову мысль растить кур из яиц...

— Мне, — ответил Рокк.

— Угу... Тэк-с... А почему, позвольте узнать? Откуда вы узнали о свойствах луча?

— Я, профессор, был на вашем докладе.

— Я с яйцами еще не делал!.. Только собираюсь!

— Ей-богу, выйдет, — убедительно вдруг и задушевно сказал Рокк, — ваш луч такой знаменитый, что хоть слонов можно вырастить, не только цыплят.

— Знаете что, — молвил Персиков, — вы не зоолог? Нет? Жаль... Из вас вышел бы очень смелый экспериментатор... Да... только вы рискуете... получить неудачу... и только у меня отнимаете время...

— Мы вам вернем камеры. Что значит?

— Когда?

— Да вот, я выведу первую партию.

— Как вы это уверенно говорите! Хорошо-с. Панкрат!

— У меня есть с собой люди, — сказал Рокк, — и охрана...

К вечеру кабинет Персикова осиротел... Опустели столы. Люди Рокка увезли три большие камеры, оставив профессору только первую, его маленькую, с которой он начинал опыты.

Надвигались июльские сумерки, серость овладела институтом, потекла по коридорам. В кабинете слышались монотонные шаги — это Персиков, не зажигая огня, мерил большую комнату от окна к дверям... Странное дело: в этот вечер необъяснимо тоскливое настроение овладело людьми, населяющими институт, и животными. Жабы почему-то подняли особенно тоскливый концерт и стрекотали зловеще и предостерегающе. Панкрату пришлось ловить в коридорах ужа, который ушел из своей камеры, и когда он его поймал, вид у ужа был такой, словно тот собирался куда глаза глядят, лишь бы только уйти.

В глубоких сумерках прозвучал звонок из кабинета Персикова. Панкрат появился на пороге. И увидал странную картину. Ученый стоял одиноко посреди кабинета и глядел на столы. Панкрат кашлянул и замер.

— Вот, Панкрат, — сказал Персиков и указал на опустевший стол.

Панкрат ужаснулся. Ему показалось, что глаза у профессора в сумерках заплаканы. Это было так необыкновенно, так страшно.

— Так точно, — плаксиво ответил Панкрат и подумал: "Лучше б ты уж наорал на меня!"

— Вот, — повторил Персиков, и губы у него дрогнули точно так же, как у ребенка, у которого отняли ни с того, ни с сего любимую игрушку.

— Ты знаешь, дорогой Панкрат, — продолжал Персиков, отворачиваясь к окну, — жена-то моя, которая уехала пятнадцать лет назад, в оперетку она поступила, а теперь умерла, оказывается... Вот история, Панкрат милый... Мне письмо прислали...

Жабы кричали жалобно, и сумерки одевали профессора, вот она... ночь. Москва... где-то какие-то белые шары за окнами загорались... Панкрат, растерявшись, тосковал, держа от страха руки по швам...

— Иди, Панкрат, — тяжело вымолвил профессор и махнул рукой, — ложись спать, миленький, голубчик, Панкрат.

И наступила ночь. Панкрат выбежал из кабинета почему-то на цыпочках, пробежал в свою каморку, разрыл тряпье в углу, вытащил из-под него початую бутылку русской горькой и разом выхлюпнул около чайного стакана. Закусил хлебом с солью, и глаза его несколько повеселели.

Поздним вечером, уже ближе к полуночи, Панкрат, сидя босиком на скамье в скупо освещенном вестибюле, говорил бессонному дежурному котелку, почесывая грудь под ситцевой рубахой.

— Лучше б убил, ей бо...

— Неужто плакал? — с любопытством спрашивал котелок.

— Ей... бо... — уверял Панкрат.

— Великий ученый, — согласился котелок, — известно, лягушка жены не заменит.

— Никак, — согласился Панкрат.

Потом он подумал и добавил:

— Я свою бабу подумываю выписать сюды... Чего ей в самом деле в деревне сидеть. Только она гадов этих не выносит нипочем...

— Что говорить, пакость ужаснейшая, — согласился котелок.

Из кабинета ученого не слышно было ни звука. Да и света в нем не было. Не было полоски под дверью.

Глава 8. История в совхозе

Положительно нет прекраснее времени, нежели зрелый август в Смоленской хотя бы губернии. Лето 1928 года было, как известно, отличнейшее, с дождями весной вовремя, с полным жарким солнцем, с отличным урожаем... Яблоки в бывшем имении Шереметевых зрели... леса зеленели, желтизной квадратов лежали поля... Человек-то лучше становится на лоне природы. И не так уж неприятен показался бы Александр Семенович, как в городе. И куртки противной на нем не было. Лицо его медно загорело, ситцевая расстегнутая рубашка показывала грудь, поросшую густейшим черным волосом, на ногах были парусиновые штаны. И глаза его успокоились и подобрели.

Александр Семенович оживленно сбежал с крыльца с колоннадой, на коей была прибита вывеска под звездой: «**Совхоз "Красный луч"**», и прямо к автомобилю-полугрузовичку, привезшему три черных камеры под охраной.

Весь день Александр Семенович хлопотал со своими помощниками, устанавливая камеры в бывшем зимнем саду — оранжерее Шереметевых... К вечеру все было готово. Под стеклянным потолком загорелся белый матовый шар, на кирпичах устанавливали камеры, и механик, приезжавший с камерами, пощелкав и повертев блестящие винты, зажег на асбестовом полу в черных ящиках красный таинственный луч.

Александр Семенович хлопотал, сам влезал на лестницу, проверяя провода.

На следующий день вернулся со станции тот же полугрузовичок и выплюнул три ящика, великолепной гладкой фанеры, кругом оклеенной ярлыками и белыми по черному надписями:

Vorsicht!! Eier!!
Осторожно: яйца!!

— Что же так мало прислали? — удивился Александр Семенович, однако тотчас захлопотался и стал распаковывать яйца. Распаковывание происходило все в той же оранжерее и принимали в нем участие: сам Александр Семенович; его необыкновенной толщины жена Маня; кривой бывший садовник бывших Шереметевых, а ныне служащий в совхозе на универсальной должности сторожа; охранитель, обреченный на житье в совхозе; и уборщица Дуня. Это не Москва, и все здесь носило более простой, семейный и дружественный характер. Александр Семенович распоряжался, любовно посматривая на ящики, выглядевшие таким солидным компактным подарком, под нежным закатным ветом верхних стекол оранжереи. Охранитель, винтовка которого мирно дремала у дверей, клещами взламывал скрепы и металлические обшивки. Стоял треск... Сыпалась пыль. Александр Семенович, шлепая сандалиями, суетился возле ящиков.

— Вы потише, пожалуйста, — говорил он охранителю. — Осторожнее. Что же вы, не видите — яйца?

— Ничего, — хрипел уездный воин, буравя, — сейчас...

Тр-р-р... и сыпалась пыль.

Яйца оказались упакованными превосходно: под деревянной крышкой был слой парафиновой бумаги, затем промокательной, затем следовал плотный слой стружек, затем опилки, и в них замелькали белые головки яиц.

— Заграничной упаковочки, — любовно говорил Александр Семенович, роясь в опилках, — это вам не то, что у нас. Маня, осторожнее, ты их побьешь.

— Ты, Александр Семенович, сдурел, — отвечала жена, — какое золото, подумаешь. Что я, никогда яиц не видала? Ой!.. какие большие!

— Заграница, — говорил Александр Семенович, выкладывая яйца на деревянный стол, — разве это наши мужицкие яйца... Все, вероятно, брамапутры, черт их возьми! немецкие...

— Известное дело, — подтвердил охранитель, любуясь яйцами.

— Только не понимаю, чего они грязные, — говорил задумчиво Александр Семенович... — Маня, ты присматривай. Пускай дальше выгружают, а я иду на телефон.

И Александр Семенович отправился на телефон в контору совхоза через двор.

Вечером в кабинете зоологического института затрещал телефон. Профессор Персиков взъерошил волосы и подошел к аппарату.

— Ну? — спросил он.

— С вами сейчас будет говорить провинция, — тихо с шипением отозвалась трубка женским голосом.

— Ну. Слушаю, — брезгливо спросил Персиков в черний рот телефона. В том что-то щелкало, а затем дальний мужской голос сказал в ухо встревоженно:

— Мыть ли яйца, профессор?

— Что такое? Что? Что вы спрашиваете? — раздражился Персиков.
— Откуда говорят?

— Из Никольского, Смоленской губернии, — ответила трубка.

— Ничего не понимаю. Никакого Никольского не знаю. Кто это?

— Рокк, — сурово сказала трубка.

— Какой Рокк? Ах, да... это вы... так что вы спрашиваете?

— Мыть ли их?.. прислали из-за границы мне партию куриных яиц...

— Ну?

— А они в грязюке в какой-то...

— Что-то вы путаете... Как они могут быть в "грязюке", как вы выражаетесь? Ну, конечно, может быть немного... помет присох... или что-нибудь еще...

— Так не мыть?

— Конечно, не нужно... Вы, что, хотите уже заряжать яйцами камеры?

— Заряжаю. Да, — ответила трубка.

— Гм, — хмыкнул Персиков.

— Пока, — цокнула трубка и стихла.

— "Пока", — с ненавистью повторил Персиков приват-доценту Иванову, — как вам нравится этот тип, Петр Степанович?

— Это он? Воображаю, что он там напечет из этих яиц.

— Д... д... д... — заговорил Персиков злобно. — Вы вообразите, Петр Степанович... Ну, прекрасно... очень возможно, что на дейтероплазму куриного яйца луч окажет такое же действие, как и на плазму голых. Очень возможно, что куры у него вылупятся... Но, ведь, ни вы, ни я не можем сказать, какие это куры будут... может быть, они ни к черту негодные куры. Может быть, они подохнут через два дня. Может быть, их есть нельзя! А разве я поручусь, что они будут стоять на ногах. Может быть, у них кости ломкие. — Персиков вошел в азарт и махал ладонью и загибал пальцы.

— Совершенно верно, — согласился Иванов.

— Вы можете поручиться, Петр Степанович, что они дадут поколение? Может быть, этот тип выведет стерильных кур. Догонит их до величины собаки, а потомства от них жди потом до второго пришествия.

— Нельзя поручиться, — согласился Иванов.

— И какая развязность, — расстраивал сам себя Персиков, — бойкость какая-то! И, ведь, заметьте, что этого прохвоста мне же поручили инструктировать. — Персиков указал на бумагу, доставленную Рокком (она валялась на экспериментальном столе)... — а как я его буду, этого невежду, инструктировать, когда я сам по этому вопросу ничего сказать не могу.

— А отказаться нельзя было? — спросил Иванов.

Персиков побагровел, взял бумагу и показал ее Иванову. Тот прочел ее и иронически усмехнулся.

— М-да... — сказал он многозначительно.

— И, ведь, заметьте... Я своего заказа жду два месяца и о нем ни слуху, ни духу. А этому моментально и яйца прислали и вообще всяческое содействие...

— Ни черта у него не выйдет, Владимир Ипатьевич. И просто кончится тем, что вернут нам камеры.

— Да если бы скорее, а то ведь они же мои опыты задерживают.

— Да вот это скверно. У меня все готово.

— Вы скафандры получили?

— Да, сегодня утром.

Персиков несколько успокоился и оживился.

— Угу... Я думаю, мы так сделаем. Двери операционной можно будет наглухо закрыть, а окно мы откроем...

— Конечно, — согласился Иванов.

— Три шлема?

— Три. Да.

— Ну вот-с... Вы, стало быть, я и кого-нибудь из студентов можно назвать. Дадим ему третий шлем.

— Гринмута можно.

— Это который у вас сейчас с саламандрами работает?.. гм... он ничего... хотя, позвольте, весной он не мог сказать, как устроен плавательный пузырь у голозубых, — злопамятно добавил Персиков.

— Нет, он ничего... Он хороший студент, — заступился Иванов.

— Придется уж не поспать одну ночь, — продолжал Персиков, — только вот что, Петр Степанович, вы проверьте газ, а то черт их знает, эти доброхимы ихние. Пришлют какую-нибудь гадость.

— Нет, нет, — и Иванов замахал руками, — вчера я уже пробовал. Нужно отдать им справедливость, Владимир Ипатьевич, превосходный газ.

— Вы на ком пробовали?

— На обыкновенных жабах. Пустишь струйку — мгновенно умирают. Да, Владимир Ипатьевич, мы еще так сделаем. Вы напишите отношение в Гепеу, чтобы вам прислали электрический револьвер.

— Да я не умею с ним обращаться...

— Я на себя беру, — ответил Иванов, — мы на Клязьме из него стреляли, шутки ради... там один гепеур со мной жил... Замечательная штука. И просто чрезвычайно... Бьет бесшумно, шагов на сто и наповал. Мы в ворон стреляли... По-моему, даже и газа не нужно.

— Гм... — это остроумная идея... Очень. — Персиков пошел в угол, взял трубку и квакнул...

— Дайте-ка мне эту, как ее... Лубянку...

* * * * *

Дни стояли жаркие до чрезвычайности. Над полями было ясно видно, как переливается прозрачный, жирный зной. А ночи чудные, обманчивые, зеленые. Луна светила и такую красоту навела на бывшее именье Шереметевых, что ее невозможно выразить. Дворец-совхоз, словно сахарный, светился, в парке тени дрожали, а пруды стали двухцветными пополам — косяком лунный столб, а половина бездонная тьма. В пятнах луны можно было свободно читать "Известия", за исключением шахматного отдела, набранного мелкой нонпарелью. Но в такие ночи никто "Известия", понятное дело, не читал... Дуня-уборщица оказалась в роще за совхозом и там же оказался, вследствие совпадения, рыжеусый шофер потрепанного совхозовского грузовичка. Что они там делали — неизвестно. Приютились они в непрочной тени вяза, прямо на разостланном пальто шофера. В кухне горела лампочка, там ужинали два огородника, а мадам Рокк в белом капоте сидела на колонной веранде и мечтала, глядя на красавицу-луну.

В 10 часов вечера, когда замолкли звуки в деревне Концовке, расположенной за совхозом, идиллический пейзаж огласился прелестными нежными звуками флейты. Выразить немыслимо, до чего они были уместны над рощами и бывшими колоннами шереметевского дворца. Хрупкая трель из "Пиковой дамы" смешала в дуэте свой голос с голосом страстной Полины и унеслась в лунную высь, как видение старого и все-таки бесконечно милого, до слез очаровывающего режима.

— Угасают... Угасают... — свистала, переливая и вздыхая, флейта.

Замерли рощи, и Дуня, гибельная, как лесная русалка, слушала, приложив щеку к жесткой, рыжей и мужественной щеке шофера.

— А хорошо дудит, сукин сын, — сказал шофер, обнимая Дуню за талию мужественной рукой.

Игра на флейте сам заведующий совхозом Александр Семенович Рокк, и играл, нужно отдать ему справедливость, превосходно. Дело в том, что некогда флейта была специальностью Александра Семеновича. Вплоть до 1917 года он служил в известном концертном ансамбле маэстро Петухова, ежевечерно оглашавшем стройными звуками фойе уютного кинематографа "Волшебные грезы" в городе Екатеринославле. Но великий 1917 год, переломивший карьеру многих людей, и Александра Семеновича повел по новым путям. Он покинул "Волшебные грезы" и пыльный звездный сатин в фойе и бросился в открытое море войны и революции, сменив флейту на губительный маузер. Его долго швыряло по волнам, неоднократно выплескивая то в Крыму, то в Москве, то в Туркестане, то даже во Владивостоке. Нужна была именно революция, чтобы вполне выявить Александра Семеновича. Выяснилось, что этот человек положительно велик, и, конечно, не в фойе "Грез" ему сидеть. Не вдаваясь в долгие подробности, скажем, что последний 1927 и начало 1928-го года застали Александра Семеновича в Туркестане, где он, во-первых, редактировал огромную газету, а засим, как местный член высшей хозяйственной комиссии, прославился своими изумительными работами по орошению туркестанского края. В 1928 году Рокк прибыл в Москву и получил вполне заслуженный отдых. Высшая комиссия той организации, билет которой с честью носил в кармане провинци-ально-старомодный человек, сменила его и назначила ему должность спокойную и почетную. Увы! Увы! На горе республике кипучий мозг Александра Семеновича не потух, в Москве Рокк столкнулся с изобре-тением Персикова и в номерах на Тверской "Красный Париж" родилась у Александра Семеновича идея, как при помощи луча Персикова возро-дить в течение месяца кур в республике. Рокка выслушали в комиссии животноводства, согласились с ним, и Рокк пришел с плотной бумагой к чудаку зоологу.

Концерт над стеклянными водами и рощами и парком уже шел к концу, как вдруг произошло нечто, которое прервало его раньше време-ни. Именно, в Концовке собаки, которым повремени уже следовало бы спать, подняли вдруг невыносимый лай, который постепенно перешел в общий мучительный вой. Вой, разрастаясь, полетел по полям, и вою вдруг ответил трескучий в миллион голосов концерт лягушек на пру-дах. Все это было так жутко, что показалось даже на мгновенье, будто померкла таинственная колдовская ночь.

Александр Семенович оставил флейту и вышел на веранду.

— Маня, ты слышишь!? Вот проклятые собаки... Чего они, как ты думаешь, разбесились?

— Откуда я знаю? — ответила Маня, глядя на луну.

— Знаешь, Манечка, пойдем посмотрим на яички, — предложил Александр Семенович.

— Ей-богу, Александр Семенович, ты совсем помешался со своими яйцами и курами. Отдохни ты немножко!

— Нет, Манечка, пойдем.

В оранжерее горел яркий шар. Пришла и Дуня с горящим лицом и блестящими глазами. Александр Семенович нежно открыл контрольные стекла, и все стали поглядывать внутрь камер. На белом асбестовом полу лежали правильными рядами испещренные пятнами ярко-красные яйца, в камерах было беззвучно... а шар вверху в 15000 свечей тихо шипел.

— Эх, выведу я цыпляток! — с энтузиазмом говорил Александр Семенович, заглядывая то с боку в контрольные прорези, то сверху, через широкие вентиляционные отверстия, — вот увидите... Что? Не выведу?

— А вы знаете, Александр Семенович, — сказала Дуня, улыбаясь, — мужики в Концовке говорили, что вы антихрист. Говорят, что ваши яйца дьявольские. Грех машиной выводить. Убить вас хотели.

Александр Семенович вздрогнул и повернулся к жене. Лицо его пожелтело.

— Ну, что вы скажете? Вот народ! Ну что вы сделаете с таким народом? А? Манечка, надо будет им собрание сделать... Завтра вызову из уезда работников. Я им сам скажу речь. Надо будет вообще тут поработать... А то это медвежий какой-то угол...

— Темнота, — молвил охранитель, расположившийся на своей шинели у двери оранжереи.

Следующий день ознаменовался страннейшими и необъяснимыми происшествиями. Утром, при первом же блеске солнца, рощи, которые приветствовали обычно светило неумолчным и мощным стрекотанием птиц, встретили его полным безмолвием. Это было замечено решительно всеми. Словно перед грозой. Но никакой грозы и в помине не было. Разговоры в совхозе приняли странный и двусмысленный для Александра Семеновича оттенок и в особенности потому, что со слов дяди, по прозвищу Козий Зоб, известного смутьяна и мудреца из Концовки, стало известно, что якобы все птицы собрались в косяки и на рассвете убрались куда-то из Шереметева вон, на север, что было просто глупо. Александр Семенович очень расстроился и целый день потратил на то, чтобы созвониться с городом Грачевкой. Оттуда обещали Александру Семеновичу прислать дня через два ораторов на две темы — международное положение и вопрос о Доброкуре.

Вечер тоже был не без сюрпризов. Если утром умолкли рощи, показав вполне ясно, как подозрительно-неприятна тишина деревьев, если в полдень убрались куда-то воробьи с совхозного двора, то к вечеру умолк пруд в Шереметевке. Это было поистине изумительно, ибо всем в окрестностях на сорок верст было превосходно известно знаменитое стрекотание шереметевских лягушек. А теперь они словно вымерли. С пруда не доносилось ни одного голоса, и беззвучно стояла осока. Нужно признаться, что Александр Семенович окончательно расстроился. Об этих происшествиях начали толковать и толковали самым неприятным образом, т. е. за спиной Александра Семеновича.

— Действительно, это странно, — сказал за обедом Александр Семенович жене, — я не могу понять, зачем этим птицам понадобилось улетать?

— Откуда я знаю? — ответила Маня. — Может быть, от твоего луча?

— Ну ты, Маня, обыкновеннейшая дура, — ответил Александр Семенович, бросив ложку, — ты — как мужики. При чем здесь луч?

— А я не знаю. Оставь меня в покое.

Вечером произошел третий сюрприз — опять взвыли собаки в Концовке, и ведь как! Над лунными полями стоял непрерывный стон, злобные тоскливые стенания.

Вознаградил себя Александр Семенович еще сюрпризом, но уже приятным, а именно в оранжерее. В камерах начал слышаться беспрерывный стук в красных яйцах. "Токи... токи... токи... токи..." — стучало то в одном, то в другом, то в третьем яйце.

Стук в яйцах был триумфальным стуком для Александра Семеновича. Тотчас были забыты странные происшествия в роще и на пруде. Сошлись все в оранжерее: и Маня, и Дуня, и сторож, и охранитель, оставивший винтовку у двери.

— Ну, что? Что вы скажете? — победоносно спрашивал Александр Семенович. Все с любопытством наклоняли уши к дверцам первой камеры.

— Это они клювами стучат, цыплятки, — продолжал, сияя, Александр Семенович. — Не выведу цыпляток, скажете? Нет, дорогие мои, — и от избытка чувств он похлопал охранителя по плечу. — Выведу таких, что вы ахнете. Теперь мне в оба смотреть, — строго добавил он. — Чуть только начнут вылупляться, сейчас же мне дать знать.

— Хорошо, — хором ответили сторож, Дуня и охранитель.

"Таки... таки... таки..." — закипало то в одном, то в другом яйце первой камеры. Действительно, картина на глазах нарождающейся новой жизни в тонкой отсвечивающей кожуре была настолько интересна, что все общество еще долго просидело на опрокинутых ящиках, глядя, как в загадочном мерцающем свете созревали малиновые яйца. Разошлись спать довольно поздно, когда над совхозом и окрестностями разлилась зеленоватая ночь. Была она загадочна и даже, можно сказать, страшна, вероятно потому, что нарушал ее полное молчание то и дело начинающийся беспричинный тоскливейший и ноющий вой собак в Концовке. Чего бесились проклятые псы — совершенно неизвестно.

Наутро Александра Семеновича ожидала неприятность. Охранитель был крайне сконфужен, руки прикладывал к сердцу, клялся и божился, что не спал, но ничего не заметил.

— Непонятное дело, — уверял охранитель, — я тут непричинен, товарищ Рокк.

— Спасибо вам, и от души благодарен, — распекал его Александр Семенович, — что вы, товарищ, думаете? Зачем вас поставили? Смотреть. Так вы мне и скажите, куда они делись? Ведь вылупились они? Значит, удрали. Значит, вы дверь оставили открытой да и ушли себе сами. Чтоб были мне цыплята!

— Некуда мне ходить. Что я, своего дела не знаю, — обиделся наконец воин. — Что вы меня попрекаете даром, товарищ Рокк!

— Куды ж они подевались?

— Да я почем знаю, — взбесился наконец воин, — что я их, укараулю разве? Я зачем поставлен. Смотреть, чтобы камеры никто не упер, я и исполняю свою должность. Вот вам камеры. А ловить ваших цыплят я не обязан по закону. Кто его знает, какие у вас цыплята вылупятся, может, их на велосипеде не догонишь!

Александр Семенович несколько осекся, пробурчал еще что-то и впал в состояние изумления. Дело-то на самом деле было странное. В первой камере, которую зарядили раньше всех, два яйца, помещающиеся у самого основания луча, оказались взломанными. И одно из них даже откатилось в сторону. Скорлупа валялась на асбестовом полу, в луче.

— Черт их знает, — бормотал Александр Семенович, — окна заперты, не через крышу же они улетели!

Он задрал голову и посмотрел туда, где в стеклянном переплете крыши было несколько широких дыр.

— Что вы, Александр Семенович, — крайне удивилась Дуня, — станут вам цыплята летать. Они тут где-нибудь... Цып... цып... цып... — начала она кричать и заглядывать в углы оранжереи, где стояли пыльные цветочные вазоны, какие-то доски и хлам. Но никакие цыплята нигде не отзывались.

Весь состав служащих часа два бегал по двору совхоза, разыскивая проворных цыплят, и нигде ничего не нашел. День прошел крайне возбужденно. Караул камер был увеличен еще сторожем, и тому был дан строжайший приказ, каждые четверть часа заглядывать в окна камер и, чуть что, звать Александра Семеновича. Охранитель сидел насупившись у дверей, держа винтовку между колен. Александр Семенович совершенно захлопотался и только во втором часу пообедал. После обеда он поспал часок в прохладной тени на бывшей оттоманке Шереметева, напился совхозовского сухарного кваса, сходил в оранжерею и убедился, что теперь там все в полном порядке. Старик сторож лежал животом на рогоже и, мигая, смотрел в контрольное стекло первой камеры. Охранитель бодрствовал, не уходя от дверей.

Но были и новости: яйца в третьей камере, заряженные позже всех, начали как-то причмокивать и цокать, как будто внутри них кто-то всхлипывал.

— Ух, зреют, — сказал Александр Семенович, — вот это зреют, теперь вижу. Видал? — отнесся он к сторожу...

— Да, дело замечательное, — ответил тот, качая головой и совершенно двусмысленным тоном.

Александр Семенович посидел немного у камер, но при нем никто не вылупился, он поднялся с корточек, размялся и заявил, что из усадьбы никуда не уходит, а только пойдет на пруд выкупаться и чтобы его, в случае чего, немедленно вызвали. Он сбегал во дворец в спальню, где стояли две узких пружинных кровати со скомканным бельем, и на полу была навалена груда зеленых яблок и горы проса, приготовленного для будущих выводков, вооружился мохнатым полотенцем, а подумав, захватил с собой флейту, с тем, чтобы на досуге поиграть над водной гладью. Он бодро выбежал из дворца, пересек двор совхоза и по ивовой аллейке направился к пруду. Бодро шел Рокк, помахивая полотенцем и держа флейту под мышкой. Небо изливало зной сквозь ивы, и тело ныло и просилось в воду. На правой руке у Рокка началась заросль лопухов, в которую он, проходя, плюнул. И тотчас в глубине разлапистой путаницы послышалось шуршание, как будто кто-то поволок бревно. Почувствовав мимолетное неприятное сосание в сердце, Александр Семенович повернул голову к заросли и посмотрел с удивлением. Пруд уже два дня не отзывался никакими звуками. Шуршание смолкло, поверх лопухов мелькнула привлекательно гладь пруда и серая крыша купаленки. Несколько стрекоз мотнулись перед Александром Семеновичем. Он уже хотел повернуть к деревянным мосткам, как вдруг шорох в зелени повторился, и к нему присоединилось короткое сипение, как будто высочилось масло и пар из паровоза. Александр Семенович насторожился и стал всматриваться в глухую стену сорной заросли.

— Александр Семенович, — прозвучал в этот момент голос жены Рокка, и белая ее кофточка мелькнула, скрылась, но опять — мелькнула в малиннике. — Подожди, я тоже пойду купаться.

Жена спешила к пруду, но Александр Семенович ничего ей не ответил, весь приковавшись к лопухам. Сероватое и оливковое бревно начало подниматься из их чащи, вырастая на глазах. Какие-то мокрые желтоватые пятна, как показалось Александру Семеновичу, усеивали бревно. Оно начало вытягиваться, изгибаясь и шевелясь, и вытянулось так высоко, что перегнало низенькую корявую иву... Затем верх бревна надломился, немного склонился и над Александром Семеновичем оказалось что-то напоминающее по высоте электрический московский столб. Но только это что-то было раза в три толще столба и гораздо красивее его благодаря чешуйчатой татуировке. Ничего еще не понимая, но уже холодея, Александр Семенович глянул на верх ужасного столба, и сердце в нем на несколько секунд прекратило бой. Ему показалось, что мороз ударил внезапно в августовский день, а перед глазами стало так сумеречно, точно он глядел на солнце сквозь летние штаны.

На верхнем конце бревна оказалась голова. Она была сплющена,

заострена и украшена желтым круглым пятном по оливковому фону.
Лишенные век, открытые ледяные и узкие глаза сидели в крыше головы, и в глазах этих мерцала совершенно невиданная злоба. Голова
сделала такое движение, словно клюнула воздух, весь столб вобрался
в лопухи, и только одни глаза остались и, не мигая, смотрели на Александра Семеновича. Тот, покрытый липким потом, произнес четыре
слова, совершенно невероятных и вызванных сводящим с ума страхом.
Настолько уж хороши были эти глаза между листьями.

— Что это за шутки...

Затем ему вспомнилось, что факиры... да... да... Индия... плетеная
корзинка и картинка... Заклинают.

Голова снова взвилась, и стало выходить и туловище. Александр
Семенович поднес флейту к губам, хрипло пискнул и заиграл, ежесе-
кундно задыхаясь, вальс из “Евгения Онегина”. Глаза в зелени тотчас
же загорелись непримиримою ненавистью к этой опере.

— Что ты, одурел, что играешь на жаре? — послышался веселый
голос Мани, и где-то краем глаза справа уловил Александр Семенович
белое пятно.

Затем истошный визг пронзил весь совхоз, разросся и взлетел,
а вальс запрыгал как с перебитой ногой. Голова из зелени рванулась
вперед, глаза ее покинули Александра Семеновича, отпустив его душу
на покаяние. Змея приблизительно в пятнадцать аршин и толщиной в
человека, как пружина, выскочила из лопухов. Туча пыли брызнула с
дороги, и вальс кончился. Змея махнула мимо заведующего совхозом
прямо туда, где была видна белая кофточка на дороге. Рокк видел совершенно отчетливо: Маня стала желто-белой, и ее длинные волосы
как проволочные поднялись на пол-аршина над головой. Змея на глазах
Рокка, раскрыв на мгновение пасть, из которой вынырнуло что-то похожее на вилку, ухватила зубами Маню, оседающую в пыль, за плечо, так
что вздернула ее на аршин над землей. Тогда Маня повторила режущий
предсмертный крик. Змея извернулась пятисаженным винтом, хвост
ее взмел смерч, и стала Маню давить. Та больше не издала ни одного
звука, и только Рокк слышал, как лопались ее кости. Высоко над землей
взметнулась голова Мани, нежно прижавшись к змеиной щеке. Изо рта

у Мани плеснуло кровью, выскочила сломанная рука и из-под ногтей брызнули фонтанчики крови. Затем змея, вывихнув челюсти, раскрыла пасть и разом надела свою голову на голову Мани и стала налезать на нее, как перчатка на палец. От змеи во все стороны било такое жаркое дыхание, что оно коснулось лица Рокка, а хвост чуть не смел его с дороги в едкой пыли. Вот тут-то Рокк и поседел. Сначала левая и потом правая половина его черной головы покрылась серебром. В смертной тошноте он оторвался, наконец, от дороги и, ничего и никого не видя, оглашая окрестности диким ревом, бросился бежать...

Глава 9. Живая каша

Агент государственного политического управления на станции Дугино Щукин был очень храбрым человеком. Он задумчиво сказал своему товарищу, рыжему Полайтису:

— Ну, что ж, поедем. А? Давай мотоцикл, — потом помолчал и добавил, обращаясь к человеку, сидящему на лавке: — Флейту-то положите.

Но седой трясущийся человек на лавке, в помещении дугинского ГПУ, флейты не положил, а заплакал и замычал. Тогда Щукин и Полайтис поняли, что флейту нужно вынуть. Пальцы присохли к ней. Щукин, отличавшийся огромной, почти цирковой силой, стал палец за пальцем отгибать и отогнул все. Тогда флейту положили на стол.

Это было ранним солнечным утром следующего за смертью Мани дня.

— Вы поедете с нами, — сказал Щукин, обращаясь к Александру Семеновичу, — покажете нам где и что. — Но Рокк в ужасе отстранился от него и руками закрылся, как от страшного видения.

— Нужно показать, — добавил сурово Полайтис.

— Нет, оставь его. Видишь, человек не в себе.

— Отправьте меня в Москву, — плача, попросил Александр Семенович.

— Вы разве совсем не вернетесь в совхоз?

Но Рокк вместо ответа опять заслонился руками, и ужас потек из его глаз.

— Ну, ладно, — решил Щукин, — вы действительно не в силах... Я вижу. Сейчас курьерский пойдет, с ним и поезжайте.

Затем у Щукина с Полайтисом, пока сторож станционный отпаивал Александра Семеновича водой и тот лязгал зубами по синей выщербленной кружке, произошло совещание... Полайтис полагал, что вообще ничего не было, а просто-напросто Рокк душевнобольной и у него была страшная галлюцинация. Щукин же склонялся к мысли, что изгорода Грачевки, где в настоящий момент гастролирует цирк, убежал удав-констриктор. Услыхав их сомневающийся шепот, Рокк привстал. Он несколько пришел в себя и сказал, простирая руки, как библейский пророк:

— Слушайте меня. Слушайте. Что же вы мне не верите? Она была. Где же моя жена?

Щукин стал молчалив и серьезен и немедленно дал в Грачевку какую-то телеграмму. Третий агент, по распоряжению Щукина, стал неотступно находиться при Александре Семеновиче и должен был сопровождать его в Москву. Щукин же с Полайтисом стали готовиться к экспедиции. У них был всего один электрический револьвер, но и это была уже хорошая защита. Пятидесятизарядная модель 27-го года, гордость французской техники для близкого боя, била всего на сто шагов, но давала поле два метра в диаметре и в этом поле все живое убивала наповал. Промахнуться было очень трудно. Щукин надел блестящую электрическую игрушку, а Полайтис обыкновенный 25-зарядный поясной пулеметик, взял обоймы, и на одном мотоцикле, по утренней росе и холодку, они по шоссе покатились к совхозу. Мотоцикл простучал двадцать верст, отделявших станцию от совхоза, в четверть часа (Рокк шел всю ночь, то и дело прячась, в припадках смертного ужаса, в придорожную траву), и когда солнце начало значительно припекать, на пригорке, под которым вилась речка топь, глянул сахарный с колоннами дворец в зелени. Мертвая тишина стояла вокруг. У самого подъезда к совхозу агенты обогнали крестьянина на подводе. Тот плелся не спеша, нагруженный какими-то мешками, и вскоре остался позади. Мотоциклетка пробежала по мосту, и Полайтис затрубил в рожок, чтобы вызвать кого-нибудь. Но никто нигде не отозвался, за исключением отдаленных остервенившихся собак в Концовке. Мотоцикл, замедляя ход, подошел к воротам с позеленевшими львами. Запыленные агенты в желтых гетрах соскочили, прицепили цепью с замком к переплету решетки машину и вошли во двор. Тишина их поразила.

— Эй, кто тут есть! — крикнул Щукин громко.

Но никто не отозвался на его бас. Агенты обошли двор кругом, все более удивляясь. Полайтис нахмурился. Щукин стал посматривать серьезно, все более хмуря светлые брови. Заглянули через открытое окно в кухню и увидали, что там никого нет, но весь пол усеян белыми осколками посуды.

— Ты знаешь, что-то действительно случилось. Я теперь вижу. Катастрофа, — молвил Полайтис.

— Эй, кто там есть! Эй! — кричал Щукин, но ему отвечало только эхо под сводами кухни.

— Черт их знает! — ворчал Щукин. — Ведь не могла же она слопать их всех сразу. Или разбежались. Идем в дом.

Дверь во дворце с колонной верандой была открыта настежь, и в нем было совершенно пусто. Агенты прошли даже в мезонин, стучали и открывали все двери, но ничего решительно не добились и, через вымершее крыльцо, вновь вышли во двор.

— Обойдем кругом. К оранжереям, — распорядился Щукин, — все обшарим, а там можно будет протелефонировать.

По кирпичной дорожке агенты пошли, минуя клумбы, на задний двор, пересекли его и увидали блестящие стекла оранжереи.

— Погоди-ка, — заметил шепотом Щукин и отстегнул с пояса револьвер. Полайтис насторожился и снял пулемет. Странный и очень зычный звук тянулся в оранжерее и где-то за нею. Похоже было, что где-то шипит паровоз. "Зау-зау... зау-зау... с-с-с-с-с..." — шипела оранжерея.

— А ну-ка, осторожно, — шепнул Щукин, и, стараясь не стучать каблуками, агенты придвинулись к самым стеклам и заглянули в оранжерею.

Тотчас Полайтис откинулся назад, и лицо его стало бледно. Щукин открыл рот и застыл с револьвером в руке.

Вся оранжерея жила как червивая каша. Свиваясь и развиваясь в клубки, шипя и разворачиваясь, шаря и качая головами, по полу оранжереи ползли огромные змеи. Битая скорлупа валялась на полу и хрустела под их телами. Вверху бледно горел огромной силы электрический шар, и от него вся внутренность оранжереи освещалась странным кинематографическим светом. На полу торчали три темных, словно фотографических, огромных ящика, два из них, сдвинутые и покосившиеся, потухли, а в третьем горело небольшое густо-малиновое световое пятно. Змеи всех размеров ползли по проводам, поднимались по переплетам рам, вылезали через отверстия на крыше. На самом электрическом шаре висела совершенно черная, пятнистая змея в несколько аршин, и голова ее качалась у шара, как маятник. Какие-то погремушки звякали в шипении, из оранжереи тянуло странным гнилостным, словно прудовым запахом. И еще смутно разглядели агенты кучи белых яиц, валяющихся в пыльных углах, и странную гигантскую голенастую птицу, лежащую неподвижно у камер, и труп человека в сером у двери, рядом с винтовкой.

— Назад, — крикнул Щукин и стал пятиться, левой рукой отдавливая Полайтиса и поднимая правою револьвер. Он успел выстрелить раз девять, прошипев и выбросив около оранжереи зеленоватую молнию. Звук страшно усилился, и в ответ на стрельбу Щукина вся оранжерея пришла в бешеное движение, и плоские головы замелькали во всех дырах. Гром тотчас же начал скакать по всему совхозу и играть отблесками на стенах. "Чах-чах-чах-чах", — стрелял Полайтис, отступая задом. Страшный, четырехлапый шорох послышался за спиною, и Полайтис вдруг страшно крикнул, падая навзничь. Существо на вывернутых лапах, коричнево-зеленого цвета, с громадной острой мордой, с гребенчатым хвостом, похожее на страшных размеров ящерицу, выкатилось из-за угла сарая и, яростно перекусив ногу Полайтису, сбило его на землю.

— Помоги, — крикнул Полайтис, и тотчас левая рука его попала в пасть и хрустнула, правой рукой он, тщетно пытаясь поднять ее, повез револьвером по земле. Щукин обернулся и заметался. Раз он успел выстрелить, но сильно взял в сторону, потому что боялся убить товарища. Второй раз он выстрелил по направлению оранжереи, потому что оттуда среди небольших змеиных морд высунулась одна огромная, оливковая, и туловище выскочило прямо по направлению к нему. Этим выстрелом он гигантскую змею убил и опять, прыгая и вертясь возле Полайтиса, полумертвого уже в пасти крокодила, выбирал место, куда бы выстрелить, чтобы убить страшного гада, не тронув агента. Наконец, это ему удалось. Из электроревольвера хлопнуло два раза, осветив все вокруг зеленоватым светом, и крокодил, прыгнув, вытянулся, окоченев, и выпустил Полайтиса. Кровь у того текла из рукава, текла изо рта, и он, припадая на правую здоровую руку, тянул переломленную левую ногу. Глаза его угасали.

— Щукин... беги, — промычал он, всхлипывая.

Щукин выстрелил несколько раз по направлению оранжереи, и в ней вылетело несколько стекол. Но огромная пружина, оливковая и гибкая, сзади, выскочив из подвального окна, перескользнула двор, заняв его весь пятисаженным телом, и во мгновение обвила ноги Щукина. Его швырнуло вниз на землю, и блестящий револьвер отпрыгнул в сторону. Щукин крикнул мощно, потом задохся, потом кольца скрыли его совершенно, кроме головы. Кольцо прошло раз по голове, сдирая с нее скальп, и голова эта треснула. Больше в совхозе не послышалось ни одного выстрела. Все погасил шипящий, покрывающий звук. И в ответ ему очень далеко по ветру донесся из Концовки вой, но теперь уже нельзя было разобрать, чей это вой, собачий или человечий.

Глава 10. Катастрофа

В ночной редакции газеты "Известия" ярко горели шары, и толстый выпускающий редактор на свинцовом столе верстал вторую полосу с телеграммами "По Союзу республик". Одна гранка попалась ему на глаза, он всмотрелся в нее через пенсне и захохотал, созвал вокруг себя корректоров из корректорской и метранпажа и всем показал эту гранку. На узенькой полоске сырой бумаги было напечатано:

"Грачевка, Смоленской губернии. В уезде появилась курица величиною с лошадь и лягается как конь. Вместо хвоста у нее буржуазные дамские перья".

Наборщики страшно хохотали.

— В мое время, — заговорил выпускающий, хихикая жирно, — когда я работал у Вани Сытина в "Русском слове", допивались до слонов. Это верно. А теперь, стало быть, до страусов.

Наборщики хохотали.

— А ведь верно, страус, — заговорил метранпаж, — что же, ставить, Иван Вонифатьевич?

— Да что ты, сдурел, — ответил выпускающий, — я удивляюсь, как секретарь пропустил, — просто пьяная телеграмма.

— Попраздновали, это верно, — согласились наборщики, и метранпаж убрал со стола сообщение о страусе.

Поэтому "Известия" и вышли на другой день, содержа, как обыкновенно, массу интересного материала, но без каких бы то ни было намеков на грачевского страуса. Приват-доцент Иванов, аккуратно читающий "Известия", у себя в кабинете свернул лист, зевнув, молвил: ничего интересного, и стал надевать белый халат. Через некоторое время в кабинетах у него загорелись горелки и заквакали лягушки. В кабинете же профессора Персикова была кутерьма. Испуганный Панкрат стоял и держал руки по швам.

— Понял... Слушаю-с, — говорил он.

Персиков запечатанный сургучом пакет вручил ему, говоря:

— Поедешь прямо в отдел животноводства к этому заведующему Птахе и скажешь прямо, что он — свинья. Скажи, что я так, профессор Персиков, так и сказал. И пакет ему отдай.

"Хорошенькое дело..." — подумал бледный Панкрат и убрался с пакетом.

Персиков бушевал.

— Это черт знает что такое, — скулил он, разгуливая по кабинету и потирая руки в перчатках, — это неслыханное издевательство надо мной и над зоологией. Эти проклятые куриные яйца везут грудами, а я два месяца не могу добиться необходимого. Словно до Америки далеко! Вечная кутерьма, вечное безобразие. — Он стал считать по пальцам:

— Ловля... ну, десять дней самое большее, ну, хорошо — пятнадцать...

ну, хорошо, двадцать и перелет два дня, из Лондона в Берлин день... Из Берлина к нам шесть часов... какое-то неописуемое безобразие...

Он яростно набросился на телефон и стал куда-то звонить.

В кабинете у него было все готово для каких-то таинственных и опаснейших опытов, лежала полосами нарезанная бумага для заклейки дверей, лежали водолазные шлемы с отводными трубками и несколько баллонов, блестящих как ртуть, с этикеткою “Доброхим”, “не прикасаться” и рисунками черепа со скелетными костями.

Понадобилось по меньшей мере три часа, чтоб профессор успокоился и приступил к мелким работам. Так он и сделал. В институте он работал до одиннадцати часов вечера и поэтому ни о чем не знал, что творится за кремовыми стенами. Ни нелепый слух, пролетевший по Москве, о каких-то змеях, ни странная выкрикнутая телеграмма в вечерней газете ему остались неизвестны, потому что доцент Иванов был в художественном театре на “Федоре Иоанновиче”, и, стало быть, сообщить новость профессору было некому.

Персиков около полуночи приехал на Пречистенку и лег спать, почитав еще на ночь в кровати какую-то английскую статью в журнале “Зоологический вестник”, полученном из Лондона. Он спал, да спала и вся вертящаяся до поздней ночи Москва, и не спал лишь громадный серый корпус на Тверской ул. во дворе, где страшно гудели, потрясая все здание, ротационные машины “Известий”. В кабинете выпускающего происходила невероятная кутерьма и путаница. Он, совершенно бешеный, с красными глазами метался, не зная, что делать, и посылал всех к чертовой матери. Метранпаж ходил за ним и, дыша винным духом, говорил:

— Ну, что же, Иван Вонифатьевич, не беда, пускай завтра утром выпускают экстренное приложение. Не из машины же номер выдирать.

Наборщики не разошлись домой, а ходили стаями, сбивались кучами и читали телеграммы, которые шли теперь всю ночь напролет, через каждые четверть часа, становясь все чудовищнее и страннее. Острая шляпа Альфреда Бронского мелькала в ослепительном розовом свете, заливавшем типографию. И механический толстяк скрипел и ковылял, показываясь то здесь, то там. В подъезде хлопали двери и всю ночь появлялись репортеры. По всем 12 телефонам типографии звонили непрерывно, и станция почти механически подавала в ответ на загадочные трубки "занята", "занято", и на станции перед бессонными барышнями пели и пели сигнальные рожки...

Наборщики облепили механического толстяка и капитан дальнего плавания говорил им:

— Аэропланы с газом придется посылать.

— Не иначе, — отвечали наборщики, — ведь это что ж такое. — Затем страшная матерная ругань перекатывалась в воздухе и чей-то визгливый голос кричал:

— Этого Персикова расстрелять надо.

— При чем тут Персиков, — отвечали из гущи, — этого сукина сына в совхозе — вот кого надо расстрелять.

— Охрану надо было поставить, — выкрикивал кто-то.

— Да, может, это вовсе и не яйца.

Все здание тряслось и гудело от ротационных колес, и создавалось такое впечатление, что серый неприглядный корпус полыхает электрическим пожаром.

Занявшийся день не остановил его. Напротив, только усилил, хоть и электричество погасло. Мотоциклетки одна за другой вкатывались в асфальтовый двор, вперемешку с автомобилями. Вся Москва встала, и белые листья газеты одели ее, как птицы. Листья сыпались и шуршали у всех в руках, и у газетчиков к одиннадцати часам дня не хватало номеров, несмотря на то, что "Известия" выходили в этом месяце с тиражом в полтора миллиона экземпляров. Профессор Персиков выехал с Пречистенки на автобусе и прибыл в институт. Там его ожидала новость. В вестибюле стояли аккуратно обшитые металлическими полосами деревянные ящики, в количестве трех штук, испещренные заграничными наклейками на немецком языке, и над ними царствовала одна русская меловая надпись: "осторожно — яйца".

Бурная радость овладела профессором.

— Наконец-то, — вскричал он. — Панкрат, взламывай ящики немедленно и осторожно, чтобы не побить. Ко мне в кабинет.

Панкрат немедленно исполнил приказание, и через четверть часа в кабинете профессора, усеянном опилками и обрывками бумаги, бушевал его голос.

— Да они что же, издеваются надо мною, что ли, — выл профессор, потрясая кулаками и вертя в руках яйца. — Это какая-то скотина, а не Птаха. Я не позволю смеяться надо мной. Это что такое, Панкрат?

— Яйца-с, — отвечал Панкрат горестно.

— Куриные, понимаешь, куриные, черт бы их задрал! На какого дьявола они мне нужны. Пусть посылают их этому негодяю в совхоз!

Персиков бросился в угол к телефону, но не успел позвонить.

— Владимир Ипатьич! Владимир Ипатьич! — загремел в коридоре института голос Иванова.

Персиков оторвался от телефона, и Панкрат стрельнул в сторону, давая дорогу приват-доценту. Тот вбежал в кабинет, вопреки своему джентльменскому обычаю, не снимая серой шляпы, сияющей на затылке и с газетным листом в руках.

— Вы знаете, Владимир Ипатьич, что случилось, — выкрикивал он и взмахнул перед лицом Персикова листом с надписью: "экстренное приложение", посредине которого красовался яркий цветной рисунок.

— Нет, выслушайте, что они сделали, — в ответ закричал, не слушая, Персиков, — они меня вздумали удивить куриными яйцами. Этот Птаха форменный идиот, посмотрите!

Иванов совершенно ошалел. Он в ужасе уставился на вскрытые ящики, потом на лист, затем глаза его почти выпрыгнули с лица.

— Так вот что, — задыхаясь забормотал он, — теперь я понимаю... Нет, Владимир Ипатьич, вы только гляньте, — он мгновенно развернул лист и дрожащими пальцами указал Персикову на цветное изображение. На нем, как страшный пожарный шланг, извивалась оливковая в желтых пятнах змея, в странной смазанной зелени. Она была снята сверху, с легонькой летательной машины, осторожно скользнувшей над змеей. — Кто это, по-вашему, Владимир Ипатьич?

Персиков сдвинул очки на лоб, потом передвинул их на глаза, всмотрелся в рисунок и сказал в крайнем удивлении:

— Что за черт. Это... да это анаконда, водяной удав...

Иванов сбросил шляпу, опустился на стул и сказал, выстукивая каждое слово кулаком по столу:

— Владимир Ипатьич, эта анаконда из Смоленской губернии. Что-то чудовищное. Вы понимаете, этот негодяй вывел змей вместо кур и, вы поймите, они дали такую же самую феноменальную кладку, как лягушки!

— Что такое? — ответил Персиков, и лицо его сделалось бурым...
— Вы шутите, Петр Степанович... Откуда?

Иванов онемел на мгновение, потом получил дар слова и, тыча пальцем в открытый ящик, где сверкали беленькие головки в желтых опилках, сказал:

— Вот откуда.

— Что-о?! — завыл Персиков, начиная соображать.

Иванов совершенно уверенно взмахнул двумя сжатыми кулаками и закричал:

— Будьте покойны. Они ваш заказ на змеиные и страусовые яйца переслали в совхоз, а куриные вам по ошибке.

— Боже мой... боже мой, — повторил Персиков и, зеленея лицом, стал садиться на винтящийся табурет.

Панкрат совершенно одурел у двери, побледнел и онемел. Иванов вскочил, схватил лист и, подчеркивая острым ногтем строчку, закричал в уши профессору:

— Ну теперь они будут иметь веселую историю!.. Что теперь будет, я решительно не представляю. Владимир Ипатьич, вы гляньте, — и он завопил вслух, вычитывая первое попавшееся место со скомканного листа... — Змеи идут стаями в направлении Можайска... откладывая неимоверное количество яиц. Яйца были замечены в Духовском уезде... Появились крокодилы и страусы. Части особого назначения и отряды государственного управления прекратили панику в Вязьме после того, как зажгли пригородный лес, остановивший движение гадов...

Персиков, разноцветный, иссиня-бледный, с сумасшедшими глазами, поднялся с табурета и, задыхаясь, начал кричать:

— Анаконда... анаконда... водяной удав! Боже мой! — в таком состоянии его еще никогда не видали ни Иванов, ни Панкрат.

Профессор сорвал одним взмахом галстук, оборвал пуговицы на

сорочке, побагровел страшным параличным цветом и, шатаясь, с совершенно тупыми стеклянными глазами, ринулся куда-то вон. Вопль разлетелся под каменными сводами института.

— Анаконда... анаконда, — загремело эхо.

— Лови профессора! — взвизгнул Иванов Панкрату, заплясавшему от ужаса на месте. — Воды ему... у него удар.

Глава 11. Бой и смерть

Пылала бешеная электрическая ночь в Москве. Горели все огни, и в квартирах не было места, где бы не сияли лампы со сброшенными абажурами. Ни в одной квартире Москвы, насчитывающей 4 миллиона населения, не спал ни один человек, кроме неосмысленных детей. В квартирах ели и пили как попало. В квартирах что-то выкрикивали, и поминутно искаженные лица выглядывали в окна во всех этажах, устремляя взор в небо, во всех направлениях изрезанное прожекторами. На небе то и дело вспыхивали белые огни, отбрасывая летающие белые конусы на Москву, и исчезали и гасли. В особенности страшно было на Тверской-Ямской. На Александровский вокзал каждые десять минут приходили поезда, сбитые как попало из товарных и разноклассных вагонов и даже цистерн, облепленных обезумевшими людьми, и по Тверской-Ямской бежали густой кашей, ехали в автобусах, ехали на крышах трамваев, давили друг друга и попадали под колеса. На вокзале то и дело вспыхивала трескучая тревожная стрельба поверх толпы — это воинские части останавливали панику сумасшедших, бегущих по стрелкам железных дорог из Смоленской губернии в Москву. На вокзале то и дело с бешеным легким всхлипыванием вылетали стекла в окнах, выли все паровозы. Все улицы были усеяны плакатами, брошенными и растоптанными, и эти же плакаты под жгучими малиновыми рефлекторами глядели со стен. Они всем уже были известны, и никто их не читал. В них Москва объявлялась на военном положении. В них грозили за панику и сообщили, что в Смоленскую губернию часть за частью уже едут отряды Красной армии, вооруженные газами. Но плакаты не могли остановить воющей ночи. В квартирах роняли и били посуду и цветочные вазоны, бегали, задевали за углы, разматывали и сматывали какие-то узлы и чемоданы, в тщетной надежде пробраться на Каланчевскую площадь, на Ярославский или Николаевский вокзал. Увы, все вокзалы, ведущие на север и на восток, были оцеплены густейшим слоем пехоты, и громадные грузовики, колыша и бренча цепями, доверху нагруженные ящиками, поверх которых сидели армейцы в остроконечных шлемах, ощетинившиеся во все стороны штыками, увозили запасы золотых монет из подвалов народного комиссариата финансов и громадные ящики с надписью: "Осторожно. Третьяковская галерея". Машины рявкали и бегали по всей Москве.

Очень далеко на небе дрожал отсвет пожара и слышались, колыша густую черноту августа, беспрерывные удары пушек.

Под утро, по совершенно бессонной Москве, не потушившей ни одного огня, вверх по Тверской, сметая все встречное, что жалось в подъезды и витрины, выдавливая стекла, прошла многотысячная, стрекочащая копытами по торцам, змея конной армии. Малиновые башлыки мотались концами на серых спинах, и кончики пик кололи небо. Толпа, мечущаяся и воющая, как будто ожила сразу, увидав ломящиеся вперед, рассекающие расплеснутое варево безумия шеренги. В толпе на тротуарах начали призывно, с надеждою, выть.

— Да здравствует конная армия! — кричали иступленные женские голоса.

— Да здравствует! — отзывались мужчины.

— Задавят!!. Давят!.. — выли где-то.

— Помогите! — кричали с тротуара.

Коробки папирос, серебряные деньги, часы полетели в шеренги с тротуара, какие-то женщины выскакивали на мостовую и, рискуя костями, плелись с боков конского строя, цеплялись за стремена и целуя их. В беспрерывном стрекоте копыт изредка взмывали голоса взводных:

— Короче повод.

Где-то пели весело и разухабисто, и с коней смотрели в зыбком рекламном свете лица в заломленных малиновых шапках. То и дело, прерывая шеренги конных с открытыми лицами, шли на конях же странные фигуры, в странных чадрах, с отводными за спину трубками и с баллонами на ремнях за спиной. За ними ползли громадные цистерны-автомобили, с длиннейшими рукавами и шлангами, точно на пожарных повозках, и тяжелые, раздавливающие торцы, наглухо закрытые и светящиеся узенькими бойницами танки на гусеничных лапах. Прерывались шеренги конных и шли автомобили, зашитые наглухо в серую броню, с теми же трубками, торчащими наружу, и белыми нарисованными черепами на боках с надписью "газ", "Доброхим".

— Выручайте, братцы, — завывали с тротуаров, — бейте гадов...
Спасайте Москву!

— Мать... мать... — перекатывалось по рядам. Папиросы пачками прыгали в освещенном ночном воздухе, и белые зубы скалились на ошалевших людей с коней. По рядам разливалось глухое и щиплющее сердце пение:

...Ни туз, ни дама, ни валет,
Побьем мы гадов без сомненья,
Четыре с боку — ваших нет...

Гудящие раскаты "ура" выплывали над всей этой кашей, потому что пронесся слух, что впереди шеренг на лошади, в таком же малиновом башлыке, как и все всадники, едет ставший легендарным десять лет назад, постаревший и поседевший командир конной громады. Толпа завывала и в небо улетал, немного успокаивая мятущиеся сердца, гул "ура... ура..."

* * * * *

Институт был скупо освещен. События в него долетали только отдельными, смутными и глухими отзвуками. Раз под огненными часами близ манежа грохнул веером залп, это расстреляли на месте мародеров, пытавшихся ограбить квартиру на Волхонке. Машинного движения на улице здесь было мало, оно все сбивалось к вокзалам. В кабинете профессора, где тускло горела одна лампа, отбрасывая пучок на стол, Персиков сидел, положив голову на руки, и молчал. Слоистый дым веял вокруг него. Луч в ящике погас. В террариях лягушки молчали, потому что уже спали. Профессор не работал и не читал. В стороне, под левым его локтем, лежал вечерний выпуск телеграмм на узкой полосе, сообщавший, что Смоленск горит весь и что артиллерия обстреливает можайский лес по квадратам, громя залежи крокодильих яиц, разложенных во всех сырых оврагах. Сообщалось, что эскадрилья аэропланов под Вязьмою действовала весьма удачно, залив газом почти весь уезд, но что жертвы человеческие в этих пространствах неисчислимы из-за того, что население, вместо того, чтобы покидать уезды в порядке правильной эвакуации, благодаря панике металось разрозненными группами на свой страх и риск, кидаясь куда глаза глядят. Сообщалось, что отдельная кавказская кавалерийская дивизия в можайском направлении блистательно выиграла бой со страусовыми стаями, перерубив их всех и уничтожив громадные кладки страусовых яиц. При этом дивизия понесла незначительные потери. Сообщалось от правительства, что в случае, если гадов не удастся удержать в 200-верстной зоне от столицы, она будет эвакуирована в полном порядке. Служащие и рабочие должны соблюдать полное спокойствие. Правительство примет самые жестокие меры к тому, чтобы не допустить смоленской истории, в результате которой, благодаря смятению, вызванному неожиданным нападением гремучих змей, появившихся в количестве нескольких тысяч, город загорелся во всех местах, где бросили горящие печи и начали безнадежный повальный исход. Сообщалось, что продовольствием Москва обеспечена по меньшей мере на полгода и что совет при главнокомандующем принимает срочные меры к бронировке квартир для того, чтобы вести бои с гадами на самых улицах столицы, в случае, если красным армиям и аэропланам и эскадрильям не удастся удержать нашествие пресмыкающихся.

Ничего этого профессор не читал, смотрел остекленевшими глазами перед собой и курил. Кроме него только два человека были в институте — Панкрат и то и дело заливающаяся слезами экономка Марья Степановна, бессонная уже третью ночь, которую она проводила в кабинете профессора, ни за что не желающего покинуть свой единственный оставшийся потухший ящик. Теперь Марья Степановна приютилась на клеенчатом диване, в тени в углу, и молчала в скорбной думе, глядя, как чайник с чаем, предназначенным для профессора, закипал на треножнике газовой горелки. Институт молчал, и все произошло внезапно.

С тротуара вдруг послышались ненавистные звонкие крики, так что Марья Степановна вскочила и взвизгнула. На улице замелькали огни фонарей и отозвался голос Панкрата в вестибюле. Профессор плохо воспринял этот шум. Он поднял на мгновение голову, пробормотал: "Ишь как беснуются... что ж я теперь поделаю". И вновь впал в оцепенение. Но оно было нарушено. Страшно загремели кованые двери института, выходящие на Герцена, и все стены затряслись. Затем лопнул сплошной зеркальный слой в соседнем кабинете. Зазвенело и высыпалось стекло в кабинете профессора, и серый булыжник прыгнул в окно, развалив стеклянный стол. Лягушки шарахнулись в террариях и подняли вопль. Заметалась, завизжала Марья Степановна, бросилась к профессору, хватая его за руки и крича: "Убегайте, Владимир Ипатьич, убегайте". — Тот поднялся с винтящегося стула, выпрямился и, сложив палец крючком, ответил, причем глаза его на миг приобрели прежний остренький блеск, напоминавший прежнего вдохновенного Персикова.

— Никуда я не пойду, — проговорил он, — это просто глупость, они мечутся, как сумасшедшие... Ну, а если вся Москва сошла с ума, то куда же я уйду. И, пожалуйста, перестаньте кричать. При чем здесь я. Панкрат! — позвал он и нажал кнопку.

Вероятно, он хотел, чтоб Панкрат прекратил всю суету, которой он вообще никогда не любил. Но Панкрат ничего уже не мог поделать. Грохот кончился тем, что двери института растворились и издалека донеслись хлопушечки выстрелов, а потом весь каменный институт заполнился бегом, выкриками, боем стекол. Марья Степановна вцепилась в рукав Персикова и начала его тащить куда-то, но он отбился от нее, вытянулся во весь рост и, как был в белом халате, вышел в коридор.

— Ну? — спросил он. Двери распахнулись, и первое, что появилось в дверях, это спина военного с малиновым шевроном и звездой на левом рукаве. Он отступал из двери, в которую напирала яростная толпа, спиной и стрелял из револьвера. Потом он бросился бежать мимо

Персикова, крикнув ему:

— Профессор, спасайтесь, я больше ничего не могу сделать.

Его словам ответил визг Марьи Степановны. Военный проскочил мимо Персикова, стоящего как белое изваяние, и исчез во тьме извилистых коридоров в противоположном конце. Люди вылетали из дверей, завывая:

— Бей его! Убивай...

— Мирового злодея!

— Ты распустил гадов!

Искаженные лица, разорванные платья запрыгали в коридорах, и кто-то выстрелил. Замелькали палки. Персиков немного отступил назад, прикрыл дверь, ведущую в кабинет, где в ужасе на полу на коленях стояла Марья Степановна, распростер руки, как распятый... он не хотел пустить толпу и закричал в раздражении:

— Это форменное сумасшествие... вы совершенно дикие звери. Что вам нужно? — Завыл: — Вон отсюда! — и закончил фразу резким, всем знакомым выкриком: — Панкрат, гони их вон.

Но Панкрат никого уже не мог выгнать. Панкрат с разбитой головой, истоптанный и рваный в клочья, лежал недвижимо в вестибюле, и новые и новые толпы рвались мимо него, не обращая внимания на стрельбу милиции с улицы.

Низкий человек, на обезьяньих кривых ногах, в разорванном пиджаке, в разорванной манишке, сбившейся на сторону, опередил других, дорвался до Персикова и страшным ударом палки раскроил ему голову. Персиков качнулся, стал падать на бок, и последним его словом было:

— Панкрат... Панкрат...

Ни в чем не повинную Марью Степановну убили и растерзали в кабинете, камеру, где потух луч, разнесли в клочья, в клочья разнесли террарии, перебив и истоптав обезумевших лягушек, раздробили стеклянные столы, раздробили рефлекторы, а через час институт пылал, возле него валялись трупы, оцепленные шеренгою вооруженных электрическими револьверами, и пожарные автомобили, насасывая воду из кранов, лили струи во все окна, из которых, гудя, длинно выбивалось пламя.

Глава 12. Морозный бог на машине

В ночь с 19-го на 20-е августа 1928 года упал неслыханный, никем из старожилов никогда еще не отмеченный мороз. Он пришел и продержался двое суток, достигнув 18 градусов. Остервеневшая Москва заперла все окна, все двери. Только к концу третьих суток поняло население, что мороз спас столицу и те безграничные пространства, которыми она владела и на которые упала страшная беда 28-го года. Конная армия под Можайском, потерявшая три четверти своего состава, начала изнемогать, и газовые эскадрильи не могли остановить движения мерзких пресмыкающихся, полукольцом заходивших с запада, юго-запада и юга по направлению к Москве.

Их задушил мороз. Двух суток по 18 градусов не выдержали омерзительные стаи, и в 20-х числах августа, когда мороз исчез, оставив лишь сырость и мокроту, оставив влагу в воздухе, оставив побитую нежданным холодом зелень на деревьях, биться больше было не с кем. Беда кончилась. Леса, поля, необозримые болота были еще завалены разноцветными яйцами, покрытыми порою странным, нездешним рисунком, который безвестно пропавший Рокк принимал за грязюку, но эти яйца были совершенно безвредны. Они были мертвы, зародыши в них были прикончены.

Необозримые пространства земли еще долго гнили от бесчисленных трупов крокодилов и змей, вызванных к жизни таинственным, родившимся на улице Герцена в гениальных глазах лучом, но они уже не были опасны, непрочные созданья гнилостных жарких тропических болот погибли в два дня, оставив на пространстве трех губерний страшное зловоние, разложение и гной.

Были долгие эпидемии, были долго повальные болезни от трупов гадов и людей, и долго еще ходила армия, но уже снабженная не газами, а саперными принадлежностями, керосиновыми цистернами и шлангами, очищая землю. Очистила, и все кончилось к весне 29-го года.

А весною 29-го года опять затанцевала, загорелась и завертелась огнями Москва, и опять по-прежнему шаркало движение механических экипажей, и над шапкою Храма Христа висел, как на ниточке, лунный серп, и на месте сгоревшего в августе 28-го года двухэтажного института выстроили новый зоологический дворец, и им заведовал приват-доцент Иванов, но Персикова уже не было. Никогда не возникал перед глазами людей скорченный убедительный крючок из пальца, и никто больше не слышал скрипучего квакающего голоса. О луче и катастрофе 28-го года еще долго говорил и писал весь мир, но потом имя профессора Владимира Ипатьевича Персикова оделось туманом и погасло, как погас и самый открытый им в апрельскую ночь красный луч. Луч же этот вновь получить не удалось, хоть иногда изящный джентльмен и ныне ординарный профессор Петр Степанович Иванов и пытался. Первую камеру уничтожила разъяренная толпа в ночь убийства Персикова. Три камеры сгорели в никольском совхозе "Красный луч" при первом бое эскадрильи с гадами, а восстановить их не удалось. Как ни просто было сочетание стекол с зеркальными пучками света, его не скомбинировали во второй раз, несмотря на старания Иванова. Очевидно, для этого нужно было что-то особенное, кроме знания, чем обладал в мире только один человек — покойный профессор Владимир Ипатьевич Персиков.

1924

Б. Л. ПАСТЕРНАК
(1890—1960)

Борис Леонидович Пастернак, поэт, прозаик, родился 29 января (10 февраля) 1890 г. в Москве. Отец — художник импрессионистского направления, мать — пианистка. В детстве и юности занимался музыкой. С 1909 года изучал философию в Московском университете, в 1912 г. — в Марбурге. Закончил университетское образование в 1913 г. в Москве.

Первые стихи появились в печати в 1913 году. Вошел в литературную группу «Центрифуга», близкую фитуризму. Первый сборник стихов «Близнец в тучах» (1914) издали Н. Асеев и С. Бобров, большую часть стихотворений из первого сборника Пастернак включил во второй — «Поверх барьеров» (1917). Наибольшее признание принес ему третий сборник «Сестра моя — жизнь» (1922), написанный летом 1917 автором, вдохновленным не политическими событиями, а переживаниями природы и любви. Следующий сборник назывался «Темы и вариации» (1923). В небольших по объему эпических поэмах «Девятьсот пятый год» (1925–1926), «Лейтенат Шмидт» (1926–1927) и «Спекторский» (1931) Пастернак отчасти говорит и о революционных событиях, рассматривая их с различных точек зрения, но в принципе он отвергал поэзию «социального заказа».

С 1922 года Пастернак публикует также прозу, первый сборник «Рассказы» (1925) включает в себя «Детство Люверс», «Письма из Тулы» и «Воздушные пути». За ним с 1929 г. появляется первая автобиографическая повесть Пастернака, посвященная памяти Рильке, «Охранная грамота» (1931). После сборника новых стихов «Второе рождение» (1932) до 1937 г. вышло еще несколько сборников, включающих в себя прежде написанные стихи.

Роман «Доктор Живаго», законченного в 1956 г., появился в 1957 г. в Италии, и был переведен на многие языки, и это сделало Пастернака самым известным русским писателем современности. В 1958 г. Пастернаку была присуждена Нобелевская премия. В 1988 г. «Доктор Живаго» был напечатан в СССР.

Лирика Пастернака отличается необычными и достигающими чрезвычайной сжатости метафорами, которые сообщают его стихам, связанным с природой, многослойную глубину, однако затрудняют их понимание. Сфера физического и духовного, природа и история, будничные события и полеты фантазии — все это аспекты единого целого.

Роман «Доктор Живаго», в котором Пастернак видел самое важное из написанного им, — произведение, достигающее своей вершины в лирических пассажах и в стихах в конце романа; богатство его композиционных соотношений и многослойность содержания постигаются только при повторном чтении. Это исторический роман, в котором автор по-собственному достоверно описывает и осмысливает события революции и войны. При этом роман не имеет прямой политической направленности, оставаясь поэтическим изображением человеческого существования в его сложном переплетении с судьбой.

Февраль. Достать чернил и плакать!..

Февраль. Достать чернил и плакать!
Писать о феврале навзрыд,
Пока грохочущая слякоть
Весною черною горит.

Достать пролетку. За шесть гривен,
Чрез благовест, чрез клик колес,
Перенестись туда, где ливень
Еще шумней чернил и слез.

Где, как обугленные груши,
С деревьев тысячи грачей
Сорвутся в лужи и обрушат
Сухую грусть на дно очей.

Под ней проталины чернеют,
И ветер криками изрыт,
И чем случайней, тем вернее
Слагаются стихи навзрыд.

1912

Вокзал

Вокзал, несгораемый ящик
Разлук моих, встреч и разлук,

Испытанный друг и указчик,
Начать — не исчислить заслуг.

Бывало, вся жизнь моя — в шарфе,
Лишь подан к посадке состав,
И пышут намордники гарпий,
Парами глаза нам застлав.

Бывало, лишь рядом усядусь —
И крышка. Приник и отник.
Прощай же, пора, моя радость!
Я спрыгну сейчас, проводник.

Бывало, раздвинется запад
В маневрах ненастий и шпал
И примется хлопьями цапать,
Чтоб под буфера не попал.

И глохнет свисток повторенный,
А издали вторит другой,
И поезд метет по перронам
Глухой многогорбой пургой.

И вот уже сумеркам невтерпь,
И вот уж, за дымом вослед,
Срываются поле и ветер, —
О, быть бы и мне в их числе!

1913

Быть знаменитым некрасиво...

Быть знаменитым некрасиво.
Не это подымает ввысь.

Не надо заводить архива,
Над рукописями трястись.

Цель творчества — самоотдача,
А не шумиха, не успех.
Позорно, ничего не знача,
Быть притчей на устах у всех.

Но надо жить без самозванства,
Так жить, чтобы в конце концов
Привлечь к себе любовь пространства,
Услышать будущего зов.

И надо оставлять пробелы
В судьбе, а не среди бумаг,
Места и главы жизни целой
Отчеркивая на полях.

И окунаться в неизвестность,
И прятать в ней свои шаги,
Как прячется в тумане местность,
Когда в ней не видать ни зги.

Другие по живому следу
Пройдут твой путь за пядью пядь,
Но пораженья от победы
Ты сам не должен отличать.

И должен ни единой долькой
Не отступаться от лица,
Но быть живым, живым и только,
Живым и только до конца.

1956

М. А. ШОЛОХОВ

(1905—1984)

Михаил Александрович Шолохов родился в 1905 году в станице Вешенской на границе Хоперского и Донецкого округов Области войска Донского. Его отец, выходец из Рязанской губернии, сеял хлеб на арендованной казачьей земле, был приказчиком, управляющим паровой мельницей. Мать украинка, вдова донского казака, наделенная от природы живым умом, выучилась грамоте, чтобы переписываться с сыном, когда тот стал учиться.

Учебу Шолохова прервали революция 1917 г. и гражданская война. Окончив четыре класса гимназии, он в 1918 г. вступил в Красную Армию, стал пулеметчиком и участвовал в кровопролитных боях на Дону. Однажды он чудом избежал расстрела, попав в плен к батьке Махно. С первых дней революции Шолохов поддерживал большевиков, а в 1932 г. вступил в Коммунистическую партию и был впоследствии членом ЦК КПСС и депутатом Верховного Совета СССР.

В 1922 г. Шолохов приехал в Москву, на заработки работал грузчиком и разнорабочим. Кроме этого, сотрудничал с литературной группой "Молодая гвардия". В 1923 г. в газете «Юношеская правда» были напечатаны его первые фельетоны, а в 1924 г. в той же газете — первый из Донских рассказов — «Родинка».

Летом 1924 г. Шолохов вернулся на родину в станицу Вешенскую. В 1925 г. в Москве вышла книга «Донские рассказы», которая живыми диалогами, сочными описаниями природы привлекла внимание к молодому писателю. С 1926 по 1940 г. Шолохов работает над романом «Тихий Дон», принесшим писателю мировую известность.

В 90-е годы XX века появился ряд версий, что автором знаменитого романа был не Шолохов, однако, в последние годы получен ряд неоспоримых доказательств, что автором «Тихого Дона» является Михаил Александрович Шолохов.

Шолохов долгое время, в силу ряда причин, вынужден был скрывать имя и фамилию казака, который послужил прототипом главного героя романа. Читатели засыпали Шолохова письмами с единственным вопросом: "Жив ли настоящий Григорий Мелехов?" Но тайну Григория Мелехова писатель не открывал. Хотя при вручении ему Нобелевской премии в Стокгольме в 1964 году Шолохов подтвердил, что у главного героя романа есть прототип, который жил и трудился в одной из станиц на Дону, но и тогда писатель не назвал его имени.

В последние годы "ряд причин" прекратил свое существование и на основе воспоминаний односельчан Шолохова, стало возможным узнать имя "настоящего" Григория Мелехова. Его прототип — вешенский казак Харлампий Ермаков.

Устные рассказы Харлампия Ермакова о своей жизни и восстании казаков на Дону, записанные тогда еще молодым писателем Михаилом Шолоховым, легли в основу «Тихого Дона».

Роман представляет собой эпическое повествование о первой мировой войне, революции, гражданской войне, об отношении к этим событиям казачества. Двойственность главного героя романа Мелехова, его противоречивость, душевные метания делают его одним из самых известных трагических героев отечественной литературы. Гражданская война изображена в романе как страшное братоубийственное зло, уничтожающее народный уклад жизни. Откровенно показано кровавое насаждение "новой жизни" большевиками. В 1941 г. роман был удостоен Государственной премии СССР.

В 30-е годы Шолохов начинает работать над романом «Поднятая целина», где пытается рассказать о положении крестьянства в период принудительной коллективизации в соответствии с первым пятилетним планом (1928—1933). В 40—50-е гг. писатель подверг первый том существенной переработке, а в 1960 г. завершил работу и над вторым томом. В результате внесенных исправлений процесс коллективизации показан в романе с позиций официальной коммунистической идеологии, т. е. герои романа реагируют на события 1917—1922 гг. и начала 30-х гг. в духе коммунистов 50-х гг., а тенденциозность окончательного варианта романа вступает в противоречие с его художественной целостностью.

Во время второй мировой войны Шолохов — военный корреспондент «Правды», автор статей и репортажей о героизме советского народа; после Сталинградской битвы писатель начинает работу над третьим романом — трилогией «Они сражались за Родину». Первые главы романа увидели свет на страницах «Правды» в 1943—1944 гг., первый том отдельным изданием выходит в 1958 г., но трилогия так и осталась незаконченной. Теме войны посвящен также рассказ «Судьба человека», по которому был поставлен знаменитый фильм.

С конца 50-х гг. Шолохов пишет очень мало. В 1965 г. он был удостоен Нобелевской премии по литературе "за художественную силу и цельность эпоса о донском казачестве в переломное для России время". Писатель умер в станице Вешенской в 1984 году в возрасте 78 лет.

Судьба человека

Евгении Григорьевне Левицкой,
члену КПСС с 1903 года

Первая послевоенная весна была на Верхнем Дону на редкость дружная и напористая. В конце марта из Приазовья подули теплые ветры, и уже через двое суток начисто оголились пески левобережья Дона, в степи вспухли набитые снегом лога и балки, взломав лед, бешено взыграли степные речки, и дороги стали почти совсем непроездны.

В эту недобрую пору бездорожья мне пришлось ехать в станицу Букановскую. И расстояние небольшое — всего лишь около шестидесяти километров, — но одолеть их оказалось не так-то просто. Мы с товарищем выехали до восхода солнца. Пара сытых лошадей, в струну натягивая постромки, еле тащила тяжелую бричку. Колеса по самую ступицу проваливались в отсыревший, перемешанный со снегом и льдом песок, и через час на лошадиных боках и стегнах, под тонкими ремнями шлеек, уже показались белые пышные хлопья мыла, а в утреннем свежем воздухе остро и пьяняще запахло лошадиным потом и согретым деготьком щедро смазанной конской сбруи.

Там, где было особенно трудно лошадям, мы слезали с брички, шли пешком. Под сапогами хлюпал размокший снег, идти было тяжело, но по обочинам дороги все еще держался хрустально поблескивавший на солнце ледок, и там пробираться было еще труднее. Только часов через шесть покрыли расстояние в тридцать километров, подъехали к переправе через речку Еланку.

Небольшая, местами пересыхающая летом речушка против хутора Моховского в заболоченной, поросшей ольхами пойме разлилась на целый километр. Переправляться надо было на утлой плоскодонке, поднимавшей не больше трех человек. Мы отпустили лошадей. На той стороне в колхозном сарае нас ожидал старенький, видавший виды "виллис", оставленный там еще зимою. Вдвоем с шофером мы не без опасения сели в ветхую лодчонку. Товарищ с вещами остался на берегу. Едва отчалили, как из прогнившего днища в разных местах фонтанчиками забила вода. Подручными средствами конопатили ненадежную посудину и вычерпывали из нее воду, пока не доехали. Через час мы были на той стороне Еланки. Шофер пригнал из хутора машину, подошел к лодке и сказал, берясь за весло:

— Если это проклятое корыто не развалится на воде, — часа через два приедем, раньше не ждите.

Хутор раскинулся далеко в стороне, и возле причала стояла такая тишина, какая бывает в безлюдных местах только глухою осенью и в самом начале весны. От воды тянуло сыростью, терпкой горечью гниющей ольхи, а с дальних прихоперских степей, тонувших в сиреневой дымке тумана, легкий ветерок нес извечно юный, еле уловимый аромат недавно освободившейся из-под снега земли.

Неподалеку, на прибрежном песке, лежал поваленный плетень. Я присел на него, хотел закурить, но сунув руку в правый карман ватной стеганки, к великому огорчению, обнаружил, что пачка "Беломора" совершенно размокла. Во время переправы волна хлестнула через борт низко сидевшей лодки, по пояс окатила меня мутной водой. Тогда мне некогда было думать о папиросах, надо было, бросив весло, побыстрее вычерпывать воду, чтобы лодка не затонула, а теперь, горько досадуя на свою оплошность, я бережно извлек из кармана раскисшую пачку, присел на корточки и стал по одной раскладывать на плетне влажные, побуревшие папиросы.

Был полдень. Солнце светило горячо, как в мае. Я надеялся, что папиросы скоро высохнут. Солнце светило так горячо, что я уже пожалел о том, что надел в дорогу солдатские ватные штаны и стеганку. Это был первый после зимы по-настоящему теплый день. Хорошо было сидеть на плетне вот так, одному, целиком покорясь тишине и одиночеству, и, сняв с головы старую солдатскую ушанку, сушить на ветерке мокрые после тяжелой гребли волосы, бездумно следить за проплывающими в блеклой синеве белыми грудастыми облаками.

Вскоре я увидел, как из-за крайних дворов хутора вышел на дорогу мужчина. Он вел за руку маленького мальчика, судя по росту — лет пяти-шести, не больше. Они устало брели по направлению к переправе, но, поравнявшись с машиной, повернули ко мне. Высокий, сутуловатый мужчина, подойдя вплотную, сказал приглушенным баском:

— Здорово, браток!

— Здравствуй. — Я пожал протянутую мне большую, черствую руку.

Мужчина наклонился к мальчику, сказал:

— Поздоровайся с дядей, сынок. Он, видать, такой же шофер, как и твой папанька. Только мы с тобой на грузовой ездили, а он вот эту маленькую машину гоняет.

Глядя мне прямо в глаза светлыми, как небушко, глазами, чуть-чуть улыбаясь, мальчик смело протянул мне розовую холодную ручонку. Я легонько потряс ее, спросил:

— Что же это у тебя, старик, рука такая холодная? На дворе теплынь, а ты замерзаешь?

С трогательной детской доверчивостью малыш прижался к моим коленям, удивленно приподнял белесые бровки.

— Какой же я старик, дядя? Я вовсе мальчик, и я вовсе не замерзаю, а руки холодные — снежки катал потому что.

Сняв со спины тощий вещевой мешок, устало присаживаясь рядом со мною, отец сказал:

— Беда мне с этим пассажиром! Через него и я подбился. Широко шагнешь — он уже на рысь переходит, вот и изволь к такому пехотинцу приноравливаться. Там, где мне надо раз шагнуть, — я три раза шагаю, так и идем с ним враздробь, как конь с черепахой. А тут ведь за ним глаз да глаз нужен. Чуть отвернешься, а он уже по лужине бредет или леденику отломит и сосет вместо конфеты. Нет, не мужчинское это дело с такими пассажирами путешествовать, да еще походным порядком. — Он помолчал немного, потом спросил: — А ты что же, браток, свое начальство ждешь?

Мне было неудобно разуверять его в том, что я не шофер, и я ответил:

— Приходится ждать.

— С той стороны подъедут?

— Да.

— Не знаешь, скоро ли подойдет лодка?

— Часа через два.

— Порядком. Ну что ж, пока отдохнем, спешить мне некуда. А я иду мимо, гляжу: свой брат-шофер загорает. Дай, думаю, зайду, перекурим вместе. Одному-то и курить, и помирать тошно. А ты богато живешь, папироски куришь. Подмочил их, стало быть? Ну, брат, табак моченый, что конь леченый, никуда не годится. Давай-ка лучше моего крепачка закурим.

Он достал из кармана защитных летних штанов свернутый в трубку малиновый шелковый потертый кисет, развернул его, и я успел прочитать вышитую на уголке надпись: "Дорогому бойцу от ученицы 6-го класса Лебедянской средней школы".

Мы закурили крепчайшего самосада и долго молчали. Я хотел было спросить, куда он идет с ребенком, какая нужда его гонит в такую распутицу, но он опередил меня вопросом:

— Ты что же, всю войну за баранкой?

— Почти всю.

— На фронте?

— Да.

— Ну, и мне там пришлось, браток, хлебнуть горюшка по ноздри и выше.

Он положил на колени большие темные руки, сгорбился. Я сбоку взглянул на него, и мне стало что-то не по себе... Видали вы когда-нибудь глаза, словно присыпанные пеплом, наполненные такой неизбывной смертной тоской, что в них трудно смотреть? Вот такие глаза были у моего случайного собеседника.

Выломав из плетня сухую искривленную хворостинку, он с минуту молча водил ею по песку, вычерчивая какие-то замысловатые фигуры, а потом заговорил:

— Иной раз не спишь ночью, глядишь в темноту пустыми глазами и думаешь: "За что же ты, жизнь, меня так покалечила? За что так исказнила?" Нету мне ответа ни в темноте, ни при ясном солнышке... Нету и не дождусь! — И вдруг спохватился: ласково подталкивая сынишку, сказал: — Пойди, милок, поиграйся возле воды, у большой воды для ребятишек всегда какая-нибудь добыча найдется. Только, гляди, ноги не промочи!

Еще когда мы в молчании курили, я, украдкой рассматривая отца и сынишку, с удивлением отметил про себя одно, странное на мой взгляд, обстоятельство Мальчик был одет просто, но добротно: и в том, как сидела на нем подбитая легкой, поношенной цигейкой длиннополая курточка, и в том, что крохотные сапожки были сшиты с расчетом надевать их на шерстяной носок, и очень искусный шов на разорванном когда-то рукаве курточки — все выдавало женскую заботу, умелые материнские руки. А отец выглядел иначе: прожженный в нескольких местах ватник был небрежно и грубо заштопан, латка на выношенных защитных штанах не пришита как следует, а скорее наживлена широкими, мужскими стежками; на нем были почти новые солдатские ботинки, но плотные шерстяные носки изъедены молью, их не коснулась женская рука... Еще тогда я подумал: "Или вдовец, или живет не в ладах с женой".

Но вот он, проводив глазами сынишку, глухо покашлял, снова заговорил, и я весь превратился в слух.

— Поначалу жизнь моя была обыкновенная. Сам я уроженец Воронежской губернии, с тысяча девятьсотого года рождения. В гражданскую войну был в Красной Армии, в дивизии Киквидзе. В голодный двадцать второй год подался на Кубань, ишачить на кулаков, потому и уцелел. А отец с матерью и сестренкой дома померли от голода. Остался один. Родни — хоть шаром покати, — нигде, никого, ни одной души.

Ну, через год вернулся с Кубани, хатенку продал, поехал в Воронеж. Поначалу работал в плотницкой артели, потом пошел на завод, выучился на слесаря. Вскорости женился. Жена воспитывалась в детском доме. Сиротка. Хорошая попалась мне девка! Смирная веселая, угодливая и умница, не мне чета. Она с детства узнала, почем фунт лиха стоит, может, это и сказалось на ее характере. Со стороны глядеть — не так уж она была из себя видная, но ведь я-то не со стороны на нее глядел, а в упор. И не было для меня красивее и желанней ее, не было на свете и не будет!

Придешь с работы усталый, а иной раз и злой, как черт. Нет, на грубое слово она тебе не нагрубит в ответ. Ласковая, тихая, не знает, где тебя усадить, бьется, чтобы и при малом достатке сладкий кусок тебе сготовить. Смотришь на нее и отходишь сердцем, а спустя немного обнимешь ее, скажешь: "Прости, милая Иринка, нахамил я тебе. Понимаешь, с работой у меня нынче не заладилось". И опять у нас мир, и у меня покой на душе. А ты знаешь, браток, что это означает для работы? Утром я встаю как встрепанный, иду на завод, и любая работа у меня в руках кипит и спорится! Вот что это означает — иметь умную жену-подругу.

Приходилось кое-когда после получки и выпивать с товарищами. Кое-когда бывало и так, что идешь домой и такие кренделя ногами выписываешь, что со стороны, небось, глядеть страшно. Тесна тебе улица, да и шабаш, не говоря уже про переулки. Парень я был тогда здоровый и сильный, как дьявол, выпить мог много, а до дому всегда добирался на своих ногах. Но случалось иной раз и так, что последний перегон шел на первой скорости, то есть на четвереньках, однако же добирался. И опять же ни тебе упрека, ни крика, ни скандала. Только посмеивается моя Иринка, да и то осторожно, чтобы я спьяну не обиделся. Разует меня и шепчет: "Ложись к стенке, Андрюша, а то сонный упадешь с кровати". Ну, я, как куль с овсом, упаду, и все поплывет перед глазами. Только слышу сквозь сон, что она по голове меня тихонько гладит рукою и шепчет что-то ласковое, жалеет, значит...

Утром она меня часа за два до работы на ноги подымет, чтобы я размялся. Знает, что на похмелье я ничего есть не буду, ну, достанет огурец соленый или еще что-нибудь по легости, нальет граненый стаканчик водки. "Похмелись, Андрюша, только больше не надо, мой милый". Да разве же можно не оправдать такого доверия? Выпью, поблагодарю ее без слов, одними глазами, поцелую и пошел на работу, как миленький. А скажи она мне, хмельному, слово поперек, крикни или обругайся, и я бы, как бог свят, и на второй день напился. Так бывает в иных семьях, где жена дура; насмотрелся я на таких шалав, знаю.

Вскорости дети у нас пошли. Сначала сынишка родился, через год еще две девочки... Тут я от товарищей откололся. Всю получку домой несу, семья стала числом порядочная, не до выпивки. В выходной кружку пива выпью и на этом ставлю точку.

В двадцать девятом году завлекли меня машины. Изучил автодело, сел за баранку на грузовой. Потом втянулся и уже не захотел возвращаться на завод. За рулем показалось мне веселее. Так и прожил десять лет и не заметил, как они прошли. Прошли как будто во сне. Да что десять лет! Спроси у любого пожилого человека — приметил он, как жизнь прожил? Ни черта он не приметил! Прошлое — вот как та дальняя степь в дымке. Утром я шел по ней, все было ясно кругом, а отшагал двадцать километров, и вот уже затянула степь дымка, и отсюда уже не отличишь лес от бурьяна, пашню от травокоса...

Работал я эти десять лет и день и ночь. Зарабатывал хорошо, и жили мы не хуже людей. И дети радовали: все трое учились на "отлично", а старшенький, Анатолий, оказался таким способным к математике, что про него даже в центральной газете писали. Откуда у него проявился такой огромный талант к этой науке, я и сам, браток, не знаю. Только очень мне это было лестно, и гордился я им, страсть как гордился!

За десять лет скопили мы немного деньжонок и перед войной поставили себе домишко об двух комнатах, с кладовкой и коридорчиком. Ирина купила двух коз. Чего еще больше надо? Дети кашу едят с молоком, крыша над головою есть, одеты, обуты, стало быть, все в порядке. Только построился я неловко. Отвели мне участок в шесть соток неподалеку от авиазавода. Будь моя хибарка в другом месте, может, и жизнь сложилась бы иначе...

А тут вот она, война. На второй день повестка из военкомата, а на третий — пожалуйте в эшелон. Провожали меня все четверо моих: Ирина, Анатолий и дочери — Настенька и Олюшка. Все ребята держались молодцом. Ну, у дочерей — не без того, посверкивали слезинки. Анатолий только плечами передергивал, как от холода, ему к тому времени уже семнадцатый, год шел, а Ирина моя... Такой я ее за все семнадцать лет нашей совместной жизни ни разу не видал. Ночью у меня на плече и на груди рубаха от ее слез не просыхала, и утром такая же история... Пришли на вокзал, а я на нее от жалости глядеть не могу: губы от слез распухли, волосы из-под платка выбились, и глаза мутные, несмысленные, как у тронутого умом человека. Командиры объявляют посадку, а она упала мне на грудь, руки на моей шее сцепила и вся дрожит, будто подрубленное дерево... И детишки ее уговаривают, и я, — ничего не помогает! Другие женщины с мужьями, с сыновьями разговаривают, а моя прижалась ко мне, как лист к ветке, и только вся дрожит, а слова вымолвить не может. Я и говорю ей: "Возьми же себя в руки, милая моя Иринка! Скажи мне хоть слово на прощанье". Она и говорит, и за каждым словом всхлипывает: "Родненький мой... Андрюша... не увидимся мы с тобой... больше... на этом... свете"...

Тут у самого от жалости к ней сердце на части разрывается, а тут она с такими словами. Должна бы понимать, что мне тоже нелегко с ними расставаться, не к теще на блины собрался. Зло меня тут взяло! Силой я разнял ее руки и легонько толкнул в плечи. Толкнул вроде легонько, а сила-то у меня была дурачья; она попятилась, шага три ступнула назад и опять ко мне идет мелкими шажками, руки протягивает, а я кричу ей: "Да разве же так прощаются? Что ты меня раньше времени заживо хоронишь?!" Ну, опять обнял ее, вижу, что она не в себе...

Он на полуслове резко оборвал рассказ, и в наступившей тишине я услышал, как у него что-то клокочет и булькает в горле. Чужое волнение передалось и мне. Искоса взглянул я на рассказчика, но ни единой слезинки не увидел в его словно бы мертвых, потухших глазах. Он сидел, понуро склонив голову, только большие, безвольно опущенные руки мелко дрожали, дрожал подбородок, дрожали твердые губы...

— Не надо, друг, не вспоминай! — тихо проговорил я, но он, наверное, не слышал моих слов и, каким-то огромным усилием воли поборов волнение, вдруг сказал охрипшим, странно изменившимся голосом:

— До самой смерти, до последнего моего часа, помирать буду, а не прощу себе, что тогда ее оттолкнул!..

Он снова и надолго замолчал. Пытался свернуть папиросу, но газетная бумага рвалась, табак сыпался на колени. Наконец он все же кое-как сделал крученку, несколько раз жадно затянулся и, покашливая, продолжал:

— Оторвался я от Ирины, взял ее лицо в ладони, целую, а у нее губы как лед. С детишками попрощался, бегу к вагону, уже на ходу вскочил на подножку. Поезд взял с места тихо-тихо; проезжать мне — мимо своих. Гляжу, детишки мои осиротелые в кучку сбились, руками мне машут, хотят улыбаться, а оно не выходит. А Ирина прижала руки к груди; губы белые как мел, что-то она ими шепчет, смотрит на меня, не сморгнет, а сама вся вперед клонится, будто хочет шагнуть против сильного ветра... Такой она и в памяти мне на всю жизнь осталась: руки, прижатые к груди, белые губы и широко раскрытые глаза, полные слез... По большей части такой я ее и во сне всегда вижу... Зачем я ее тогда оттолкнул? Сердце до сих пор, как вспомню, будто тупым ножом режут...

Формировали нас под Белой Церковью, на Украине. Дали мне ЗИС-5. На нем и поехал на фронт. Ну, про войну тебе нечего рассказывать, сам видал и знаешь, как оно было поначалу. От своих письма получал часто, а сам крылатки посылал редко. Бывало, напишешь, что, мол, все в порядке, помаленьку воюем, и хотя сейчас отступаем, но скоро соберемся с силами и тогда дадим фрицам прикурить. А что еще можно было писать? Тошное время было, не до писаний было. Да и признаться, и сам я не охотник был на жалобных струнах играть и терпеть не мог этаких слюнявых, какие каждый день, к делу и не к делу, женам и милахам писали, сопли по бумаге размазывали. Трудно, дескать, ему, тяжело, того и гляди убьют. И вот он, сука в штанах, жалуется, сочувствия ищет, слюнявится, а того не хочет понять, что этим разнесчастным бабенкам и детишкам не слаже нашего в тылу приходилось. Вся держава на них оперлась! Какие же это плечи нашим женщинам и детишкам надо было иметь, чтобы под такой тяжестью не согнуться? А вот не согнулись, выстояли! А такой хлюст, мокрая душонка, напишет жалостное письмо — и трудящую женщину, как рюхой под ноги. Она после этого письма, горемыка, и руки опустит, и работа ей не в работу. Нет! На то ты и мужчина, на то ты и солдат, чтобы все вытерпеть, все снести, если к этому нужда позвала. А если в тебе бабьей закваски больше, чем мужской, то надевай юбку со сборками, чтобы свой тощий зад прикрыть попышнее, чтобы хоть сзади на бабу был похож, и ступай свеклу полоть или коров доить, а на фронте ты такой не нужен, там и без тебя вони много!

Только не пришлось мне и года повоевать... Два раза за это время был ранен, но оба раза по легости: один раз — в мякоть руки, другой — в ногу; первый раз — пулей с самолета, другой — осколком снаряда. Дырявил немец мою машину и сверху и с боков, но мне, браток, везло на первых порах. Везло-везло, да и довезло до самой ручки... Попал я в плен под Лозовеньками в мае сорок второго года при таком неловком случае: немец тогда здорово наступал, и оказалась одна наша стодвадцатидвухмиллиметровая гаубичная батарея почти без снарядов; нагрузили мою машину снарядами по самую завязку, и сам я на погрузке работал так, что гимнастерка к лопаткам прикипала. Надо было сильно спешить потому, что бой приближался к нам: слева чьи-то танки гремят, справа стрельба идет, впереди стрельба, и уже начало попахивать жареным...

Командир нашей! автороты спрашивает: "Проскочишь, Соколов?" А тут и спрашивать нечего было. Там товарищи мои, может, погибают, а я тут чухаться буду? "Какой разговор! — отвечаю ему. — Я должен проскочить, и баста!" — "Ну, — говорит, — дуй! Жми на всю железку!"

Я и подул. В жизни так не ездил, как на этот раз! Знал, что не картошку везу, что с этим грузом осторожность в езде нужна, но какая же тут может быть осторожность, когда там ребята с пустыми руками воюют, когда дорога вся насквозь артогнем простреливается. Пробежал километров шесть, скоро мне уже на проселок сворачивать, чтобы пробраться к балке, где батарея стояла, а тут гляжу — мать честная — пехотка наша и справа и слева от грейдера по чистому полю сыплет, и уже мины рвутся по их порядкам. Что мне делать? Не поворачивать же назад? Давлю вовсю! И до батареи остался какой-нибудь километр, уже свернул я на проселок, а добраться до своих мне, браток, не пришлось... Видно, из дальнобойного тяжелый положил он мне возле машины. Не слыхал я ни разрыва, ничего, только в голове будто что-то лопнуло, и больше ничего не помню. Как остался я живой тогда — не понимаю, и сколько времени пролежал метрах в восьми от кювета — не соображу. Очнулся, а встать на ноги не могу: голова у меня дергается, всего трясет, будто в лихорадке, в глазах темень, в левом плече что-то скрипит и похрустывает, и боль во всем теле такая, как, скажи, меня двое суток подряд били чем попадя. Долго я по земле на животе елозил, но кое-как встал. Однако опять же ничего не пойму, где я и что со мной стряслось. Память-то мне начисто отшибло. А обратно лечь боюсь. Боюсь, что лягу и больше не встану, помру. Стою и качаюсь из стороны в сторону, как тополь в бурю.

Когда пришел в себя, опомнился и огляделся как следует, — сердце будто кто-то плоскогубцами сжал: кругом снаряды валяются, какие я вез, неподалеку моя машина, вся в клочья побитая, лежит вверх колесами, а бой-то, бой-то уже сзади меня идет... Это как?

Нечего греха таить, вот тут-то у меня ноги сами собою подкосились, и я упал как срезанный, потому что понял, что я — в плену у фашистов. Вот как оно на войне бывает...

Ох, браток, нелегкое это дело понять, что ты не по своей воле в плену. Кто этого на своей шкуре не испытал, тому не сразу в душу въедешь, чтобы до него по-человечески дошло, что означает эта штука.

Ну, вот, стало быть, лежу я и слышу: танки гремят. Четыре немецких средних танка на полном газу прошли мимо меня туда, откуда я со снарядами выехал... Каково это было переживать? Потом тягачи с пушками потянулись, полевая кухня проехала, потом пехота пошла, не густо, так, не больше одной битой роты. Погляжу, погляжу на них краем глаза и опять прижмусь щекой к земле, глаза закрою: тошно мне на них глядеть, и на сердце тошно...

Думал, все прошли, приподнял голову, а их шесть автоматчиков — вот они, шагают метрах в ста от меня. Гляжу, сворачивают с дороги и прямо ко мне. Идут молчаком. "Вот, — думаю, — и смерть моя на подходе". Я сел, неохота лежа помирать, потом встал. Один из них, не доходя шагов нескольких, плечом дернул, автомат снял. И вот как потешно человек устроен: никакой паники, ни сердечной робости в эту минуту у меня не было. Только гляжу на него и думаю: "Сейчас даст он по мне короткую очередь, а куда будет бить? В голову или поперек груди?" Как будто мне это не один черт, какое место он в моем теле прострочит.

Молодой парень, собою ладный такой, чернявый, а губы тонкие, в нитку, и глаза с прищуром. "Этот убьет и не задумается", — соображаю про себя. Так оно и есть: вскинул автомат — я ему прямо в глаза гляжу, молчу, а другой, ефрейтор, что ли, постарше его возрастом, можно сказать пожилой, что-то крикнул, отодвинул его в сторону, подошел ко мне, лопочет по-своему и правую руку мою в локте сгибает, мускул, значит, щупает. Попробовал и говорит: "О-о-о!" — и показывает на дорогу, на заход солнца. Топай, мол, рабочая скотинка, трудиться на наш райх. Хозяином оказался, сукин сын!

Но чернявый присмотрелся на мои сапоги, а они у меня с виду были добрые, показывает рукой: "Сымай". Сел я на землю, снял сапоги, подаю ему. Он их из рук у меня прямо-таки выхватил. Размотал я портянки, протягиваю ему, а сам гляжу на него снизу вверх. Но он заорал, заругался по-своему и опять за автомат хватается. Остальные ржут. С тем по-мирному и отошли. Только этот чернявый, пока дошел до дороги, раза три оглянулся на меня, глазами сверкает, как волчонок, злится, а, чего? Будто я с него сапоги снял, а не он с меня.

Что ж, браток, деваться мне было некуда. Вышел я на дорогу, выругался страшным кучерявым, воронежским матом и зашагал на запад, в плен!.. А ходок тогда из меня был никудышный, в час по километру, не больше. Ты хочешь вперед шагнуть, а тебя из стороны в сторону качает, возит по дороге, как пьяного. Прошел немного, и догоняет меня колонна наших пленных, из той же дивизии, в какой я был. Гонят их человек десять немецких автоматчиков. Тот, какой впереди колонны шел, поравнялся со мною и, не говоря худого слова, наотмашь хлыстнул меня ручкой автомата по голове. Упади я, — и он пришил бы меня к земле очередью, но наши подхватили меня на лету, затолкали в средину и с полчаса вели под руки. А когда я очухался, один из них шепчет: "Боже тебя упаси падать! Иди из последних сил, а не то убьют". И я из последних сил, но пошел.

Как только солнце село, немцы усилили конвой, на грузовой подкинули еще человек двадцать автоматчиков, погнали нас ускоренным маршем. Сильно раненные наши не могли поспевать за остальными, и их пристреливали прямо на дороге. Двое попытались бежать, а того не учли, что в лунную ночь тебя в чистом поле черт-те насколько видно, ну, конечно, и этих постреляли. В полночь пришли мы в какое-то полусожженное село. Ночевать загнали нас в церковь с разбитым куполом. На каменном полу — ни клочка соломы, а все мы без шинелей, в одних гимнастерках и штанах, так что постелить и разу нечего. Кое на ком даже и гимнастерок не было, одни бязевые исподние рубашки. В большинстве это были младшие командиры. Гимнастерки они посымали, чтобы их от рядовых нельзя было отличить. И еще артиллерийская прислуга была без гимнастерок. Как работали возле орудий растелешенные, так и в плен попали.

Ночью полил такой сильный дождь, что все мы промокли насквозь. Тут купол снесло тяжелым снарядом или бомбой с самолета, а тут крыша вся начисто побитая осколками, сухого места даже в алтаре не найдешь. Так всю ночь и прослонялись мы в этой церкви, как овцы в темном котухе. Среди ночи слышу, кто-то трогает меня за руку, спрашивает: "Товарищ, ты не ранен?" Отвечаю ему: "А тебе что надо, браток?" Он и говорит: "Я — военврач, может быть, могу тебе чем-нибудь помочь?" Я пожаловался ему, что у меня левое плечо скрипит и пухнет и ужасно как болит. Он твердо так говорит: "Сымай гимнастерку и нижнюю рубашку". Я снял все это с себя, он и начал руку в плече прощупывать своими тонкими пальцами, да так, что я света не взвидел. Скриплю зубами и говорю ему: "Ты, видно, ветеринар, а не людской доктор. Что же ты по больному месту давишь так, бессердечный ты человек?" А он все щупает и злобно так отвечает: "Твое дело помалкивать! Тоже мне, разговорчики затеял. Держись, сейчас еще больнее будет". Да с тем как дернет мою руку, аж красные искры у меня из глаз посыпались.

Опомнился я и спрашиваю: "Ты что же делаешь, фашист несчастный? У меня рука вдребезги разбитая, а ты ее так рванул". Слышу, он засмеялся потихоньку и говорит: "Думал, что ты меня ударишь с правой, но ты, оказывается, смирный парень. А рука у тебя не разбита, а выбита была, вот я ее на место и поставил. Ну, как теперь, полегче тебе?" И в самом деле, чувствую по себе, что боль куда-то уходит. Поблагодарил я его душевно, и он дальше пошел в темноте, потихоньку спрашивает: "Раненые есть?" Вот что значит настоящий доктор! Он и в плену и в потемках свое великое дело делал.

Беспокойная это была ночь. До ветру не пускали, об этом старший конвоя предупредил, еще когда попарно загоняли нас в церковь. И, как на грех, приспичило одному богомольному из наших выйти по нужде. Крепился-крепился он, а потом заплакал. "Не могу, — говорит, — осквернять святой храм! Я же верующий, я христианин! Что мне делать, братцы?" А наши, знаешь, какой народ? Одни смеются, другие ругаются, третьи всякие шуточные советы ему дают. Развеселил он всех нас, а кончилась эта канитель очень даже плохо: начал он стучать в дверь и просить, чтобы его выпустили. Ну, и допросился: дал фашист через дверь, во всю ее ширину, длинную очередь, и богомольца этого убил, и еще трех человек, а одного тяжело ранил, к утру он скончался.

Убитых сложили мы в одно место, присели все, притихли и призадумались: начало-то не очень веселое... А немного погодя заговорили вполголоса, зашептались: кто откуда, какой области, как в плен попал; в темноте товарищи из одного взвода или знакомцы из одной роты порастерялись, начали один одного потихоньку окликать. И слышу я рядом с собой такой тихий разговор. Один говорит: "Если завтра, перед тем как гнать нас дальше, нас выстроят и будут выкликать комиссаров, коммунистов и евреев, то ты, взводный, не прячься! Из этого дела у тебя ничего не выйдет. Ты думаешь, если гимнастерку снял, так за рядового сойдешь? Не выйдет! Я за тебя отвечать не намерен. Я первый укажу на тебя! Я же знаю, что ты коммунист и меня агитировал вступать в партию, вот и отвечай за свои дела". Это говорит ближний ко мне, какой рядом со мной сидит, слева, а с другой стороны от него чей-то молодой голос отвечает: "Я всегда подозревал, что ты, Крыжнев, нехороший человек. Особенно, когда ты отказался вступать в партию, ссылаясь на свою неграмотность. Но никогда я не думал, что ты сможешь стать предателем. Ведь ты же окончил семилетку?" Тот лениво так отвечает своему взводному: "Ну, окончил, и что из этого?" Долго они молчали, потом, по голосу, взводный тихо так говорит: "Не выдавай меня, товарищ Крыжнев". А тот засмеялся тихонько. "Товарищи, — говорит, — остались за линией фронта, а я тебе не товарищ, и ты меня не проси, все равно укажу на тебя. Своя рубашка к телу ближе".

Замолчали они, а меня озноб колотит от такой подлючности. "Нет, — думаю, — не дам я тебе, сучьему сыну, выдать своего командира! Ты у меня из этой церкви не выйдешь, а вытянут тебя, как падлу, за ноги!" Чуть-чуть рассвело — вижу: рядом со мной лежит на спине мордатый парень, руки за голову закинул, а около него сидит в одной исподней рубашке, колени обнял, худенький такой, курносенький парнишка, и очень собою бледный. "Ну, — думаю, — не справится этот парнишка с таким толстым мерином. Придется мне его кончать".

Тронул я его рукою, спрашиваю шепотом: "Ты — взводный?" Он ничего не ответил, только головою кивнул. "Этот хочет тебя выдать?" — показываю я на лежачего парня. Он обратно головою кивнул. "Ну, — говорю, — держи ему ноги, чтобы не брыкался! Да поживей!" — а сам упал на этого парня, и замерли мои пальцы у него на глотке. Он и крикнуть не успел. Подержал его под собой минут несколько, приподнялся. Готов предатель, и язык набоку!

До того мне стало нехорошо после этого, и страшно захотелось руки помыть, будто я не человека, а какого-то гада ползучего душил... Первый раз в жизни убил, и то своего... Да какой же он свой? Он же худее чужого, предатель. Встал и говорю взводному: "Пойдем отсюда, товарищ, церковь велика".

Как и говорил этот Крыжнев, утром всех нас выстроили возле церкви, оцепили автоматчиками, и трое эсэсовских офицеров начали отбирать вредных им людей. Спросили, кто коммунисты, командиры, комиссары, но таковых не оказалось. Не оказалось и сволочи, какая могла бы выдать, потому что и коммунистов среди нас было чуть не половина, и командиры были, и, само собою, и комиссары были. Только четырех и взяли из двухсот с лишним человек. Одного еврея и трех

русских рядовых. Русские попали в беду потому, что все трое были чер-
нявые и с кучерявинкой в волосах. Вот подходят к такому, спрашивают:
"Юде?" Он говорит, что русский, но его и слушать не хотят. "Выходи"
— и все.

Расстреляли этих бедолаг, а нас погнали дальше. Взводный, с каким мы предателя придушили, до самой Познани возле меня держался
и в первый день нет-нет да и пожмет мне руку. В Познани нас разлучи-
ли по одной такой причине.

Видишь, какое дело, браток, еще с первого дня задумал я уходить к
своим. Но уходить хотел наверняка. До самой Познани, где разместили
нас в настоящем лагере, ни разу не предоставился мне подходящий случай. А в Познанском лагере вроде такой случай нашелся: в конце мая
послали нас в лесок возле лагеря рыть могилы для наших же умерших
военнопленных, много тогда нашего брата мерло от дизентерии; рою я
познанскую глину, а сам посматриваю кругом и вот приметил, что двое
наших охранников сели закусывать, а третий придремал на солнышке.
Бросил я лопату и тихо пошел за куст... А потом — бегом, держу прямо
на восход солнца...

Видать, не скоро они спохватились, мои охранники. А вот откуда
у меня, у такого тощалого, силы взялись, чтобы пройти за сутки почти
сорок километров, — сам не знаю. Только ничего у меня не вышло из
моего мечтания: на четвертые сутки, когда я был уже далеко от прокля-
того лагеря, поймали меня. Собаки сыскные шли по моему следу, они
меня и нашли в некошеном овсе.

На заре побоялся я идти чистым полем, а до леса было не меньше
трех километров, я залег в овсе на дневку. Намял в ладонях зерен, поже-
вал немного и в карманы насыпал про запас и вот слышу собачий брех,
и мотоцикл трещит... Оборвалось у меня сердце, потому что собаки все
ближе голоса подают. Лег я плашмя и закрылся руками, чтобы они мне
хоть лицо не обгрызли. Ну, добежали и в одну минуту спустили с меня
все мое рванье. Остался в чем мать родила. Катали они меня по овсу,
как хотели, и под конец один кобель стал мне на грудь передними лапа-
ми и целится в глотку, но пока еще не трогает.

На двух мотоциклах подъехали немцы. Сначала сами били в полную волю, а потом натравили на меня собак, и с меня только кожа с мясом полетели клочьями. Голого, всего в крови и привезли в лагерь. Месяц отсидел в карцере за побег, но все-таки живой... живой я остался!..

Тяжело мне, браток, вспоминать, а еще тяжелее рассказывать о том, что довелось пережить в плену. Как вспомнишь нелюдские муки, какие пришлось вынести там, в Германии, как вспомнишь всех друзей-товарищей, какие погибли, замученные там, в лагерях, — сердце уже не в груди, а в глотке бьется, и трудно становится дышать...

Куда меня только не гоняли за два года плена! Половину Германии объехал за это время: и в Саксонии был, на силикатном заводе работал, и в Рурской области на шахте уголек откатывал, и в Баварии на земляных работах горб наживал, и в Тюрингии побыл, и черт-те где только не пришлось по немецкой земле походить. Природа везде там, браток, разная, но стреляли и били нашего брата везде одинаково. А били богом проклятые гады и паразиты так, как у нас сроду животину не бьют. И кулаками били, и ногами топтали, и резиновыми палками били, и всяческим железом, какое под руку попадется, не говоря уже про винтовочные приклады и прочее дерево.

Били за то, что ты — русский, за то, что на белый свет еще смотришь, за то, что на них, сволочей, работаешь. Били и за то, что не так взглянешь, не так ступнешь, не так повернешься. Били запросто, для того чтобы когда-нибудь да убить до смерти, чтобы захлебнулся своей последней кровью и подох от побоев. Печей-то, наверное, на всех нас не хватало в Германии.

И кормили везде, как есть, одинаково: полтораста грамм эрзац-хлеба пополам с опилками и жидкая баланда из брюквы. Кипяток — где давали, а где нет. Да что там говорить, суди сам: до войны весил я восемьдесят шесть килограмм, а к осени тянул уже не больше пятидесяти. Одна кожа осталась на костях, да и кости-то свои носить было не под силу. А работу давай, и слова не скажи, да такую работу, что ломовой лошади и то не в пору.

В начале сентября из лагеря под городом Кюстрином перебросили нас, сто сорок два человека советских военнопленных, в лагерь Б-14, неподалеку от Дрездена. К тому времени в этом лагере было около двух тысяч наших. Все работали на каменном карьере, вручную долбили, резали, крошили немецкий камень. Норма — четыре кубометра в день на душу, заметь, на такую душу, какая и без этого чуть-чуть, на одной ниточке в теле держалась. Тут и началось: через два месяца от ста сорока двух человек нашего эшелона осталось нас пятьдесят семь. Это как, браток? Лихо? Тут своих не успеваешь хоронить, а тут слух по лагерю идет, будто немцы уже Сталинград взяли и прут дальше, на Сибирь. Одно горе к другому, да так гнут, что глаз от земли не подымаешь, вроде и ты туда, в чужую, немецкую землю, просишься. А лагерная охрана каждый день пьет, песни горланят, радуются, ликуют.

И вот как-то вечером вернулись мы в барак с работы. Целый день дождь шел, лохмотья на нас хоть выжми; все мы на холодном ветру продрогли как собаки, зуб на зуб не попадает. А обсушиться негде, согреться — то же самое, и к тому же голодные не то что до смерти, а даже еще хуже. Но вечером нам еды не полагалось.

Снял я с себя мокрое рванье, кинул на нары и говорю: "Им по четыре кубометра выработки надо, а на могилу каждому из нас и одного кубометра через глаза хватит". Только и сказал, но ведь нашелся же из своих какой-то подлец, донес коменданту лагеря про эти мои горькие слова.

Комендантом лагеря, или, по-ихнему, лагерфюрером, был у нас немец Мюллер. Невысокого роста, плотный, белобрысый и сам весь какой-то белый: и волосы на голове белые, и брови, и ресницы, даже глаза у него были белесые, навыкате. По-русски говорил, как мы с тобой, да еще на "о" налегал, будто коренной волжанин. А матершинничать был мастер ужасный. И где он, проклятый, только и учился этому ремеслу? Бывало, выстроит нас перед блоком — барак они так называли, — идет перед строем со своей сворой эсэсовцев, правую руку держит на отлете. Она у него в кожаной перчатке, а в перчатке свинцовая прокладка, чтобы пальцев не повредить. Идет и бьет каждого второго в нос, кровь пускает. Это он называл "профилактикой от гриппа". И так каждый день. Всего четыре блока в лагере было, и вот он нынче первому блоку "профилактику" устраивает, завтра второму и так далее. Аккуратный был гад, без выходных работал. Только одного он, дурак, не мог сообразить: перед тем как идти ему руки прикладывать, он, чтобы распалить себя, минут десять перед строем ругается. Он матершинничает почем зря, а нам от этого легче становится: вроде слова-то наши, природные, вроде ветерком с родной стороны подувает... Знал бы он, что его ругань нам одно удовольствие доставляет, — уж он по-русски не ругался бы, а только на своем языке. Лишь один мой приятель-москвич злился на него страшно. "Когда он ругается, — говорит, — я глаза закрою и вроде в Москве, на Зацепе, в пивной сижу, и до того мне пива захочется, что даже голова закружится".

Так вот этот самый комендант на другой день после того, как я про кубометры сказал, вызывает меня. Вечером приходят в барак переводчик и с ним два охранника. "Кто Соколов Андрей?" Я отозвался. "Марш за нами, тебя сам герр лагерфюрер требует". Понятно, зачем требует. На распыл. Попрощался я с товарищами, все они знали, что на смерть иду, вздохнул и пошел. Иду по лагерному двору, на звезды поглядываю, прощаюсь и с ними, думаю: "Вот и отмучился ты, Андрей Соколов, а по-лагерному — номер триста тридцать первый". Что-то жалко стало Иринку и детишек, а потом жаль эта утихла и стал я собираться с духом, чтобы глянуть в дырку пистолета бесстрашно, как и подобает солдату, чтобы враги не увидали в последнюю мою минуту, что мне с жизнью расставаться все-таки трудно...

В комендантской — цветы на окнах, чистенько, как у нас в хорошем клубе. За столом — все лагерное начальство. Пять человек сидят, шнапс глушат и салом закусывают. На столе у них початая здоровенная бутыль со шнапсом, хлеб, сало, моченые яблоки, открытые банки с разными консервами. Мигом оглядел я всю эту жратву, и — не поверишь — так меня замутило, что за малым не вырвало. Я же голодный, как волк, отвык от человеческой пищи, а тут столько добра перед тобою... Кое-как задавил тошноту, но глаза оторвал от стола через великую силу.

Прямо передо мною сидит полупьяный Мюллер, пистолетом играется, перекидывает его из руки в руку, а сам смотрит на меня и не моргнет, как змея. Ну, я руки по швам, стоптанными каблуками щелкнул, громко так докладываю: "Военнопленный Андрей Соколов по вашему приказанию, герр комендант, явился". Он и спрашивает меня: "Так что же, русс Иван, четыре кубометра выработки — это много?" — "Так точно, — говорю, — герр комендант, много". — "А одного тебе на могилу хватит?" — "Так точно, герр комендант, вполне хватит и даже останется".

Он встал и говорит: "Я окажу тебе великую честь, сейчас лично расстреляю тебя за эти слова. Здесь неудобно, пойдем во двор, там ты и распишешься". — "Воля ваша", — говорю ему. Он постоял, подумал, а потом кинул пистолет на стол и наливает полный стакан шнапса, кусочек хлеба взял, положил на него ломтик сала и все это подает мне и говорит: "Перед смертью выпей, русс Иван, за победу немецкого оружия".

Я было из его рук и стакан взял, и закуску, но как только услыхал эти слова, — меня будто огнем обожгло! Думаю про себя: "Чтобы я, русский солдат, да стал пить за победу немецкого оружия?! А кое-чего ты не хочешь, герр комендант? Один черт мне умирать, так провались ты пропадом со своей водкой!"

Поставил я стакан на стол, закуску положил и говорю: "Благодарствую за угощение, но я непьющий". Он улыбается: "Не хочешь пить за нашу победу? В таком случае выпей за свою погибель". А что мне было терять? "За свою погибель и избавление от мук я выпью", — говорю ему. С тем взял стакан и в два глотка вылил его в себя, а закуску не тронул, вежливенько вытер губы ладонью и говорю: "Благодарствую за угощение. Я готов, герр комендант, пойдемте, распишете меня".

Но он смотрит внимательно так и говорит: "Ты хоть закуси перед смертью". Я ему на это отвечаю: "Я после первого стакана не закусываю". Наливает он второй, подает мне. Выпил я и второй и опять же закуску не трогаю, на отвагу бью, думаю: "Хоть напьюсь перед тем, как во двор идти, с жизнью расставаться". Высоко поднял комендант свои белые брови, спрашивает: "Что же не закусываешь, русс Иван? Не стесняйся!" А я ему свое: "Извините, герр комендант, я и после второго стакана не привык закусывать". Надул он щеки, фыркнул, а потом как захохочет и сквозь смех что-то быстро говорит по-немецки: видно, переводит мои слова друзьям. Те тоже рассмеялись, стульями задвигали, поворачиваются ко мне мордами и уже, замечаю, как-то иначе на меня поглядывают, вроде помягче.

Наливает мне комендант третий стакан, а у самого руки трясутся от смеха. Этот стакан я выпил врастяжку, откусил маленький кусочек хлеба, остаток положил на стол. Захотелось мне им, проклятым, показать, что хотя я и с голоду пропадаю, но давиться ихней подачкой не собираюсь, что у меня есть свое, русское достоинство и гордость и что в скотину они меня не превратили, как ни старались.

После этого комендант стал серьезный с виду, поправил у себя на груди два железных креста, вышел из-за стола безоружный и говорит: "Вот что, Соколов, ты — настоящий русский солдат. Ты храбрый солдат. Я — тоже солдат и уважаю достойных противников. Стрелять я тебя не буду. К тому же сегодня наши доблестные войска вышли к Волге и целиком овладели Сталинградом. Это для нас большая радость, а потому я великодушно дарю тебе жизнь. Ступай в свой блок, а это тебе за смелость", — и подает мне со стола небольшую буханку хлеба и кусок сала.

Прижал я хлеб к себе изо всей силы, сало в левой руке держу и до того растерялся от такого неожиданного поворота, что и спасибо не сказал, сделал налево кругом, иду к выходу, а сам думаю: "Засветит он мне сейчас промеж лопаток, и не донесу ребятам этих харчей". Нет, обошлось. И на этот раз смерть мимо меня прошла, только холодком от нее потянуло...

Вышел я из комендантской на твердых ногах, а во дворе меня развезло. Ввалился в барак и упал на цементованный пол без памяти. Разбудили меня наши еще в потемках: "Рассказывай!" Ну, я припомнил, что было в комендантской, рассказал им. "Как будем харчи делить?" — спрашивает мой сосед по нарам, а у самого голос дрожит. "Всем поровну", — говорю ему. Дождались рассвета. Хлеб и сало резали суровой ниткой. Досталось каждому хлеба по кусочку со спичечную коробку, каждую крошку брали на учет, ну, а сала, сам понимаешь, — только губы помазать. Однако поделили без обиды.

Вскорости перебросили нас, человек триста самых крепких, на осушку болот, потом — в Рурскую область на шахты. Там и пробыл я до сорок четвертого года. К этому времени наши уже своротили Германии скулу набок и фашисты перестали пленными брезговать. Как-то выстроили нас, всю дневную смену, и какой-то приезжий обер-лейтенант говорит через переводчика: "Кто служил в армии или до войны работал шофером, — шаг вперед". Шагнуло нас семь человек бывшей шоферни. Дали нам поношенную спецовку, направили под конвоем в город Потсдам. Приехали туда, и растрясли нас всех врозь. Меня определили работать в "Тодте" — была у немцев такая шарашкина контора по строительству дорог и оборонительных сооружений.

Возил я на "оппель-адмирале" немца инженера в чине майора армии. Ох, и толстый же был фашист! Маленький, пузатый, что в ширину, что в длину одинаковый и в заду плечистый, как справная баба. Спереди у него над воротником мундира три подбородка висят и позади на шее три толстючих складки. На нем, я так определял, не менее трех пудов чистого жиру было. Ходит, пыхтит, как паровоз, а жрать сядет — только держись! Целый день, бывало, жует да коньяк из фляжки потягивает. Кое-когда и мне от него перепадало: в дороге остановится, колбасы нарежет, сыру, закусывает и выпивает;когда в добром духе, — и мне кусок кинет, как собаке. В руки никогда не давал, нет, считал это для себя за низкое. Но как бы то ни было, а с лагерем же не сравнить и понемногу стал я запохаживаться на человека, помалу, но стал поправляться.

Недели две возил я своего майора из Потсдама в Берлин и обратно, а потом послали его в прифронтовую полосу на строительство оборонительных рубежей против наших. И тут я спать окончательно разучился: ночи напролет думал, как бы мне к своим, на родину сбежать.

Приехали мы в город Полоцк. На заре услыхал я в первый раз за два года, как громыхает наша артиллерия, изнаешь, браток, как сердце забилось? Холостой еще ходил к Ирине на свиданья, и то оно так не стучало! Бои шли восточнее Полоцка уже километрах в восемнадцати. Немцы в городе злые стали, нервные, а толстяк мой все чаще стал напиваться. Днем за городом с ним ездим, и он распоряжается, как укрепления строить, а ночью в одиночку пьет. Опух весь, под глазами мешки повисли...

"Ну, — думаю, — ждать больше нечего, пришел мой час! И надо не одному мне бежать, а прихватить с собою и моего толстяка, он нашим сгодится!"

Нашел в развалинах двухкилограммовую гирьку, обмотал ее обтирочным тряпьем, на случай, если придется ударить, чтобы крови не было, кусок телефонного провода поднял на дороге, все, что мне надо, усердно приготовил, схоронил под переднее сиденье. За два дня перед тем как распрощался с немцами, вечером еду с заправки, вижу, идет пьяный, как грязь, немецкий унтер, за стенку руками держится. Остановил я машину, завел его в развалины и вытряхнул из мундира, пилотку с головы снял. Все это имущество тоже под сиденье сунул и был таков.

Утром двадцать девятого июня приказывает мой майор везти его за город, в направлении Тросницы. Там он руководил постройкой укреплений. Выехали. Майор на заднем сиденье спокойно дремлет, а у меня сердце из груди чуть не выскакивает. Ехал я быстро, но за городом сбавил газ, потом остановил машину, вылез, огляделся: далеко сзади две грузовых тянутся. Достал я гирьку, открыл дверцу пошире. Толстяк откинулся на спинку сиденья, похрапывает, будто у жены под боком. Ну, я его тюкнул гирькой в левый висок. Он и голову уронил. Для верности я его еще раз стукнул, но убивать до смерти не захотел. Мне его живого надо было доставить, он нашим должен был много кое-чего порассказать. Вынул я у него из кобуры "парабеллум", сунул себе в карман, монтировку вбил за спинку заднего сиденья, телефонный провод накинул на шею майору и завязал глухим узлом на монтировке. Это чтобы он не свалился на бок, не упал при быстрой езде. Скоренько напялил на себя мундир и пилотку, ну, и погнал машину прямиком туда, где земля гудит, где бой идет.

Немецкий передний край проскакивал меж двух дзотов. Из блиндажа автоматчики выскочили, и я нарочно сбавил ход, чтобы они видели, что майор едет. Но они крик подняли, руками махают, мол, туда ехать нельзя, а я будто не понимаю, подкинул газку и пошел на все восемьдесят. Пока они опомнились и начали бить из пулеметов по машине, а я уже на ничьей земле между воронками петляю не хуже зайца.

Тут немцы сзади бьют, а тут свои очертели, из автоматов мне навстречу строчат. В четырех местах ветровое стекло пробили, радиатор пропороли пулями... Но вот уже лесок над озером, наши бегут к машине, а я вскочил в этот лесок, дверцу открыл, упал на землю и целую ее, и дышать мне нечем...

Молодой парнишка, на гимнастерке у него защитные погоны, каких я еще в глаза не видал, первым подбегает ко мне, зубы скалит: "Ага, чертов фриц, заблудился?" Рванул я с себя немецкий мундир, пилотку под ноги кинул и говорю ему: "Милый ты мой губошлеп! Сынок дорогой! Какой же я тебе фриц, когда я природный воронежец? В плену я был, понятно? А сейчас отвяжите этого борова, какой в машине сидит, возьмите его портфель и ведите меня к вашему командиру". Сдал я им пистолет и пошел из рук в руки, а к вечеру очутился уже у полковника — командира дивизии. К этому времени меня и накормили, и в банк сводили, и допросили, и обмундирование выдали, так что явился я в блиндаж к полковнику, как и полагается, душой и телом чистый, и в полной форме. Полковник встал из-за стола, пошел мне навстречу. При всех офицерах обнял и говорит: "Спасибо тебе, солдат, за дорогой гостинец, какой привез от немцев. Твой майор с его портфелем нам дороже двадцати "языков". Буду ходатайствовать перед командованием о представлении тебя к правительственной награде". А я от этих слов его, от ласки, сильно волнуюсь, губы дрожат, не повинуются, только и мог из себя выдавить: "Прошу, товарищ полковник, зачислить меня в стрелковую часть". Но полковник засмеялся, похлопал меня по плечу: "Какой из тебя вояка, если ты на ногах еле держишься? Сегодня же отправлю тебя в госпиталь. Подлечат тебя там, подкормят, после этого домой к семье на месяц в отпуск съездишь, а когда вернешься к нам, посмотрим, куда тебя определить".

И полковник, и все офицеры, какие у него в блиндаже были, душевно попрощались со мной за руку, и я вышел окончательно разволнованный, потому что за два года отвык от человеческого обращения. И заметь, браток, что еще долго я, как только с начальством приходилось говорить, по привычке невольно голову в плечи втягивал, вроде боялся, что ли, как бы меня не ударили. Вот как образовали нас в фашистских лагерях...

Из госпиталя сразу же написал Ирине письмо. Описал все коротко, как был в плену, как бежал вместе с немецким майором. И, скажи на милость, откуда эта детская похвальба у меня взялась? Не утерпел-таки, сообщил, что полковник обещал меня к награде представить...

Две недели спал и ел. Кормили помалу, но часто, иначе, если бы давали еды вволю, я бы мог загнуться, так доктор сказал. Набрался силенок вполне. А через две недели куска в рот взять не мог. Ответа из дома нет, и я, признаться, затосковал. Еда и на ум не идет, сон от меня бежит, всякие дурные мыслишки в голову лезут... На третьей неделе получаю письмо из Воронежа. Но пишет не Ирина, а сосед мой, столяр Иван Тимофеевич. Не дай бог никому таких писем получать!.. Сообщает он, что еще в июне сорок второго года немцы бомбили авиазавод и одна тяжелая бомба попала прямо в мою хатенку. Ирина и дочери как раз были дома... Ну, пишет, что не нашли от них и следа, а на месте хатенки — глубокая яма... Не дочитал я в этот раз письмо до конца. В глазах потемнело, сердце сжалось в комок и никак не разжимается. Прилег я на койку, немного отлежался, дочитал. Пишет сосед, что Анатолий во время бомбежки был в городе. Вечером вернулся в поселок, посмотрел на яму и в ночь опять ушел в город. Перед уходом сказал соседу, что будет проситься добровольцем на фронт. Вот и все.

Когда сердце разлезлось и в ушах зашумела кровь, я вспомнил, как тяжело расставалась со мною моя Ирина на вокзале. Значит, еще тогда подсказало ей бабье сердце, что больше не увидимся мы с ней на этом свете. А я ее тогда оттолкнул... Была семья, свой дом, все это лепилось годами, и все рухнуло в единый миг, остался я один. Думаю: "Да уж не приснилась ли мне моя нескладная жизнь?" А ведь в плену я почти каждую ночь, про себя, конечно, и с Ириной, и с детишками разговаривал, подбадривал их, дескать, я вернусь, мои родные, не горюйте обо мне, я крепкий, я выживу, и опять мы будем все вместе... Значит, я два года с мертвыми разговаривал?!

Рассказчик на минуту умолк, а потом сказал уже иным, прерывистым и тихим голосом:

— Давай, браток, перекурим, а то меня что-то удушье давит.

Мы закурили. В залитом полой водою лесу звонко выстукивал дятел. Все так же лениво шевелил сухие сережки на ольхе теплый ветер; все так же, словно под тугими белыми парусами, проплывали в вышней синеве облака, но уже иным показался мне в эти минуты скорбного молчания безбрежный мир, готовящийся к великим свершениям весны, к вечному утверждению живого в жизни.

Молчать было тяжело, и я спросил:

— Что же дальше?

— Дальше-то? — нехотя отозвался рассказчик. — Дальше получил я от полковника месячный отпуск, через неделю был в Воронеже. Пешком дотопал до места, где когда-то семейно жил. Глубокая воронка, налитая ржавой водой, кругом бурьян по пояс... Глушь, тишина кладбищенская. Ох, и тяжело же было мне, браток! Постоял, поскорбел душою и опять пошел на вокзал. И часу оставаться там не мог, в этот же день уехал обратно в дивизию.

Но месяца через три и мне блеснула радость, как солнышко из-за тучи: нашелся Анатолий. Прислал письмо мне на фронт, видать, с другого фронта. Адрес мой узнал от соседа, Ивана Тимофеевича. Оказывается, попал он поначалу в артиллерийское училище; там-то и пригодились его таланты к математике. Через год с отличием закончил училище, пошел на фронт и вот уже пишет, что получил звание капитана, командует батареей “сорокапяток”, имеет шесть орденов и медали. Словом, обштопал родителя со всех концов. И опять я возгордился им ужасно! Как ни крути, а мой родной сын — капитан и командир батареи, это не шутка! Да еще при таких орденах. Это ничего, что отец его на “студебеккере” снаряды возит и прочее военное имущество. Отцово дело отжитое, а у него, у капитана, все впереди.

И начались у меня по ночам стариковские мечтания: как война кончится, как я сына женю и сам при молодых жить буду, плотничать и внучат нянчить. Словом, всякая такая стариковская штука. Но и тут получилась у меня полная осечка. Зимою наступали мы без передышки, и особо часто писать друг другу нам было некогда, а к концу войны, уже возле Берлина, утром послал Анатолию письмишко, а на другой день получил ответ. И тут я понял,что подошли мы с сыном к германской столице разными путями, но находимся один от одного поблизости. Жду не дождусь, прямо-таки не чаю, когда мы с ним свидимся. Ну и свиделись... Аккурат девятого мая, утром, в День Победы, убил моего Анатолия немецкий снайпер...

Во второй половине дня вызывает меня командир роты. Гляжу, сидит у него незнакомый мне артиллерийский подполковник. Я вошел в комнату, и он встал, как перед старшим по званию. Командир моей роты говорит: "К тебе, Соколов", — а сам к окну отвернулся. Пронизало меня, будто электрическим током, потому что почуял я недоброе. Подполковник подошел ко мне и тихо говорит: "Мужайся, отец! Твой сын, капитан Соколов, убит сегодня на батарее. Пойдем со мной!"

Качнулся я, но на ногах устоял. Теперь и то как сквозь сон вспоминаю, как ехал вместе с подполковником на большой машине, как пробирались по заваленным обломками улицам, туманно помню солдатский строй и обитый красным бархатом гроб. А Анатолия вижу вот как тебя, браток. Подошел я к гробу. Мой сын лежит в нем и не мой. Мой — это всегда улыбчивый, узкоплечий мальчишка, с острым кадыком на худой шее, а тут лежит молодой, плечистый, красивый мужчина, глаза полуприкрыты, будто смотрит он куда-то мимо меня, в неизвестную мне далекую даль. Только в уголках губ так навеки и осталась смешинка прежнего сынишки, Тольки, какого я когда-то знал... Поцеловал я его и отошел в сторонку. Подполковник речь сказал. Товарищи-друзья моего Анатолия слезы вытирают, а мои невыплаканные слезы, видно, на сердце засохли. Может, поэтому оно так и болит?..

Похоронил я в чужой, немецкой земле последнюю свою радость и надежду, ударила батарея моего сына, провожая своего командира в далекий путь, и словно что-то во мне оборвалось... Приехал я в свою часть сам не свой. Но тут вскорости меня демобилизовали. Куда идти? Неужто в Воронеж? Ни за что! Вспомнил, что в Урюпинске живет мой дружок, демобилизованный еще зимою по ранению, — он когда-то приглашал меня к себе, — вспомнил и поехал в Урюпинск.

Приятель мой и жена его были бездетные, жили в собственном домике на краю города. Он хотя и имел инвалидность, но работал шофером в автороте, устроился и я туда же. Поселился у приятеля, приютили они меня. Разные грузы перебрасывали мы в районы, осенью переключились на вывозку хлеба. В это время я и познакомился с моим новым сынком, вот с этим, какой в песке играется.

Из рейса, бывало, вернешься в город — понятно, первым делом в чайную: перехватить чего-нибудь, ну, конечно, и сто грамм выпить с устатка. К этому вредному делу, надо сказать, я уже пристрастился как следует... И вот один раз вижу возле чайной этого парнишку, на другой день — опять вижу. Этакий маленький оборвыш: личико все в арбузном соку, покрытом пылью, грязный, как прах, нечесаный, а глазенки — как звездочки ночью после дождя! И до того он мне полюбился, что я уже, чудное дело, начал скучать по нем, спешу из рейса поскорее его увидать. Около чайной он и кормился — кто что даст.

На четвертый день прямо из совхоза, груженный хлебом, подворачиваю к чайной. Парнишка мой там сидит на крыльце, ножонками болтает и, по всему видать, голодный. Высунулся я в окошко, кричу ему: "Эй, Ванюшка! Садись скорее на машину, прокачу на элеватор, а оттуда вернемся сюда, пообедаем". Он от моего окрика вздрогнул, соскочил с крыльца, на подножку вскарабкался и тихо так говорит: "А вы откуда знаете, дядя, что меня Ваней зовут?" И глазенки широко раскрыл, ждет, что я ему отвечу. Ну, я ему говорю, что я, мол, человек бывалый и все знаю.

Зашел он с правой стороны, я дверцу открыл, посадил его рядом с собой, поехали. Шустрый такой парнишка, а вдруг чего-то притих, задумался и нет-нет да и взглянет на меня из-под длинных своих загнутых кверху ресниц, вздохнет. Такая мелкая птаха, а уже научилась вздыхать. Его ли это дело? Опрашиваю: "Где же твой отец, Ваня?" Шепчет: "Погиб на фронте". — "А мама?" — "Маму бомбой убило в поезде, когда мы ехали". — "А откуда вы ехали?" — "Не знаю, не помню..." — "И никого у тебя тут родных нету?" — "Никого". — "Где же ты ночуешь?" — "А где придется".

Закипела тут во мне горючая слеза, и сразу я решил: "Не бывать тому, чтобы нам порознь пропадать! Возьму его к себе в дети". И сразу у меня на душе стало легко и как-то светло. Наклонился я к нему, тихонько спрашиваю: "Ванюшка, а ты знаешь, кто я такой?" Он и спросил, как выдохнул: "Кто?" Я ему и говорю так же тихо: "Я — твой отец".

Боже мой, что тут произошло! Кинулся он ко мне на шею, целует в щеки, в губы, в лоб, а сам, как свиристель, так звонко и тоненько кричит, что даже в кабинке глушно: "Папка родненький! Я знал! Я знал, что ты меня найдешь! Все равно найдешь! Я так долго ждал, когда ты меня найдешь!" Прижался ко мне и весь дрожит, будто травинка под ветром. А у меня в глазах туман, и тоже всего дрожь бьет, и руки трясутся... Как я тогда руля не упустил, диву можно даться! Но в кювет все же нечаянно съехал, заглушил мотор. Пока туман в глазах не прошел, — побоялся ехать, как бы на кого не наскочить. Постоял так минут пять, а сынок мой все жмется ко мне изо всех силенок, молчит, вздрагивает. Обнял я его правой рукою, потихоньку прижал к себе, а левой развернул машину, поехал обратно, на свою квартиру. Какой уж там мне элеватор, тогда мне не до элеватора было.

Бросил машину возле ворот, нового своего сынишку взял на руки, несу в дом. А он как обвил мою шею ручонками, так и не оторвался до самого места. Прижался своей щекой к моей небритой щеке, как прилип. Так я его и внес. Хозяин и хозяйка в аккурат дома были. Вошел я, моргаю им обоими глазами, бодро так говорю: "Вот и нашел я своего Ванюшку! Принимайте нас, добрые люди!" Они, оба мои бездетные, сразу сообразили, в чем дело, засуетились, забегали. А я никак сына от себя не оторву. Но кое-как уговорил. Помыл ему руки с мылом, посадил за стол. Хозяйка щей ему в тарелку налила, да как глянула, с какой он жадностью ест, так и залилась слезами. Стоит у печки, плачет себе в передник. Ванюшка мой увидал, что она плачет, подбежал к ней, дергает ее за подол и говорит: "Тетя, зачем же вы плачете? Папа нашел меня возле чайной, тут всем радоваться надо, а вы плачете". А той — подай бог, она еще пуще разливается, прямо-таки размокла вся!

После обеда повел я его в парикмахерскую, постриг, а дома сам искупал в корыте, завернул в чистую простыню. Обнял он меня и так на руках моих и уснул. Осторожно положил его на кровать, поехал на элеватор, сгрузил хлеб, машину отогнал на стоянку — и бегом по магазинам. Купил ему штанишки суконные, рубашонку, сандали и картуз из мочалки. Конечно, все это оказалось и не по росту, и качеством никуда не годное. За штанишки меня хозяйка даже разругала. "Ты, — говорит, — с ума спятил, в такую жару одевать дитя в суконные штаны!" И моментально — швейную машинку на стол, порылась в сундуке, а через час моему Ванюшке уже сатиновые трусики были готовы и беленькая рубашонка с короткими рукавами. Спать я лег вместе с ним и в первый раз за долгое время уснул спокойно. Однако ночью раза четыре вставал. Проснусь, а он у меня под мышкой приютится, как воробей под застрехой, тихонько посапывает, и до того мне становится радостно на душе, что и словами не скажешь! Норовишь не ворохнуться, чтобы не разбудить его, но все-таки не утерпишь, потихоньку встанешь, зажжешь спичку и любуешься на него...

Перед рассветом проснулся, не пойму, с чего мне так душно стало? А это сынок мой вылез из простыни и поперек меня улегся, раскинулся и ножонкой горло мне придавил. И беспокойно с ним спать, а вот привык, скучно мне без него. Ночью то погладишь его сонного, то волосенки на вихрах понюхаешь, и сердце отходит, становится мягче, а то ведь оно у меня закаменело от горя...

Первое время он со мной на машине в рейсы ездил, потом понял я, что так не годится. Одному мне что надо? Краюшку хлеба и луковицу с солью, вот и сыт солдат на целый день. А с ним — дело другое: то молока ему надо добыть, то яичко сварить, опять же без горячего ему никак нельзя. Но дело-то не ждет. Собрался с духом, оставил его на попечение хозяйки, так он до вечера слезы точил, а вечером удрал на элеватор встречать меня. До поздней ночи ожидал там. Трудно мне с ним было на первых порах. Один раз легли спать еще засветло, днем наморился я очень, и он — то всегда щебечет, как воробушек, а то что-то примолчался. Спрашиваю: "Ты о чем думаешь, сынок?" А он меня спрашивает, сам в потолок смотрит: "Папка, ты куда свое кожаное пальто дел?" В жизни у меня никогда не было кожаного пальто! Пришлось изворачиваться: "В Воронеже осталось", — говорю ему. "А почему ты меня так долго искал?" Отвечаю ему: "Я тебя, сынок, и в Германии искал, и в Польше, и всю Белоруссию прошел и проехал, а ты в Урюпинске оказался". — "А Урюпинск — это ближе Германии? А до Польши далеко от нашего дома?" Так и болтаем с ним перед сном.

А ты думаешь, браток, про кожаное пальто он зря спросил? Нет, все это неспроста. Значит, когда-то отец его настоящий носил такое пальто, вот ему и запомнилось. Ведь детская память, как летняя зарница: вспыхнет, накоротке осветит все и потухнет. Так и у него память, вроде зарницы, проблесками работает.

Может, и жили бы мы с ним еще с годик в Урюпинске, но в ноябре случился со мной грех: ехал по грязи, в одном хуторе машину мою занесло, а тут корова подвернулась, я и сбил ее с ног. Ну, известное дело, бабы крик подняли, народ сбежался, и автоинспектор тут как тут. Отобрал у меня шоферскую книжку, как я ни просил его смилостивиться. Корова поднялась, хвост задрала и пошла скакать по переулкам, а я книжки лишился. Зиму проработал плотником, а потом списался с одним приятелем, тоже сослуживцем, — он в вашей области, в Кашарском районе, работает шофером, — и тот пригласил меня к себе. Пишет, что, мол, поработаешь полгода по плотницкой части, а там в нашей области выдадут тебе новую книжку. Вот мы с сынком и командируемся в Кашары походным порядком.

Да оно, как тебе сказать, и не случись у меня этой аварии с коровой, я все равно подался бы из Урюпинска. Тоска мне не дает на одном месте долго засиживаться. Вот уже когда Ванюшка мой подрастет и придется определять его в школу, тогда, может, и я угомонюсь, осяду на одном месте. А сейчас пока шагаем с ним по русской земле.

— Тяжело ему идти, — сказал я.

— Так он вовсе мало на своих ногах идет, все больше на мне едет. Посажу его на плечи и несу, а захочет промяться, — слезает с меня и бегает сбоку дороги, взбрыкивает, как козленок. Все это, браток, ничего бы, как-нибудь мы с ним прожили бы, да вот сердце у меня раскачалось, поршня надо менять... Иной раз так схватит и прижмет, что белый свет в глазах меркнет. Боюсь, что когда-нибудь во сне помру и напугаю своего сынишку. А тут еще одна беда: почти каждую ночь своих покойников дорогих во сне вижу. И все больше так, что я — за колючей проволокой, а они на воле, по другую сторону... Разговариваю обо всем и с Ириной, и с детишками, "о только хочу проволоку руками раздвинуть, — они уходят от меня, будто тают на глазах... И вот удивительное дело: днем я всегда крепко себя держу, из меня ни "оха", ни вздоха не выжмешь, а ночью проснусь, и вся подушка мокрая от слез"...

В лесу послышался голос моего товарища, плеск весла по воде.

Чужой, но ставший мне близким человек поднялся, протянул большую, твердую, как дерево, руку: — Прощай, браток, счастливо тебе!

— И тебе счастливо добраться до Кашар.

— Благодарствую. Эй, сынок, пойдем к лодке.

Мальчик подбежал к отцу, пристроился справа и, держась за полу отцовского ватника, засеменил рядом с широко шагавшим мужчиной.

Два осиротевших человека, две песчинки, заброшенные в чужие края военным ураганом невиданной силы... Что-то ждет их впереди? И хотелось бы думать, что этот русский человек, человек несгибаемой воли, выдюжит и около отцовского плеча вырастет тот, который, повзрослев, сможет все вытерпеть, все преодолеть на своем пути, если к этому позовет его Родина.

С тяжелой грустью смотрел я им вслед... Может быть, все и обошлось бы благополучно при нашем расставании, но Ванюшка, отойдя несколько шагов и заплетая куцыми ножками, повернулся на ходу ко мне лицом, помахал розовой ручонкой. И вдруг словно мягкая, но когтистая лапа сжала мне сердце, и я поспешно отвернулся. Нет, не только во сне плачут пожилые, поседевшие за годы войны мужчины. Плачут они и наяву. Тут главное — уметь вовремя отвернуться. Тут самое главное — не ранить сердце ребенка, чтобы он не увидел, как бежит по твоей щеке жгучая и скупая мужская слеза...

1956–1957

А. Т. ТВАРДОВСКИЙ
(1910–1971)

Александр Трифонович Твардовский родился 8 (21) июня 1910 г. в деревне Загорье, Смоленской губернии, в семье крестьянина-кузнеца. До 1928 г. жил в деревне, учился в школе, работал в кузнице, был секретарем сельской комсомольской ячейки. С 1924 г. стал печатать заметки и стихи в смоленских газетах. С 1928 г. жил в Смоленске, учился в педагогическом институте, сотрудничал в местных газетах и журналах. Много ездил по Смоленщине, в только что возникшие тогда колхозы и, как он сам пишет, "вникал со страстью во все, что составляло собой новый, впервые складывающийся строй сельской жизни". Именно этим годам он обязан своим поэтическим рождением. В 1936 г. А. Твардовский приехал в Москву и учился на филологическом факультете Московского института истории, философии и литературы, который окончил в 1939 г. Во время Великой Отечественной войны работал во фронтовой печати. "Счет своим писаниям" А. Твардовский начинает с поэмы «Страна Муравия» (1936), в которой на полусказочном сюжете — странствии крестьянина-единоличника Никиты Моргунка в поисках мужицкого рая — показана широкая картина великого социалистического перелома в деревне. Вслед за «Страной Муравией» А. Твардовский выпустил лирические сборники: «Дорога», «Сельская хроника», «Загорье». Средь фронтовых тревог и будней родилась у А. Твардовского изумительная "книга про бойца" — поэма «Василий Теркин», получившая всенародное признание. Эта книга, писал А. Твардовский в автобиографии, была "моей лирикой, моей публицистикой, песней и поучением, анекдотом и присказкой, разговором по душам и репликой к случаю". Поэма «Дом у дороги» (1946), привлекшая всеобщее внимание поэма «За далью — даль» (1960), «Теркин на том свете» (1962) — таковы были дальнейшие работы замечательного поэта-эпика.

Стремление сказать о советской жизни самое существенное и объективное — едва ли не главное свойство поэтического творчества А. Твардовского. Судьбы народа, его пути к общему счастью, духовная красота; и сила советских людей, их беспримерный трудовой подвиг в послевоенные десятилетия советской истории, государство и личность, общественное назначение искусства и художника — вот круг вопросов, которые вдумчиво и глубоко охватывает эпос и лирика поэта. А. Твардовского отличало превосходное знание народной жизни, народного характера и правдивость истинного реалиста, убежденного сторонника "правды сущей, правды, прямо в душу бьющей". Его гибкий, меткий, всем доступный и будто врезающийся в суть предмета стих органически тяготеет к народному присловью, к шутке, он впитал в себя наиболее живые традиции устного поэтического творчества и уроки русских поэтов-классиков.

Весенние строчки

Утренник лег на дорогу
Ровным сухим полотном.
Не торопясь, понемногу
Солнце встает над бугром.

Солнце, как тонкий орешник,
Выросло медным кустом.
Заговорила скворешня —
Маленький радостный дом.

Желтое стадо проталин
В поле проснулось, живет...
Радость угретых завалин,
Радость открытых ворот.

1925

Я убит подо Ржевом

Я убит подо Ржевом,
В безыменном болоте,
В пятой роте, на левом,
При жестоком налете.

Я не слышал разрыва,
Я не видел той вспышки, —

Точно в пропасть с обрыва —
И ни дна, ни покрышки.

И во всем этом мире,
До конца его дней,
Ни петлички, ни лычки
С гимнастерки моей.

Я — где корни слепые
Ищут корма во тьме;
Я — где с облачком пыли
Ходит рожь на холме;

Я — где крик петушиный
На заре по росе;
Я — где ваши машины
Воздух рвут на шоссе;

Где травинку к травинке
Речка травы прядет, —
Там, куда на поминки
Даже мать не придет.

Подсчитайте, живые,
Сколько сроку назад
Был на фронте впервые
Назван вдруг Сталинград.

Фронт горел, не стихая,
Как на теле рубец.
Я убит и не знаю,
Наш ли Ржев наконец?

Удержались ли наши

Там, на Среднем Дону?..
Этот месяц был страшен,
Было все на кону.

Неужели до осени
Был за ним уже Дон,
И хотя бы колесами
К Волге вырвался он?

Нет, неправда. Задачи
Той не выиграл враг!
Нет же, нет! А иначе
Даже мертвому — как?

И у мертвых, безгласных,
Есть отрада одна:
Мы за родину пали,
Но она — спасена.

Наши очи померкли,
Пламень сердца погас,
На земле на поверке
Выкликают не нас.

Нам свои боевые
Не носить ордена.
Вам — все это, живые.
Нам — отрада одна:

Что недаром боролись
Мы за родину-мать.
Пусть не слышен наш голос, —
Вы должны его знать.

Вы должны были, братья,
Устоять, как стена,
Ибо мертвых проклятье —
Эта кара страшна.

Это грозное право
Нам навеки дано, —
И за нами оно —
Это горькое право.

Летом, в сорок втором,
Я зарыт без могилы.
Всем, что было потом,
Смерть меня обделила.

Всем, что, может, давно
Вам привычно и ясно,
Но да будет оно
С нашей верой согласно.

Братья, может быть, вы
И не Дон потеряли,
И в тылу у Москвы
За нее умирали.

И в заволжской дали
Спешно рыли окопы,
И с боями дошли
До предела Европы.

Нам достаточно знать,
Что была, несомненно,
Та последняя пядь
На дороге военной.

Та последняя пядь,
Что уж если оставить,
То шагнувшую вспять
Ногу некуда ставить.

Та черта глубины,
За которой вставало
Из-за вашей спины
Пламя кузниц Урала.

И врага обратили
Вы на запад, назад.
Может быть, побратимы,
И Смоленск уже взят?

И врага вы громите
На ином рубеже,
Может быть, вы к границе
Подступили уже!

Может быть... Да исполнится
Слово клятвы святой! —
Ведь Берлин, если помните,
Назван был под Москвой.

Братья, ныне поправшие
Крепость вражьей земли,
Если б мертвые, павшие
Хоть бы плакать могли!

Если б залпы победные
Нас, немых и глухих,
Нас, что вечности преданы,
Воскрешали на миг, —

О, товарищи верные,
Лишь тогда б на воине
Ваше счастье безмерное
Вы постигли вполне.

В нем, том счастье, бесспорная
Наша кровная часть,
Наша, смертью оборванная,
Вера, ненависть, страсть.

Наше все! Не слукавили
Мы в суровой борьбе,
Все отдав, не оставили
Ничего при себе.

Все на вас перечислено
Навсегда, не на срок.
И живым не в упрек
Этот голос ваш мыслимый.

Братья, в этой войне
Мы различья не знали:
Те, что живы, что пали, —
Были мы наравне.

И никто перед нами
Из живых не в долгу,
Кто из рук наших знамя
Подхватил на бегу,

Чтоб за дело святое,
За советскую власть
Так же, может быть, точно
Шагом дальше упасть.

Я убит подо Ржевом,
Тот еще под Москвой.
Где-то, воины, где вы,
Кто остался живой?

В городах миллионных,
В селах, дома в семье?
В боевых гарнизонах
На не нашей земле?

Ах, своя ли, чужая,
Вся в цветах иль в снегу...
Я вам жить завещаю, —
Что я больше могу?

Завещаю в той жизни
Вам счастливыми быть
И родимой отчизне
С честью дальше служить.

Горевать — горделиво,
Не клонясь головой,
Ликовать — не хвастливо
В час победы самой.

И беречь ее свято,
Братья, счастье свое —
В память воина-брата,
Что погиб за нее.

<u>1945–1946</u>

А. И. СОЛЖЕНИЦЫН

(1918—2008)

Александр Исаевич Солженицын родился 11 декабря 1918 г. в семье состоятельных землевладельцев, по происхождению из воронежских крестьян, сосланных за бунт и осевших в ставропольских степях; мать из семьи богатых кубанских землепашцев украинского происхождения, училась на Бестужевских курсах в Петербурге. Отец погиб от несчастного случая на охоте еще до рождения сына.

С 1924 г. Солженицын жил в Ростове-на-Дону, учился в школе, затем в Ростовском университете на физмате, окончил в 1941 г. Одновременно был заочником МИФЛИ (Московский институт философии, литературы, истории). С октября 1941 г. — в армии, солдат, затем курсант Артиллерийского училища в Костроме.

С конца 1942 г. на фронте, в боях. Награжден несколькими орденами; в звании капитана был арестован в феврале 1945 г. за "крамольные" высказывания о Ленине и Сталине в частной переписке.

Прошел через Лубянскую и Бутырскую тюрьмы и "шарашку" в Марфине под Москвой, где работал в акустической лаборатории. К этому времени относится начало его писательской работы. В 1949–1953 гг. — лагеря в Экибастузе и Кенгире (Казахстан).

С весны 1953 г., полностью отбыв срок, живет в ссылке (Кок-Терек). Переносит болезнь, лечится в Ташкенте (1955).

В 1956 г. Солженицын был реабилитирован, жил близ Рязани, затем в Рязани, работал учителем в школе.

В 1959 г. он написал рассказ «Один день Ивана Денисовича», который Л. Копелев передал в «Новый мир». После длительных настойчивых усилий А. Твардовского рассказ, по личному указанию Н. С. Хрущева, был опубликован в одиннадцатом номере «Нового мира» за 1962 г. Это стало одним из крупнейших поворотных событий в русской литературе XX века. Рассказ был выдвинут на соискание Ленинской премии, но изменение политического курса советского руководства сделало невозможным ее присуждение. В 1963–1966 гг. Солженицын опубликовал еще несколько рассказов («Матренин двор», «Случай на станции Кречетовка», «Захар Калита» и др.), после чего возможность печататься в советских изданиях у него была отнята. Повесть «Раковый корпус» (1966) и роман «В круге первом» (1964), первоначально переданные в «Новый мир», были запрещены партийным и литературным руководством и впервые стали известны по "самиздату". В эти годы Солженицын начинает работу над задуманным еще в предвоенные годы многотомным "повествованием в узлах" «Красное колесо» — о событиях войн и революций, переменивших в XX веке судьбу России. По воспоминаниям и документам узников советской системы ГУЛАГ написан трехтомный «Архипелаг ГУЛАГ. Опыт художественного исследования», опубликованный вначале за рубежом в 1973–1975 гг. и лишь в 1990 г. на родине. Эта наиболее известная книга Солженицына стала своего рода трагическим национальным эпосом XX века. В глазах всего мира она оказалась неоспоримым обвинительным актом, лишившим всякого — экономического, социального, нравственного — оправдания антинародный и античеловеческий "порядок" террористического сталинизма. Эта книга стала непосредственным поводом присуждения Солженицыну Нобелевской премии в 1970 г.

В 1969 г. Солженицын был исключен из Союза писателей; после опубликования за границей основных произведений Солженицына он был насильственно выслан из страны в феврале 1974 г. Вначале жил в Цюрихе, затем, с 1976 г. — в США, штат Вермонт, под Кавендишем. После изгнания Солженицын написал книгу о своей литературно-политической борьбе «Бодался теленок с дубом» (1975), продолжал активно выступать как публицист, наблюдавший за событиями в России («Как нам обустроить Россию» и мн. др.), вел большую работу по собиранию документов общественной жизни России в XX веке. В 1990 г. Солженицыну возвращено гражданство и послано приглашение вернуться на Родину; возвращение произошло в конце лета 1994 г.

Матренин двор

На сто восемьдесят четвертом километре от Москвы, по ветке, что ведет к Мурому и Казани, еще с добрых полгода после того все поезда замедляли свой ход почти как бы до ощупи. Пассажиры льнули к стеклам, выходили в тамбур: чинят пути, что ли? Из графика вышел?

Нет. Пройдя переезд, поезд опять набирал скорость, пассажиры усаживались.

Только машинисты знали и помнили, отчего это все.

Да я.

1

Летом 1956 года из пыльной горячей пустыни я возвращался наугад — просто в Россию. Ни в одной точке ее никто меня не ждал и не звал, потому что я задержался с возвратом годиков на десять. Мне просто хотелось в среднюю полосу — без жары, с лиственным рокотом леса. Мне хотелось затесаться и затеряться в самой нутряной России — если такая где-то была, жила.

За год до того по сю сторону Уральского хребта я мог наняться разве таскать носилки. Даже электриком на порядочное строительство меня бы не взяли. А меня тянуло — учительствовать. Говорили мне знающие люди, что нечего и на билет тратиться, впустую проезжу.

Но что-то начинало уже страгиваться. Когда я поднялся по лестни-це ...ского облоно и спросил, где отдел кадров, то с удивлением увидел, что *кадры* уже не сидели здесь за черной кожаной дверью, а за осте-кленной перегородкой, как в аптеке. Все же я подошел к окошечку роб-ко, поклонился и попросил:

— Скажите, не нужны ли вам математики где-нибудь подальше от железной дороги? Я хочу поселиться там навсегда.

Каждую букву в моих документах перещупали, походили из ком-наты в комнату и куда-то звонили. Тоже и для них редкость была — все ведь просятся в город, да покрупней. И вдруг-таки дали мне местечко — Высокое Поле. От одного названия веселела душа.

Название не лгало. На взгорке между ложков, а потом других взгор-ков, цельно-обомкнутое лесом, с прудом и плотинкой, Высокое Поле было тем самым местом, где не обидно бы и жить и умереть. Там я дол-го сидел в рощице на пне и думал, что от души бы хотел не нуждаться каждый день завтракать и обедать, только бы остаться здесь и ночами слушать, как ветви шуршат по крыше — когда ниоткуда не слышно ра-дио и все в мире молчит.

Увы, там не пекли хлеба. Там не торговали ничем съестным. Вся деревня волокла снедь мешками из областного города.

Я вернулся в отдел кадров и взмолился перед окошечком. Сперва и разговаривать со мной не хотели. Потом все ж походили из комнаты в комнату, позвонили, поскрипели и отпечатали мне в приказе: "*Торфо-продукт*".

Торфопродукт? Ах, Тургенев не знал, что можно по-русски соста-вить такое!

На станции Торфопродукт, состарившемся временном серо-дере-вянном бараке, висела строгая надпись: "На поезд садиться только со стороны вокзала!" Гвоздем по доскам было доцарапано: "И без биле-тов". А у кассы с тем же меланхолическим остроумием было навсегда вырезано ножом: "Билетов нет". Точный смысл этих добавлений я оце-нил позже. В Торфопродукт легко было приехать. Но не уехать.

А и на этом месте стояли прежде и перестояли революцию дремучие, непрохожие леса. Потом их вырубили — торфоразработчики и соседний колхоз. Председатель его, Горшков, свел под корень изрядно гектаров леса и выгодно сбыл в Одесскую область, на том свой колхоз и возвысив.

Меж торфяными низинами беспорядочно разбросался поселок — однообразные худо штукатуренные бараки тридцатых годов и, с резьбой по фасаду, с остекленными верандами, домики пятидесятых. Но внутри этих домиков нельзя было увидеть перегородки, доходящей до потолка, так что не снять мне было комнаты с четырьмя настоящими стенами.

Над поселком дымила фабричная труба. Туда и сюда сквозь поселок проложена была узкоколейка, и паровозики, тоже густо-дымящие, пронзительно свистя, таскали по ней поезда с бурым торфом, торфяными плитами и брикетами. Без ошибки я мог предположить, что вечером над дверьми клуба будет надрываться радиола, а по улице пображивать пьяные — не без того, да подпыривать друг друга ножами.

Вот куда завела меня мечта о тихом уголке России. А ведь там, откуда я приехал, мог я жить в глинобитной хатке, глядящей в пустыню. Там дул такой свежий ветер ночами и только звездный свод распахивался над головой.

Мне не спалось на станционной скамье, и я чуть свет опять побрел по поселку. Теперь я увидел крохотный базарец. По рани единственная женщина стояла там, торгуя молоком. Я взял бутылку, стал пить тут же.

Меня поразила ее речь. Она не говорила, а напевала умильно, и слова ее были те самые, за которыми потянула меня тоска из Азии:

— Пей, пей с душою жела'дной. Ты, пота'й, приезжий?

— А вы откуда? — просветлел я.

И я узнал, что не все вокруг торфоразработки, что есть за полотном железной дороги — бугор, а за бугром — деревня, и деревня эта — Тальново, испокон она здесь, еще когда была барыня-"цыганка" и кругом лес лихой стоял. А дальше целый край идет деревень: Часлицы, Овинцы, Спудни, Шевертни, Шестимирово — все поглуше, от железной дороги подале, к озерам.

Ветром успокоения потянуло на меня от этих названий. Они обещали мне кондовую Россию.

И я попросил мою новую знакомую отвести меня после базара в Тальново и подыскать избу, где бы стать мне квартирантом.

Я казался квартирантом выгодным: сверх платы сулила школа за меня еще машину торфа на зиму. По лицу женщины прошли заботы уже не умильные. У самой у нее места не было (они с мужем *воспитывали* ее престарелую мать), оттого она повела меня к одним своим родным и еще к другим. Но и здесь не нашлось комнаты отдельной, было тесно и лопотно.

Так мы дошли до высыхающей подпруженной речушки с мостиком. Милей этого места мне не приглянулось во всей деревне; две-три ивы, избушка перекособоченная, а по пруду плавали утки, и выходили на берег гуси, отряхаясь.

— Ну, разве что к Матрене зайдем, — сказала моя проводница, уже уставая от меня. — Только у нее не так уборно, в за'пущи она живет, болеет.

Дом Матрены стоял тут же, неподалеку, с четырьмя оконцами в ряд на холодную некрасную сторону, крытый щепою, на два ската и с украшенным под теремок чердачным окошком. Дом не низкий — восемнадцать венцов. Однако изгнивала щепа, посерели от старости бревна сруба и ворота, когда-то могучие, и проредилась их обвершка.

Калитка была на запоре, но проводница моя не стала стучать, а просунула руку под низом и отвернула завертку — нехитрую затею против скота и чужого человека. Дворик не был крыт, но в доме многое было под одной связью. За входной дверью внутренние ступеньки поднимались на просторные *мосты*, высоко осененные крышей. Налево еще ступеньки вели вверх в *горницу* — отдельный сруб без печи, и ступеньки вниз, в подклеть. А направо шла сама изба, с чердаком и подпольем.

Строено было давно и добротно, на большую семью, а жила теперь одинокая женщина лет шестидесяти.

Когда я вошел в избу, она лежала на русской печи, тут же, у входа, накрытая неопределенным темным тряпьем, таким бесценным в жизни рабочего человека.

Просторная изба и особенно лучшая приоконная ее часть была уставлена по табуреткам и лавкам — горшками и кадками с фикусами. Они заполнили одиночество хозяйки безмолвной, но живой толпой. Они разрослись привольно, забирая небогатый свет северной стороны. В остатке света и к тому же за трубой кругловатое лицо хозяйки показалось мне желтым, больным. И по глазам ее замутненным можно было видеть, что болезнь измотала ее.

Разговаривая со мной, она так и лежала на печи ничком, без подушки, головой к двери, а я стоял внизу. Она не проявила радости заполучить квартиранта, жаловалась на черный недуг, из приступа которого выходила сейчас: недуг налетал на нее не каждый месяц, но, налетев,

— ...держит два'-дни и три'-дни, так что ни встать, ни подать я вам не приспею. А избу бы не жалко, живите.

И она перечисляла мне других хозяек, у кого будет мне покойней и угожей, и слала обойти их. Но я уже видел, что жребий мой был — поселиться в этой темноватой избе с тусклым зеркалом, в которое совсем нельзя было смотреться, с двумя яркими рублевыми плакатами о книжной торговле и об урожае, повешенными на стене для красоты. Здесь было мне тем хорошо, что по бедности Матрена не держала радио, а по одиночеству не с кем было ей разговаривать.

И хотя Матрена Васильевна вынудила меня походить еще по деревне, и хотя в мой второй приход долго отнекивалась:

— Не умемши, не варемши — как утрафишь? — но уж встретила меня на ногах, и даже будто удовольствие пробудилось в ее глазах оттого, что я вернулся.

Поладили о цене и о торфе, что школа привезет.

Я только потом узнал, что год за годом, многие годы, ниоткуда не зарабатывала Матрена Васильевна ни рубля. Потому что пенсии ей не платили. Родные ей помогали мало. А в колхозе она работала не за деньги — за палочки. За палочки трудодней в замусленной книжке учетчика.

Так и поселился я у Матрены Васильевны. Комнаты мы не делили. Ее кровать была в дверном углу у печки, а я свою раскладушку развернул у окна и, оттесняя от света любимые Матренины фикусы, еще у одного окна поставил столик. Электричество же в деревне было — его еще в двадцатые годы подтянули от Шатуры. В газетах писали тогда "лампочки Ильича", а мужики, глаза таращи, говорили: "Царь Огонь!"

Может, кому из деревни, кто побогаче, изба Матрены и не казалась доброжилой, нам же с ней в ту осень и зиму вполне была хороша: от дождей она еще не протекала и ветрами студеными выдувало из нее печное грево не сразу, лишь под утро, особенно тогда, когда дул ветер с прохудившейся стороны.

Кроме Матрены и меня, жили в избе еще — кошка, мыши и тараканы.

Кошка была немолода, а главное — колченога. Она из жалости была Матреной подобрана и прижилась. Хотя она и ходила на четырех ногах, но сильно прихрамывала: одну ногу она берегла, больная была нога. Когда кошка прыгала с печи на пол, звук касания ее о пол не был кошаче-мягок, как у всех, а — сильный одновременный удар трех ног: туп! — такой сильный удар, что я не сразу привык, вздрагивал. Это она три ноги подставляла разом, чтоб уберечь четвертую.

Но не потому были мыши в избе, что колченогая кошка с ними не справлялась: она как молния за ними прыгала в угол и выносила в зубах. А недоступны были мыши для кошки из-за того, что кто-то когда-то, еще по хорошей жизни, оклеил Матренину избу рифлеными зеленоватыми обоями, да не просто в слой, а в пять слоев. Друг с другом обои склеились хорошо, от стены же во многих местах отстали — и получилась как бы внутренняя шкура на избе. Между бревнами избы и обойной шкурой мыши и проделали себе ходы и нагло шуршали, бегая по ним даже и под потолком. Кошка сердито смотрела вслед их шуршанью, а достать не могла.

Иногда ела кошка и тараканов, но от них ей становилось нехорошо. Единственное, что тараканы уважали, это черту перегородки, отделявшей устье русской печи и кухоньку от чистой избы. В чистую избу они не переползали. Зато в кухоньке по ночам кишели, и если поздно вечером, зайдя испить воды, я зажигал там лампочку — пол весь, и скамья большая, и даже стена были чуть не сплошь бурыми и шевелились.

Приносил я из химического кабинета буры, и, смешивая с тестом, мы их травили. Тараканов менело, но Матрена боялась отравить вместе с ними и кошку. Мы прекращали подсыпку яда, и тараканы плодились вновь.

По ночам, когда Матрена уже спала, а я занимался за столом, — редкое быстрое шуршание мышей под обоями покрывалось слитным, единым, непрерывным, как далекий шум океана, шорохом тараканов за перегородкой. Но я свыкся с ним, ибо в нем не было ничего злого, в нем не было лжи. Шуршанье их — была их жизнь.

И с грубой плакатной красавицей я свыкся, которая со стены постоянно протягивала мне Белинского, Панферова и еще стопу каких-то книг, но — молчала. Я со всем свыкся, что было в избе Матрены.

Матрена вставала в четыре-пять утра. Ходикам Матрениным было двадцать семь лет, как куплены в сельпо. Всегда они шли вперед, и Матрена не беспокоилась — лишь бы не отставали, чтоб утром не запоздниться. Она включала лампочку за кухонной перегородкой и тихо, вежливо, стараясь не шуметь, топила русскую печь, ходила доить козу (все животы ее были — одна эта грязно-белая криворогая коза), по воду ходила и варила в трех чугунках: один чугунок — мне, один — себе, один — козе. Козе она выбирала из подполья самую мелкую картошку, себе — мелкую, а мне — с куриное яйцо. Крупной же картошки огород ее песчаный, с довоенных лет не удобренный и всегда засаживаемый картошкой, картошкой и картошкой, — крупной не давал.

Мне почти не слышались ее утренние хлопоты. Я спал долго, просыпался на позднем зимнем свету и потягивался, высовывая голову из-под одеяла и тулупа. Они да еще лагерная телогрейка на ногах, а снизу мешок, набитый соломой, хранили мне тепло даже в те ночи, когда стужа толкалась с севера в наши хилые оконца. Услышав за перегородкой сдержанный шумок, я всякий раз размеренно говорил:

— Доброе утро, Матрена Васильевна!

И всегда одни и те же доброжелательные слова раздавались мне из-за перегородки. Они начинались каким-то низким теплым мурчанием, как у бабушек в сказках:

— М-м-мм... также и вам!

И немного погодя:

— А завтрак вам приспе-ел.

Что' на завтрак, она не объявляла, да это и догадаться было легко: *карто'вь* необлупленная, или суп *картонный* (так выговаривали все в деревне), или каша ячневая (другой крупы в тот год нельзя было купить в Торфопродукте, да и ячневую-то с бою — как самой дешевой ею откармливали свиней и мешками брали). Не всегда это было посолено, как надо, часто пригорало, а после еды оставляло налет на небе, деснах и вызывало изжогу.

Но не Матрены в том была вина: не было в Торфопродукте и масла, маргарин нарасхват, а свободно только жир комбинированный. Да и русская печь, как я пригляделся, неудобна для стряпни: варка идет скрыто от стряпухи, жар к чугунку подступает с разных сторон неравномерно. Но потому, должно быть, пришла она к нашим предкам из самого каменного века, что, протопленная раз на досветьи, весь день хранит в себе теплыми корм и пойло для скота, пищу и воду для человека. И спать тепло.

Я покорно съедал все наваренное мне, терпеливо откладывал в сторону, если попадалось что неурядное: волос ли, торфа кусочек, тараканья ножка. У меня не хватало духу упрекнуть Матрену. В конце концов она сама же меня предупреждала: "Не умемши, не варемши — как утрафишь?"

— Спасибо, — вполне искренне говорил я.

— На чем? На своем на добром? — обезоруживала она меня лучезарной улыбкой. И, простодушно глядя блекло-голубыми глазами, спрашивала: — Ну, а к ужо'ткому что вам приготовить?

К *ужоткому* значило — к вечеру. Ел я дважды в сутки, как на фронте. Что мог я заказать к ужоткому? Все из того же, *картовь* или суп *картонный*.

Я мирился с этим, потому что жизнь научила меня не в еде находить смысл повседневного существования. Мне дороже была эта улыбка ее кругловатого лица, которую, заработав наконец на фотоаппарат, я тщетно пытался уловить. Увидев на себе холодный глаз объектива, Матрена принимала выражение или натянутое, или повышенно-суровое.

Раз только запечатлел я, как она улыбалась чему-то, глядя в окошко на улицу.

В ту осень много было у Матрены обид. Вышел перед тем новый пенсионный закон, и надоумили ее соседки добиваться пенсии. Была она одинокая кругом, а с тех пор, как стала сильно болеть — и из колхоза ее отпустили. Наворочено было много несправедливостей с Матреной: она была больна, но не считалась инвалидом; она четверть века проработала в колхозе, но потому что не на заводе — не полагалось ей пенсии *за себя*, а добиваться можно было только *за мужа*, то есть за утерю кормильца. Но мужа не было уже двенадцать лет, с начала войны, и нелегко было теперь добыть те справки с разных мест о его *стаже* и сколько он там получал. Хлопоты были — добыть эти справки; и чтоб написали все же, что получал он в месяц хоть рублей триста; и справку заверить, что живет она одна и никто ей не помогает; и с года она какого; и потом все это носить в собес; и перенашивать, исправляя, что сделано не так; и еще носить. И узнавать — дадут ли пенсию.

Хлопоты эти были тем затруднены, что собес от Тальнова был в двадцати километрах к востоку, сельский совет — в десяти километрах к западу, а поселковый — к северу, час ходьбы. Из канцелярии в канцелярию и гоняли ее два месяца — то за точкой, то за запятой. Каждая проходка — день. Сходит в сельсовет, а секретаря сегодня нет, просто так вот нет, как это бывает в селах. Завтра, значит, опять иди. Теперь секретарь есть, да печати у него нет. Третий день опять иди. А четвертый день иди потому, что сослепу они не на той бумажке расписались, бумажки-то все у Матрены одной пачкой сколоты.

— Притесняют меня, Игнатич, — жаловалась она мне после таких бесплодных проходок. — Иззаботилась я.

Но лоб ее недолго оставался омраченным. Я заметил: у нее было верное средство вернуть себе доброе расположение духа — работа. Тотчас же она или хваталась за лопату и копала *картовь*. Или с мешком под мышкой шла за торфом. А то с плетеным кузовом — по ягоды в дальний лес. И не столам конторским кланяясь, а лесным кустам, да наломавши спину ношей, в избу возвращалась Матрена уже просветленная, всем довольная, со своей доброй улыбкой.

— Теперича я зуб наложила, Игнатич, знаю, где брать, — говорила она о торфе. — Ну и местечко, любота' одна!

— Да Матрена Васильевна, разве моего торфа не хватит? Машина целая.

— Фу-у! твоего торфу! еще столько, да еще столько — тогда, бывает, хватит. Тут как зима закрутит да *дуе'ль* в окна, так не столько топишь, сколько выдувает. Летось мы торфу натаскивали сколища! Я ли бы и теперь три машины не натаскала? Так вот ловят. Уж одну бабу нашу по судам тягают.

Да, это было так. Уже закруживалось пугающее дыхание зимы — и щемило сердца. Стояли вокруг леса, а топки взять было негде. Рычали кругом экскаваторы на болотах, но не продавалось торфу жителям, а только везли — начальству, да кто при начальстве, да по машине — учителям, врачам, рабочим завода. Топлива не было положено — и спрашивать о нем не полагалось. Председатель колхоза ходил по деревне, смотрел в глаза требовательно или мутно или простодушно и о чем угодно говорил, кроме топлива. Потому что сам он запасся. А зимы не ожидалось.

Что ж, воровали раньше лес у барина, теперь тянули торф у треста. Бабы собирались по пять, по десять, чтобы смелей. Ходили днем. За лето накопано было торфу повсюду и сложено штабелями для просушки. Этим и хорош торф, что, добыв, его не могут увезти сразу. Он сохнет до осени, а то и до снега, если дорога не станет или трест затомошился. Это-то время бабы его и брали. Зараз уносили в мешке торфин шесть, если были сыроваты, торфин десять, если сухие. Одного мешка такого, принесенного иногда километра за три (и весил он пуда два), хватало на одну протопку. А дней в зиме двести. А топить надо: утром русскую, вечером "голландку".

— Да чего говорить оба'пол! — сердилась Матрена на кого-то невидимого. — Как лошадей не стало, так чего на себе не припрешь, того и в дому' нет. Спина у меня никогда не заживает. Зимой салазки на себе, летом вязанки на себе, ей-богу правда!

Ходили бабы в день — не по разу. В хорошие дни Матрена приносила по шесть мешков. Мой торф она сложила открыто, свой прятала под мостами, и каждый вечер забивала лаз доской.

— Разве уж догадаются, враги, — улыбалась она, вытирая пот со лба, — а то ни в жисть не найдут.

Что было делать тресту? Ему не отпускалось штатов, чтобы расставлять караульщиков по всем болотам. Приходилось, наверно, показав обильную добычу в сводках, затем списывать — на крошку, на дожди. Иногда, порывами, собирали патруль и ловили баб у входа в деревню. Бабы бросали мешки и разбегались. Иногда, по доносу, ходили по домам с обыском, составляли протокол на незаконный торф и грозились передать в суд. Бабы на время бросали носить, но зима надвигалась и снова гнала их — с санками по ночам.

Вообще, приглядываясь к Матрене, я замечал, что, помимо стряпни и хозяйства, на каждый день у нее приходилось и какое-нибудь другое немалое дело, закономерный порядок этих дел она держала в голове и, проснувшись поутру, всегда знала, чем сегодня день ее будет занят. Кроме торфа, кроме сбора старых пеньков, вывороченных трактором на болоте, кроме брусники, намачиваемой на зиму в четвертях (“Поточи зубки, Игнатич”, — угощала меня), кроме копки картошки, кроме беготни по пенсионному делу, она должна была еще где-то раздобывать сенца для единственной своей грязно-белой козы.

— А почему вы коровы не держите, Матрена Васильевна?

— Э-эх, Игнатич, — разъясняла Матрена, стоя в нечистом фартуке в кухонном дверном вырезе и оборотясь к моему столу. — Мне молока и от козы хватит. А корову заведи, так она меня самою' с ногами съест. У полотна не скоси — там свои хозява, и в лесу косить нету — лесничество хозяин, и в колхозе мне не велят — не колхозница, мол, теперь. Да они и колхозницы до самых белых мух все в колхоз, а себе уж из-под снегу — что за трава?.. По-бывалошному кипели с сеном в межень, с Петрова до Ильина. Считалась трава — медовая...

Так, одной у'тельной козе собрать было сена для Матрены — труд великий. Брала она с утра мешок и серп и уходила в места, которые помнила, где трава росла по обмежкам, по задороге, по островкам среди болота. Набив мешок свежей тяжелой травой, она тащила ее домой и во дворике у себя раскладывала пластом. С мешка травы получалось подсохшего сена — навильник.

Председатель новый, недавний, присланный из города, первым делом обрезал всем инвалидам огороды. Пятнадцать соток песочка оставил Матрене, а десять соток так и пустовало за забором. Впрочем, за пятнадцать соток потягивал колхоз Матрену. Когда рук не хватало, когда отнекивались бабы уж очень упорно, жена председателя приходила к Матрене. Она была тоже женщина городская, решительная, коротким серым полупальто и грозным взглядом как бы военная.

Она входила в избу и, не здороваясь, строго смотрела на Матрену. Матрена мешалась.

— Та-ак, — раздельно говорила жена председателя. — Товарищ Григорьева? Надо будет помочь колхозу! Надо будет завтра ехать навоз вывозить!

Лицо Матрены складывалось в извиняющую полуулыбку — как будто ей было совестно за жену председателя, что та не могла ей заплатить за работу.

— Ну что ж, — тянула она. — Я больна, конечно. И к делу вашему теперь не присоединена. — И тут же спешно исправлялась: — Какому часу приходить-то?

— И вилы свои бери! — наставляла председательша и уходила, шурша твердой юбкой.

— Во как! — пеняла Матрена вслед. — И вилы свои бери! Ни лопат, ни вил в колхозе нету. А я без мужика живу, кто мне насадит?..

И размышляла потом весь вечер:

— Да что говорить, Игнатич! Ни к столбу, ни к перилу эта работа. Станешь, об лопату опершись, и ждешь, скоро ли с фабрики гудок на двенадцать. Да еще заведутся бабы, счеты сводят, кто вышел, кто не вышел. Когда, бывалоча, *по себе* работали, так никакого *звуку* не было, только ой-ой-ойинь-ки, вот обед подкатил, вот вечер подступил.

Все же поутру она уходила со своими вилами.

Но не колхоз только, а любая родственница дальняя или просто соседка приходила тоже к Матрене с вечера и говорила:

— Завтра, Матрена, придешь мне пособить. Картошку будем докапывать.

И Матрена не могла отказать. Она покидала свой черед дел, шла помогать соседке и, воротясь, еще говорила без тени зависти:

— Ах, Игнатич, и крупная ж картошка у нее! В охотку копала, уходить с участка не хотелось, ей-богу правда!

Тем более не обходилась без Матрены ни одна пахота огорода. Тальновские бабы установили доточно, что одной вскопать свой огород лопатою тяжеле и дольше, чем, взяв соху и вшестером впрягшись, вспахать на себе шесть огородов. На то и звали Матрену в помощь.

— Что ж, платили вы ей? — приходилось мне потом спрашивать.

— Не берет она денег. Уж поневоле ей вопрятаешь.

Еще суета большая выпадала Матрене, когда подходила ее очередь кормить козьих пастухов: одного — здоровенного, *немоглу'хого*, и второго — мальчишку с постоянной слюнявой цигаркой в зубах. Очередь эта была в полтора месяца роз, но вгоняла Матрену в большой расход. Она шла в сельпо, покупала рыбные консервы, расстарывалась и сахару и масла, чего не ела сама. Оказывается, хозяйки выкладывались друг перед другой, стараясь накормить пастухов получше.

— Бойся портного да пастуха, — объясняла она мне. — По всей деревне тебя ославят, если что им не так.

И в эту жизнь, густую заботами, еще врывалась временами тяжелая немочь, Матрена валилась и сутки-двое лежала пластом. Она не жаловалась, не стонала, но и не шевелилась почти. В такие дни Маша, близкая подруга Матрены с самых молодых годков, приходила обихаживать козу да топить печь. Сама Матрена не пила, не ела и не просила ничего. Вызвать на дом врача из поселкового медпункта было в Тальнове вдиво, как-то неприлично перед соседями — мол, барыня. Вызывали однажды, та приехала злая очень, велела Матрене, как отлежится, приходить на медпункт самой. Матрена ходила против воли, брали анализы, посылали в районную больницу — да так и заглохло. Была тут вина и Матрены самой.

Дела звали к жизни. Скоро Матрена начинала вставать, сперва двигалась медленно, а потом опять живо.

— Это ты меня прежде не видал, Игнатич, — оправдывалась она.

— Все мешки мои были, по пять пудов ти'желью не считала. Свекор кричал: "Матрена! Спину сломаешь!" Ко мне ди'вирь не подходил, чтоб мой конец бревна на передок подсадить. Конь был военный у нас Волчок, здоровый...

— А почему военный?

— А нашего на войну забрали, этого подраненного — взамен. А он *стихово'й* какой-то попался. Раз с испугу сани понес в озеро, мужики отскакивали, а я, правда, за узду схватила, остановила. Овсяной был конь. У нас мужики любили лошадей кормить. Которые кони овсяные, те и ти'жели не признают.

Но отнюдь не была Матрена бесстрашной. Боялась она пожара, боялась *молоньи'*, а больше всего почему-то — поезда.

— Как мне в Черусти ехать, с Нечаевки поезд вылезет, глаза здоровенные свои вылупит, рельсы гудят — аж в жар меня бросает, коленки трясутся. Ей-богу правда! — сама удивлялась и пожимала плечами Матрена.

— Так, может, потому, что билетов не дают, Матрена Васильевна?

— В окошечко? Только мягкие суют. А уж поезд — трогацать! Мечемся туда-сюда: да взойдите ж в сознание! Мужики — те по лесенке на крышу полезли. А мы нашли дверь незапертую, вперлись прям так, без билетов — а вагоны-то все *простые* идут, все простые, хоть на полке растягивайся. Отчего билетов не давали, паразиты несочувственные, — не знато...

Все же к той зиме жизнь Матрены наладилась как никогда. Стали-таки платить ей рублей восемьдесят пенсии. Еще сто с лишком получала она от школы и от меня.

— Фу-у! Теперь Матрене и умирать не надо! — уже начинали завидовать некоторые из соседок. — Больше денег ей, старой, и девать некуда.

— А что — пенсия? — возражали другие. — *Государство — оно минутное.* Сегодня, вишь, дало, а завтра отымет.

Заказала себе Матрена скатать новые валенки. Купила новую телогрейку. И справила пальто из ношеной железнодорожной шинели, которую подарил ей машинист из Черустей, муж ее бывшей воспитанницы

Киры. Деревенский портной-горбун подложил под сукно ваты, и такое славное пальто получилось, какого за шесть десятков лет Матрена не нашивала.

И в середине зимы зашила Матрена в подкладку этого пальто двести рублей себе на *похороны*. Повеселела:

— Маненько и я спокой увидала, Игнатич.

Прошел декабрь, прошел январь — за два месяца не посетила ее болезнь. Чаще Матрена по вечерам стала ходить к Маше посидеть, семечки пощелкать. К себе она гостей по вечерам не звала, уважая мои занятия. Только на крещенье, воротясь из школы, я застал в избе пляску и познакомлен был с тремя Матрениными родными сестрами, звавшими Матрену как старшую — лелька или нянька. До этого дня мало было в нашей избе слышно о сестрах — то ли опасались они, что Матрена будет просить у них помощи?

Одно только событие или предзнаменование омрачило Матрене этот праздник: ходила она за пять верст в церковь на водосвятие, поставила свой котелок меж других, а когда водосвятие кончилось и бросились бабы, толкаясь, разбирать — Матрена не поспела средь первых, а в конце — не оказалось ее котелка. И взамен котелка никакой другой посуды тоже оставлено не было. Исчез котелок, как дух нечистый его унес.

— Бабоньки! — ходила Матрена среди молящихся. — Не прихватил ли кто неуладкой чужую воду освященную? в котелке?

Не признался никто. Бывает, мальчишки созоровали, были там и мальчишки. Вернулась Матрена печальная. Всегда у нее бывала святая вода, а на этот год не стало.

Не сказать, однако, чтобы Матрена верила как-то истово. Даже скорей была она язычница, брали в ней верх суеверия: что на Ивана Постного в огород зайти нельзя — на будущий год урожая не будет; что если метель крутит — значит, кто-то где-то удавился, а дверью ногу прищемишь — быть гостю. Сколько жил я у нее — никогда не видал ее молящейся, ни чтоб она хоть раз перекрестилась. А дело всякое начинала "с Богом!" и мне всякий раз "с Богом!" говорила, когда я шел в школу. Может быть, она и молилась, но не показно, стесняясь меня или боясь меня притеснить. Был святой угол в чистой избе, и икона Николая Угодника в кухоньке. Забудни стояли они темные, а во время всенощной и с утра по праздникам зажигала Матрена лампадку.

Только грехов у нее было меньше, чем у ее колченогой кошки. Та — мышей душила...

Немного выдравшись из колотной своей житенки, стала Матрена повнимательней слушать и мое радио (я не преминул поставить себе *разведку* — так Матрена называла розетку. Мой приемничек уже не был для меня бич, потому что я своей рукой мог его выключить в любую минуту; но, действительно, выходил он для меня из глухой избы — разведкой). В тот год повелось по две — по три иностранных делегации в неделю принимать, провожать и возить по многим городам, собирая митинги. И что ни день, известия полны были важными сообщениями о банкетах, обедах и завтраках.

Матрена хмурилась, неодобрительно вздыхала:

— Ездят-ездят, чего-нибудь наездят.

Услышав, что машины изобретены новые, ворчала Матрена из кухни:

— Все новые, новые, на старых работать не хотят, куды старые складывать будем?

Еще в тот год обещали искусственные спутники Земли. Матрена качала головой с печи:

— Ой-ой-ойиньки, чего-нибудь изменят, зиму или лето.

Исполнял Шаляпин русские песни. Матрена стояла-стояла, слушала и приговорила решительно:

— Чудно' поют, не по-нашему.

— Да что вы, Матрена Васильевна, да прислушайтесь!

Еще послушала. Сжала губы:

— Не. Не так. Ладу не нашего. И голосом балует.

Зато и вознаградила меня Матрена. Передавали как-то концерт из романсов Глинки. И вдруг после пятка камерных романсов Матрена, держась за фартук, вышла из-за перегородки растепленная, с пеленой слезы в неярких своих глазах:

— А вот это — по-нашему... — прошептала она.

2

Так привыкли Матрена ко мне, а я к ней, и жили мы запросто. Не мешала она моим долгим вечерним занятиям, не досаждала никакими расспросами. До того отсутствовало в ней бабье любопытство или до того она была деликатна, что не спросила меня ни разу: был ли я когда женат? Все тальновские бабы приставали к ней — узнать обо мне. Она им отвечала:

— Вам нужно — вы и спрашивайте. Знаю одно — *дальний* он.

И когда невскоре я сам сказал ей, что много провел в тюрьме, она только молча покивала головой, как бы подозревала и раньше.

А я тоже видел Матрену сегодняшнюю, потерянную старуху, и тоже не бередил ее прошлого, да и не подозревал, чтоб там было что искать.

Знал я, что замуж Матрена вышла еще до революции, и сразу в эту избу, где мы жили теперь с ней, и сразу *к печке* (то есть не было в живых ни свекрови, ни старшей золовки незамужней, и с первого послебрачного утра Матрена взялась за ухват). Знал, что детей у нее было шестеро и один за другим умирали все очень рано, так что двое сразу не жило. Потом была какая-то воспитанница Кира. А муж Матрены не вернулся с этой войны. Похоронного тоже не было. Односельчане, кто был с ним в роте, говорили, что либо в плен он попал, либо погиб, а только тела не нашли. За одиннадцать послевоенных лет решила и Матрена сама, что он не жив. И хорошо, что думала так. Хоть и был бы теперь он жив — так женат где-нибудь в Бразилии или в Австралии. И деревня Тальново, и язык русский изглаживаются из памяти его...

Раз, придя из школы, я застал в нашей избе гостя. Высокий черный старик, сняв на колени шапку, сидел на стуле, который Матрена выставила ему на середину комнаты, к печке-"голландке". Все лицо его облегали густые черные волосы, почти не тронутые сединой: с черной окладистой бородой сливались усы густые, черные, так что рот был виден едва; и непрерывные бакены черные, едва выказывая уши, поднимались к черным космам, свисавшим с темени; и еще широкие черные брови мостами были брошены друг другу навстречу. И только лоб уходил лысым куполом в лысую просторную маковку. Во всем облике старика показалось мне многознание и достойность. Он сидел ровно, сложив руки на посохе, посох же отвесно уперев в пол, — сидел в положении терпеливого ожидания и, видно, мало разговаривал с Матреной, возившейся за перегородкой.

Когда я пришел, он плавно повернул ко мне величавую голову и назвал меня внезапно:

— Батюшка!.. Вижу вас плохо. Сын мой учится у вас. Григорьев Антошка...

Дальше мог бы он и не говорить... При всем моем порыве помочь этому почтенному старику, заранее знал я и отвергал все то бесполезное, что скажет старик сейчас. Григорьев Антошка был круглый румяный малец из 8-го "Г", выглядевший, как кот после блинов. В школу он приходил как бы отдыхать, за партой сидел и улыбался лениво. Уж тем более он никогда не готовил уроков дома. Но, главное, борясь за тот высокий процент успеваемости, которым славились школы нашего района, нашей области и соседних областей, — из году в год его переводили, и он ясно усвоил, что, как бы учителя ни грозились, все равно в конце года переведут, и не надо для этого учиться. Он просто смеялся над нами. Он сидел в 8-м классе, однако не владел дробями и не различал, какие бывают треугольники. По первым четвертям он был в цепкой хватке моих двоек — и то же ожидало его в третьей четверти.

Но этому полуслепому старику, годному Антошке не в отцы, а в деды и пришедшему ко мне на униженный поклон, — как было сказать теперь, что год за годом школа его обманывала, дальше же обманывать я не могу, иначе развалю весь класс, и превращусь в балаболку, и наплевать должен буду на весь свой труд и звание свое?

И теперь я терпеливо объяснял ему, что запущено у сына очень, и он в школе и дома лжет, надо дневник проверять у него почаще и круто браться с двух сторон.

— Да уж куда крутей, батюшка, — заверил меня гость. — Бью его теперь, что неделя. А рука тяжелая у меня.

В разговоре я вспомнил, что уж один раз и Матрена сама почему-то ходатайствовала за Антошку Григорьева, но я не спросил, что за родственник он ей, и тоже тогда отказал. Матрена и сейчас стала в дверях кухоньки бессловесной просительницей. И когда Фаддей Миронович ушел от меня с тем, что будет заходить — узнавать, я спросил:

— Не пойму, Матрена Васильевна, как же этот Антошка вам приходится?

— Дивиря моего сын, — ответила Матрена суховато и ушла доить козу.

Разочтя, я понял, что черный настойчивый этот старик — родной брат мужа ее, без вести пропавшего.

И долгий вечер прошел — Матрена не касалась больше этого разговора. Лишь поздно вечером, когда я думать забыл о старике и работал в тишине избы под шорох тараканов и постук ходиков, — Матрена вдруг из темного своего угла сказала:

— Я, Игнатич, когда-то за него чуть замуж не вышла.

Я и о Матрене-то самой забыл, что она здесь, не слышал ее, — но так взволнованно она это сказала из темноты, будто и сейчас еще тот старик домогался ее.

Видно, весь вечер Матрена только об том и думала.

Она поднялась с убогой тряпичной кровати и медленно выходила ко мне, как бы идя за своими словами. Я откинулся — и в первый раз совсем по-новому увидел Матрену.

Верхнего света не было в нашей большой комнате, как лесом заставленной фикусами. От настольной же лампы свет падал кругом только на мои тетради, — а по всей комнате глазам, оторвавшимся от света, казался полумрак с розовинкой. И из него выступала Матрена. И щеки ее померещились мне не желтыми, как всегда, а тоже с розовинкой.

— Он за меня первый сватался... раньше Ефима... Он был брат — старший... Мне было девятнадцать, Фаддею — двадцать три... Вот в этом самом доме они тогда жили. Ихний был дом. Ихним отцом строенный.

Я невольно оглянулся. Этот старый серый изгнивающий дом вдруг сквозь блекло-зеленую шкуру обоев, под которыми бегали мыши, проступил мне молодыми, еще не потемневшими тогда, струганами бревнами и веселым смолистым запахом.

— И вы его..? И что же?..

— В то лето... ходили мы с ним в рощу сидеть, — прошептала она. — Тут роща была, где теперь конный двор, вырубили ее... Без малого не вышла, Игнатич. Война германская началась. Взяли Фаддея на войну.

Она уронила это — и вспыхнул передо мной голубой, белый и желтый июль четырнадцатого года: еще мирное небо, плывущие облака и народ, кипящий со спелым жнивом. Я представил их рядом: смоляного богатыря с косой через спину; ее, румяную, обнявшую сноп. И — песню, песню под небом, какие давно уже отстала деревня петь, да и не споешь при механизмах.

— Пошел он на войну — пропал... Три года затаилась я, ждала. И ни весточки, и ни косточки...

Обвязанное старческим слинявшим платочком смотрело на меня в непрямых мягких отсветах лампы круглое лицо Матрены — как будто освобожденное от морщин, от будничного небрежного наряда — испуганное, девичье, перед страшным выбором.

Да. Да... Понимаю... Облетали листья, падал снег — и потом таял. Снова пахали, снова сеяли, снова жали. И опять облетали листья, и опять падал снег. И одна революция. И другая революция. И весь свет перевернулся.

— Мать у них умерла — и присватался ко мне Ефим. Мол, в нашу избу ты идти хотела, в нашу и иди. Был Ефим моложе меня на год. Говорят у нас: умная выходит после Покрова', а дура — после Петрова'. Рук у них не хватало. Пошла я... На Петров день повенчались, а к Миколе зимнему — вернулся... Фаддей... из венгерского плена.

Матрена закрыла глаза.

Я молчал.

Она обернулась к двери, как к живой:

— Стал на пороге. Я как закричу! В колена б ему бросилась!.. Нельзя... Ну, говорит, если б то не брат мой родной — я бы вас порубал обоих!

Я вздрогнул. От ее надрыва или страха я живо представил, как он стоит там, черный, в темных дверях и топором замахнулся на Матрену.

Но она успокоилась, оперлась о спинку стула перед собой и певуче рассказывала:

— Ой-ой-ойиньки, головушка бедная! Сколько невест было на деревне — не женился. Сказал: буду имечко твое искать, вторую Матрену. И привел-таки себе из Липовки Матрену, срубили избу отдельную, где и сейчас живут, ты каждый день мимо их в школу ходишь.

Ах, вот оно что! Теперь я понял, что видел ту вторую Матрену не раз. Не любил я ее: всегда приходила она к моей Матрене жаловаться, что муж ее бьет, и скаред муж, жилы из нее вытягивает, и плакала здесь подолгу, и голос-то всегда у нее был на слезе.

Но выходило, что не о чем моей Матрене жалеть — так бил Фаддей свою Матрену всю жизнь и по сей день и так зажал весь дом.

— Меня *сам* ни разику не бил, — рассказывала она о Ефиме. — По улице на мужиков с кулаками бегал, а меня — ни разику... То есть был-таки раз — я с золовкой поссорилась, он ложку мне об лоб расшибил. Вскочила я от стола: "Захленуться бы вам, подавиться, трутни!" И в лес ушла. Больше не трогал.

Кажется, и Фаддею не о чем было жалеть: родила ему вторая Матрена тоже шестерых детей (средь них и Антошка мой, самый младший, поскребыш) — и выжили все, а у Матрены с Ефимом дети не стояли: до трех месяцев не доживая и не болея ничем, умирал каждый.

— Одна дочка, Елена, только родилась, помыли ее живую — тут она и померла. Так мертвую уж обмывать не пришлось... Как свадьба моя была в Петров день, так и шестого ребенка, Александра, в Петров день схоронила.

И решила вся деревня, что в Матрене — порча.

— *Порция* во мне! — убежденно кивала и сейчас Матрена. — Возили меня к монашенке одной бывшей лечиться, она меня на кашель наводила — ждала, что *порция* из меня лягушкой выбросится. Ну, не выбросилась...

И шли года, как плыла вода... В сорок первом не взяли на войну Фаддея из-за слепоты, зато Ефима взяли. И как старший брат в первую войну, так младший без вести исчез во вторую. Но этот вовсе не вернулся. Гнила и старела когда-то шумная, а теперь пустынная изба — и старела в ней беспритульная Матрена.

И попросила она у той второй забитой Матрены — чрева ее урывочек (или кровиночку Фаддея?) — младшую их девочку Киру.

Десять лет она воспитывала ее здесь как родную, вместо своих невыстоявших. И незадолго до меня выдала за молодого машиниста в Черусти. Только оттуда ей теперь и помощь сочилась: иногда сахарку, когда поросенка зарежут — сальца.

Страдая от недугов и чая недалекую смерть, тогда же объявила Матрена свою волю: отдельный сруб горницы, расположенный под общей связью с избою, после смерти ее отдать в наследство Кире. О самой избе она ничего не сказала. Еще три сестры ее метили получить эту избу.

Так в тот вечер открылась мне Матрена сполна. И, как это бывает, связь и смысл ее жизни, едва став мне видимыми, — в тех же днях пришли и в движение. Из Черустей приехала Кира, забеспокоился старик Фаддей: в Черустях, чтобы получить и удержать участок земли, надо было молодым поставить какое-нибудь строение. Шла для этого вполне Матренина горница. А другого нечего было и поставить, неоткуда лесу взять. И не так сама Кира, и не так муж ее, как за них старый Фаддей загорелся захватить этот участок в Черустях.

И вот он зачастил к нам, пришел раз, еще раз, наставительно говорил с Матреной и требовал, чтоб она отдала горницу теперь же, при жизни. В эти приходы он не показался мне тем опирающимся о посох старцем, который вот развалится от толчка или грубого слова. Хоть и пригорбленный больною поясницей, но все еще статный, старше шестидесяти сохранивший сочную, молодую черноту в волосах, он наседал с горячностью.

Не спала Матрена две ночи. Нелегко ей было решиться. Не жалко было саму горницу, стоявшую без дела, как вообще ни труда, ни добра своего не жалела Матрена никогда. И горница эта все равно была завещана Кире. Но жутко ей было начать ломать ту крышу, под которой прожила сорок лет. Даже мне, постояльцу, было больно, что начнут отрывать доски и выворачивать бревна дома. А для Матрены было это — конец ее жизни всей.

Но те, кто настаивал, знали, что ее дом можно сломать и при жизни.

И Фаддей с сыновьями и зятьями пришли как-то февральским утром и застучали в пять топоров, завизжали и заскрипели отрываемыми досками. Глаза самого Фаддея деловито поблескивали. Несмотря на то, что спина его не распрямлялась вся, он ловко лазил и под стропила и живо суетился внизу, покрикивая на помощников. Эту избу он парнишкою сам и строил когда-то с отцом; эту горницу для него, старшего сына, и рубили, чтоб он поселился здесь с молодой. А теперь он яро разбирал ее по ребрышкам, чтоб увезти с чужого двора.

Переметив номерами венцы сруба и доски потолочного настила, горницу с подклетью разобрали, а избу саму с укороченными мостами отсекли временной тесовой стеночкой. В стенке они покинули щели, и все показывало, что ломатели — не строители и не предполагают, чтобы Матрене еще долго пришлось здесь жить.

А пока мужчины ломали, женщины готовили ко дню погрузки самогон: водка обошлась бы чересчур дорого. Кира привезла из Московской области пуд сахару, Матрена Васильевна под покровом ночи носила тот сахар и бутыли самогонщику.

Вынесены и соштабелеваны были бревна перед воротами, зять-машинист уехал в Черусти за трактором.

Но в тот же день началась метель — *дуе′ль*, по-матрениному. Она кутила и кружила двое суток и замела дорогу непомерными сугробами. Потом, чуть дорогу умяли, прошел грузовик-другой — внезапно потеплело, в один день разом распустило, стали сырые туманы, журчали ручьи, прорывшиеся в снегу, и нога в сапоге увязала по все голенище.

Две недели не давалась трактору разломанная горница! Эти две недели Матрена ходила как потерянная. Оттого особенно ей было тяжело, что пришли три сестры ее, все дружно обругали ее дурой за то, что горницу отдала, сказали, что видеть ее больше не хотят, — и ушли.

И в те же дни кошка колченогая сбрела со двора — и пропала. Одно к одному. Еще и это пришибло Матрену.

Наконец стаявшую дорогу прихватило морозом. Наступил солнечный день, и повеселело на душе. Матрене что-то доброе приснилось под тот день. С утра узнала она, что я хочу сфотографировать кого-нибудь за старинным ткацким станом (такие еще стояли в двух избах, на них ткали грубые половики), — и усмехнулась застенчиво:

— Да уж погоди, Игнатич, пару дней, вот горницу, бывает, отправлю — сложу свой стан, ведь цел у меня — и снимешь тогда. Ей-богу правда!

Видно, привлекало ее изобразить себя в старине. От красного морозного солнца чуть розовым залилось замороженное окошко сеней, теперь укороченных, — и грел этот отсвет лицо Матрены. У тех людей всегда лица хороши, кто в ладах с совестью своей.

Перед сумерками, возвращаясь из школы, я увидел движение близ нашего дома. Большие новые тракторные сани были уже нагружены бревнами, но многое еще не поместилось — и семья деда Фаддея, и приглашенные помогать кончали сбивать еще одни сани, самодельные. Все работали, как безумные, в том ожесточении, какое бывает у людей, когда пахнет большими деньгами или ждут большого угощения. Кричали друг на друга, спорили.

Спор шел о том, как везти сани — порознь или вместе. Один сын Фаддея, хромой, и зять-машинист толковали, что сразу обои сани нельзя, трактор не утянет. Тракторист же, самоуверенный толстомордый здоровяга, хрипел, что ему видней, что он *водитель* и повезет сани вместе. Расчет его был ясен: по уговору машинист платил ему за перевоз горницы, а не за рейсы. Двух рейсов за ночь — по двадцать пять километров да один раз назад — он никак бы не сделал. А к утру ему надо было быть с трактором уже в гараже, откуда он увел его тайком для *левой*.

Старику Фаддею не терпелось сегодня же увезти всю горницу — и он кивнул своим уступить. Вторые, наспех сколоченные, сани подцепили за крепкими первыми.

Матрена бегала среди мужчин, суетилась и помогала накатывать бревна на сани. Тут заметил я, что она в моей телогрейке, уже измазала рукава о льдистую грязь бревен, — и с неудовольствием сказал ей об этом. Телогрейка эта была мне память, она грела меня в тяжелые годы.

Так я в первый раз рассердился на Матрену Васильевну.

— Ой-ой-ойиньки, головушка бедная! — озадачилась она. — Ведь я ее бегма подхватила, да и забыла, что твоя. Прости, Игнатич. — И сняла, повесила сушиться.

Погрузка кончилась, и все, кто работал, человек до десяти мужчин, прогремели мимо моего стола и нырнули под занавеску в кухоньку. Оттуда глуховато застучали стаканы, иногда звякала бутыль, голоса становились все громче, похвальба — задорнее. Особенно хвастался тракторист. Тяжелый запах самогона докатился до меня. Но пили недолго — темнота заставляла спешить. Стали выходить. Самодовольный, с жестоким лицом вышел тракторист. Сопровождать сани до Черустей шли зять-машинист, хромой сын Фаддея и еще племянник один. Остальные расходились по домам. Фаддей, размахивая палкой, догонял кого-то, спешил что-то втолковать. Хромой сын задержался у моего стола закурить и вдруг заговорил, как любит он тетку Матрену, и что женился недавно, и вот сын у него родился только что. Тут ему крикнули, он ушел. За окном зарычал трактор.

Последней торопливо выскочила из-за перегородки Матрена. Она тревожно качала головой вслед ушедшим. Надела телогрейку, накинула платок. В дверях сказала мне:

— И что было двух не срядить? Один бы трактор занемог — другой подтянул. А теперь чего будет — Богу весть!..

И убежала за всеми.

После пьянки, споров и хождения стало особенно тихо в брошенной избе, выстуженной частым открыванием дверей. За окнами уже совсем стемнело. Я тоже влез в телогрейку и сел за стол. Трактор стих в отдалении.

Прошел час, другой. И третий. Матрена не возвращалась, но я не удивлялся: проводив сани, должно быть, ушла к своей Маше.

И еще прошел час. И еще. Не только тьма, но глубокая какая-то тишина опустилась на деревню. Я не мог тогда понять, отчего тишина — оттого, оказалось, что за весь вечер ни одного поезда не прошло по линии в полуверсте от нас. Приемник мой молчал, и я заметил, что очень уж, как никогда, развозились мыши: все нахальней, все шумней они бегали под обоями, скребли и попискивали.

Я очнулся. Был первый час ночи, а Матрена не возвращалась.

Вдруг услышал я несколько громких голосов на деревне. Еще были они далеко, но как подтолкнуло меня, что это к нам. И правда, скоро резкий стук раздался в ворота. Чужой властный голос кричал, чтоб открыли. Я вышел с электрическим фонариком в густую темноту. Деревня вся спала, окна не светились, а снег за неделю притаял и тоже не отсвечивал. Я отвернул нижнюю завертку и впустил. К избе прошли четверо в шинелях. Неприятно это очень, когда ночью приходят к тебе громко и в шинелях.

При свете огляделся я, однако, что у двоих шинели — железнодорожные. Старший, толстый, с таким же лицом, как у того тракториста, спросил:

— Где хозяйка?

— Не знаю.

— А трактор с санями из этого двора уезжал?

— Из этого.

— Они пили тут перед отъездом?

Все четверо щурились, оглядывались в полутьме от настольной лампы. Я так понял, что кого-то арестовали или хотели арестовать.

— Да что случилось?

— Отвечайте, что вас спрашивают!

— Но...

— Поехали пьяные?

— Они пили тут?

Убил ли кто кого? Или перевозить нельзя было горницы? Очень уж они на меня наседали. Но одно было ясно: что за самогонщину Матрене могут дать срок.

Я отступил к кухонной дверке и так перегородил ее собою.

— Право, не заметил. Не видно было.

(Мне и действительно не видно было, только слышно.)

И как бы растерянным жестом я провел рукой, показывая обстановку избы: мирный настольный свет над книгами и тетрадями; толпу испуганных фикусов; суровую койку отшельника. Никаких следов разгула.

Они уже и сами с досадой заметили, что никакой попойки здесь не было. И повернули к выходу, между собой говоря, что, значит, пьянка была не в этой избе, но хорошо бы прихватить, что была. Я провожал их и допытывался, что же случилось. И только в калитке мне буркнул один:

— Разворотило их всех. Не соберешь.

А другой добавил:

— Да это что! Двадцать первый скорый чуть с рельс не сошел, вот было бы.

И они быстро ушли.

Кого — их? Кого — всех? Матрена-то где?

Быстро я вернулся в избу, отвел полог и прошел в кухоньку. Самогонный смрад ударил в меня. Это было застывшее побоище — сгруженных табуреток и скамьи, пустых лежачих бутылок и одной неоконченной, стаканов, недоеденной селедки, лука и раскромсанного сала.

Все было мертво. И только тараканы спокойно ползали по полю битвы.

Я кинулся все убирать. Я полоскал бутылки, убирал еду, разносил стулья, а остаток самогона спрятал в темное подполье подальше.

И лишь когда я все это сделал, я встал пнем посреди пустой избы: что-то сказано было о двадцать первом скором. К чему?.. Может, надо было все это показать им? Я уже сомневался. Но что за манера проклятая — ничего не объяснить нечиновному человеку?

И вдруг скрипнула наша калитка. Я быстро вышел на мосты:

— Матрена Васильевна?

В избу, пошатываясь, вошла ее подруга Маша:

— Матрена-то... Матрена-то наша, Игнатич...

Я усадил ее, и, мешая со слезами, она рассказала.

На переезде — горка, въезд крутой. Шлагбаума нет. С первыми санями трактор перевалил, а трос лопнул, и вторые сани, самодельные, на переезде застряли и разваливаться начали — Фаддей для них лесу хорошего не дал, для вторых саней. Отвезли чуток первые — за вторыми вернулись, трос ладили — тракторист и сын Фаддея хромой, и туда же, меж трактором и санями, понесло и Матрену. Что' она там подсобить могла мужикам? Вечно она в мужичьи дела мешалась. И конь когда-то ее чуть в озеро не сшиб, под прорубь. И зачем на переезд проклятый пошла? — отдала горницу, и весь ее долг, рассчиталась... Машинист все смотрел, чтобы с Черустей поезд не нагрянул, его б фонари далеко видать, а с другой стороны, от станции нашей, шли два паровоза сцепленных — без огней и задом. Почему без огней — неведомо, а когда паровоз задом идет — машинисту с тендера сыплет в глаза пылью угольной, смотреть плохо. Налетели — и в мясо тех троих расплющили, кто между трактором и санями. Трактор изувечили, сани в щепки, рельсы вздыбили, и паровоза оба набок.

— Да как же они не слышали, что паровозы подходят?

— Да трактор-то заведенный орет.

— А с трупами что?

— Не пускают. Оцепили.

— А что я про скорый слышал... будто скорый?..

— А скорый десятичасовой — нашу станцию с ходу, и тоже к переезду. Но как паровозы рухнули — машинисты два уцелели, спрыгнули и побежали назад, и руками махают, на рельсы ставши — и успели поезд остановить... Племянника тоже бревном покалечило. Прячется сейчас у Клавки, чтоб не знали, что он на переезде был. А то ведь затягают свидетелем!.. Незнайка на печи лежит, а знайку на веревочке ведут... А муж Киркин — ни царапины. Хотел повеситься, из петли вынули. Из-за меня, мол, тетя погибла и брат. Сейчас пошел сам, арестовался. Да его теперь не в тюрьму, его в дом безумный. Ах, Матрена-Матренушка!...

Нет Матрены. Убит родной человек. И в день последний я укорил ее за телогрейку.

Разрисованная красно-желтая баба с книжного плаката радостно улыбалась.

Тетя Маша еще посидела, поплакала. И уже встала, чтоб идти. И вдруг спросила:

— Игнатич! Ты помнишь... вя'заночка серая была у Матрены... Она ведь ее после смерти прочила Таньке моей, верно?

И с надеждой смотрела на меня в полутьме — неужели я забыл?

Но я помнил:

— Прочила, верно.

— Так слушай, может, разреши, я ее заберу сейчас? Утром тут родня налетит, мне уж потом не получить.

И опять с мольбой и надеждой смотрела на меня — ее полувековая подруга, единственная, кто искренне любил Матрену в этой деревне...

Наверно, так надо было.

— Конечно... Берите... — подтвердил я.

Она открыла сундучок, достала вязанку, сунула под полу и ушла...

Мышами овладело какое-то безумие, они ходили по стенам ходенем, и почти зримыми волнами перекатывались зеленые обои над мышиными спинами.

Идти мне было некуда. Еще придут сами ко мне, допрашивать. Утром ждала меня школа. Час ночи был третий. И выход был: запереться и лечь спать.

Запереться, потому что Матрена не придет.

Я лег, оставив свет. Мыши пищали, стонали почти, и все бегали, бегали. Уставшей бессвязной головой нельзя было отделаться от невольного трепета — как будто Матрена невидимо металась и прощалась тут, с избой своей.

И вдруг в притемке у входных дверей, на пороге, я вообразил себе черного молодого Фаддея с занесенным топором: "Если б то не брат мой родной — порубал бы я вас обоих!"

Сорок лет пролежала его угроза в углу, как старый тесак, — а ударила-таки...

3

На рассвете женщины привезли с переезда на санках под накинутым грязным мешком — все, что осталось от Матрены. Скинули мешок, чтоб обмывать. Все было месиво — ни ног, ни половины туловища, ни левой руки. Одна женщина перекрестилась и сказала:

— Ручку-то правую оставил ей Господь. Там будет Богу молиться...

И вот всю толпу фикусов, которых Матрена так любила, что, проснувшись когда-то ночью в дыму, не избу бросилась спасать, а валить фикусы на пол (не задохнулись бы от дыму), — фикусы вынесли из избы. Чисто вымели полы. Тусклое Матренино зеркало завесили широким полотенцем старой домашней вытоки. Сняли со стены праздные плакаты. Сдвинули мой стол. И к окнам, под образа, поставили на табуретках гроб, сколоченный без затей.

А в гробу лежала Матрена. Чистой простыней было покрыто ее отсутствующее изуродованное тело, и голова охвачена белым платком, — а лицо осталось целехонькое, спокойное, больше живое, чем мертвое.

Деревенские приходили постоять-посмотреть. Женщины приводили и маленьких детей взглянуть на мертвую. И если начинался плач, все женщины, хотя бы зашли они в избу из пустого любопытства, — все обязательно подплакивали от двери и от стен, как бы аккомпанировали хором. А мужчины стояли молча навытяжку, сняв шапки.

Самый же плач доставалось вести родственницам. В плаче заметил я холодно-продуманный, искони-заведенный порядок. Те, кто подале, подходили к гробу ненадолго и у самого гроба причитали негромко. Те, кто считал себя покойнице роднее, начинали плач еще с порога, а достигнув гроба, наклонялись голосить над самым лицом усопшей. Мелодия была самодеятельная у каждой плакальщицы. И свои собственные излагались мысли и чувства.

Тут узнал я, что плач над покойной не просто есть плач, а своего рода политика. Слетелись три сестры Матрены, захватили избу, козу и печь, заперли сундук ее на замок, из подкладки пальто выпотрошили двести похоронных рублей, приходящим всем втолковывали, что они одни были Матрене близкие. И над гробом плакали так:

— Ах, нянька-нянька! Ах, лелька-лелька! И ты ж наша единственная! И жила бы ты тихо-мирно! И мы бы тебя всегда приласкали! А погубила тебя твоя горница! А доконала тебя, заклятая! И зачем ты ее ломала? И зачем ты нас не послушала?

Так плачи сестер были обвинительные плачи против мужниной родни: не надо было понуждать Матрену горницу ломать. (А подспудный смысл был: горницу-ту вы взять-взяли, избы же самой мы вам не дадим!)

Мужнина родня — Матренины золовки, сестры Ефима и Фаддея, и еще племянницы разные приходили и плакали так:

— Ах, тетанька-тетанька! И как же ты себя не берегла! И, наверно, теперь *они* на нас обиделись! И родимая ж ты наша, и вина вся твоя! И горница тут ни при чем. И зачем же пошла ты туда, где смерть тебя стерегла? И никто тебя туда не звал! И как ты умерла — не думала! И что же ты нас не слушалась?..

(И изо всех этих причитаний выпирал ответ: в смерти ее мы не виноваты, а насчет избы еще поговорим!)

Но широколицая грубая "вторая" Матрена — та подставная Матрена, которую взял когда-то Фаддей по одному лишь имечку, — сбивалась с этой политики и простовато вопила, надрываясь над гробом:

— Да ты ж моя сестричечка! Да неужели ж ты на меня обидишься? Ох-ма!.. Да бывалоча мы все с тобой говорили и говорили! И прости ты меня, горемычную! Ох-ма!.. И ушла ты к своей матушке, а, наверно, ты за мной заедешь! Ох-ма-а-а!..

На этом "ох-ма-а-а" она словно испускала весь дух свой — и билась, билась грудью о стенку гроба. И когда плач ее переходил обрядные нормы, женщины, как бы признавая, что плач вполне удался, все дружно говорили:

— Отстань! Отстань!

Матрена отставала, но потом приходила вновь и рыдала еще неистовее. Вышла тогда из угла старуха древняя и, положа Матрене руку на плечо, сказала строго:

— Две загадки в мире есть: как родился — не помню, как умру — не знаю.

И смолкла Матрена тотчас, и все смолкли до полной тишины.

Но и сама эта старуха, намного старше здесь всех старух и как будто даже Матрене чужая вовсе, погодя некоторое время тоже плакала:

— Ох ты, моя болезная! Ох ты, моя Васильевна! Ох, *надоело мне вас провожать!*

И совсем уже не обрядно — простым рыданием нашего века, не бедного ими, рыдала злосчастная Матренина приемная дочь — та Кира из Черустей, для которой везли и ломали эту горницу. Ее завитые локончики жалко растрепались. Красны, как кровью залиты, были глаза. Она не замечала, как сбивается на морозе ее платок, или надевала пальто мимо рукава. Она невменяемая ходила от гроба приемной матери в одном доме к гробу брата в другом, — и еще опасались за разум ее, потому что должны были мужа судить.

Выступало так, что муж ее был виновен вдвойне: он не только вез горницу, но был железнодорожный машинист, хорошо знал правила неохраняемых переездов — и должен был сходить на станцию, предупредить о тракторе. В ту ночь в уральском скором тысяча жизней людей, мирно спавших на первых и вторых полках при полусвете поездных ламп, должна была оборваться. Из-за жадности нескольких людей: захватить участок земли или не делать второго рейса трактором.

Из-за горницы, на которую легло проклятие с тех пор, как руки Фаддея ухватились ее ломать.

Впрочем, тракторист уже ушел от людского суда. А управление дороги само было виновно и в том, что оживленный переезд не охранялся, и в том, что паровозная сплотка шла без фонарей. Потому-то они сперва все старались свалить на пьянку, а теперь замять и самый суд.

Рельсы и полотно так искорежило, что три дня, пока гробы стояли в домах, поезда не шли — их заворачивали другою веткой. Всю пятницу, субботу и воскресенье — от конца следствия и до похорон — на переезде днем и ночью шел ремонт пути. Ремонтники мерзли и для обогрева, а ночью и для света раскладывали костры из даровых досок и бревен со вторых саней, рассыпанных близ переезда.

А первые сани, нагруженные, целые, так и стояли за переездом невдали.

И именно это — что одни сани дразнили, ждали с готовым тросом, а вторые еще можно было выхватывать из огня — именно это терзало душу чернобородого Фаддея всю пятницу и всю субботу. Дочь его трогалась разумом, над зятем висел суд, в собственном доме его лежал убитый им сын, на той же улице — убитая им женщина, которую он любил когда-то, — Фаддей только ненадолго приходил постоять у гробов, держась за бороду. Высокий лоб его был омрачен тяжелой думой, но дума эта была — спасти бревна горницы от огня и от козней Матрениных сестер.

Перебрав тальновских, я понял, что Фаддей был в деревне такой не один.

Что *добром* нашим, народным или моим, странно называет язык имущество наше. И его-то терять считается перед людьми постыдно и глупо.

Фаддей, не присаживаясь, метался то на поселок, то на станцию, от начальства к начальству, и с неразгибающейся спиной, опираясь на посох, просил каждого снизойти к его старости и дать разрешение вернуть горницу.

И кто-то дал такое разрешение. И Фаддей собрал своих уцелевших сыновей, зятей и племянников, и достал лошадей в колхозе — и с того бока развороченного переезда, кружным путем через три деревни, обвозил остатки горницы к себе во двор. Он кончил это в ночь с субботы на воскресенье.

А в воскресенье днем — хоронили. Два гроба сошлись в середине деревни, родственники поспорили, какой гроб вперед. Потом поставили их на одни розвальни рядышком, тетю и племянника, и по февральскому вновь обсыревшему насту под пасмурным небом повезли покойников на церковное кладбище за две деревни от нас. Погода была ветреная, неприютная, и поп с дьяконом ждали в церкви, не вышли в Тальново навстречу.

До околицы народ шел медленно и пел хором. Потом — отстал.

Еще под воскресенье не стихала бабья суетня в нашей избе: старушка у гроба мурлыкала псалтырь, Матренины сестры сновали у русской печи с ухватом, из чела печи пышело жаром от раскаленных торфин — от тех, которые носила Матрена в мешке с дальнего болота. Из плохой муки пекли невкусные пирожки.

В воскресенье, когда вернулись с похорон, а было уж то к вечеру, собрались на поминки. Столы, составленные в один длинный, захватывали и то место, где утром стоял гроб. Сперва стали все вокруг стола, и старик, золовкин муж, прочел "Отче наш". Потом налили каждому на самое дно миски — медовой сыты. Ее, на помин души, мы выхлебали ложками, безо всего. Потом ели что-то и пили водку, и разговоры становились оживленнее. Перед киселем встали все и пели "Вечную память" (так и объяснили мне, что поют ее — перед киселем обязательно). Опять пили. И говорили еще громче, совсем уже не о Матрене. Золовкин муж расхвастался:

— А заметили вы, православные, что отпевали сегодня медленно? Это потому, что отец Михаил меня заметил. Знает, что я службу знаю. А иначе б — со святыми помоги, вокруг ноги — и все.

Наконец ужин кончился. Опять все поднялись. Спели "Достойно есть". И опять, с тройным повторением: вечная память! вечная память! вечная память! Но голоса были хриплы, розны, лица пьяны, и никто в эту вечную память уже не вкладывал чувства.

Потом основные гости разошлись, остались самые близкие, вытянули папиросы, закурили, раздались шутки, смех. Коснулось пропавшего без вести мужа Матрены, и золовкин муж, бья себя в грудь, доказывал мне и сапожнику, мужу одной из Матрениных сестер:

— Умер, Ефим, умер! Как бы это он мог не вернуться? Да если б я знал, что меня на родине даже повесят — все равно б я вернулся!

Сапожник согласно кивал ему. Он был дезертир и вовсе не расставался с родиной: всю войну перепрятался у матери в подполье.

Высоко на печи сидела оставшаяся ночевать та строгая молчаливая старуха, древнее всех древних. Она сверху смотрела немо, осуждающе на неприлично оживленную пятидесяти — и шестидесятилетнюю молодежь.

И только несчастная приемная дочь, выросшая в этих стенах, ушла за перегородку и там плакала.

Фаддей не пришел на поминки Матрены — потому ли, что поминал сына. Но в ближайшие дни он два раза враждебно приходил в эту избу на переговоры с Матрениными сестрами и с сапожником-дезертиром.

Спор шел об избе: кому она — сестре или приемной дочери. Уж дело упиралось писать в суд, но примирились, рассудя, что суд отдаст избу не тем и не другим, а сельсовету. Сделка состоялась. Козу забрала одна сестра, избу — сапожник с женою, а в зачет Фаддеевой доли, что он "здесь каждое бревнышко своими руками перенянчил", пошла уже свезенная горница, и еще уступили ему сарай, где жила коза, и весь внутренний забор, между двором и огородом.

И опять, преодолевая немощь и ломоту, оживился и помолодел

ненасытный старик. Опять он собрал уцелевших сыновей и зятей, они разбирали сарай и забор, и он сам возил бревна на саночках, на саночках, под конец уже только с Антошкой своим из 8-го "Г", который здесь не ленился.

Избу Матрены до весны забили, и я переселился к одной из ее золовок, неподалеку. Эта золовка потом по разным поводам вспоминала что-нибудь о Матрене и как-то с новой стороны осветила мне умершую.

— Ефим ее не любил. Говорил: люблю одеваться *культурно*, а она — кое-как, все по-деревенски. А однаво' мы с ним в город ездили, на заработки, так он себе там сударку завел, к Матрене и возвращаться не хотел.

Все отзывы ее о Матрене были неодобрительны: и нечистоплотная она была; и за обзаводом не гналась; и не бережна'я; и даже поросенка не держала, выкармливать почему-то не любила; и, глупая, помогала чужим людям бесплатно (и самый повод вспомнить Матрену выпал — некого было дозвать огород вспахать на себе сохою).

И даже о сердечности и простоте Матрены, которые золовка за ней признавала, она говорила с презрительным сожалением.

И только тут — из этих неодобрительных отзывов золовки — выплыл передо мною образ Матрены, какой я не понимал ее, даже живя с нею бок о бок.

В самом деле! — ведь поросенок-то в каждой избе! А у нее не было. Что может быть легче — выкармливать жадного поросенка, ничего в мире не признающего, кроме еды! Трижды в день варить ему, жить для него — и потом зарезать и иметь сало.

А она не имела...

Не гналась за обзаводом... Не выбивалась, чтобы купить вещи и потом беречь их больше своей жизни.

Не гналась за нарядами. За одеждой, приукрашивающей уродов и злодеев.

Не понятая и брошенная даже мужем своим, схоронившая шесть детей, но не нрав свой общительный, чужая сестрам, золовкам, смешная, по-глупому работающая на других бесплатно, — она не скопила имущества к смерти. Грязно-белая коза, колченогая кошка, фикусы...

Все мы жили рядом с ней и не поняли, что есть она тот самый праведник, без которого, по пословице, не стоит село.

Ни город.

Ни вся земля наша.

1959–1960 гг. Ак-Мечеть — Рязань

Н. М. РУБЦОВ

(1936–1971)

Николай Михайлович Рубцов родился 3 января 1936 г. в многодетной семье, рано остался без родителей. Начались скитания по детским домам; более всего, несколько лет, он жил в Никольском детдоме под Тотьмой. В 1950 г., едва окончив семилетку, Н. М. Рубцов на свой страх и риск кинулся в самостоятельную жизнь. Однако, попытка поступить в Рижское мореходное училище была безуспешной — не вышел годами. Снова вернулся в Тотьму, затем все же поступил в Кировский горный техникум, где проучился меньше года; учился в лесотехническом техникуме, тоже не окончил. Военную службу Н. М. Рубцов отбывал на Северном флоте. После демобилизации был кочегаром на рыболовном траулере "Севрыба". Списавшись на берег, Н. М. Рубцов с 1959 г. жил как лимитчик в Ленинграде, работал на Кировском заводе. Там же окончил ШРМ (школу рабочей молодежи). Со средины 50-х гг. начинает систематически писать стихи. В Ленинграде он находит первую профессиональную среду — ЛИТО "Нарвская застава", понемногу начинает печататься. Летом 1962 г. появляется его первая — рукописная — книга стихов «Волны и скалы». В том же году Н. М. Рубцов успешно сдает экзамены в Литературный институт им. Горького.

Окончил институт в 1969 г. Первая книга стихов «Лирика» вышла в Архангельске в 1965 г., первая московская книга «Звезда полей» — в 1967 г. Н. М. Рубцов как личность и как талантливый поэт вырос, вбирая сложные впечатления русской жизни, во многом уже разрушенной в XX веке ходом истории, особенно событиями советского времени, прямо коснувшимися таких, как Н. М. Рубцов, — войнами, голодом, неустройством. Стоит заметить и то, что детство и отрочество будущего поэта прошли на Севере, в "лагерном" краю или по соседству с ним. Помимо этого, он рано оказался выброшенным из семейного гнезда — без отца, хотя и вернувшегося с войны, но оставившего своих детей без попечения.

Так что с детства для Н. М. Рубцова было привычным чувство бездомности в самом буквальном смысле этого слова (свою первую скромную однокомнатную квартиру он получил в Вологде лишь за год до своей гибели). До 34 лет он скитался по общежитиям и коммуналкам, среди чужих людей. Не сложилась у него и собственная семья. В своих стихах поэт Николай Рубцов переживал бездомность как острое чувство утраченной Родины.

Скитания по России, ее селам, городам и пригородам, "лимитная" судьба и связанные с этим житейские обстоятельства стали для него, как и для миллионов бывших русских крестьян, особым образом жизни. Более того, именно в этом комплексе переживаний, в этом личном и всеобщем опыте поэт находит источник творческого самовыражения, ставшего, по существу, выражением судеб многих и многих его современников. Огромным усилием духа Н. М. Рубцов восстанавливает в своем художественном мире глубокое чувство родной природы, родной земли, кровной связи с судьбами ее людей; и это делает возможным преодоление сиротства лирического героя поэта.

Вся поэзия Н. М. Рубцова стала сердечным порывом к надежному, вечному дому — России, к деревне, крестьянской избе, порывом к соединению с национальной историей, всем круговоротом народного бытия, вечным движением стихий ("С каждой избою и тучею, / С громом, готовым упасть, / Чувствую самую жгучую, / Самую смертную связь").

Н. М. Рубцов — одна из самых ярких фигур т. н. "деревенской" поэзии 60-х гг.

Звезда полей

Звезда полей, во мгле заледенелой
Остановившись, смотрит в полынью.
Уж на часах двенадцать прозвенело,
И сон окутал родину мою...

Звезда полей! В минуты потрясений
Я вспоминал, как тихо за холмом
Она горит над золотом осенним,
Она горит над зимним серебром...

Звезда полей горит, не угасая,
Для всех тревожных жителей земли,
Своим лучом приветливым касаясь
Всех городов, поднявшихся вдали.

Но только здесь, во мгле заледенелой,
Она восходит ярче и полней,
И счастлив я, пока на свете белом
Горит, горит звезда моих полей...

1964

Тихая моя родина

В. Белову

Тихая моя родина!
Ивы, река, соловьи...
Мать моя здесь похоронена
В детские годы мои.

— Где же погост? Вы не видели?
Сам я найти не могу. —
Тихо ответили жители:
— Это на том берегу.

Тихо ответили жители,
Тихо проехал обоз.
Купол церковной обители
Яркой травою зарос.

Там, где я плавал за рыбами,
Сено гребут в сеновал:
Между речными изгибами
Вырыли люди канал.

Тина теперь и болотина
Там, где купаться любил...
Тихая моя родина,
Я ничего не забыл.

Новый забор перед школою,
Тот же зеленый простор.
Словно ворона веселая,
Сяду опять на забор!

Школа моя деревянная!..
Время придет уезжать —
Речка за мною туманная
Будет бежать и бежать.

С каждой избою и тучею,
С громом, готовым упасть,
Чувствую самую жгучую,
Самую смертную связь.

1964

До конца

До конца,
До тихого креста
Пусть душа
Останется чиста!

Перед этой
Желтой, захолустной
Стороной березовой
Моей,
Перед жнивой
Пасмурной и грустной
В дни осенних
Горестных дождей,
Перед этим
Строгим сельсоветом,
Перед этим
Стадом у моста,
Перед всем
Старинным белым светом

Я клянусь:
Душа моя чиста.

Пусть она
Останется чиста
До конца,
До смертного креста!

1970

В. Г. РАСПУТИН

(1937—2015)

Валентин Григорьевич Распутин родился 15 марта 1937 г. в селе Усть-Уда Иркутской области в крестьянской семье. После школы поступил на историко-филологический факультет Иркутского университета. В студенческие годы стал внештатным корреспондентом молодежной газеты. Один из его очерков обратил на себя внимание редактора. Позже этот очерк под заголовком «Я забыл спросить у Лешки» был опубликован в альманахе «Ангара» (1961).

Окончив университет в 1959 году, Распутин несколько лет работал в газетах Иркутска и Красноярска, часто бывал на строительстве Красноярской ГЭС и магистрали Абакан-Тайшет. Очерки и рассказы об увиденном позже вошли в его сборники «Костровые новых городов» и «Край возле самого неба».

В 1965 году Распутин показал несколько новых рассказов приехавшему в Читу на совещание молодых писателей Сибири В. Чивилихину, который стал "крестным отцом" начинающего прозаика.

Первая книга рассказов Распутина «Человек с этого света» была издана в 1967 году в Красноярске. В том же году выходит повесть «Деньги для Марии».

В полную силу талант писателя раскрылся в повести «Последний срок» (1970), заявив о зрелости и самобытности автора. Затем последовали повести «Живи и помни» (1974) и «Прощание с Матерой» (1976), поставившие их автора в ряд лучших современных русских писателей.

В 1981 году вышли новые рассказы: «Наташа», «Что передать вороне», «Век живи — век люби». Появление в 1985 году повести Распутина «Пожар», отличающейся остротой и современностью проблемы, вызвало большой интерес у читателя.

В последние годы писатель много времени и сил отдает общественной и публицистической деятельности, не прерывая творчества. В 1995 году вышли в свет его рассказ «В ту же землю», очерки «Вниз по Лене-реке»; в 1996 г. — рассказы «Поминный день»; в 1997 г. — «Нежданно-негаданно», «Отчие пределы» («Видение» и «Вечером»).

Пожар

Горит село, горит родное...
Из народной песни

1

И прежде чувствовал Иван Петрович, что силы его на исходе, но никогда еще так: край, да и только. Он поставил машину в гараж, вышел через пустую проходную в улицу, и впервые дорога от гаража до дома, которую он двадцать лет не замечал, как не замечаешь в здоровье собственного дыхания, впервые пустячная эта дорога представилась ему по всей своей дотошной вытянутости, где каждый метр требовал шага и для каждого шага требовалось усилие. Нет, не несли больше ноги, даже и домой не несли.

И предстоящая неделя, последняя рабочая неделя, показалась теперь бесконечной — дольше жизни. Нельзя было вообразить, как, в каких потугах можно миновать ее, эту неделю, и уж совсем не поддавалось ни взгляду, ни мысли то существование, которое могло начаться вслед за нею. Там было что-то чужое, запретное — заслуженное, но и ненужное, и уж не дальше и не видимей самой смерти представлялось оно в эти горькие минуты.

И с чего так устал? Не надрывался сегодня, обошлось даже и без нервотрепки, без крика. Просто край открылся, край — дальше некуда. Еще вчера что-то оставалось наперед, сегодня кончилось. Как завтра подыматься, как заводить опять и выезжать — неизвестно. Но оно и в завтрашний день верилось с трудом, и какое-то недоброе удовольствие чувствовалось в том, что не верилось, пусть бы долго-долго, без меры и порядка ночь, чтоб одним отдохнуть, другим опамятоваться, третьим протрезветь... А там — новый свет и выздоровление. Вот бы хорошо.

Вечер был мякотный, тихий... Как растеплило днем, так и не поджало и вроде не собиралось поджимать. Мокрый снег и по твердой дороге продавливался под ногами, оставляя глубокие следы; продолжали булькать, скатываясь под уклон, ручейки. В загустевших чистой синью бархатных сумерках все кругом в это весеннее половодье казалось затопленным, плавающим беспорядочно в мокрени, и только Ангара, где снег был белее и чище, походила издали на твердый берег.

Иван Петрович добрался наконец до дому, не помня, останавливался, заговаривал с кем по дороге или нет, без обычной боли, — когда то ли обрывалась, то ли восставала душа, — прошел мимо разоренного палисадника перед избой и прикрыл за собой калитку. С заднего двора, от стайки, слышался голос Алены, ласково внушающий что-то месячной телочке. Иван Петрович скинул в сенцах грязные сапоги, заставил себя умыться и не выдержал, упал на лежанку в прихожей возле большого теплого бока русской печи. "Вот тут теперь и место мое", — подумал он, прислушиваясь, не идет ли Алена, и страдая оттого, что придется подниматься на ужин. Алена не отстанет, пока не накормит. А так не хотелось подниматься! Ничего не хотелось. Как в могиле.

Вошла Алена, удивилась, что он валяется, и забеспокоилась, не захворал ли. Нет, не захворал. Устал. Она, рассказывая что-то, во что он не вслушивался, принялась собирать на ужин. Иван Петрович попросил отсрочки. Он лежал и вяло и беспричинно, будто с чужой мысли, мусолил в себе непонятно чем соединившиеся слова "март" и "смерть". Было в них что-то общее и кроме звучания. Нет, надо одолеть март, из последних сил перемочь эту последнюю неделю.

Тут и настигли Ивана Петровича крики:

— Пожар! Склады горят!

До того было муторно и угарно на душе у Ивана Петровича, что почудилось, будто крики идут из него. Но подскочила Алена:

— Ты слышишь, Иван? Слышишь?! Ах ты! А ты и не поел.

2

Орсовские склады располагались буквой "Г", длинный конец которой тянулся вдоль Ангары, или, как теперь правильней говорят, вдоль воды, а короткий выходил с правой стороны в Нижнюю улицу, — словно эта увесистая буква не стояла, а лежала, если смотреть на нее сверху из поселка. Две другие стороны были, разумеется, обнесены глухим забором. В этот товарный острог вело с улицы два пути: широкие въездные ворота для машин и рядом — проходная для полномочных людей. Справа от ворот, ближе к складам, стоял аккуратно встроенный и наполовину выходящий из линии забора, весело глядящий в улицу зеленой краской и большими окнами магазин с одним крыльцом на две половины — на продовольственную и промтоварную.

Нижняя улица и вправо и влево от складов застроена была густо: людей всегда тянет ближе к воде. И серьезный огонь, стало быть, мог пойти гулять по избам и в ту и в другую сторону, мог перекинуться и на верхний порядок. Почему-то об этом прежде всего подумал Иван Петрович, выскакивая из дому, а не о том, как отстоять склады. В таких случаях раньше прикидывается самое худшее, и уж потом и мысль, и дело начинают укорачивать размеры возможной беды.

С крыльца Иван Петрович кинул взгляд в сторону складов и не увидел огня. Но крики, которые слышались теперь отовсюду, доносились оттуда отчаянней и серьезней. Чтобы спрямить дорогу, Иван Петрович бросился через огород и там, выскочив на открытое место, убедился: горит. Мутное прерывистое зарево извивалось сбоку и словно бы далеко вправо от складов; Ивану Петровичу на миг показалось, что горят сухие огородные прясла[1] и банька, стоящая на задах, но в ту

---

1. Звено изгороди, от кола до кола, от столба до столба, иногда жердь.

же минуту зарево выпрямилось и выстрелило вверх, осветив под собой складские постройки. Снова послышались крики и треск отдираемого дерева. Иван Петрович опомнился: и что же, куда он с пустыми руками? Он бегом повернул назад, крича на ходу Алене, но ее уже не было, она, бросив избу, умчалась. Иван Петрович подхватил с поленницы топор и заметался по ограде, не помня, где может быть багор, и не вспомнил, перехваченный другой мыслью: что надо бы закрыть избу. Тут заплясали на стене всполохи огня, заторопили, и Иван Петрович, потеряв всякую память, кинулся тем же путем обратно.

На бегу он успел отметить. что зарево сдвинулось ближе к улице. История, значит, выходила серьезная. И столь серьезного пожара, с тех пор как стоит поселок еще не бывало.

Иван Петрович обежал забор и от широких, распахнутых сейчас настежь ворот медленно пошел внутрь двора, осматриваясь, что происходит.

3

Загорелось, по всему судя, с угла или где-то возле угла, от которого склады расходились на стороны: продовольственные — в длинный конец и промышленные — в короткий. И те и другие стояли каждая сторона под одной собственной связью. И построено было так, и занялось в таком месте, чтобы, загоревшись, сгореть без остатка. Что до постройки, до того, чтоб с самого начала подумать о возможности огня, — русский человек и всегда-то умен был задним умом, и всегда-то устраивался он так, чтоб удобно было жить и пользоваться, а не как способней и легче уберечься и спастись. А тут, когда ставился поселок наскоро, и тем более много не размышляли: спасаясь от воды, кто думает об огне? Но что касается угла, где загорелось, здесь кто-то или, уж верно, злой случай, если не кто-то, умен был умом далеко не задним.

Сразу на две стороны и запластало. В продовольственный край огонь пошел по крыше, да так скоро и с таким треском, будто там поверху насыпан был порох. Этот край не успели закрыть шифером, который привезли уже по осени и сложили вдоль забора, где он лежал и теперь. А промышленный край стоял под шифером уже года два — одно дело, когда мочит ящики с банками или какие-нибудь там галеты-конфеты, и совсем другое — если под дождь попадут те же японские тряпки, за которыми в эти места приезжают аж из Иркутска и которые имеют какую-то особую цену еще и помимо денег. Но не шифер, конечно, помешал огню и в эту сторону кинуться по крыше, а что-то иное. Тут самое пекло было внутри крайнего склада, отсюда, на здравый взгляд, и могла начаться вся история.

Под шифером же стоял еще один склад — дальний в продовольственном ряду возле забора, тот, в котором держали муку и крупы.

Когда Иван Петрович, как-то кособоко, зигзагами подвигаясь, не зная, куда кинуться, шел по озаренному двору, только в двух местах начали сколачиваться группы: одна скатывала с подтоварника близ правого огня мотоциклы, вторая, мужиков из четырех или пяти, в другом конце разбирала на середине длинного порядка крышу — чтобы прервать верховой огонь. Их уже припекало близким жаром — мужики яростно кричали и яростно отдирали и сталкивали на землю черные от времени, ломающиеся тесины. Иван Петрович вспомнил про топор в руках — с топором к ним ему и следовало на подмогу — и, подбежав, заплясал внизу, отскакивая от обрывающихся досок и не догадываясь, как, с какого боку взбираться наверх. Совсем отказала ему голова, совсем ничего не шло на ум. И только когда увидел он, как кто-то, широко расставляя на два ската ноги, торопливо шагает по крыше от левого забора — туда и побежал, уже и не ругая себя словами, тут не до слов было, а словно бы вдыхаемым отчаянием кляня и опаляя, под стать общему жару, себя за бестолковость. А ведь давно ли мужик как мужик был — одна шкура от мужика осталась.

Там, наверху, командовал Афоня Бронников. Иван Петрович, подбегая, услышал его голос, приказывающий кому-то спуститься поискать лом или, на худой конец, любую железяку под выдергу. И как-то легче сразу стало на душе у Ивана Петровича: хорошо, что Афоня здесь. Тут же был и еще один надежный человек — тракторист Семен Кольцов, мужик, правда, приезжий, но Ивану Петровичу приходилось с ним вместе работать, и он знал: человек надежный.

Афоня, увидев топор в руках у Ивана Петровича, обрадовался:

— Ну вот, хоть один умный человек нашелся! А то на пожар бегут как за стол — с пустыми руками.

Он поставил Ивана Петровича на край, выходящий во двор, и тот, недолго присматриваясь, принялся отбивать доски. С другого конца ската, от конька, стоя на чурке, соскакивая всякий раз с нее и передвигая колотушкой, как кувалдой, бил споднизу в крышу сам Афоня, посередине, и тоже топором, орудовал Семен Кольцов. Он успевал и здесь, и на другой стороне ската, обращенного к Ангаре, и, обычно малоразговорчивый, сдержанный, войдя в раж, круша и кроша доски и слева и справа, что-то дико и беспрестанно кричал. Как ни занят, как ни употреблен был в деле Иван Петрович, он успел подумать, что так вот, вынося, выкрикивая себя из себя, может человек только бросаясь в атаку, бросаясь убивать или вынужденный разрушать, как теперь они, и что не придет же человеку в голову ором орать по-звериному, когда он, к примеру, сеет хлеб или косит траву для скота. А мы еще считаем века, которые миновали от первобытности; века-то миновали, а в душе она совсем рядом.

Когда Иван Петрович подскочил, раскрыто было до него метра на четыре. Вместе с ним стали подвигаться быстрей — и успели: огонь, скорым тропинчатым жором пробежавший по внутреннему скату, запнулся о пустоту, вымахнул вверх, вынудив их от крутого близкого жара присесть, но перекинуться через провал он уже не смог и развернулся и пошел добирать оставшееся в спешке позади сухое и податливое тонье. Задымились стропила, но не вспыхнули, а там, где пробовали вспыхнуть, накинулся и забил телогрейкой Афоня.

И еще раз убедился Иван Петрович: отчаянная душа этот Афоня, свой, из старой дозатопной деревни парень, теперь уже не парень давно — мужик.

Снова принялись за дело, чаще и опасливей оглядываясь назад. Вернулся посланный за ломом парень и принес вместо лома новость: выкатили обгоревший "Урал". Мотоцикл "Урал" с коляской, за которым в леспромхозе гоняются больше, чем за "Жигулями". Парень был полузнакомый, теперь их много, понаехавших с разных сторон и поживших уже немало, но так и не ставших знакомыми. Возмущаясь, он вскрикивал:

— Ведь был же он, был, "Урал"-то! Для кого вот он был? Для кого его прятали?! Я у Качаева недавно спрашивал. Нету — говорит. А он уж тут стоял!

Афоня понужнул его:

— Ты лом искал — или что?!

— Нету. Ничего нету, — закричал парень. — Вы поглядите: бабы с ведрами понабежали, а водовозку найти не могут. С Ангары на коромысле таскают. На такой ад — на коромысле! Да это ж все одно, что встать в ряд и чихать на него. Ему это все одно.

И парень криком стал рассказывать, как он, прибежав одним из первых, пробовал пользоваться огнетушителями:

— Его ударишь, как надо, а из него один пшик. Пшик — и все. Ни пены, ни гангрены. Они то ли высохли, то ли выдохлись.

Он кричал из-за спин: Афоня заставил его держать позади все той же телогрейкой оборону. От этого прерывистого, прыгающего голоса среди этого без роздыха и разгиба дела было жутковато. Ивану Петровичу казалось, что он звучит и рвется не из человека рядом, давящегося дымом и жаром, а из самих стен. И после, в течение долгого и горячего вечера, перешедшего потом в ночь, когда слышал Иван Петрович голоса, что-то кричащие и сообщающие, чего-то требующие, все чудилось ему, что это стены, земля, небо и берега звучат человечьими словами — чтобы понятно было людям.

Выбив и столкнув вниз последнюю тесину, Иван Петрович оглянулся и огляделся. Пламя позади поднималось высоко, жарко, освещая двор и широкими взмахами отблесков прыгая по крышам ближних домов. По двору молча и ошалело носились ребятишки, у промтоварных складов метались и вскрикивали неузнаваемо озаренные, точно сквозящие фигуры, выплясывающие возле огня какой-то стройный танец. Там огонь тем был страшен, что он выфукивал из-под крыши длинными яркими языками, заставляя людей, и правда, как в танце, отступать и снова наступать: "А мы просо сеяли, сеяли... А мы просо вытопчем, вытопчем".

Но набегало уже и начальство. Рядом с начальником участка посреди двора размахивал руками и все тыкал ими куда-то в сторону поселка главный инженер леспромхоза Козельцов. Борис Тимофеевич, слушая и не слушая его, подавал кому-то знаки, которые могли означать только одно: еще, еще... И вдруг, увидев прущий во двор трактор, кинулся ему навстречу.

Народу было густо, сбежался едва не весь поселок, но не нашлось, похоже, пока никого, кто сумел бы организовать его в одну разумную твердую силу, способную остановить огонь.

Избы и дома поселка, далеко осиянные заревом, по которым оно ходило с пугающим смотром, боязливо вжимались в землю. Иван Петрович, примериваясь, далеко ли, отыскал глазами крышу своей избенки и вспомнил: багор, который мог бы здесь пригодиться, лежит на сенцах, он сам два дня назад, когда вытаял снег, затолкал его туда.

4

Неуютный и неопрятный, и не городского и не деревенского, а бивуачного типа был этот поселок, словно кочевали с места на место, остановились переждать непогоду и отдохнуть, да так и застряли. Но застряли в ожидании — когда же последует команда двигаться дальше, и потому — не пуская глубоко корни, не охорашиваясь и не обустраиваясь с прицелом на детей и внуков, а лишь бы лето перелетовать, а потом и зиму перезимовать. Дети между тем рождались, вырастали и сами к этой поре заводили детей, рядом с живым становищем разрослось и другое, в которое откочевали навеки, а это — все как остановка, все как временное пристанище, откуда не сегодня завтра сниматься. И, слыша по ночам работу электростанции, круглосуточно постукивающей машины, чудилось Ивану Петровичу, что это поселок, не глуша мотора, держит себя в постоянной готовности.

В поссовете[1] висела схема поселка: прямые улицы, детсад, школа, почта, контора леспромхоза и контора лесхоза, клуб, магазины, гараж,

---

1. Поселковый совет.

водокачка, пекарня — все, что полагается для нормальной жизни, все, как у людей. Улицы действительно были прямые и широкие, в свое время линию, по которой выстраивались избы, соблюдали строго. Но в том и остался весь порядок: эти широкие не по-деревенски улицы разбиты были тяжелой техникой до какого-то неземного беспорядка, летом лесовозы и трактора намешивали на них в ненастье грязь до черно-сметанной пены, которая тяжелыми волнами расходилась на стороны и волнами потом засыхала, превращаясь в каменные гряды, а для стариков — в неодолимые горы. Каждый год поссовет собирал по рублю со двора на тротуары, каждый год их настилали, но наступала весна, когда надо подвозить дрова, и от тротуаров, по которым волочили и на которые накатывали кряжи, оставались одни щепки. За лето наготовить новые не удосуживались, летом всем не до того, "тротуарная" бригада выходила под зиму, в девственно новом и редко тронутом чьим шагом виде лежали они три-четыре месяца под снегом до февраля, до марта — и опять бессмысленно гибли под гусеницами тракторов и тяжестью неразделанного леса. А часто на них, на остатках этих тротуарчиков в три доски, его и разделывали — и пилили, и кололи. И никакие ни указы, ни наказы не помогали.

И голо, вызывающе открыто, слепо и стыло стоял поселок: редко в каком палисаднике теплила душу и глаз березка или рябинка. Те же самые люди, которые в своих старых деревнях, откуда они сюда съехались, и жизни не могли представить себе без зелени под окнами, здесь и палисадники не выставляли. И улица ревела и смотрела в стекла без всякой запинки. И тоже никакие постановления об озеленении толку не давали. Или уж верно: вырубая каждый год сотни гектаров тайги, распахивая налево и направо огромные просторы, не с руки и не с души прикрываться кустом черемухи от сквозного ветра и сквозного вида. Чем живем...

Одно слово: леспромхоз — промышленные заготовки леса. Этим многое из непорядка и неурядства в устройстве и объяснялось. Лес вырубать — не хлеб сеять, когда одни и те же работы и заботы из сезона в сезон повторяются, и сколько ни живи, все будет для хлеборобного дела мало. А лес выбрали — до нового десятки и десятки лет. Выбирают же его при нынешней технике в годы. А потом что? А потом собирайся и кочуй. Оставив домишки, стайки и баньки, оставив могилы с отцами и матерями и собственные прожитые лета, на лесовозах и тракторах туда, где он еще остался. А там начинай все сызнова. Проплывая летом по воде и проезжая зимой по льду мимо Березовки, Иван Петрович всякий раз с невольной тоской и растерянностью смотрел в ее сторону, на заколоченные и оставленные избы: стоял вот так же леспромхоз, отработал и ушел — и ни одной живой души в покинутом поселке, лишь осатаневшие туристы, пуская дым в двери, разжигают в домах костры.

Та же судьба рано или поздно ждала и их. Ее, как могли, оттягивали, но не бесконечно же... Свою древесину — со своих наделов они сняли еще семь лет назад. Отвели участок за Ангарой. Через пять лет, что только можно было, выбрали и там. После этого вплотную встал вопрос: быть или не быть поселку? Решали в районе, в области, в управлении и вырешили — быть. Снова пошли по своим старым наделам, по вырубкам, но если прежде брали только деловую древесину, только сосну и лиственницу (было время — травили березу и осину ядохимикатами, чтоб не засоряли леса), то теперь вычищали под гребенку. И техника пошла такая, что никакого подроста после себя не оставит. Тот же самовал, чтобы подобраться к кубатуристой лесине, вытопчет и выдавит вокруг все подчистую.

И этой работы "под гребенку" хватит года на три, на четыре. А дальше? А дальше, говорят, как на отхожий промысел в старину, будут уезжать бригады за десятки километров на долгие смены и, отработав, наведываться домой на отдых. Производственную и домашнюю жизнь разделят на вахты: неделю ты принадлежишь леспромхозу и неделю — семье. Строго по графику. Никаких взаимопроникновений, как ныне, одной жизни в другую.

И быть тому.

Да и как не быть, если другого дела здесь нет. Поля и луга, которыми когда-то жил народ, со строительством гидростанции затопили — и остались леса.

И вот на схеме в поссовете клуб, а клуб этот уже двадцать лет размещается в общественной бане, вывезенной из одного из старых поселков. Надо бы строить новый, но как строить, если наперед до самого последнего времени ничего не было видно. На схеме — детсад, а он не действует: неизвестно было, стоит или не стоит его ремонтировать. И стало известно — не торопятся. За эти планы никто ни с кого не спрашивает.

И как тут выглядеть поселку красивым — да еще в зареве пожара?!

5

Иван Петрович спрыгнул вниз и побежал к тому месту, где он только что видел начальника участка. С Борисом Тимофеичем пять дней назад они разругались вдрызг, когда начальник участка отказался подписывать его заявление об увольнении, но Иван Петрович знал, что если и может кто сделать тут теперь что-то, так это лишь он, начальник участка. Ни главный инженер, взятый полгода назад из соседнего леспромхоза с должности инженера по технике безопасности, ни директор леспромхоза, окажись он здесь (но его не было, он уехал на совещание), ни его заместители — никто, кроме Бориса Тимофеича, иссволочившегося на этой работенке, горячего пожилого человека, считающего оставшиеся до пенсии дни. Мало с кем жил он в ладах, как и с ним мало кто ладил, бегал злой, мог без разбору накричать, без разбору же мог похвалить кого попадя, но все это было в нем как дымовая завеса, которая сбивала с толку лишь новичков, не знающих хорошо Бориса Тимофеича. А кто знал, тот на минутные несправедливости и крики его не очень обращал внимание, помня, что Борис Тимофеич Водников — мужик свой, внутри себя твердо разбирающийся, кто есть кто и что есть почем, и дело свое по возможности правящий как следует. С первого дня, только построился поселок, был он, не прибавляя и не убавляя в должности, начальником участка, и уже одно это о нем, человеке, далеко не высшего образования, говорит, что без него обойтись не могли. А управляться с центральным участком, на глазах леспромхозовского руководства, которое во все встревает и ни в чем себе не отказывает, ох как непросто!..

Иван Петрович видел, что, завернув трактор с нетрезвым трактористом, Борис Тимофеич пошел к куче посреди двора, куда стаскивали спасенное от огня добро из складов. Но теперь его там не было. Иван Петрович тупо смотрел на кучу: широко разбросанные валенки, словно второпях поскидывали их те, кто прибежал на пожар, школьные портфели и связанная тюками школьная форма, шерстяные платки, ватные брюки, коробки с чем-то, чуть поодаль — наваленные друг на друга мотоциклы "Ява" и действительно "Урал" с обгоревшей люлькой. Да, спросят мужики с начальника ОРСа за этот "Урал", крику будет. Что вообще будет с начальником ОРСа после пожара? И, ничуть не сомневаясь, Иван Петрович вскользь усмехнулся своей наивности: выкрутится. Эти нигде не пропадут, им любое море по колено[1].

— Иван! Иван! — услышал он вдруг голос Алены. Она подбежала с коробками в охапке, подбежала бегом, но коробки опустила на землю осторожно, выбирая, где почище и посуше. — Иван, это че ж делается-то, а?! — голос ее был возбужден и поднят до какой-то запальчивой веселости, неестественно округленные, ошалевшие глаза казались дикими. — Этак все сгорит! А там чего только нет! Мы почему, Иван, такие-то?!

И, не дожидаясь ответа, он и не нужен ей был, развернулась и, мелконько, немолодо переваливаясь с боку на бок, словно соступаясь с каждого шага и на каждом следующем шаге быстро подхватываясь, заторопилась обратно. Иван Петрович с минутным вниманием посмотрел ей вслед, но настолько все смешалось в голове, настолько шарики зашли в нем за ролики, что он чуть было не подумал: "Кто это? знакомая какая-то!" — но успел оборвать себя, заставил себя узнать Алену, заметить, что не надо бы бабе носиться как угорелой, и тут же забыл о ней.

Он увидел Бориса Тимофеича. Но прежде услышал, как тот кричит, и по крику отыскал его в освещенной и странно, почти неподвижно застывшей толпе возле первого от угла продовольственного склада. К подскакивающему то и дело голосу начальника привыкли, но это был крик сумасшедший и потому неразборчивый. По ответу, отчетливому, хоть и тоже на парах, — всех разогрел огонь, — Иван Петрович понял,

---

1. Море по колено — все нипочем, ничто не страшно для кого-л.

что перед начальником Валя-кладовщица.

— Не буду! — запальчиво отвечала она. — Тушите. А открывать не буду.

— Сгори-и-ит! — мать-перемать.

— Тушите. Я маленькая, что ли, не вижу, что ли, как тащат у Клавки! Все тащат. А у меня там больше чем на сто тысяч. Я где их потом брать буду?! Где?! Где?!

— Сгори-ит! — надрывался начальник.

— Тушите. А открывать, чтоб растащили, я не обязана. Тушите.

Она зарыдала.

Иван Петрович кинулся было к начальнику, но тот сам повернул к нему. Не к нему, а к вороху из промтоварных складов, возле которого по-прежнему кружил Иван Петрович. За начальником, предчувствуя приказание, держалось несколько фигур из архаровцев, как называли в поселке бригаду оргнабора. И верно, не дойдя до вороха шагов пять, Борис Тимофеич крикнул, не оборачиваясь, зная, что его услышат и поймут:

— Ломайте!

Архаровцы кинулись обратно: эта работенка была по ним.

— Где Качаев? — в сторону Ивана Петровича закричал Водников. — Какого черта-дьявола?! — мать-перемать. — Это его склады. Где его носит?!

Качаев — начальник ОРСа. Борис Тимофеич лучше любого другого знал, что Качаев два дня назад вместе с директором леспромхоза уехал в город на очередное заседание. Да, растерялся и он, Борис Тимофеич, иначе не кидался бы с горлом да с кулаками на тень. И растеряешься, себя не сыщешь, не то что Качаева: такого еще не бывало.

И, взглянув на его черное и сухое, как обожженное, лицо с сильно обострившимся носом и вжатыми внутрь щеками, Иван Петрович напрочь забыл, зачем ему нужен был начальник участка, для чего он его разыскивал, и сказал то, что требовалось сейчас прежде всего:

— Ты, Тимофеич, поставь дядю Мишу Хампо в воротах. И сторож пускай встанет, это его дело. Но Хампо обязательно. Он здесь. Я его только что вон там, справа, видал.

Водников кинулся в ту сторону, куда показал Иван Петрович, даже не обернувшись к нему, даже и не поняв, быть может, что действует он по совету, а не по собственному решению. Иван Петрович видел, как он отыскал Хампо и, на ходу объясняя, что от того требуется, торопливо повел его к воротам. Дядя Миша Хампо с высоким запрокидом и низким поклоном размашисто закивал в ответ крупной седой головой, уже вглядываясь в толпу возле огня и отмечая людей, за которыми потребуется особый надзор. Конечно, там дядя Миша будет на своем месте, на Хампо положиться можно. Валя-кладовщица знает, что говорит. А сейчас, когда откроют продовольственные склады...

И точно — со скрежетом загремели выдираемые засовы, отчаянно запричитала Валя, совершенно обезумевшая от свалившейся беды, не видящая спасения ни в чем — ни в том, разумеется, чтобы ее хозяйство сгорело под замками, ни в том, чтобы оно было вынесено. Открыли одни двери, другие, с третьих, где засов не поддавался, сбивали огромный замок топором. Архаровцы действовали быстро и ловко — будто всю жизнь только тем и занимались, что ломали запоры. Иван Петрович, подбегая, столкнулся в распахнутых дверях крайнего правого помещения с одним из них, с Сашкой Девятым (Девятый — фамилия, а не прозвище, у архаровцев, у которых все вверх ногами, и людские фамилии через одну), и Сашка, веселый, вдохновенно распаренный, хлопнул его с хитрым подвертом по плечу, так что Ивана Петровича на ходу развернуло к нему, и лихо, почти дружелюбно прокричал прямо в лицо:

— Не сюда. Не сюда, гражданин законник. Сгоришь — кто нам будет права качать?!

Они, познавшие режимную жизнь или подражавшие тем, кто познал ее, звали его гражданином законником. Он и к этому привык. Время, что ли, такое: ко всякому приходится привыкать, о чем еще недавно нельзя было и помыслить.

К тому, например, что и сама земля уходит из-под ног. Как это в буквальном виде случилось у них и с ними.

6

Двадцать лет сошло, как переехали, двадцать да еще и с гаком, должно быть, сама земля успела накрениться в ту сторону, куда их протянуло, но и дня единого не проходило, чтобы не вспоминал Иван Петрович свою старую деревню. Вспоминал всякий раз, когда вольно или невольно бросал взгляд на воду, под которой осталось нагретое деревней за три столетия место. Вспоминал и мимолетно, кивнув, как поздоровавшись, на ходу в ее сторону, и в тяжелых и частых раздумьях вспоминал, пытаясь в сравненье понять, что это, что за жизнь была там и к чему пришли здесь.

Он и фамилию носил ту же, что была частью деревни и выносом из нее, — Егоров. Егоров из Егоровки. Вернее, Егоров в Егоровке. Из деревни своей он выезжал надолго только однажды — в войну. Два года воевал и год еще после победы по холостяцкому своему положению держал оборону в той же Германии, куда завезла его в танке Т-34 судьба. Воротился домой осенью 46-го. До сих иор живо в нем чувство, с каким увидал он тогда после разлуки свою Егоровку: господи, да она же не стоит, она лежит! — до того невзрачной и обделенной она показалась. На что только не нагляделся за войну — и на несчастья, и на бедность, и на поруху, все кругом вопило от страданий и молило о помощи, много что было переворочено и обезображено, но даже в самых пугающих разрушениях просматривалась надежда: дайте время, дайте руки — оживет и отстроится, человек не потерпит разора. Здесь же все оставалось и словно навсегда остановилось без перемен. Ничего не убавилось, но ничего и не прибавилось, и как бы даже не положено, чтоб прибавлялось. Так оно впоследствии и вышло: и еще пятнадцать лет прожили после войны, но как была скроена Егоровка о сорока дворах, с тем и осталась, и ни баньки, ни стайки к разношенному больше не подшилось. Правда, и о затоплении знали загодя, а тут уж не до новостроек, тут уж ноги в руки и гляди, куда править, — то ли со своей избенкой на гору, где брали грибы, то ли вслед за дочерью или сыном в заманчивый город.

Тогда, после демобилизации, бравый сержант в шлеме танкиста, отмеченный наградами и повидавший виды, отгуляв встречу, помнится, затосковал. Родина-то родина, что и говорить, тут каждый камень еще до твоего рождения предчувствовал и ждал тебя и тут каждая травка по новой весне несет тебе что-то в остережение или поддержку от былых времен, тут везде и во всем за тобой тихий родовой догляд. Но как представишь: все то же, все то же, все то же... как представишь, да еще на первых порах, и будто пришел с войны помирать своей смертью.

Но в раздумьях и неуверенности он замешкался, а это значило сделать выбор в пользу Егоровки. Вскоре подоспел голод, спасаться от которого легче было все-таки здесь, возле Ангары и тайги, вскоре разглядел он в соседней деревне Алену, которая так неумело и бесхитростно таращила на него свои и без того огромные зенки и так испугалась, когда он впервые взял ее под руку, что он не стал больше никого искать. Вскоре получил колхоз новую машину, за которую и посадить оказалось некого, кроме него, вскоре в тяжелой и долгой немочи слегла мать, и уж сама судьбина встала поперек его выездной дороги. И пошло-поехало как у всех: дети, работа, медленный и осторожный сворот на жизнь полегче и повеселей.

Иван Петрович не то чтобы свыкся, но словно бы от лукавого, набранного на стороне и тянувшего, тянувшего куда-то под неясное обещание, словно бы освободился от него и вздохнул с облегчением. Везде хорошо, где нас нет. В жизни, быть может, самое важное: каждому на своем заданном месте держаться правильного направления, а не кривить без пути и не завязывать его в узлы неопределенно-искательными перебежками.

Так он считал. Он и теперь так считает, но что делать, если приходится на старости лет противу собственных убеждений и желаний все-таки приготовляться к отъезду. И "приходится" — не ради сильного словца, а так оно и есть.

Да, вот еще. Лукавый, от которого он в свою пору освободился, все же не ушел одинешенек из дому, а увлек за собой Гошку, младшего брата. Укатил Гошка на стройку и с больших денег вконец там спился.

Кто бы подсказал вовремя, где они, пути наши?!

Иван Петрович остался в Егоровке, ужился и успокоился, нисколько не страдая от глухомани, которая с годами помаленьку просветлялась: провели электричество, чаще стали притыкаться к егоровскому берегу белые пароходы, появился в восьми километрах выше по Анга-

ре, как навис над Егоровкой, сманивая молодежь, богатый леспромхоз
— и тут жизнь, как и везде, из целого числа превращалась в дробь с
числителем и знаменателем, где непросто разобраться, что над чертой и
что под чертой, и тут бы потихоньку раскочегарилось, раз такое одно на
всех нынче время... И когда грянула весть о затоплении, когда подошел
срок переезжать... признаться, Иван Петрович расставался с Егоровкой
тяжело, не без этого, как всякий человек, имеющий память и сердце,
и в то же время с тайным удовлетворением, что не он решал, а за него
решилось, перевозил и ставил на новом месте он свою избу: там было
хорошо, а здесь с годами должно быть лучше. Своими силенками Егоровке на ноги, похоже, никогда бы не подняться.

Новый поселок, в который свезли шесть таких же, как Егоровка,
горемык и где сразу утвердился леспромхоз, назвали по обширным ле-
сам, а на теперешний взгляд, по сырью — Сосновкой.

7

Уж если срывать запоры, то срывать следовало раньше. Когда Иван
Петрович заскочил в крайний справа продовольственный склад, там
полыхало вовсю. Над щелястым потолком гудело страшно, одним мощным гудом, вобравшим в себя все подголоски: несколько потолочных
плах возле угловой стены с одного конца сорвало, и в проем бешеными
выхлопами обрывался огонь. Угловая стена горела сверху донизу, под-
ступиться туда было невозможно, дымились и остальные стены; сквозь
щели в потолке там, где он еще держался, огонь выметывался полосами
и с треском искрил. Все накалилось донельзя и все могло вспыхнуть
одним разом. Сквозь угар пахло жареным мясом и чем-то горьким и едким еще, чем-то из съестного, что не требовало такого разогрева.

Прежде Иван Петрович не бывал внутри и теперь остатками годно-
го для удивления чувства успел поразиться изобилию. На полу немалой
горой были навалены пельмени, рядом и тоже на грязном полу в грубых
веревочных опоясках валялись толстые, уродливо раздутые колбасные
круги, уже разметанные ворвавшимися людьми; в тяжелых кубах на
невысоком помосте у задней стены плавилось, морща и втягивая в себя

оберточную бумагу, масло, там же в нагроможденных друг на друга ящиках выглядывала красная рыба. Что-то было в деревянных бочках, что-то в картонных коробках, что-то в бумажных мешках. Было, значит, все-таки было! — и куда все это уходило? Неужели только в котлопункты на лесосеках? Расскажите кому-нибудь другому — будто не едал он на этих котлопунктах, не знает, что там водится и что видится лишь во сне! И усмехнулся Иван Петрович или подтолкнул себя обожженной мыслью, что надо в этом месте усмехнуться над своим неразумием: а машины из райцентра, оттуда, отсюда, каждый божий день подворачивающие к ОРСу и извлекающие из конторы Качаева! Зря, что ли, хлопочут об общих, централизованных складах для всех трех леспромхозов, которые должны находиться, конечно, в райцентре! И кивнул или подумал, что надо кивнуть, Иван Петрович: теперь, если сгорят эти, самые большие в самом большом леспромхозе, легче легкого будет добиться своего.

Сколько же на свете неробей и причиндалов! И как получилось, что сдались мы на их милость, как получилось?!

Запахиваясь телогрейкой и приплясывая от жара, Иван Петрович выбрасывал в двери слизисто-скользкие, начинающие скукоживаться круги колбасы. Там, во дворе, кто-то подхватывал их и куда-то относил, Иван Петрович видел только набегающие и отбегающие ноги в кирзовых сапогах. Рядом тоже были люди, но кто был, он не узнавал; время от времени они натыкались друг на друга и отшатывались — жар становился все нестерпимей, огонь по потолку и по стенам проворно подвигался влево, глаза слезились, в горле першило, казалось, горел даже дым, которым приходилось дышать. Что-то сильно, как на сковороде, шипело, что-то по-снарядному взрывалось; оборвалась сверху подгоревшим концом еще одна плаха; закачалась, помахивая огнем, и оборвалась другим. Пора было отступать. Колбасу, кажется, выбросали, ящики с рыбой вытаскали, но, взглянув на помост возле задней стены, где были ящики, Иван Петрович разглядел там масло и кинулся туда, охнув, что не колбасу следовало спасать, а масло. Он подхватил один из осевших кубов, и масло, обжигая руки, поползло, как тесто, у него на животе, стекая всей массой под ноги; он опустил его на пол, снова подхватил, наваливая на грудь и выгибаясь — и вынес, передал кому-то в руки. Руки были в верхонках[1], и Иван Петрович пожалел, что не догадался прихватить из дому верхонки, — как бы они пригодились! Он снова двинулся внутрь, все так же запахиваясь телогрейкой и выглядывая из-за нее, как из-за щита, направляясь опять к дальней стене, где оставалось масло, но на полдороге кто-то наскочил на него и, то ли прикрываясь им, то ли его прикрывая, поволок обратно. Иван Петрович не сопротивлялся, понимая, что да, хватит.

Этот кто-то на воздухе оказался Сашкой Девятым. Сашка оскалил зубы и прохрипел те же самые слова:

— Сгоришь, гражданин законнник!.. Ой, сгоришь!..

И оттолкнул Ивана Петровича от себя.

8

Никто, похоже, больше не тушил — отступились, а только вытаскивали, что еще можно было вынести. Водовозка с опущенным шлангом, из которого сочилась вода, стояла с работающим мотором возле ворот; ярко озарен был весь двор, и Иван Петрович, как-то сразу увидев лужицу под шлангом, кинулся к ней, чувствуя, что без воды дальше не вытерпит. Он сполоснул лицо, которое засаднило еще сильней, и сделал из ладони несколько глотков, всего два или три глотка, и вода кончилась, в шланговой кишке зафыркало вхолостую, зашипело и смолкло. Он потряс еще кишку, подергал, подставляя руку, — пусто.

Нет, промтоварные склады было не отстоять: огонь там с сытым и мощным гулом дошел полным опоясом до середины и двигался дальше. Шифер на крыше от пекла крошился и стрелял этим крошевом, как стреляют и подпрыгивают орехи на раскаленной сковородке. Побрасывало и головешками. Находиться вблизи было опасно, кто-то из мужиков с криком гнал прочь ребятишек, под замахами рук те отскакивали и, обезумевшие, с вытаращенными глазами, как намагниченные на огонь,

---

1. Голицы, верхние кожаные рукавицы, в которые вкладываются вареги, большей частью из собачьей шкуры, шерстью наружу.

тянулись обратно. Иван Петрович высматривал среди мечущихся по двору, продолжающих вытаскивать и перетаскивать фигур, Алену — ее нигде не было. Ворох спасенного добра рос. Добрались до хозяйственного склада, звенели косы, кастрюли, посудная мелочь, бухало листовое железо. Господи, то ли надо спасать, то ли... Или правы люди, что без чайника и сковородки не обойтись, а без холодильника и телевизора можно.

Заскрежетал, ходуном заходил забор между складами и магазином и рухнул ближним звеном внутрь, открыв улицу и трелевочный трактор, который отступал и разворачивался для нового тарана. Это правильно, отметил Иван Петрович, — склады не отбить, но магазин отстоять можно, до него от складов порядочно. Возле трактора суетился Козельцов, главный инженер: стало быть, это он сообразил свалить забор, который мог быть дорожкой для огня.

Да, плакали промтоварные склады, плакали японские кофточки и родные сковородки — разве столько в сравнении с вынесенным останется там, в этом пекле?! Но продовольственные склады, попустившись правым, еще и теперь можно бы спасти, будь машина и будь побольше порядка. Но "пожарку", единственную на весь леспромхоз, еще года два назад разнесли на запчасти, она только числится на вооружении...

Иван Петрович все еще осматривался торопливо, все еще хотел отыскать Алену, прежде чем снова нырять в огонь, когда его тронул за плечо дядя Миша Хампо.

— Хампо-о... хампо-о! — с усилием тянул он из себя, показывая левой, здоровой рукой в глубину двора. Там, в левом углу, освещенный заревом сбоку и сзади, изломанно-приподнятый, кажущийся огромным привидением, стоял человек и, как гранаты, метал через забор бутылки. Иван Петрович заторопился к нему, но еще раньше, выскочив откуда-то справа, к этому человеку подоспел Борис Тимофеич, наскочил на него с криком, дернул, едва не сбив с ног, снова рванулся наскочить... Тот, другой, замахнулся бутылкой. Он бы, может, и ударил, всякое в такую минуту могло случиться, если бы не набежавший Иван Петрович, успевший перехватить бутылку. Это был один из архаровцев, один из самых отпетых, которого звали почему-то бабьим именем Соня и с которым Иван Петрович уже схватывался. Соня выдернул из рук Ивана

Петровича бутылку, откинул ее в сторону и принятым среди этого брата иноречием нараспев пригрозил, показывая через головы:

— Ох, как жарко гори-ит! Ох, горячо-о! О, больно-о! И вразвалочку зашагал туда, где горело.

— А ты где был? — не нашел ничего лучшего, как накинуться на Ивана Петровича, начальник. — Где вы все, черт бы вас побрал! Куда вы смотрите?!

— В баню ходил, — в тон ему ответил Иван Петрович. — Сходи и ты, ополоснись, а то кидаешься!.. Смотрел бы хоть, на кого кидаться!..

Огромная, всходила за горой луна. Выкатываясь из-за леса, она подвигалась вправо, и, как на экране, вплывали в нее и в холодном кипении сгорали в ней верхушки деревьев.

9

Теперь, пожалуй, не доискаться, как и с чего произошел сворот на нынешнее раздольное житье-бытье. Но не было же этого поначалу, уже и в новом поселке не было, чтоб люди так разошлись всяк по себе, так отвернулись и отбились от общего и слаженного существования, которое крепилось не вчера придуманными привычками и законами. А вспомнить, не ими ли, не этими ли законами, не этой ли грудью единой спасались и спаслись в старой деревне в войну и в лихие послевоенные годы, когда за десять колосков, не разменинаясь и не мелочась, по десять же лет и приговаривали? Когда едва справлялись с налогами, когда у "нерадивых" обрезали огороды, чтоб обрезанное зарастало крапивой, и не позволяли до белых мук покосить на свою коровенку? Когда надо было не только держаться вместе, но вместе и исхитряться, чтоб выстоять? А ведь в деревне тоже всякие люди водились, и кой у кого зудело, поди, донести да навести, соблюсти законность и сослужить верную, запрашиваемую службу. Не без того, чтоб не зудело. Но знал он: в деревне после этого не живать, Егоровка ему этого не простит.

А теперь вот Ивану Петровичу приходится съезжать — и как все переменилось! Можно сказать, перевернулось с ног на голову, и то, за что держались еще недавно всем миром, что было общим написанным

законом, твердью земной, превратилось в пережиток, в какую-то не-
нормальность и чуть ли не в предательство. И Сосновке все едино, ей,
быть может, даже спокойней и удобней, если Иван Петрович уедет и
перестанет мутить воду. Или наоборот, да, конечно, наоборот: не станет, как выживший из ума старик, помнивший из детства чистую воду,
махать руками, чтоб она и поныне оставалась чистой, когда все вокруг
замутилось. Уж если зашла речь о воде, то она, как известно, чиста не
тогда, когда она действительно чиста, но когда ее хотят видеть чистой.
А для этого вольно на глаза какую-нибудь хитрую оптику нацепить.

Нет, не сразу, как переехали, пошло боковым ходом. Конечно, новая работа сказалась: валить лес, только валить и валить, не заботясь,
останется, вырастет что-нибудь тут после них или нет. Это теперь заставляют на вырубках делать посадки, да и то как заставляют: вроде и
обязан, как обязан время от времени думать о смерти, чтоб чище жить,
но можно и не думать о ней, жить, и все, а жизнь состоит в том, чтоб
рубить. За невыполненный план по посадкам — пожурят, за план по
вырубке — семь шкур сдерут. Вот и повелось и не сменилось с годами,
что игрушками этими, лесовосполнением, должен заниматься лесхоз, а
у того пять рук на пятнадцать разнарядок, и ни одно дело до конца до-
вести он не в силах.

Попервости и строилась каждая деревня в Сосновке своей улицей,
и жить собрались теми же общинами, что прежде. Вдовых баб, стариков ставили на ноги по заведенному обычаю всем "колхозом", помогая
им переносить избенки и раздирать огороды. По этим огородам тори-
лись тропки, чтоб напрямую, не выходя в улицу, бегать друг к другу за
всякой надобностью и без надобности, когда высвобождалась минутка
для разговоров и чая. И раздавалось на закате солнышка на всю округу:
"Дарья-а! Марья-а! Самовар поспел! Наталья-а! Ты к криволуцким не
пойдешь?" — на ближнюю, значит, от горы улицу, которую заняла деревня Криволуцкая.

Потом все перемешалось. И не то плохо, что после смертей, сва-
деб, разделов и торгов одна деревня стала проникать в другую, жизнь
невозможна без таких проникновений, а то пошло неладом, что взамен
уехавших и унесенных принялись селиться люди легкие, не обзаводя-

щиеся ни хозяйством, ни даже огородишком, знающие одну дорогу — в магазин, и чтоб поесть, и чтоб время от работы до работы скоротать. Сначала от работы до работы, а затем и работу прихватывая, заслоняя ее магазином, и чем дальше, тем больше, тем слаще и неудержимей. Работа этого, понятно, не любит — и нелады с ней, с работой, и уж общины другого толка, которых раньше не было и в помине. Водились, конечно, пьянчуги, где они на святой Руси не водились, но чтоб сбиваться в круг, разрастаться в нем в открытую, ничего не боящуюся и не стыдящуюся силу с атаманом и советом, правящим власть, такого нет, не бывало. Это уж наши собственные достижения.

Недавно директор школы Юрий Андреевич, учительствовавший еще в Егоровке, взялся подсчитать, сколько в шести деревнях, слившихся в Сосновку, погибло народу за войну и сколько его сгинуло не своей смертью за последние четыре года. Не своей смертью — это значит пьяная стрельба, поножовщина, утонувшие и замерзшие, задавленные на лесосеках по своему ли, по чужому ли недогляду. И разница вышла небольшая. Иван Петрович ахнул, когда услышал: вот те и мирное время! А ведь знал он обо всех этих случаях, переживал их, всегда что-то меняется и как бы смеркается в мире, когда уходит из жизни знакомый человек, и ослабевает в тебе что-то с его уходом, будь он хоть трижды непутевый, знал он о каждом отдельном случае и сокрушался, но сведенные вместе, в одно число, поставленное рядом с другим числом, оно подействовало на него оглушительно. Несколько дней он ходил сам не свой, пытаясь что-то понять и понимая только, что невозможно понять, ничего невозможно понять из того, что он пытается извлечь из этого страшного равенства. Тут что еще: погибший на фронте взывал к справедливости и добру, оставляя их вместе с душой и воспоминаниями, живущими среди родных, и оставлял для движения и исполнения; сами того не подозревая, мы, быть может, лет двадцать после войны держались этим наследством погибших, их единым заветом, который мы по человечьей своей природе не могли не исполнять. Это свыше нас и нас сильнее. Потратившийся же вот так, ни за понюх табаку, по дурости и слепому отчаянию — дурость, распущенность и отчаяние после себя и оставляет. Смерть — учитель властный, и чью сторону, доброго или худого, она при своем исполнении берет, той стороны прибавляется впятеро.

В первые годы и весь леспромхоз был — один этот участок. Потом открыли второй, потом третий, четвертый, и только по прямой береговой линии протянулось нынешнее порубочное хозяйство на сто с лишним километров. Теперь один участок выбирает в год больше ста тысяч кубов. Подскочил план, все мощней, все хитрей и сноровистей погнал технику, и своим народом стало не управиться. Поехали сезонники, шабашники, кто за лишним рублем, кто за лишним днем, который все равно, как и где прожить, лишь бы быть ему прожитому. Обозначился в последние годы особый сорт людей, не совсем бросовых, не потерянных окончательно, которые в своих бесконечных перемещениях не за деньгами гоняются и выпадающие им деньги тут же с легкостью спускают, а гонимы словно бы сектантским отвержением и безразличием ко всякому делу. Такой ни себе помощи не принимает, ни другому ее не подаст, процедуру жизни он исполняет в укороте, не имея ни семьи, ни друзей, ни привязанностей, и с тягостью, точно бы отбывая жизнь как наказание. Про такого раньше говорили: ушибленный мешком из-за угла, теперь можно сказать, что он всебятился, принял одиночество как присягу. И что в этих душах делается, кому принадлежат эти души — не распознать.

И вот по веснам, когда надо отправлять спущенный за зиму с гор лес, и по осеням, когда снова надо его срезать и спускать, приливают и отливают, приливают и отливают, не задерживаясь не из-за неудобств каких-то непереносимых, а просто не умея, не понимая, зачем и для чего задерживаться, понукаемые неясной и нестерпимой тревогой. А уезжают — горькая тоска в глазах: куда? зачем? Но уезжают, и оставшиеся вспоминают о них лишь по чудачествам и выкидонам, на которые они мастаки, вроде тех, что один артист зубами поднимал любой стол с закуской, другой делал на водке тюрю[1] и не морщась выхлебывал ее ложкой, третий, пугая работающих на почте девчонок, любил отправлять телеграммы, похожие на шифровки: "Третий день дождь, что

---

1. Тюря — самая простая еда: хлеб или сухари, размоченные в воде с солью.

делать?" — или: "За ноябрем декабрь, не перепутай" — или: "Не жди меня, но я вернусь". Старая Егоровка за все триста лет допотопного ее существования не изведала и тысячной доли тех чудес и кудес, какие приняла Сосновка за двадцать. И, судя по всему, они не к концу идут.

Это, понятно, самое невинное, самое легкое из того, что можно вспомнить. А можно вспомнить еще, как было с лесничим Андреем Солодовым. Солодов данной ему властью два года назад оштрафовал леспромхоз за высокие, едва не в пояс, пни. По большому снегу, чтоб не расчищать, валили как легче, нарушая нормы, и Андрей, мужик в общем покладистый, после долгих уговариваний и угроз не вытерпел: вот вам, раз человеческого языка не понимаете. В пятницу кассирша поехала за зарплатой и вернулась ни с чем: банк под штраф леспром-хозовские деньги арестовал. В субботу Андрей, как обычно, истопил баню, помылся и лег спать, а баня в ночь сгорела. По неосторожности, по недосмотру, надо думать, самого хозяина: топил ведь и мылся, а потом завалился и дрыхнул без задних ног. В понедельник кассирша снова отправилась в банк и снова воротилась с пустой сумкой. Снова было ждать до среды, пока вырешат, где взять деньги. А в среду сказали — до пятницы. В среду у Андрея Солодова потерялась лесхозовская кобыла, единственная на весь поселок трудяга, на которой вспахивали половину огородов и которая в лесном деле была незаменима. Только по весне вытаяли ее косточки в чащобе, рядом валялась догнивающая веревка.

Иван Петрович разговаривал с Андреем, и они сошлись, что без своих тут не обошлось. Смешно было бы грешить только на приезжих. Нет, и свои, с кем бок о бок жито и работано под завязку, научились косо смотреть на всякого, кто по старинке качает права и твердит о совести. И свои грозили Ивану Петровичу, когда, не умея молчать, содравший бы с себя потом семь шкур за молчанку, поднимался он на собрании и вслух объявлял все, что творилось на лесосеках, на нижнем складе, в гараже и магазинах. Говорил то, что знали все и что постепенно становилось обычаем, — и как без нужды и жалости рвут технику в лесу или гоняют ее по пьяному и трезвому делу за десятки километров по собственной надобности, и как среди бела дня тащат с лесопилки, и как по дороге в леспромхоз таинственно исчезают указанные в накладных товары, а вместо них для облегчения торговли сразу появляются деньги, и как в нарушение техники безопасности заставляют трактористов спускать на неокрепший лед лес, и как... Дошло до того, что сам Борис Тимофеевич наутро после получки вез втихаря в своей брезентовой сумке на лесосеку пару бутылок, чтоб остановить готовую сорваться бригаду. А они научились принимать это как положенное, как те же три пачки чая, выдаваемых бесплатно профсоюзом.

Иван Петрович исступленно размышлял: свет переворачивается не сразу, не одним махом, а вот так, как у нас: было не положено, не принято, стало положено и принято, было нельзя — стало можно, считалось за позор, за смертный грех — почитается за ловкость и доблесть. И до каких же пор мы будем сдавать то, на чем вечно держались? Откуда, из каких тылов и запасов придет желанная подмога?

— У тебя пошто глаза-то этак повернуты? — гудел Борис Тимофеич, но не было в его голосе ни нажима, ни вопроса, на который требовался ответ. — Пошто ты все одно к одному? Без плана, видишь, не живем...

Тут-то Иван Петрович и взрывался:

— План, говоришь? План?! Да лучше б мы без него жили!.. Лучше б мы другой план завели — не на одни только кубометры, а и на души! Чтоб учитывалось, сколько душ потеряно, к черту-дьяволу перешло, и сколько осталось!.. План!.. Ты вспомни, как было... ну, пускай хоть пять лет назад...

— А что пять лет назад? — Борис Тимофеич прикидывался непонятливым. — Тогда не было ни самосвалов, ни челюстных погрузчиков. КрАЗа твоего не было, на который ты по тридцать кубов зараз грузишь.

— Опять двадцать пять! Ты тогда водку на гору за свои деньги не возил за-ради плана. Ты вот что вспомни. Наш план выполнять — дело нехитрое, ему агрономия не нужна.

— Нехитрое? — уж кто-кто, а он, съевший не одну собаку не одной породы на плане, жизнь свою отдавший плану, среди ночи просыпающийся, когда доводилось спать, от страха за план, как чумы, боящийся последних чисел месяца, когда в такой сложной технологии, какая и не снилась пшенице, вызревал план — уже он-то знал, что дело это не только хитрое, но и требующее много чего сверх всякой хитрости. Объяснить все это было нельзя, и он с тайной обидой говорил: — Тебя бы в мою шкуру.

— Не хочу. Мне и в своей тяжко.

Афоня Бронников, егоровский мужик, работающий на трелевочном тракторе, держался другого резона.

— Что ты, Иван Петрович, кипятишься? — с укоризненной улыбкой на широком и твердом кержацком лице[1] увещевал он. — Кому ты что докажешь? Я так считаю: я работаю честно, живу честно, не ворую, не ловчу — и хватит. У кого глаза есть, тот видит, как я живу и как другие живут. Кто куда расположен, туда и пойдет. Наше дело — жить правильно, пример жизнью подавать, а не загонять палкой в свою отару. От палки толку не будет.

— Да ведь опоздали, опоздали с примером-то! Поздно!

— Ничего не поздно.

Но Иван Петрович был устроен по-другому, под ежедневным давлением в нем словно бы сжималась и сжималась какая-то пружина и доходила до такой упругости и закрученности, что выдерживать ее становилось невмоготу. И Иван Петрович, не однажды дававший зарок молчать, доказавший себе, что молчание — это тоже метод действия и убеждения, Иван Петрович опять поднимался и, западая голосом, страшно нервничая и ненавидя себя, начинал говорить, понимая — напрасно.

Еще до архаровцев, сбившихся вокруг Сашки Девятого, еще до них было: пришел утром Иван Петрович в гараж, а на его КрАЗе соединительные тормозные шланги к прицепу изрублены. Накось, значит, выкуси, правдоискатель плюшевый. Это ему однажды было сказано: "Что ты, как мишка плюшевый, которому два слова ввинтили: хорошо — нехорошо, хорошо — нехорошо. Ты сам кумекай маленько".

Стало быть, и хорошо — нехорошо. Быть стало, и нехорошо — хорошо. Поневоле зарапортуешься, заблудишься в двух словах.

---

1. ...на кержацком лице... — на лице кержака. Кержак — в Сибири раскольник, старовер (с бородой, придерживающийся старых верований и обрядов).

10

Из первого продовольственного склада огонь вытеснил полностью. Перешел во второй. Хорошо еще, что над ним, над вторым, была сбита крыша, это придержало огонь. Он вжигался от правого и дальнего верхнего угла и через потолочный настил. Когда Иван Петрович в первый раз заскочил сюда, тут тоже было накалено и дымно, но все-таки без огня сносно, помещение изнутри держалось еще о четырех стенах. Здесь оказалось на удивление людно, здесь весело кричали и перекликались, стоял сплошной звон и бряк. Иван Петрович не вдруг разглядел организованную цепочку, по которой передавались ящики с наиходовым товаром — с водкой. В цепочке стояли и свои, и архаровцы. Потоптавшись растерянно и прихватив один ящик, чтоб не с пустыми руками, Иван Петрович выбежал обратно, уверенный, что этому товару не дадут пропасть и без него. На воздухе его обдало каленым заревом сверху и донеслись откуда-то крики Вали-кладовщицы, требующей и умоляющей вынести растительное масло. Валя кричала, что его, растительного масла, до осени не полагается, выбрали все, и Иван Петрович, повороченный этими словами обратно, с дурной головы не мог припомнить, что теперь — зима или лето.

И выскакивал на одну секунду, а из правого угла уже пробивался огонь.

Пробивался с ревущим полыханьем огонь, еще веселей и отрывистей раздавались голоса из цепочки, густо позвякивали бутылки, но был и еще один повторяющийся звук в этом месиве звуков — будто что-то мелодично выщелкивало или сухо взбулькивало. Взбулькивало или выщелкивало с тоненькими подголосками. Иван Петрович приступом направился к раскаленной стене, откуда они раздавались, и возле ящиков с заграничным вином догадался, что это было: из бутылок выстреливало пробки. До подголосков он не стал доискиваться, решив, что происходят они, вероятней всего, от такого же салюта из посудинок с тройным одеколоном или от чего-нибудь в этом же роде. С некоторых пор тройной одеколон перешел в разряд продовольственных товаров, им сдабривали сухое венгерское или болгарское вино, которое в своем

собственном вкусе отвергалось мужиками как чересчур кислое и неза-
бористое.

Иван Петрович искал растительное масло в бутылках, а оно оказалось в железной бочке. Он с трудом, обжигая руки, повалил ее, огромную, с раздутыми боками, побывавшую не в одной переделке, но
выкатить не мог, под его усилиями она только раскачивалась. Он заторопился к цепочке и, не вглядываясь и не выбирая, выхватил из нее
первое попавшееся звено. Оно оборотилось тем самым парнем, вместе
с которым сбивали крышу и который принес наверх известие о найден-
ном мотоцикле "Урал". От парня пахнуло кипяченой водкой; ничего не
понимая, но и не сопротивляясь, он запрыгал вслед за Иваном Петрови-
чем. Вдвоем, где руками, где ногами, они выкатили бочку.

— Там еще одна! Иван Петрович, там еще одна есть! — закричала
Валя-кладовщица и кинулась показывать. — Вон там она, вон там!

Иван Петрович придержал Валю и подтолкнул от двери наружу, ей
тут с ее материальной заинтересованностью, которая могла оказаться
сильнее здравого смысла, делать было нечего. Незачем ей видеть, что
тут происходит. Иван Петрович в секунду потерял напарника, с которым выкатывали бочку, тот, конечно, не мешкая встал в строй. Пытаясь
отыскать его, Иван Петрович заметил, что по цепи передаются не одни
только ящики, но и раскупоренные бутылки, взблескивающие под огнем как электрические фонарики.

— Ходом! Ходом! — начинал один, с маху откидывая соседу ящик,
и цепь подхватывала: — Ходом! Ходом!

— Ходом, ходом! — взмывала над запрокинутой головой бутылка.
— Ходом! Ходом!

Но и огонь шел ходом: ворвавшись внутрь, он завладел половиной
задней стены, перекинулся на потолок, откуда в каком-то своем ритме
вымахивал вниз длинными ухающими языками. Все труднее становилось дышать, это было уже не дыхание и не воздух, которым дышат, а
быстрое и беспорядочное хватание выгоревшей пустоты. Кто-то, и не
разобрать было, мужик или баба, тревожно звал оголенным и рвущимся
голосом:

— Петька! Петька! Ты здесь? Ты где?

— Мы твоим Петькой закусили! — крикнули из цепи; и этот голос показался обгоревшим, проволочным, протолкнувшим сквозь жар одни слова.

И опять Иван Петрович уронил бочку с маслом, более аккуратную, чем первая, и, казалось, послушную, опять пытался катить в одиночку. Кто-то помог ему. Уже когда выехали, Валя-кладовщица, встречавшая бочку, запричитала и ударилась в рев: бочка была без пробки. Иван Петрович оглушенно смотрел то на извивающийся из склада след масла, то на Валю, которая убивалась так, будто два-три литра пролитого масла самая большая для нее сегодня потеря.

Ивана Петровича подхватили сбоку — Афоня Бронников. Быстро шагая прочь от огня в левый угол двора и увлекая за собой Ивана Петровича, Афоня объяснял:

— Муку надо убирать, Иван Петрович, пока не поздно. Это все... — он сделал пренебрежительную отмашку назад, где горело. — А без муки останемся... Без муки нельзя.

Из третьего склада ребятишки и бабы выносили банки со сгущенным молоком, коробки с какими-то маленькими, совсем игрушечными, баночками, что-то в аккуратных, перетянутых металлическими лентами, коробках. За третьим складом в крайней к забору и низкой, без подтоварника, постройке и держали муку.

Широкие, как ворота, двери были распахнуты.

Тени от Ивана Петровича и от Афони, все удлиняясь и удлиняясь в уродливом изгибе, перемахнули через забор и вознеслись над поселком.

— Гори-и-им! — раздалось где-то в верхних улицах. Иван Петрович испуганно вскинулся и стал всматриваться на голос.

— Проснулся! — с веселой злостью отозвался Афоня. — Скоро уж сгорим, а ты только хватился. Давай, браток, подбегай, пока не поздно. Завтра шабаш, завтра не опохмелишься.

11

Одно дело — беспорядок вокруг, и совсем другое — беспорядок внутри тебя. Когда вокруг — при желании сколько угодно там можно отыскать виноватых, а иной раз и вовсе посторонние силы способны вступить в действие и сыграть, как говорится, роль. Словом, у того порядка или беспорядка много хозяев, им трудно бывает договориться, у них разное понимание мира устроенного, и что для одного разумное расположение вещей, для другого — полный кавардак.

Во всем, что касается только тебя, ты, разумеется, сам себе господин. В находящемся в тебе хозяйстве взыскать больше не с кого. И даже если тебе кажется, что оно зависит от многих внешних причин и начал, эти причины и начала, прежде чем влиться в таинственные и заповедные твои пределы, не минуют твоей верховной власти. Стало быть, и в этом случае спрашивать приходится только с себя.

И нет ничего проще, как заблудиться в себе. Чувствительный человек это знает. Он смотрит на себя не как врач, который прежде всего видит органы, выполняющие определенные функции, а как могущественный и безвольный вседержитель чудом доставшегося ему от природы огромного и непонятного царства, требующего какой-то особой власти.

Тебе чудится, что ты знаешь, где находится в тебе совесть, где воля, где память, где возникают желания и откуда берутся запреты и ограничения. Ты не знаешь места их расположения, но представляешь, по каким связям следует посылать сигналы, чтобы они отозвались. Совесть заговаривает в тебе не сама по себе, а по твоему призыву; быть может, она способна спросить и самостоятельно — конечно, способна, но не успевает: тебе верится, что ты обращаешься к ней раньше. Ты полагаешь, что так и должно быть в вверенных тебе границах: чтобы ты с опережением вмешивался в готовый ли раздаться ропот или ослабевающее согласие, чтобы ты выходил первым и заговаривал прежде, а не являлся по требованию.

Ты и они. Ты — властелин, несущий в теле своем, как в царстве, все его города и веси, все установления и связи, все пороки его и славу. И они, составляющие таинственную жизнь твоего мира. Это и одно целое и розное. Одно целое и неразрывное — когда правят мир и согласие, когда возникающие недоразумения, без которых никакая жизнь не обходится, существуют только до той поры, пока не рассудит разум. Именно так: недоразумение — до разума. И розное — когда наступает разлад и когда принадлежащие тебе владения отказываются тебе повиноваться. Только тогда приходит догадка, что они сильнее тебя. Потому что это они составляют твои поступки и мысли, направляют твои движения и добывают звуки из твоего голоса. Потому что в конце концов ты смертен, а они нет, они были в тебе по велению какой-то неясной могущественной силы, которую ты так и не смог соединить в образ. И это она, а не ты, была их властелином, а ты был лишь временной их обителью, слабой оболочкой всего того, что они вместе из себя представляли и откуда они искали согласия и соединения с миром. Ты не оправдал их надежд и не донес, не показал, что тебе было велено. А это значит, что ты не был собой. Кем угодно ты был, но только не собой, и не с тобой, а лишь с именем твоим, станут прощаться, возвращая тебя обратно.

Одно дело — беспорядок вокруг, и совсем другое — беспорядок внутри тебя. Страшное разорение чувствовал в себе Иван Петрович — будто прошла в нем иноземная рать и все вытоптала и выгадила, оставив едкий дым, оплавленные черепки и бесформенные острые куски от того, что было как-никак устоявшейся жизнью. Не сказать, что он и раньше жил в полном согласии с собой, во всяком даже и совсем удоволенном человеке всегда что-то выходит из повиновения и принимается то ли скулить, то ли требовать. Выходило и у него. Но это нуждалось, так сказать, в текущем ремонте. Иван Петрович знал, чем поправляется это нездоровье — работой или добрым делом. Он не делал доброе дело только ради того, чтобы, как снадобьем, смазать им ноющую рану, оно делалось само, и боль постепенно утихала. Она словно затем и возникала время от времени то в одном, то в другом месте, чтобы показать, что они не потеряли способности чувствовать и болеть.

И что же теперь стало? Как случилось, что все его с такой заботой отстроенное нутро вдруг взбунтовалось и озлобилось против него? Что бы он ни делал — все не так, куда бы ни пошел, за что бы ни брался, какая-то сила останавливает его и вышептывает с мстительной выправкой в голосе: а больше ты ничего не мог придумать? А больше он ничего действительно не мог придумать, у него опускались руки и пронизывающим пустодольем обносило все тело.

Он не помнит, с чего начался этот раздор с собой. С чего-то ведь он должен был начаться, когда-то впервые его душа не просто не согласилась с ним, а возроптала и отказалась его понимать. То, как он жил, было ей поперек. Но в том-то и штука, что он всегда старался жить по совести, всегда поступки свои примерял к справедливости и пользе, к общему, как казалось ему, благу. А разве душа и совесть не родные сестры, разве не совесть питает душу и разве есть между ними распря? Когда нужно было говорить, правду, он говорил; когда требовалось дело — делал. Да он только и делал, что не сворачивал с правды и дела. И разве не важно для них оставаться в границах, какими они были представлены человеку? Правда — это река, ложе которой выстелено твердым камнем и берега которой в отчетливых песчаной и каменистой линиях, река с чистой и устремленной вперед водой, а не подпертая масса с гуляющим уровнем гниющей жидкости, с хлябкими и подмытыми берегами. Правда проистекает из самой природы, ни общим мнением, ни указом поправить ее нельзя. Так почему же тогда он, живущий по несворачиваемой правде, вступил в войну не только с другими, кто ее не хочет или принимает лишь наполовину, но и с самим собой? Почему он уверен, что не годится жить, соглашаясь с правдой лишь наполовину или отказываясь от нее вовсе (уж лучше вовсе, чем наполовину), но в то же время не уверен в себе, кто стоит прямо на другом конце против тех, кто точно не прав? Они не правы, и, он, говорящий, что они не правы, держащийся правды как закона, — и он не прав. В чем дело?

Или совесть и правда, существующие сами по себе, меж собой сообщаясь и друг друга пополняя, или они не самостоятельны и склоняются перед чем-то более важным? Перед чем? Перед душой? А что душа, хлопочущая о примирении, готова служить и вашим и нашим? Но если и вашим тоже, если она ищет правду и совесть там, где они не ночевали, значит, и правда не правда и совесть не совесть, а только ищущая и страдающая душа. И как быть ей, если совесть и правда скособочены по ее милости? В чем найти ей поддержку? Ладно, можно допустить, что душа не любит прямолинейности, не терпит прямосудия, что так она устроена, что ей любо отыскивать жемчужные зерна в отвалах, да ведь пока она там будет рыться, на своей стороне ничего не останется. Ну, а что такое своя сторона, не своя, кто проводил между ними границу, и почему так тянет человека за эту границу, не есть ли в этом его общий удел — уйти со своей стороны на чужую?

И, додолбившись в бесконечных этих "как" и "почему", не державших ответа, соскальзывающих с ответа, как с отвесной стенки, додолбившись до глухого тупика, до какого-то остростенного безжизненного узика — отступал Иван Петрович: ничего не понять.

12

В последнем, мучном складе не одна только была мука и не с одними только крупами, хранили еще и сахар. Средь муки и крупы он держался по-барски: они, сваленные как попало в мешках на пол, оплыли серой пылью, для сахара же с левой стороны устроили настил и подстелили брезент. И кули, в каких он был, отличались чистотой и доброшивом, и уложены они были аккуратно. Будто не свои же мужики таскали и укладывали, а вызывали бригаду из-за границы. По привычке хвататься прежде за тяжелое, ноги понесли Ивана Петровича к сахару. Но Афоня Бронников придержал:

— Давай, Иван Петрович, за муку. Это все... — и он опять, как в том складу, отмахнулся.

Здесь хоть не припекало, но торопиться следовало и здесь, до огня оставалась одна неполная постройка. Огромная и бесформенная куча не куча, штабель не штабель из муки возвышалась в полтора-два человеческих роста. Для двоих здесь таски до следующего пожара. Иван Петрович не позволил себе испугаться работы, не тот это был случай, чтобы раскидывать и подсчитывать, а взвалил первый попавшийся, отбитый в сторонку мешок, не подумав, что ради его отставили, и с головой ухнул в муку. Мешок по шву разошелся, раззявленным боком вскинул его на себя Иван Петрович и — как взорвался белым, мука залепила рот, набилась за воротник. Афоня, не выдержав, могуче загрохотал-захохотал:

— Теперь, Иван Петрович, в Ангару, опосле под огонь — и пирог готовый.

Отряхиваясь и отплевываясь, Иван Петрович не сдержал досады. Но это было и разумно, что он сказал:

— Ты, чем гоготать, прикинул бы, что мы с тобой тут с гулькин хвост не вытаскаем. На выпечку не хватит. Где народ-то?

— Начальник хотел собрать...

— Да он уже забыл, твой начальник!.. Его отхватили куда — и с концом! Он без головы сегодня.

Встав на изготовку, которая показывала, что он сейчас начнет хватать любого за шкирку и метать сюда, Афоня пошел.

Иван Петрович с мешком на загорбке в дверях остановился. Куда? До ворот далеко, и таскать в ворота — это торить дорогу, которая никому не нужна. Рядом забор, но забор на ногах, он держит оборону против охотников до всего этого разбросанного по снегу и грязи добра. И все-таки надо валить забор. И вдруг Ивана Петровича ожгло: а где же топор? Где топор, который он прихватил из дому и которым сбивал крышу? Где он его бросил? Иван Петрович кинулся было на огонь, но спохватился, что в последнем складу, откуда он выкатывал масло, делать ему с топором было нечего, он оставил его где-то раньше. И топор сгорел. Сгорел топор, который нужен сейчас для забора больше рук. Взял из дому вещь и погубил.

Он вспомнил опять об Алене, и тревожным был этот высверк о жене: не подлезла бы, дурная голова, под беду. Почему-то показалось, что между ними сейчас огромная даль. Рядом, а далеко. Потому что расстояние это меряется другими, незнаемыми шагами, которыми он еще не ходил.

До того, как кинуться куда-то, взглянул еще Иван Петрович на склад, откуда его выхватил Афоня: в дверной проем там уже не ныряли и не выныривали, а метали из него сквозь шторой наплывающий рисунчатый огонь последние банки и склянки. Это до чего же надо быть отчаянной башкой, до чего ошалеть от геройства, чтобы держаться там неизвестно на чем! А перед дверью кто-то в белой заячьей шапке, в прыжках и бросках перехватывая на лету выбрасываемое, выделывал такие коленца, какие не снились и циркачу. Перехватывал и, не глядя, откидывал за спину. Неподалеку в ярком озарении стоял и смотрел на него Борис Тимофеевич. Выхлестнуло над серединой промтоварных складов высоко пламя и крутым светом высветило весь двор, в котором все, казалось, стояло неподвижно и любовалось ловкостью парня в белой заячьей шапке. И стоял и любовался Борис Тимофеич. Пламя опало, и начальник сорвался с места, сорвалось опять и все остальное.

За короткий тот миг, когда разом высветило весь двор, успел заметить Иван Петрович вдоль по забору прислоненную к столбу колотушку, которой Афоня орудовал наверху, и теперь как нарочно оставленную там, где она могла понадобиться. Иван Петрович на бегу подхватил ее и ухнул рядом со столбом по верхней и тут же по нижней поперечинам. Забор отвалился, открыв вид через вдавленную дорогу на огород и баню однорукого Савелия из коренных ангарских мужиков. Иван Петрович отбил второй конец связи, она упала, и здесь к нему подоспел помощник. Ничему в эту ночь не следовало удивляться, и все-таки Иван Петрович не мог сдержать удивления. Помощником был не кто иной, как Сашка Девятый из архаровцев. Вдвоем они приподняли сваленное звено и спустили по откосу на дорогу. Специально гадай лучше не выгадаешь: вышел помост — чтоб муку не на землю.

— Давай еще одну, Иван Петрович, — весело и араписто скомандовал Сашка. Знал он, оказывается, и по имени-отчеству, а не одно лишь "гражданин законник".

Они оторвали вторую связь и постелили ее рядом с первой. И только поднялись — с тяжким стоном осел, брызнув искрами, первый на изгибе промтоварный склад. Искры из него все сыпали и сыпали, заглушая крики и забивая свет. Сашка помчался туда. Иван Петрович видел, как мужики, которых вел Афоня, метнулись обратно. И он не вытерпел: надо было отыскать Алену.

Алена стояла в пяти шагах от вороха с добром, куда она что-то принесла и опустила с бряком, и только бряк этот и подтвердил, что она прибежала не с пустыми руками. Теперь, остановленная до взаппяток плеснувшей раскаленной волной провалившегося склада, она не помнила, откуда прибежала и что принесла и потеряла, куда бежать. Кругом, повернутые в одну сторону, где все еще трещало и искрило, кричали и размахивали руками, но и крики были сухими, и размахи с подпрыгами и наклонами — будто в заведенной игре. Во всем том, как вели себя люди — как они выстраивали цепи, чтобы передавать из рук в руки пакеты и связки, как бегали по двору, отворачивая друг от друга и сталкиваясь, как дразнили огонь, рискуя собой до последнего, как заводились то в лад, то не в лад кричать, — во всем этом было что-то ненастоящее, дурашливое, делающееся в азарте и беспорядочной страсти. Настоящим был только огонь, сосредоточенно и беззатейно перемалывающий все, что подворачивалось на его пути.

Искрить безостановочно и взрывчато наконец перестало, и снизу, на обвалившемся, опять наладился огонь. На оборванных углах он светил вытянутыми и склоненными факелами. Соседний промтоварный склад под высоким венцовым пламенем, казалось, раскачивается и скрипит, пытаясь оторваться, и не может оторваться, притянутый с другой стороны общей стеной к следующей постройке. Кстати или некстати Алена вспомнила, как рассказывали, что под Усть-Илимом вниз по Ангаре поднимало со дна и носило по воде затопленные с лесом острова, которые потом бомбили с самолетов. В ближнем продовольственном складе под каким-то сладостным продуктом не горело, а сияло — как при электричестве. Ясно виделось теперь, что нет, ни одного склада не отбить.

Алена достояла до момента, пока на нее не наткнулся Иван Петрович. Испуганный ее неподвижностью, когда все кругом бежало и кричало, он подкрался последними шагами и зашел к ней спереди.

— Ой, Иван, ты погляди! — встрепенулась она, не зная, что сказать. Смотреть тут же нашлось на что. — Ты погляди! — она показала на извивающуюся справа в отдалении и все равно освещенную фигуру, которая, скинув шубейку, что-то торопливо на себя натягивала. Кто-то это был из архаровцев, Иван Петрович различал их по коротким и дерганым движениям.

— Что же это делается-то, Иван?! Что делается?! Все тащат! Клавка Стригунова полные карманы набила маленькими коробочками. А в них, поди, не утюги, в них, поди, че-то такое!.. В голяшки наталкивают, за пазуху!.. А бутылки эти, бутылки!..

— Не вздумай ты что взять, — он и слова-то эти сказал, чтобы только вытолкнуть из себя скопившийся внутри угарный комок.

Да, тут никакой дядя Миша Хампо не поможет. Хампо караулит, чтобы не вынесли что большое, заметное, а тут вон как...

— Да ты что, Иван! Ты что?! — без возмущения, видя, что он не всерьез, зачастила Алена. — Мне-то зачем? Много я тебе натаскала, покуль живем? Шибко много?

Дьявол с ними, пускай подавятся.

Он не пошел одергивать ту архаровскую фигуру.

13

Два года назад справлено было тридцать кругов, как Иван Петрович жил с Аленой. А справлено было так: взяли в одно время отпуска и проехались по выросшим детям, которые все до единого ушли из родного дома. Но их и всех-то — две дочери и сын. Двигались от ближнего к дальнему: сначала к дочери в райцентр, где она учительствовала в младших классах, потом ко второй, к старшей, дочери в Иркутск, где чуть было не споткнулись, только там, в Иркутске, узнав, что дочь в больнице. Дали ее семье квартиру в девятиэтажном доме на самой верхотуре, а лифт не пустили, и вот, таская при переезде совсем тяжелое и не совсем тяжелое, надсадилась она до того, что сразу после новоселья загуляла в больницу. В мать — та тоже не знает удержу. Конечно, неловко было уезжать при этаком раскладе, но Таня, городская дочь, настояла, чтоб ехали. До чего Иван Петрович, привыкший ко всякому и не разморенный мужик, а и он, сделав десяток ходок на девятый этаж, заплетаясь на последних пролетах ногами и руками, заметно почернел вырывающимся словом и рад был уехать подальше от этих вызверяющих граждан городских удобств.

А лифт там, пишет дочь, и по сю пору на приколе, в его шахте через выломанную дверь уже кто-то разбился. Что в иных местах нельзя, в Иркутске можно.

И только у сына, к которому летели на самолете, Иван Петрович вошел опять в душу. Сын Борька встретил их в Хабаровске — рослый, как все они нынче на сытых хлебах, сильно повзрослевший, в форме, выделяющей его мужскую стать и подбирающей материнскую скуластость. Уже и не Борька, а Борис Иваныч. После авиационного училища он работал техником в небольшом аэропорту, и, к покою Алены, работа его делалась на земле. В тот же день на другом, на маленьком самолете они прибыли на это место — красивый и богатый поселок, весь в зелени и уборе. Правда, и время выпало хорошее — сухой сентябрь. Борис жил своим домом, который отдали молодым тесть с тещей, построившиеся посолидней отдельно через улицу, а при доме был сад с разной ягодой и самделишной яблокой. Обо всем этом Борис и рассказывал и писал, но, пока не видел глазами Иван Петрович, как к писаному и относился. А потеребил яблоко с живого дерева, обошел поселок, поглядел в людские лица, не испорченные через одно пьянством, съездил на рыбалку, подивившись, что рыбы в невеликой речке больше, чем в Ангаре, и порадовался за Борьку. Везде, сказывают, хорошо, где нас нет, но тут и верно было не худо. Дело не в яблоке и не в тепле, свой климат он и есть свой, а жизнь здесь чувствовалась не надрывная, порядка здесь просматривалось больше, и держался этот порядок не на окрике и штрафе, а на издавна заведенном междоусобном общинном законе. Вот в чем дело. И даже если и преувеличивал Иван Петрович, а казалось ему, что ничуть он не преувеличивал, то и тогда несравнимо с Сосновкой.

Сын с невесткой пристали: переезжайте. Им подпели Борисовы тесть с тещей, которым Иван Петрович с Аленой приглянулись, видать, бесхитростностью и подладом. Присмотрим неторопко дом, сторгуемся, здесь большой совхоз, работа найдется. Будете при нас, а мы при вас, все равно надо к кому-то притуляться. Никто вас в Сосновке за хвост не держит.

Никто за хвост не держит, а Сосновка сама? А земля, которой отдана жизнь? И жизнь всего позаднего, прежнего рода. Неужели оставить все это архаровцам, которые, идучи с работы, по дороге сворачивают на кладбище оправляться, с чем прихватил их однажды Иван Петрович? Кому-то надо или не надо держать оборону? Проть чужого врага стояли и выстоим, свой враг, как и свой вор, пострашнее.

С тем и примирился Иван Петрович, воротившись от сына и впрягшись опять в невеселый хомут сосновской жизни. Но знал он теперь, что не всюду живут одинаково и что есть куда оборачиваться за поддержкой. С тем и работал, продолжая тянуть лямку победителя соревнования, хотя никакого соревнования не было и в помине, а было — или работник ты, или нет, или природный пахарь, или неотставной болтун. И встревал, и лез на рожон[1], и сердце надрывал снова и снова — с тем же: не везде трын-трава. И выходил из отчаяния, и других наставлял, кто готов был из него не выбираться, соорудив из отчаяния стену, за которой... гори оно все синим пламенем.

Все с тем же.

Однако в последнем году стало совсем невмочь — с тех пор как прибыла и утвердилась теперешняя бригада архаровцев. Раньше этих бригад перебывало — не счесть. Поживут, погудят, покажут местному народу товар лицом — и восвояси, дальше пытать неприкаянную свою судьбу. И уж на кладбище до десятка могил ихних, кто ненароком отыскал ее и причалил навеки. Всякие наезжали, но таких, как нынешние, не было. Эти явились сразу как организованная в одно сила со своими законами и старшинством. Пробовал разбить их — не получилось. Пытались отправить на лесосеку за Ангару — нет. Остались на нижнем складе рядом с поселком на разделке и откатке, где нужны сноровистые руки. А у них сноровка по другим делам. И пошло-поехало. Лесом все кругом завалено вперепёт, так что не подъехать, кубатура вместе с обрезью, в огне горят и вершинник и хлысты[2]. Стоишь с машиной по полчаса, пока сам не поможешь растаскать завал. Не удержишься — накричишь, а с них взятки гладки, они только похохатывают да подкусывают, накричишь потом на Бориса Тимофеича, а он на тебя. На работу стал выезжать как на каторгу.

И в поселке. В клубе бильярд на деньги, в магазине для всех очередь, для них — посторонись. А скажи — оборвут так, что недели не хватит, чтоб собрать себя по кусочкам. Люди, столкнувшись с какой-то

---

1. Лезть (переть) на рожон — предпринимать что-л., заведомо рискованное, обреченное на неудачу, на неприятности.
2. Вершинник — верхушки деревьев. Хлыст — целое дерево с вершиной, очищенное от сучьев.

невиданной сплоткой, держащейся не на лучшем, а словно бы на худшем в человеке, растерялись и старались держаться от архаровцев подальше. Сотни народу в поселке, а десяток захватил власть — вот чего не мог понять Иван Петрович. Но, раздумывая об этом, догадывался он, что люди разбрелись всяк по себе еще раньше и что архаровцы лишь подобрали то, что валялось без употребления. Он допускал и верил даже, что при большой общей беде архаровцы могли показать себя людьми — не совсем же пропащее это племя, но при развезени, когда ни шатко ни валко[1], их собирает вместе и возносит в расхристанности неурядье, которое они чуют, слетаясь к нему, по-звериному обострившимся чутьем. Не зря прижились они в Сосновке; в Сырниках, где теперь сын, не прижились бы. А здесь за год съехало только двое. Один кавказского вида, державший попервости верх в команде, был, по-видимому, скинут и уволен своими же, после чего утвердился Сашка Девятый; другой, покалеченный в пьяной драке, обратно из больницы не вернулся. И еще один, по фамилии Сомов, отбился от своих и ушел в семью к Наде Почиваловой, мужик у которой утонул.

В декабре выруливал Иван Петрович с нижнего склада в поселок после работы, и на полдороге остановил его Сашка Девятый, шагавший с кем-то из своих. Иван Петрович притормозил. Сашка сел, а тот, другой, остался, хотя место в кабине было. Красивый парень этот Сашка — высокий, ладно сбитый, со светящимся белобрысым лицом, но красота как бы подточена чем-то. Сразу и не понять, в чем штука. Будто подсыхает она изнутри, морщится, будто поверху только и осталась.

До самого поселка ехали молча. Но, сходя у общежития, сказал Сашка с неряшливой улыбкой:

— Ты вот что поимей, гражданин законник, герой борьбы и труда... Ни нам до тебя дела нет, ни тебе до нас. А будешь к нам за делом ходить, и мы к тебе придем.

А вскоре кончилось в магазине питье. Кончилось и кончилось — ни справа по Ангаре нет, ни слева. И архаровцы, оголодав, снарядили с

---

1. Ни шатко ни валко — разговорное выражение, что имеет смысл "ни хорошо ни плохо, средне".

рюкзачком брата своего, Соню, в город. Неделю, пока летал да сидел он по непогодью в аэропортах, работали они за "того парня", скрывая, что его среди них нет. А тут лес, тут годовой план, день и ночь на нервах. Каждые руки на вес золота. А по прибытии Сони с продуктом архаровцы поредели вдвое. Иван Петрович привез директора и показал: смотрите, что творится. Тот снял бригаду с нижнего склада. Потом Борис Тимофеич вернул ее, работать в конце концов кому-то надо было, а на запущенное архаровское место, опасное еще и тем, что оно архаровское, никто идти не хотел.

В январе, в ветреный со снегом день, когда в двух шагах ни холеры не видать, подъехал Иван Петрович на нижний склад и встал под разгрузку. Подошел разгрузчик, подцепил крюком лес и свалил на поката. За один раз не вывалить, снова зацепил остатки и снова потащил на себя. Не теряя времени, Иван Петрович стал поднимать стойки. В каждой из них вес нешуточный, сдуру не вымахнешь. Задрал наверх первую и замешкался, чтобы перевести дух. И только сделал шаг, только вынес из-под нее голову, тяжеленная металлическая подпора вдруг оборвалась. Взяла и оборвалась, хотя, установленная и наклоненная внутрь, не должна была пойти назад и никогда не ходила. С той стороны, куда вывалился лес, суетились архаровцы — двое. Иван Петрович постоял возле них, посмотрел, подумал и ничего не сказал. А что скажешь? И поехал, размышляя над судьбой.

На собрании, где подводились итоги года, Ивана Петровича премировали талоном на ковер. Он поднялся и, портя заведенную обедню, отказался от талона: ковер ему был не нужен. Ни премии, ни почести ему были не нужны, а нужна была такая работа, которую с другого конца не подпирают, чтобы ее остановить, и такая жизнь, которая обошлась бы без подножек. Он так и сказал. Но сказал нервно, чуть не на слезе, допытываясь, почему делается вид, что все хорошо и даже прекрасно, если выполняем план, и до каких пор план станет прикрывать и оправдывать все, что творится внутри плана? Обида Ивана Петровича была не на архаровцев — что с них взять?! — а на своих, притерпевшихся и покосившихся, поверивших, что всякая перемена только во благо. Иван Петрович, разгорячась, захлебнулся тем же, что упирало его в спину и при ночных раздумьях: да неужели только он один это видит и понимает, а никто больше не видит и не понимает? И если он один, то зачем? Зачем видеть и понимать? Есть ли это истинное видение и понимание? Не покривился ли он сам тем именно, что слишком упирается, чтобы удержаться в прямизне?

Палисадник перед избой разворотили совсем недавно, уже после того, как Иван Петрович написал заявление об увольнении. Скорей всего, подцепил с пьяных глаз кто-то из своих. Если поспрашивать, нетрудно и доискаться, чья это работа. Но спрашивать не хотелось. И Алена молчала, а уж ей-то обязательно донесли. Обида с людей, правых и виноватых, сошла в нем в злость только на самого себя.

Спасение было одно: уехать.

14

С некоторых пор Иван Петрович невольно стал присматриваться к Алене внимательней. Даже и не присматриваться, а как бы прислушиваться к тому месту, которое она занимала с ним рядом. Каждый мужик, наверно, держит перед собой два образа жены — какая она есть и какой бы он хотел ее видеть. Они то совпадают, то расходятся, то заговорят одним голосом, то на разные. У них словно бы и лицо с отличниками, и меж собой они не обязательно ладят. Мужик, понятное дело, безошибочно слышит, когда подходит к нему одна и когда другая, но и она сама знает, где в ней какая, и она чувствует несоединенность в себе человека и жены. Конечно, то же самое можно сказать и о мужике, но сейчас не о нем речь.

И вот Алена его, неизвестно с какого времени, сошлась в одно целое. Больше всего озадачило Ивана Петровича, что он не заметил, когда это произошло, когда он перестал делить ее на Алену для себя самой и Алену для него. Проживши тридцать да еще с гаком годочков, ясно, что они немало перелились друг в друга и тем уже стали роднее, что в каждом из них прибавилось плоти другого, которая не может не проникать к своему изначальному крову. Все это так, и все то должно бы относиться ко всем, десятки лет ложившимся в общую постель. Однако у

Алены было что-то еще и особое. У нее изменился голос. Словно это не она говорит, а через нее говорит единая женщина, матерь всех мирских женщин. Голос сделался глубже, сочней и шел серединой звучания, не прибиваясь к сухим берегам. И частить она стала меньше, и слово стало добычливей: раньше она изводила великое множество слов, пока извлекала то, самое главное, ради которого заводила разговор, теперь же оно находилось быстрей, без артподготовки, как любил он подшучивать, и оказывалось точней.

Алена незаметно заняла место, на которое ее в молодости не хватало и которое можно определить так: женская сыта. Это значит, что Алены было ровно столько, сколько нужно, — не больше и не меньше. Быть может, чуть больше, но маленький перебор всегда исправим. Находился ли он дома или уходил, он постоянно чувствовал в себе Алену, продолжавшую свою неустанную службу. Она, когда требовалось, добавляла или убавляла его характеру, находила в нем терпение и вела домой. В долгих рейсах у себя в машине он нередко разговаривал с ней, зная, чем она станет отвечать, и, поговорив, посоветовавшись, приходил к какому-нибудь решению. Опрятный и мягчительный тот мир, который был Аленой, с годами не только не выстыл, но еще и пораздался в понимании и тепле. Мужик, в котором не звучит голос жены: погоди, Ваня или Степа, скоренько выпрастывается из жизни и, даже живя, ходит в ней как в малахае с чужого плеча.

Маленькая, подбористая, с девчоночьей фигурой, она не передвигалась, а взмывала и летала. И так до сих пор, хотя надо бы уже поубавиться прыти. Глядя на нее, не раз Иван Петрович обрывал себя на страшной и, быть может, вещей мысли, что такие люди, как Алена, такие порывистые и заведенные, срезаются мгновенно, без жалоб и постепенного остыва. В свое время, когда, наломавшись вдоволь и нормировщицей и учетчицей, наслушавшись матюков и находавшись на вольном воздухе, спросила-сказала она, что собирается пойти в библиотекари, Иван Петрович засмеялся: "И что ты там станешь делать? В окошки, как бабочка, биться?", не представляя ее сидящей, как того требовала работа с книгами. А она и не сидела. Она даже карточки выписывала на ногах, чуть склонившись над столом или подоконником.

И по участкам, по участкам, подсовывая книжки даже тем, кто не знал, с какого конца они раскрываются. А сколько он, Иван Петрович, книг перечинил — до сотни! — сначала какие читал, потом остальные, и не одной починкой, а она все подкладывала и подкладывала.

Теперь, значит, и ей сходить с работы, которую она любила.

Не принято ныне хвалить жен, но что делать, если нечего представить Ивану Петровичу даже и для бога самого об Алене худого. И как вспомнит он: вот она бежит, вот бежит повечеру в дом, нетерпеливая и утолокшаяся, чтоб скорей увидать мужика, вот на бегу еще выкрикивает что-то виноватое и прерывистое — и сразу мирью растягивается душа. Вот они сидят вдвоем за чаем, он молчит, она говорит за него и за себя, и он не знает, где чьи слова, а знает только что наговорились они с пользой и всласть.

Жена — это что-то отдельное. Дозволенное для общей жизни, но отдельное. Иные весь век притираются друг к другу и не могут притереться. Алена для Ивана Петровича была больше чем жена. В этой маленькой расторопной фигуре, как во всеединой троице, сошлось все, чем может быть женщина. Обычно таких, кто всю жизнь изо дня в день выстилается и выплескивается, не ценят, принимая как должное, как воздух и воду, эти старания и добиваясь чего-то, неизвестно чего, еще. Русский мужик не привык жить с бабой в одну душу. А у Алены все это было без надсады и жертвы, а исходило из натуры ее и души, и она засохла бы на корню, если бы не над кем было ей хлопотать и кружить. Все до капельки выносила она в общую жизнь, ничего для себя не оставляя, и, опростанная, полегчавшая и с лица и с тела опавшая, столь счастливо и блаженно улыбалась, укладываясь спать, чтобы запастись за ночь новыми силами, что никаким хитрым сомнением нельзя было усомниться, будто это не так.

Каждый, поди, мужик держит в своей памяти какой-то один случай, способный скачать об его жене все. Давным-давно, еще жили в Егоровке, возился как-то Иван Петрович под машиной с невыключенным раскрытым мотором. Машина была старая, ЗИС-150. Он только после отыскал, где подтекало, а до того и не знал — мотор вдруг вспыхнул. Распластанный на земле и растерявшийся, Иван Петрович обмер. И выскочил он, когда на него чем-то сыпануло. В углу на предамбарнике стоял короб с песком, приготовленным для зимы, Алена одним махом подхватила его и ухнула на огонь. Потом, когда короб снова наполнили, Иван Петрович с великим трудом едва отодрал его от земли. Алене нечего было и пытаться.

— Это не я и была, — простодушно решила она. — Это кто-то, чтоб спасти тебя, мои руки подхватил да свою силу подставил. А я ниче и не помню. И тяжели вроде никакой не было.

И сколько такого случалось, что кто-то ее руками подымал и подымал непосильные тяжели.

Когда пришел Иван Петрович и сказал, что все, конец, решил он подавать заявление, она согласилась:

— Ну так че, Иван... конечно, к Борьке охота... Он научился слышать и то, что она недоговаривала. К Борьке охота, но не так бы, не так...

15

Теперь только таскай и таскай. Иван Петрович подставлял плечо, стягивал на него с верхних рядов навала мешок, движением плеча укладывал его ловчей и разворачивался в сторону наскакивающих в двери беснующихся огненных сполохов. И, торя один ход, спускался к дороге. Дело знакомое, за жизнь свою потаскал, и, если бы не огонь, не беда, было бы в этой работе даже приятное, как не умственное, а физическое воспоминание о молодости, когда всей деревней нянькались с хлебом. И сколько потом за лесную свою жизнь, где только выпадал случай, брал Иван Петрович в щепоть мучицу, мял в пальцах и ждал, когда вслед за горчащей виной, как за побудкой, в поте, пыли и солнце не подступят картины хлебных работ.

Было их поначалу, выносивших муку, человек десять. И так славно подвинулось в азарте и общем подстеге, когда двое-трое набрасывают, остальные таскают, что за короткий аврал сняли всю верхотуру. Иван Петрович примеривался уже и к сахару: вот-вот браться и за него, а он, купчина, сладок на языке, да горек на горбке. Однако, не подымающему почти глаз и ничего не видящему, кроме мешков да дороги, все реже стали попадаться Ивану Петровичу встречные фигуры и все хуже подаваться из складского запаса. Иван Петрович распрямился — осталось их четверо: он, да Афоня, да однорукий Савелий, усадьба которого была рядом, да какой-то покачивающийся, раздетый до рубахи, полузнакомый парень.

— Афоня! — крикнул Иван Петрович. — Че ж это такое опять? Где они?

— Там интереснее, Иван Петрович, — ответил тот, пробегая. — Интереснее там, понимаешь?

На себя. На себе. С себя. Недолгая пробежка, чтобы едва-едва вернуть прыгающее сердце на место, и снова: на себя, на себе, с себя. А уж не молоденький. И все глубже присядки на ходу, все чаще заплетаются ноги, и сердце не успевает отыскать свое гнездо. Даже Афоня, здоровый этот бугай, наваливавший поначалу крест-накрест по два мешка, и под одним бегал теперь с опущенной головой.

Появился Борис Тимофеич и тоже подстроился таскать, отдав власть само собой происходящим событиям. Но Афоня и Иван Петрович в голос потребовали, чтоб не пыжился он, а гнал сюда мужиков. Водников ушел, затем опять появился, приведя с собой нескольких, и один из этих нескольких, полупьяный архаровец, взялся организовывать цепочку — чтоб не тащить полным ходом, а передавать мешки из рук в руки. Афоня послал его вместе с цепочкой подальше, что тот и не замедлил исполнить, так что больше его и не видывали. Из нового привода прибавилось двое надежных — Семен Кольцов и слесарь из гаража Тепляков. Мелькнул, посветив раза три удалым лицом, Сашка Девятый и исчез.

Где больше — на вынутом, вынесенном на дорогу, или в складе — не разобрать.

Иван Петрович отметил, что Тепляков взялся за крупу. Правильно, наверно: надо бы и ее хоть сколько-нибудь отбить. Надо бы все отбить, но огонь в ближнем складу нажимал, похрустывала, подготавливаясь, и заметно нагревалась общая стена, к которой приваливалась крупа. В помощь Теплякову Иван Петрович решил брать поочередно: раз мука, раз крупа. Внутри потускнело и помертвело, густо ходила мучная пыль, всполохи из дверей попригасли и мелькали только на сахаре. И все больше и больше наносило справа, когда вбегали, и слева, когда выбегали, напористым горячедуем.

Под мешками ничего не видел и не слышал Иван Петрович. Бухало сердце, и все остальные звуки глохли или казались слабыми подголосками в этом раздирающем грудь прибое. Перед глазами все смешалось — пожар изнутри и пожар настоящий, те и другие огни наплывали и кипели одновременно. Иван Петрович запалился. Скинув мешок, он вслед за мешком повалился на деревянный настил и ухватился, как привязался, взглядом за подвернувшуюся постройку, чтобы не потерять сознание. Этой постройкой оказалась баня, из которой вдруг появился человек, по виду хозяин ее, однорукий Савелий, и, угадывая в следы, спустился к дороге. Широко округ было озарено, но темно было в глазах у Ивана Петровича, и он не мог сказать, действительно ли кто выходил из бани или ему померещилось.

И еще померещилось ему: ходит старуха в короткой шубейке с поднятым воротником и рвет обочь дороги цветы. Идет-идет, высматривая, наклонится, торопливо сорвет и в сумку. И на другой сугробный наклон. Иван Петрович узнал ее, когда обернулась она, и пожалел, что узнал, потому что тут же и догадался, что это были за цветы, что за подснежники. Старуха, за которой ничего похожего никогда не водилось, подбирала выбросанные со двора бутылки — и уж конечно не пустые. Да ведь и истории такой до сегодняшней ночи тоже не водилось.

Из-за угла от Ангары вымахнул огонь — и это над последним, над мучным складом. Иван Петрович вскочил. Вот почему никто после него не спустил ни мешка: теперь только выносили и сбрасывали в пяти шагах от дверей, времени на полный перенос не осталось.

На другом конце огня, где промтоварные склады и где пылало сплошной мощью, как жаром, качало неровный людской строй. И слышался оттуда резкий голос Бориса Тимофеича, перекрывающий разнобой всех других криков. Люди стояли там — чтобы не пустить огонь к магазину. Уцелеет магазин — поверится, что почти победили, что чуть-чуть и победили бы полностью.

Посреди двора, размахивая здоровой рукой, прыгал кособоко вокруг вороха со спасенным добром дядя Миша Хампо. Издали смотреть, казалось, что заворачивает он разбегающихся от курицы цыплят.

Стоять в воротах ему было незачем, все теперь было растворено.

Дядя Миша Хампо, этот дух егоровский, парализован был с детства и плетью таскал правую руку, которая едва годилась для нехитрого подтыка или прихвата, и говорил с таким трудом, что постороннему человеку понять его было невозможно. "Хампо-о! Хампо-о-о!" — долго-долго возил он, извлекая из оцепеневших глубин нужное слово, и, если удавалось его извлечь, торопливо подтыкал это слово находившимся где-то неподалеку "ага" и озарялся счастливой улыбкой. Кто знал дядю Мишу Хампо, торопился помочь ему подставить следующее слово, и тогда он, сияя крупным темнокорым лицом, только кивал и агакал. "Хампо-о!" — начинал он, переступая через порог, и хозяин или хозяйка, не затрудняясь ничуть, отвечали: "Здравствуй, здравствуй, проходи. Был, говоришь, в магазине? Очередь? И обед уж сварил? Ну, когда так, садись чаевничать с нами".

Чтобы понимать друг друга, много слов не надо. Много надо — чтобы не понимать.

Жил дядя Миша один. Жену свою, из военных переселенок, он похоронил давно, племянник, которого они воспитали, после армии завербовался на Север и, золоторукий, сметливый, всему сызмальства обученный, получал там большие деньги и не слал ни копейки. Дядя Миша и обстирывал, и обстраивал себя, выкармливая поросенка, и в свои семьдесят лет нанимался еще колоть людям дрова. Силы он был могучей и одной, левой рукой привык делать все, что угодно. Но это раньше он был силы могучей, теперь она, конечно, поизносилась, и, возясь с дровами, все чаще втыкал он колун в чурку и подолгу и неотрывно смотрел на замерзшую, на открытую ли Ангару.

Иногда порывался он сказать что-то об Ангаре, а вероятней всего, об Егоровке, ушедшей под воду, показывал в ее сторону рукой, давился "хампо", но тут уж люди, кроме названия старой деревни, подсказать ему ничего не могли. Дядя Миша огорчался и уходил.

А ведь что-то тужился он сказать важное.

Хампо был прирожденный сторож, сторож-самостав. Не из-за уродства своего, нет — делал он любую работу и переделал ее безотказно во множестве. Так он выкроился, такой из сотен и сотен уставов, недоступных его голове, вынес первый устав: чужого не трожь. Все неудобства мира и неустройство его он, быть может, с одним только и связывал: трогают. С великой охотой шел дядя Миша на любую охранную службу: караулил при колхозе егоровский горох, объезжая из году в год верхом на кобыленке поля, ночи проводил на зернотоках, днем в свободную минуту вышагивал досматривать в коровнике и конюховке. И за зоркое свое око плату никогда не спрашивал, считая, что общественный оберег, который он творит, на него возложен рождением. И в новом поселке, когда перевозились и строились, дядя Миша поначалу сошел бы за коменданта: за всем присматривал и во все, требующее охраны, встревал. К этому привыкли, и никому из своих в голову бы не пришло одергивать дядю Мишу, что лезет он не в свое дело. Но в первые годы и кражи случались редко. А если случались, дядя Миша переживал страшно. Не существовало для него в установленном житейском порядке большего несчастья и большего урона, чем воровство. "Что ж ты, дядя Миша, куда ты смотрел?" — спрашивали его не шибко чуткие к чужой боли люди, хорошо зная, что за этим последует.

Следовало всегда одно: дядя Миша, безуспешно пытаясь что-то выговорить, в чем-то оправдаться, принимался рыдать. "Хампо-о! Хампо-о!" — на куски рвало его душу, крупное тело сотрясалось, по лицу катились слезы, правая рука норовила подняться и что-то указать.

Со временем воровство утвердилось, и дядя Миша долго не протянул бы, если бы с таким надрывом отзывался на всякую кражу. Пришлось и ему привыкать. При слухах о пропаже он уже больше не вздрагивал, как от удара, и не убегал в свою избенку, чтобы не показать слабость больного, лишь лицо его деревенело, выражая какую-то огромную, забирающую всю жизнь, сосредоточенность, и немало требовалось времени, чтобы на нем опять появилась виноватая улыбка.

Но он и вор-то ныне переродился один дьявол знает во что. То взрослые ребята, чтобы угодить на праздник молоденьким учительницам, заберутся в чужой курятник и поотрывают петухам головы, то при полном сыт-одет и нос в табаке разорят старушонку, с великой натугой собравшую магазинское угощение для работников, согласившихся распилить дрова. И прежде бывало... Но не бывало такого, чтоб один из озорников, доставивших для потрошенья птицу, приходился родным братом учительнице, у которой справляли праздник, и чтоб другие озорники, проверявшие у старушонки кладовку, теми как раз и оказались работниками, которым готовилось угощение и которые, угостившись, работниками быть отказались.

Не воры — пакостники.

16

Все чаще и дотошней, решившись на переезд, стал раздумывать Иван Петрович: что надо человеку, чтобы жить спокойно? Если есть у него работа, на которую он не смотрит как на каторгу, и семья, к которой его тянет, — что требуется еще, чтобы, проснувшись ненароком ночью, не чаял он дождаться утра для желанной подвижки?

Начать с достатка... Достаток — да, он надобен, без него человек начинает хлябать, как отошедшая от мяса кость. Но достаток — это не только запас в себя, на себя и за себя, не только то, что требуется сегодня и потребуется завтра для удовлетворения живота, а также для удовлетворения самому выйти и другим нос утереть. Когда бы так, до чего бы все было просто. Но боров в теплом закутке не может не знать, что его откармливают на мясо, потому что хоть маленькие и заплывшие да есть у него глаза, способные видеть, что работа у тех, кого не на мясо, не только жрать, а жизнь — не одно лишь ожидание жратвы. Человек, окруживший себя целой оравой подспорья, вырабатывающего достаток, обязан иметь внутри этого достатка что-то особое, происходящее из себя, а не из одного лишь хвать-похвать, что-то причинное и контролирующее, заставляющее достаток стыдиться вопреки себе полной своей коробушки.

Ну ладно, о достатке потом.

Не только во имя его превосходительства брюха делается работа. Сколько их, неработающих или едва работающих, набивают брюхо ничуть не хуже, сейчас это легко.

Работа — это то, что остается после тебя. Тебя нет, ты уже и сам становишься работой для других, а она долго-долго еще будет напоминать о тебе живущим вслед за тобой. Так говорят. Так оно и есть, тем более, если работа твоя вливается в полезную реку. Есть две реки — с полезным и бесполезным течениями, и какое из них мощней, туда и сдвигается общая жизнь. Но это опять-таки в общем, в каких-то огромных, надчеловеческих понятиях, а что должен испытывать он, чуть свет выезжающий завтра за двадцать и тридцать километров, чтобы привезти за смену свои кубометры древесины? Конечно, уже сам язык: километры, кубометры, древесина — вроде бы должен определять чувства, наталкивая их на рубли. Но это не так. Не совсем так. Не рубли его подстегивают, заставляя перегружать КрАЗ и выкраивать лишний рейс, а сама работа, берущая единым охватом сотни людей. В работе он не помнит что это километры, кубометры и рубли, он возносился над ними в какую-то иную высь, где нет никакой бухгалтерии, а есть лишь движение, ритм и празднество. Там он постоянно двигается попутно, а потому двигаться легко. Чему попутно, он не мог бы сказать, похоже, попутно душе, ее изначальному наклону; там он весь превращается в ответ на чей-то стремительный зов, душа его выструнивается и начинает раскрыто и вольно звучать.

Да, он работник, он за собой это знает, и с той высоты, на которую он взмывает в работе, жизнь видится надежней всего.

Четыре подпорки у человека в жизни: дом с семьей, работа, люди, с кем вместе правишь праздники и будни, и земля, на которой стоит твой дом. И все четыре одна важней другой. Захромает какая — весь свет внаклон. Это только в детских глазах мир выглядит как чудесный подарок, сияющий солнцем и наполненный людским доброжелательством. Чем дальше от рождения, тем больше поднимающееся солнце высвечивает его расстроенность и разнобой. В младых летах Иван Петровичу казалось, что это недостроенность, незаконченность в долгой и тяжелой работе, требующей продолжения, но затем стало видно, что, не будучи достроенным, он расшатался и на старых основаниях, а люди торопливо возводят все новые и новые, раскачивающиеся на незакрепленных низах.

Ни в какие времена люди не приближались, вероятно, к подавляющей добросклонности, и всегда на одного склонного приходилось двое-трое уклонных. Но добро и зло отличались, имели собственный четкий образ. Не говорили: зло — это обратная сторона добра с тем же самым лицом, косящим не вправо, а влево, а считалось, что зло — это еще не обращенная, вроде язычества, в лучшую нравственную религию сила, делающая дурно от своей неразвитой звериной натуры, которая не понимает, что она делает дурно. Если бы удалось между добром и злом провести черту, то вышло бы, что часть людей эту черту переступила, а часть еще нет, но все направлены в одну сторону — к добру. И с каждым поколением число переступивших увеличивается.

Что затем произошло, понять нельзя. Кто напугал их, уже переступивших черту и вкусивших добра, почему они повернули назад? Не сразу и не валом, но повернули. Движение через черту делалось двусторонним, люди принялись прогуливаться туда и обратно, по-приятельски пристраиваясь то к одной компании, то к другой, и растерли, затоптали разделяющую границу. Добро и зло перемешались. Добро в чистом виде превратилось в слабость, зло — в силу.

Что такое теперь хороший или плохой человек? А ничего. Устаревшие слова, оставшиеся в языке как воспоминание о дедовских временах, когда с простотой и наивностью человека оценивали по его душевным жестам, по способности или неспособности чувствовать, как свое собственное, чужое страдание. В житейской же практике уже тот ныне хороший человек, кто не делает зла, кто без спросу ни во что не вмешивается и ничему не мешает. Не естественная склонность к добру стала мерилом хорошего человека, а избранное удобное положение между добром и злом, постоянная и уравновешенная температура души. "Хата с краю" с окнами на две стороны перебралась в центр.

Что прежде творилось по неразумению, сделалось искусом просвещенного ума. От чего веками уходили, к тому и пришли. Не пришли, а скоренько подъехали на моторе, объявив величайшей победой человека то именно, что уходили пешком, а подъехали на моторе.

Так вот, о достатке. Есть достаток, и даже не маленький, а все не живется человеку с уверенностью ни в сегодняшнем, ни в завтрашнем дне, все словно бы бьет его озноб, и озирается он беспокойно по сторонам. Не весь, стало быть, достаток, чего-то недостает. Себя, что ли, недостает — каким мог он быть при лучшем исходе, и эта разница между тем, чем стал человек и чем мог он быть, взыскивает с него за каждый шаг отклонения.

В долгих и обрывистых раздумьях перебирая жизнь во всем ее распахе и обороте, пришел Иван Петрович к одному итогу. Чтобы человеку чувствовать себя в жизни сносно, нужно быть дома. Вот: дома. Поперед всего — дома, а не на постое, в себе, в своем собственном внутреннем хозяйстве, где все имеет определенное, издавна заведенное место и службу. Затем дома — в избе, на квартире, откуда с одной стороны уходишь на работу, и с другой — в себя. И дома — на родной земле.

И нигде не получалось у него быть дома. На земле — что не затоплено, то опорожнено лесозаготовками, и ни заботы этой земле, ни привета. В себе полный тарарам, как на разбитом и переворошенном возу. А коль нет приюта ни там, ни там, не будет его, как ни старайся, и посредине.

— Уезжаешь, значит? — спросил Афоня, вместе с которым вышли после работы из гаража. Слух уж прошел, что подал Иван Петрович заявление.

— Уезжаю.

— И что там, куда едешь?

— Хлебушко. Пашут, сеют, а уж после убирают. Помнишь, как в Егоровке было?

— А заработки как?

— Поменьше, наверно. Но мне теперь много не надо. Не то спрашивал Афоня и не то отвечал ему Иван Петрович. Не то. Пока не сказал Афоня:

— Ты уедешь, я уеду — кто останется?

— Кто-нибудь останется.

— Кто? Кто — кто-нибудь, Иван Петрович? — на последнем голосовом дожиме не сказал — простонал Афоня. — Эх!.. Неужто так и бросим?! Обчистим до ниточки и бросим! И нате — берите, кому не лень!

— Устал я, Афоня. Исстервозился. Сам видишь, никакого от меня толку.

— А Егоровка?

— Что Егоровка?

Думал, скажет Афоня: в нас она, в нас. Думал, начнет говорить, что уедем мы отсюда — и будто не было ее, Егоровки нашей, никогда, а пока здесь — и память о ней живет. Потому что и сам так же рассуждал. Но сказал Афоня:

— Найдешь ты место на воде, где стояла Егоровка?

— Не знаю. Прикину — найду.

— А я вот хочу нонешним летом знак какой поставить на этом месте. Что стояла тут Егоровка, работницей была не последней, на матушку-Россию работала.

— Как же ты поставишь? Кто тебе позволит?

— А кто мне запретит? Нету такого запрета, Иван Петрович. Не слыхал, чтоб такой запрет был. Никогда не слыхал. Если на земле можно, почему на воде нельзя?

Иван Петрович опомнился:

— Игрушки все это. Маленький ты, что ли, такими игрушками играть? Кому от них легче?

— Эх, Иван Петрович, — как-то свободно, но не облегченно, от горькой души, рассмеялся Афоня. — Прикинь-ка: столько игрушек кругом... может, моя не лишняя будет?

Ему надо было сворачивать в свой заулок — он свернул.

17

Так оно и водится: пока без огня, тужились они с Афоней вдвоем, а налетел огонь — сбежались и люди. И густо их теперь кипело, как в котле, в последнем складу, откуда выплескивало беловатой накипью — летели без разбору мешки с мукой, с крупой и с сахаром. И все норовили туда, под жар и накал. Оно бы и не худо, хлеб же, не что иное спасают, да промелькивали среди спасателей пьяные. Одного — парня, с которым сбивали крышу, а после выкатывали масло, — Иван Петрович выхватил из пекла, когда уж он ничего не соображал. Выхватил и спустил под дорогу, где тот и пристроился с ночевой на муке. Другого, архаровца в подгоревшей телогрейке, кто-то выпихнул изнутри как мешок, и, пока валялся он среди мешков, возясь и устанавливаясь на ноги, заметил Иван Петрович на нем новые, неразношенные валенки.

Выбрасывали мешки сразу за дверь, выбрасывали лишь бы выбросить, выхватить из огня. И здесь, в двух шагах от склада, было для них не спасение. Рухнет крыша, и там же, под огнем, все и останется. Иван Петрович взялся оттаскивать к забору. Он уже и не взваливал на плечи, а натягивал на жидкий живот и с неловким подбегом сбрасывал под уклон. Там опять кто-то подхватывал и выносил на дорогу. И по тому, как подхватывал, косолапо загребая под бок, Иван Петрович определил, что то был однорукий Савелий.

Здоровый мужик однорукий Савелий, неизработанный и цепкий, не глядя на годы. И сегодня он ворочал и ворочал, несуетно и споро, и сильная его рука, как клешня, не срывалась, когда ухватывал он мешок.

Кто-то пьяным голосом звал Ивана Петровича. Если доходил голос, значит, не из огня, значит, не горит человек, — и не оборачивается Иван Петрович. Счет теперь пошел на последние минуты.

Зачем-то ему понадобилось: что сейчас — ночь или утро? Понадобилось больше желания упасть и отдышаться. Он вскинул глаза к горе, откуда выходит рассвет, и там, показалось ему, темь как бы сыреет, берется мутноватой влагой. Стало быть, близко к утру. С завороченными глазами он запнулся и едва не упал.

И странно: то вдруг все вокруг умолкало, и Иван Петрович оставался в полной тишине и безлюдье, то опять налетали звуки и начинали рядом метаться люди. И тогда оборванно отдавался в нем каждый крик — будто в него он и метил и в нем оседал, и тогда, не глядя, видел он весь двор с горящими теперь уже полным охватом складами, раззявленными на месте заборов сторонами и беспорядочной круговертью внутри.

В углу, где загорелось, догорало низовым жаром. Там, казалось, и было поддувало[1], оттуда выносило огонь на два плеча широким и загну-

---

1. Там, казалось, и было поддувало... — Отверстие хода или трубка, из которой воздух поддувает в печь, раздувает огонь.

тым коромыслом, на концах которого сквозь пламя еще протемнивали, как подвеси, крайние склады. Тот, что был на пути к магазину, мужики наполовину растаскали, там опять командовал голос Козельцова. Они наскакивали и отскакивали, наскакивали и отскакивали, их отметало раскалом как комаров.

Не гуд, не свист и не вой был тем основным звуком, с которым буйствовал огонь, а треск, могучий треск — словно выламывалось пламя из дерева и, взметываясь, распарывало небо.

И все кричали и кричали во дворе.

Валя-кладовщица требовала у Водникова комиссию, чтоб, не откладывая, сделать опись спасенного. Борис Тимофеич сорванным голосом выкашливал:

— Какая комиссия?! Очумела ты? Какая счас комиссия! Ты погляди!

— Нет, это ты погляди! — Валя выбрасывала руки и разводила их по кругу. — Тут че осталось, ты погляди! Ящики считанные были, — она показывала на штабеля из ящиков с водкой. — Шестьдесят восемь ящиков было сосчитано — где они, шестьдесят восемь?!

— Пропади они пропадом, твои ящики! Кто их вытаскивал? Я не давал распоряжения, чтоб их вытаскивали! Пускай горят.

— Нет, это пропади они пропадом, твои работники! Эти ящики у меня на шее сидят!

И как плеснуло на нее, что еще сидит у нее на шее, да как сдавило каленым обручем эту тонкую шею, зарыдала опять Валя. А когда отняла она от лица руки, Водникова рядом уже не было, а топтался рядом дядя Миша Хампо, порывающийся как-нибудь пожалеть беднягу.

— Ты смотри, дядя Миша, смотри, — в десятый раз сквозь слезы попросила она и принялась подтаскивать, ей помогал дядя Миша, разваленное и разбросанное к одному табору.

В мучном складу стали покрикивать громче и дурней — без крику, без того, чтобы не понуждать и не рвануть себя, не получалось. И все чаще, выбрасывая мешки, стали задерживаться мужики — чтоб хватануть воздуха. Иван Петрович по-прежнему стоял на перевале. Ни рук и ни ног он не чуял под собой, и в загонистом темпе потерялось и не взбрыкивало больше сердце. Одно лишь помнил: взвалить, удержать и свалить, и три этих нехитрых приема, повторенные без счету, на три дыха и делили его пробежки.

Выпуская из рук мешок, в общем движущемся беспорядке он почувствовал какой-то особый вывих. И верно, как бы не увидел, а почувствовал неладное и только потом посмотрел. И опять чья-то фигура ушла дальше, чем требовал беспорядок, и уходила она к бане, уходила туда и уносила мешок. Иван Петрович спустился к дороге. На обратном ходу фигура дернулась, заметив, что ее ждут, и прибавила шагу. Не из тех был Савелий, чтобы растеряться.

— Что ж ты делаешь? — встретил его Иван Петрович. — Оголодал?

— А ты видел?

— Видел.

— Ни хрена ты не видел. Ты заявление написал. Ты теперь туда смотри, куда написал. Понял?

И опустил свою единственную, тяжелую руку на плечо Ивану Петровичу.

Почему это, когда хотят внушить что-то недоброе, хлопают по плечу.

Успели. В последнем складу подобрали все и вывалились наружу — орущие, запаленные и бешеные. Кричал диким ревом и Афоня Бронников, всегда спокойный и уравновешенный мужик, похожий сейчас на матерого дьявола: в муке, в саже и расхлобыст. Иван Петрович смотрел на них удивленно и виновато, будто он здесь стоял руки в брюки. Бухнуло чем-то внутри опорожненного склада и завыло и вырвало огонь наверх, соединяя последним прихватом весь продовольственный ряд в одно высокое ревущее горение.

Кто-то окончательно угорев, с отчаянным хрипом вырывал из себя:

Вра-гу не сда-ет-ся наш гор-дый "Ва-ряг"!
По-ща-ды ник-то не же-ла-ет!

Дядя Миша Хампо, на всякое в этой жаркой суматохе наглядевшийся, все же протер для верности глаза: двое играли в мяч. Разбитый и разлохмаченный, похожий на большой рыхлый сверток, он отлетал от ноги одного к другому, отлетал от другого и так, под пинками и бросками, зигзагами подвигался к сваленному забору. Дядя Миша оглянулся, чтобы показать, и никого поблизости не случилось. Мяч тем временем плюхнулся на забор, из него что-то вывалилось. Не раздумывая больше, Хампо кинулся к игрокам. Один из них подхватил мяч руками, перекинул в улицу и прыгнул сам. Дядя Миша прыгнул за ним. И когда тот нагнулся, чтобы поднять, дядя Миша настиг его, опустив на воротник здоровую руку, оторвал, как ребенка, от земли и успел рассмотреть, что мячом действительно был сверток с выглядывающими веером цветными тряпками. А тот, кто подымал его, был Соня.

Хампо только-только сумел рассмотреть, кто это и что, как сбоку на него обрушился удар. Он успел перебрать руку, огрести Соню за шею и притянуть к себе. Тот завизжал по-поросячьи, норовя подпрыгами поддеть дядю Мишу на калган. И снова и снова ударили его чем-то тяжелым — не руками. Дядя Миша тянул голову, чтобы увидеть, кто бьет, но никак не мог поднять ее и только выставлял правую, не подвластную ему руку, пытаясь защититься. И все били и били его, все били и били...

Так потом и увидел их Иван Петрович: лежат на истоптанном снегу в обнимку — маленький, скрюченный в три погибели Соня и навалившийся на него с вывернутой головой дядя Миша Хампо. А в пяти шагах валяется колотушка.

18

Всему приходит конец. Отошла и эта страшная ночь, встало утро, и при белом свете опустился огонь вниз и приутих, устало добирая остатки. Утро встало теплое и сырое, и едкий дым, не подымаясь, обволок поселок и не сходил с него. И по берегу, и по льду темнели и чадили головешки, расквашенный грязный двор, резко очерченный с двух сторон широкой и дымящей полосой пожарища, представлял из себя что-то до жути окончательное и безнадежное. И уцелевший зелененький магазинчик ничуть не успокаивал, а добавлял, напротив, выбивающимся своим видом и горечи, и боли, и угара.

Под огромным новым брезентом так и лежало посреди двора спасенное орсовское добро. И под брезентом же лежали до сей поры не разлученные дядя Миша Хампо и Соня. И там и там стояла над брезентами охрана, никого не подпуская и не вступая в разговоры.

Ждали милиционера и следователя. Ждали комиссию — и одну, и вторую, и третью, которым теперь не будет конца... Ждали собственное начальство и высокое приездное. С первым рабочим часом во все адреса посланы были телеграммы. Оставили всякие труды, тихо было в гараже и на улицах, и ни звука не доносилось с нижнего склада. Ждали.

Ждали: что будет дальше?

...Иван Петрович, воротившись с пожара, не прилег. Печь топилась, когда он пришел, Алена и под бомбежкой не забыла бы обиходить дом, и сразу подано было на скорую руку на стол. А подав, Алена горько-горько зарыдала и упала в кровать.

Иван Петрович посидел, посидел, не притронувшись к еде, потом переобулся, посмотрел в окно, как несет с берега дым, и вышел. Он пошел к Афоне, чтобы успеть до того, как Афоня свалится в сон. Но и Афоня не собирался ложиться. Дочь промывала и смазывала ему чем-то две глубокие, как раны, запекшиеся кровью ссадины на лбу и подбородке. Когда дочь отнимала руки, он прихлебывал из огромной металлической кружки чай.

Спросил Иван Петрович:

— Что будем делать, Афанасий? Ты знаешь, что теперь делать, нет?

— Жить будем, — морщась то ли от потревоженных ран, то ли от потревоженной души, сказал Афоня. — Тяжелое это дело, Иван Петрович, — жить на свете, а все равно... все равно надо жить.

И тоже спросил, отхлебнув из кружки:

— А ты что решил делать?

— Будем жить, — только и переставив те же самые слова другим порядком, ответил Иван Петрович.

19

Тихая, печальная и притаенная, будто и она страдала от ночного несчастья, лежала в рыхлом снегу земля. От горы открытым полем она полого соскальзывала вниз и за редкими сосенками переходила в лед. По горе стоял лес, из него выдвигались в поле две темные пустошки, лес чернел и впереди, куда шел от поселка Иван Петрович, но там и совсем редью, за которой начинался залив. На притыке к первой пустошке, тесня ее от дороги, положено было кладбище, куда отдавать на днях отстрадовавшегося егоровского мужика и потерявшего имя безвестного горемыку. Они, люди живые, отрядят, кого куда опустить, но ей, земле, решать, ей, вынашивающей правых и виноватых, своих и чужих, собственным поставом судить, что потом из кого выйдет.

Тихо-тихо кругом — как в отстое, в котором набирается новое движение. Не достигал сюда дым из поселка, в обеднявшем приглушенном свету виделось далеко и чисто.

Отяжелевшее, несвежей белизны небо, такое же, как подтаявшее под ним поле, длинным уклоном уходило за Ангару, где садится солнце. И там темнел лес, и там неплотно.

Но уже натягивались отзывчиво, поддаваясь первому отогреву, сосенки на берегу и пригарчивал воздух, уже вязко проседал под ногами снег и отмякал дальний речной раствор. Весна отыскала и эту землю — и просыпалась земля. Устраивать ей теперь переклик, что уцелело и что отмерло, что прибавилось от людей и что убавилось, собирать уцелевшее и неотмершее в одну живу и приготавливать к выносу. Разогреется солнышко — и опять, как и каждую весну, вынесет она все свое хозяйство в зелени и цвету и представит для уговорных трудов. И не вспомнит, что не держит того уговора человек.

Никакая земля не бывает безродной.

Иван Петрович все шел и шел, уходя из поселка и, как казалось ему, из себя, все дальше и дальше вдавливаясь-вступая в обретенное одиночество. И не потому только это ощущалось одиночеством, что не было рядом с ним никого из людей, но и потому еще, что и в себе он чувствовал пустоту и однозвучность. Согласие это было или усталость, недолгая завороженность или начавшееся затвердение — как знать! — но легко, освобожденно и ровно шагалось ему, будто случайно отыскал он и шаг свой и вздох, будто вынесло его наконец на верную дорогу. Пахло смолью, но не человек в нем чуял этот запах, а что-то иное, что-то слившееся воедино со смоляным духом; стучал дятел по сухой лесине, но не дятел это стучал, а благодарно и торопливо отзывалось чему-то сердце. Издали-далеко видел он себя: идет по весенней земле маленький заблудившийся человек, отчаявшийся найти свой дом, и вот зайдет он сейчас за перелесок и скроется навсегда.

Молчит, не то встречая, не то провожая его, земля.

Молчит земля.

Что ты есть, молчаливая наша земля, доколе молчишь ты?

И разве молчишь ты?

<u>1985</u>

И. А. БРОДСКИЙ

(1940–1996)

Иосиф Александрович Бродский родился 24 мая 1940 г. в Ленинграде. Отец — фотограф. Первые стихи Бродского примерно относятся к 1958 году. Очень немногие стихи Бродского были напечатаны в советских альманахах, некоторые появились в самиздатской публикации и журнале «Синтаксис» (1959–1960). Зарабатывал на жизнь переводами с английского, испанского, польского и сербскохорватского языков.

В 1964 году был приговорен к 5-ти годам принудительных работ за «тунеядство» (т. е. за непричастность к общественно-полезному труду). После мощной волны протеста таких литераторов, как А. Ахматова, К. Чуковский, К. Паустовский и С. Маршак, а также возмущенной реакции на этот судебный процесс над поэтом со стороны международной прессы Бродский через полтора года был освобожден.

В 1971 г. Бродский стал членом Баварской Академии Искусств. В июне 1972 г., в рамках дозволенного властями выезда евреев в Израиль, Бродский был вынужден покинуть СССР и переехал в Нью-Йорк.

Опубликовал несколько сборников стихов, в том числе «Часть речи» (1977), «Новые стансы к Августе» (1983) и «Урания» (1987). В 1987 г. ему была присуждена Нобелевская премия. В том же году началось благодаря перестройке его признание в Советском Союзе, где первая перепечатка его стихов (в журнале «Новый мир», 1987, № 12) положила налало многочисленным публикациям Бродского. В 1990 г. первая книга стихов 1962–1989 гг. «Осенний крик ястреба» вышла в кооперативном издательстве.

Бродский писал и прозу и, реже, стихи на английском языке. Поэзия его очень высоко оцененная и в эмиграции, определяется его трагическим мироощущением. Его стихи в религиозном отношении часто опираются на Ветхий завет, нередко речь идет о проблемах смерти. Это метафизическая поэзия с глубоким осознанием слова и даже буквы, достигающая игровой точности. Его примечательная «Большая элегия Джону Донну» (1963) наряду со склонностью к метафизике показывает и тягу к повествовательности, проявляющуюся в некоторых других его стихах. Вместе с тем у поэта часто встречаются стихи исповедального и философского характера.

Стихи Бродского богаты образами и разноплановы в структурном отношении. Он остается верным классическому стиху и с легкостью выявляет в нем богатство языковых структур.

Ни страны, ни погоста...

Ни страны, ни погоста
не хочу выбирать.
На Васильевский остров
я приду умирать.
Твой фасад темно-синий
я впотьмах не найду.
между выцветших линий
на асфальт упаду.

И душа, неустанно
поспешая во тьму,
промелькнет над мостами
в петроградском дыму,
и апрельская морось,
над затылком снежок,
и услышу я голос:
— До свиданья, дружок.

И увижу две жизни
далеко за рекой,
к равнодушной отчизне
прижимаясь щекой.
— словно девочки-сестры
из непрожитых лет,
выбегая на остров,
машут мальчику вслед.

1962

Я сижу у окна

Л. В. Лифшицу

Я всегда твердил, что судьба — игра.
Что зачем нам рыба, раз есть икра.
Что готический стиль победит, как школа,
как способность торчать, избежав укола.
Я сижу у окна. За окном осина.
Я любил немногих. Однако — сильно.

Я считал, что лес — только часть полена.
Что зачем вся дева, раз есть колено.
Что, устав от поднятой веком пыли,
русский глаз отдохнет на эстонском шпиле.
Я сижу у окна. Я помыл посуду.
Я был счастлив здесь, и уже не буду.

Я писал, что в лампочке — ужас пола.
Что любовь, как акт, лишена глагола.
Что не знал Эвклид, что, сходя на конус,
вещь обретает не ноль, но Хронос.
Я сижу у окна. Вспоминаю юность.
Улыбнусь порою, порой отплюнусь.

Я сказал, что лист разрушает почку.
И что семя, упавши в дурную почву,
не дает побега; что луг с поляной
есть пример рукоблудья, в Природе данный.
Я сижу у окна, обхватив колени,
в обществе собственной грузной тени.

Моя песня была лишена мотива,
но зато ее хором не спеть. Не диво,
что в награду мне за такие речи

своих ног никто не кладет на плечи.

Я сижу у окна в темноте; как скорый,

море гремит за волнистой шторой.

Гражданин второсортной эпохи, гордо

признаю я товаром второго сорта

свои лучшие мысли и дням грядущим

я дарю их как опыт борьбы с удушьем.

Я сижу в темноте. И она не хуже

в комнате, чем темнота снаружи.

1971

Я входил вместо дикого зверя в клетку...

Я входил вместо дикого зверя в клетку,

выжигал свой срок и кликуху гвоздем в бараке,

жил у моря, играл в рулетку,

обедал черт знает с кем во фраке.

С высоты ледника я озирал полмира,

трижды тонул, дважды бывал распорот.

Бросил страну, что меня вскормила.

Из забывших меня можно составить город.

Я слонялся в степях, помнящих вопли гунна,

надевал на себя что сызнова входит в моду,

сеял рожь, покрывал черной толью гумна

и не пил только сухую воду.

Я впустил в свои сны вороненый зрачок конвоя,

жрал хлеб изгнанья, не оставляя корок.

Позволял своим связкам все звуки, помимо воя;

перешел на шепот. Теперь мне сорок.

Что сказать мне о жизни? Что оказалась длинной.

Только с горем я чувствую солидарность.

Но пока мне рот не забили глиной,

из него раздаваться будет лишь благодарность.

1980